EVA-MARIA SPIEGELHALTER

OBJEKTIV EVIDENT?

FREIBURGER
THEOLOGISCHE STUDIEN

Unter Mitwirkung
der Professoren der Theologischen Fakultät
herausgegeben von

Thomas Böhm, Ursula Nothelle-Wildfeuer
(federführend), Peter Walter

Einhundertsiebenundsiebzigster Band

Objektiv evident?

EVA-MARIA SPIEGELHALTER

Objektiv evident?

Die Wahrnehmbarkeit der Christusgestalt
im Denken Hans Urs von Balthasars und
Hansjürgen Verweyens

HERDER

FREIBURG · BASEL · WIEN

D 25

© Verlag Herder GmbH, Freiburg im Breisgau 2013
Alle Rechte vorbehalten
www.herder.de
Satz: Barbara Herrmann, Freiburg
Herstellung: AZ Druck und Datentechnik, Kempten
Gedruckt auf umweltfreundlichem, chlorfrei gebleichtem Papier
Printed in Germany
ISBN 978-3-451-32616-5

Inhalt

Zweiter Teil
Hans Urs von Balthasars Theologie und die Fundamentaltheologie
Hansjürgen Verweyens

11

Vorwort

Die vorliegende Arbeit wurde im Wintersemester 2010/2011 von der Katholisch-Theologischen Fakultät der Albert-Ludwigs-Universität Freiburg als Dissertation angenommen. Sie ist für die Drucklegung geringfügig überarbeitet worden.

Zum Gelingen der Arbeit haben viele Menschen beigetragen, denen ich an dieser Stelle danken möchte.

Mein besonderer Dank gilt Prof. Dr. Magnus Striet, der mich hinsichtlich der Konzeption und Durchführung der Arbeit in vielfacher Hinsicht unterstützt und das Erstgutachten erstellt hat. Ebenso danke ich Prof. Dr. Peter Walter, der nicht nur das Zweitgutachten angefertigt hat, sondern die Arbeit kontinuierlich und konstruktiv begleitete.

Prof. Dr. Ursula Nothelle-Wildfeuer sei für die Aufnahme der Arbeit in die Reihe der Freiburger theologischen Studien gedankt, Stephan Weber vom Verlag Herder für die zuvorkommende Zusammenarbeit.

Danken möchte ich auch Prof. Dr. Hansjürgen Verweyen, der mir einen Einblick in seinen privaten Briefwechsel mit Hans Urs von Balthasar gewährt hat.

Die Graduiertenschule *Theology and Religious Studies* hat meine Arbeit durch ein Stipendium unterstützt. Auch dafür sei ein Dank ausgesprochen.

Der Erzdiözese Freiburg danke ich für die Gewährung eines Druckkostenzuschusses.

Die Mühe des Korrekturlesens haben Dr. Michael Hauber, Angela Haury, Karin Klink, Dorothea Röser, Christiane Schubert und Melanie Wurst auf sich genommen. Für ihre Sorgfalt und ihre Anstrengung möchte ich mich an dieser Stelle herzlich bedanken.

Meine Dankbarkeit gilt allen, die mich unterstützt haben und durch Gespräche die Zeit der Promotion bereichert haben: Patrizia Baxla und Melanie Wurst, meine Geschwister, Eltern und Schwiegereltern.

Gewidmet ist die Arbeit den drei Menschen, die mein Leben reich machen.

Eva-Maria Spiegelhalter

Einleitung

> „Und in der neunten Stunde rief Jesus mit lauter Stimme:
> Eloi, Eloi, lema sabachtani? Das heißt übersetzt:
> Mein Gott, mein Gott, warum hast du mich verlassen?"
>
> Mk 15,35

2009 erregte Navid Kermani mit seiner Interpretation der Kreuzesdarstellung von Guido Reni einen Aufruhr innerhalb der Theologie und Kirche. Kermani sieht in dieser Kreuzesdarstellung eine barbarische Hypostasierung des Schmerzes gegeben, in der sich gleichzeitig die Körperfeindlichkeit des Christentums ausdrücke. Zudem stellt Kermani die Aussage zur Gottessohnschaft in Frage: „Dieser Jesus ist nicht Sohn Gottes und nicht einmal sein Gesandter."[1] Auffallend ist seine Begründung dieser These. Es ist die Gewöhnlichkeit des nicht-physischen Schmerzes, die die Kreuzesdarstellung charakterisiere. Im Mittelpunkt der Kreuzesdarstellung stehe nicht das Leiden an den schrecklichen körperlichen Folterungen. Der größte Schmerz des Gekreuzigten bestehe nach Kermani in der Hoffnungslosigkeit des Sterbenden, der nichts mehr nach dem Tod erwarten dürfe. In diesem Schmerz der Hoffnungslosigkeit zeige sich die Solidarität des Sterbenden mit allen sterblichen Menschen. Unentrinnbar seien alle menschlichen Wesen am Ende ihres Lebens dem Tod anheim gegeben und dieses Wissen quäle mehr als jeder physische Schmerz.

Theologisch interessant ist, dass Kermani die Solidarität des Sterbenden am Kreuz als Argument gegen die Gottessohnschaft einordnet. Der Gekreuzigte stellte die Frage eines jeden sterblichen Menschen: „Nicht, warum hast du mich, nein, warum hast du uns verlassen?"[2] Am Kreuz zeige sich demnach keine besonders dramatische Art des Sterbens, lediglich die Grundangst

---

[1] Navid Kermani, Bildansichten: Warum hast du uns verlassen? Guido Renis „Kreuzigung", in: NZZ 14.3. 2009.

[2] Kermani, Bildansichten.

menschlicher Verfasstheit, die sich im Letzten von Gott verlassen wisse, werde in der Kreuzesdarstellung explizit ausgedrückt.

Kermanis Argumentation hat ihren Grund in der Reflexion über die Reichweite menschlichen Wissens. Seit Kant das Wissen über die Existenz Gottes als Postulat in den Bereich der praktischen Vernunft verbannt hat, wird der Mensch in seiner Gottesrede immer von dem Verdacht der Projektion umgetrieben. Er weiß, dass er es selbst ist, der sich einen Gott ersehnt, der aus dem Tode rettet, und so wird ihm der Schritt in die Hoffnung angesichts seines eigenen Wunsches nach Rettung unmöglich. Ohne jede Erwartung sieht der Mensch dem Tod entgegen, weiß um seine radikale Endlichkeit. „Es gibt nicht nur keinen Grund, an ein solches Wesen zu glauben, sondern, gerade weil wir es offenbar so dringend brauchen, gibt es einen so evidenten Gegengrund, daß an Gott zu glauben dem gleichkäme, was, wenn es sich um etwas Empirisches handelte, ein Halluzinieren wäre."[3]

In der christlichen Tradition begründet das Kreuz die Hoffnung der Menschen. Denn die Liebe Gottes zum Menschen erreicht ihren Höhepunkt, wenn der Sohn sich auch angesichts des Todes nicht von seiner Sendung abbringen lässt und damit die verkündigte Identität seiner Person und seiner Botschaft bekräftigt. Gerade die im Kreuzestod kulminierende Menschwerdung verbürgt die Zuwendung Gottes zum Menschen.

Doch wie lassen sich diese beiden Deutungen vereinbaren? Was Kermani anspricht, ist letztlich die Frage der Theodizee. Warum lässt der moralisch gute Gott den Menschen in seinem irdischen Schicksal allein? Warum rettet er nicht angesichts des Leidens und der Hoffnungslosigkeit der Welt? Den Zusammenhang zwischen der Frage nach dem menschlichen Leid und dem Leiden Jesu am Kreuz thematisiert Hansjürgen Verweyen bereits in einer frühen Schrift, wenn er davon ausgeht, dass die Frage nach dem Tod und der Zukunft des Menschen nur angemessen vom Zentrum der christlichen Theologie, konkret vom Leiden des Gekreuzigten her, gestellt werden könne.[4] Er bringt damit die gleichen Themen wie Kermani zur Sprache: die Frage nach der Zukunft

---

[3] Ernst Tugendhat, Anthropologie statt Metaphysik, München 2007, 204.
[4] Vgl. Hansjürgen Verweyen, Zeitgenössische philosophische Aussagen zu Tod und Zukunft des Menschen, in: Militärseelsorge 19 (1977) 3–32, 32.

nach dem Tod, die Frage nach der Hoffnung. Bei Kermani ist der Gekreuzigte solidarisch mit jedem Menschen gedacht. Stellvertretend für die gesamte Menschheit stellt er die Frage nach dem Grund der Verlassenheit. Verweyen geht darüber hinaus jedoch davon aus, dass sich im Leiden Jesu am Kreuz nicht nur die menschliche Hoffnungslosigkeit zeige, sondern dass dieses Leiden gerade für die menschliche Sinnfrage relevant werden könne und letztlich bedeutungsvoll werden müsse. Das Verhältnis von menschlichem Leiden und der Bedeutung Gottes thematisiert Verweyens Fundamentaltheologie in der ersten Osterthese. Hier wird danach gefragt, ob Auferstehung oder Auferweckung noch als „Schlüsselbegriff für eine letzte Sinnerwartung"[5] in den Blick komme. Für Verweyen muss die Bedeutung des göttlichen Sterbens auf angemessene Weise reflektiert werden, soll sich eine Relevanz der christlichen Botschaft für den Sinn menschlichen Daseins ergeben. Dränge sich der Verdacht auf, dass der Kreuzestod für den Gott-Menschen nur ein Intermezzo sei und die Abgründigkeit eines rein menschlichen Todes den Tod des Gottmenschen übertreffe, da dieser sich seiner Göttlichkeit und damit seines Errettetwerdens immer gewahr sei, so bleibe ungeklärt, welche Antwort damit auf die Frage der Theodizee gegeben sein sollte.[6]

Verbunden mit der Absicht, die Relevanz des Leidens am Kreuz für die menschliche Sinnerwartung zu erschließen, ist in der Fundamentaltheologie Verweyens die Annahme, dass bereits im Leiden und Sterben des Gekreuzigten dessen Göttlichkeit wahrnehmbar sei und zwar als objektive Evidenz. Die Göttlichkeit des Gekreuzigten sei am Kreuz allgemein erkennbar. Der römische Hauptmann des Markusevangeliums verbürge die Möglichkeit, bereits angesichts des Sterbens Jesu die Göttlichkeit des Gekreuzigten wahrzunehmen.

Verweyen stützt sich bei der Frage, ob der Gekreuzigte als Gott erkennbar sei, wesentlich auf die Theologie Hans Urs von Baltha-

---

[5] Verweyen, Gottes letztes Wort. Grundriß der Fundamentaltheologie, Regensburg [3]2002, 342. Im Original kursiv.
[6] Vgl. ders., Der Glaube an die Auferstehung. Fragen zur „Verherrlichung" Christi, in: Bernd Jochen Hilberath/Karl-Josef Kuschel/Hansjürgen Verweyen (Hgg.), Heute glauben. Zwischen Dogma, Symbol und Geschichte, Düsseldorf 1993, 71–88, 72–75.

sars. Daher muss nachgefragt werden, welche theologischen Implikationen Verweyen durch den Rückgriff auf Balthasar in seine Fundamentaltheologie einträgt. Während die Bezüge zwischen Karl Rahner und Hansjürgen Verweyen bereits ausgearbeitet wurden,[7] ist die theologische Verwandtschaft zwischen der Fundamentaltheologie Verweyens und der Theologie Hans Urs von Balthasars nur en passant erwähnt worden.[8] Diese Arbeit untersucht, inwiefern die Rezeption der Gedanken Hans Urs von Balthasars dem Anliegen Verweyens dient, den christlichen Offenbarungsgehalt angemessen zu denken. Zudem wird der Frage nachgegangen, welche Probleme die Rezeption Balthasars in die Fundamentaltheologie Verweyens einträgt. Ein besonderer Fokus liegt dabei auf der erkenntnistheoretischen Fragestellung der Wahrnehmbarkeit der Christusgestalt. Wie kann Verweyen die Theorie der objektiven Evidenz, die bei Balthasar gnadentheologisch und ontolo-

---

[7] Vgl. Peter Ebenbauer, Fundamentaltheologie nach Hansjürgen Verweyen. Darstellung – Diskussion – Kritik (= IThS 52), Innsbruck 1998, 182–215. Thomas Fößel, Gott – Begriff und Geheimnis. Hansjürgen Verweyens Fundamentaltheologie und die ihr inhärente Kritik an der Philosophie und Theologie Karl Rahners (= IThS 70), Innsbruck 2004. Tobias Licht, Karl Rahners Theorie vom ‚übernatürlichen Existential‘ – ein fundamentaltheologisches Problem?, in: Gerhard Larcher/Klaus Müller/Thomas Pröpper (Hgg.), Hoffnung, die Gründe nennt. Zu Hansjürgen Verweyens Projekt einer erstphilosophischen Glaubensverantwortung, Regensburg 1996, 139–147. Albert Raffelt, Pluralismus – ein Plädoyer für Rahner und eine Bemerkung zur Sache, in: Larcher, Hoffnung, die Gründe nennt, 127–138.

[8] Vgl. Bernhard Dieckmann, Das Kreuz als Grund des Osterglaubens? Anfragen an die Kreuzestheologie Hansjürgen Verweyens (= FHSS 33), Frankfurt a.M. 1999, 59f. Peter Ebenbauer, Propter crucem gaudium. Liturgischer Osterjubel und fundamentaltheologische Auferstehungshermeneutik, in: Larcher, Hoffnung, die Gründe nennt, 247–270, 266. Georg Essen, „Letztgültigkeit in geschichtlicher Kontingenz“. Zu einem Grundlagenproblem der theologischen Hermeneutik, in: Larcher, Hoffnung, die Gründe nennt, 186–204, 188f. Gerhard Larcher, Vom Hörer des Wortes als „homo aestheticus“. Thesen zu einem vernachlässigten Thema heutiger Fundamentaltheologie, in: Ders., Hoffnung, die Gründe nennt, 99–111, 106–110. Hans Günther Türk, Offenbarung letztgültigen Sinnes und philosophische Vernunft. Bemerkungen zur Bedeutung der Philosophie in Hansjürgen Verweyens „Grundriß der Fundamentaltheologie“, in: Larcher, Hoffnung, die Gründe nennt, 11–26, 12–14.

gisch gedacht wird, in seine Fundamentaltheologie integrieren, die von einem Gott ausgeht, der sich aus freiem Entschluss den Menschen offenbart und vom Menschen einen ebenso freien Entschluss zum Glauben erwartet? Vollziehen sich mit der Adaption des Denkens Balthasars nicht Modifikationen innerhalb der Fundamentaltheologie Verweyens, die dem personalen Geschehen zwischen Mensch und Gott im Wege stehen? Lässt sich die philosophische Strittigkeit der Existenz Gottes, die die Voraussetzung für eine freie Glaubensentscheidung bildet, mit der Aufnahme verschiedener Elemente aus der Theologie Balthasars wahren? Welches Verhältnis ergibt sich zwischen Mensch und Gott, wenn die Möglichkeit einer objektiven Evidenz angenommen wird? Ist dieses Verhältnis den theologischen und anthropologischen Kriterien angemessen?

Im Hintergrund dieser Fragen steht auch eine vorausgehende Diskussion um die Fundamentaltheologie Verweyens: die Diskussion zwischen ihm und Thomas Pröpper, die um die Frage kreist, ob der Mensch, um sich nicht selbst zu verfehlen, sich als Abbild Gottes erkennen muss. Während Pröpper die unbedingte Freiheit des Menschen als Voraussetzung für eine Begegnung und Beziehung zwischen Freiheiten annimmt,[9] ergibt sich nach Verweyen das Wissen, Bild des Absoluten zu sein, aus der Sollenserfahrung des Menschen. Unterschiedlich beantwortet wird in den genannten fundamentaltheologischen Entwürfen, wie das Subjekt sein Wissen um seine Unbedingtheit erlangt. Während Pröpper davon ausgeht, dass das Subjekt selbst für seine formale Unbedingtheit aufkommen kann, muss nach Verweyen ein absolutes Prinzip außerhalb des Subjekts angenommen werden, von dem das Wissen des Subjekts um seine Einheit stammt. Zudem stellt sich die Frage, wie bei Verweyen das Verhältnis zwischen Vernunft und Offenbarung zu denken ist, wenn bereits in der Sollenserfahrung dem Menschen die Erkenntnis seiner Abbildhaftigkeit vermittelt wird.

---

[9] Vgl. Thomas Pröpper, Freiheit als philosophisches Prinzip der Dogmatik. Systematische Reflexionen im Anschluß an Walter Kaspers Konzeption der Dogmatik, in: Eberhard Schockenhoff/Peter Walter (Hgg.), Dogma und Glaube. Bausteine für eine theologische Erkenntnislehre. FS für Walter Kasper, Mainz 1993, 165–192, 183f.

Aufbau der Arbeit

Der erste Teil dieser Arbeit wird sich damit beschäftigen, die erkenntnistheoretischen Voraussetzungen der Fundamentaltheologie Verweyens aufzuzeigen, die es ermöglichen, die Wahrnehmbarkeit der Göttlichkeit des Gekreuzigten nicht etwa als Vermutung oder Hoffnung, sondern als objektiv evident vor der Auferstehung zu behaupten. Es wird aufgezeigt werden, wie Verweyen die Verantwortung vor der philosophischen Vernunft und die Verantwortung vor der historischen Vernunft so verknüpft, dass sich objektiv evident die Göttlichkeit des Gekreuzigten aussagen lässt. Da Verweyen die Erkenntnistheorie nicht eigens behandelt, sondern erkenntnistheoretischen Fragen im jeweiligen Kontext seiner Fundamentaltheologie diskutiert,[10] ergibt sich für die erkenntnistheoretische Fragestellung dieser Arbeit die Notwendigkeit, die einzelnen Traktate auf die entsprechenden erkenntnistheoretischen Annahmen hin zu untersuchen, wobei die Frage nach der Ekklesiologie ausgeklammert bleibt. Als Einstieg wird der historische Kontext rekonstruiert, innerhalb dessen Verweyens fundamentaltheologisches Arbeiten seinen Anfang nimmt, um so die Zielrichtung seiner Fundamentaltheologie zu klären. Besondere Beachtung findet in diesem Zusammenhang das Denken Maurice Blondels, dem sich Verweyen verpflichtet weiß, und die Weiterführung dieses Denkens durch Karl Rahner, dem Verweyen teilweise kritisch gegenüber steht. Im Anschluss an dieses theologiegeschichtlich orientierte Kapitel folgt die Darstellung der Fundamentaltheologie Verweyens in Bezug auf die menschliche Sinnfrage und den Sinnbegriff. Weiter wird die von ihm angenommene Interpretation der Sollensevidenz kritisch untersucht, da sich hier erkenntnistheoretisch grundlegende Voraussetzungen finden lassen. Leitend ist die Frage, welche Bedingungen Erkenntnis ermöglichen oder verstellen. Wie weit reichen die menschlichen Erkenntnismöglichkeiten und was beeinträchtigt diese? Vernunftbegriff und Freiheitsbegriff werden in ihrer Verwendung bei Verweyen befragt, da sich hier die Vorzeichen offen legen lassen, unter denen das Subjekt gedacht wird. Wie versteht Verweyen die Unbedingtheit menschlicher Freiheit? Welche Bestimmungen wer-

---

[10] Vgl. Verweyen, Gottes letztes Wort, 28.

den der menschlichen Vernunft zugeschrieben? Welche erkenntnistheoretischen Implikationen und Folgerungen sind mit dem Bildbegriff gegeben?

Innerhalb der Verantwortung vor der historischen Vernunft, die den zweiten Teil der Fundamentaltheologie Verweyens umfasst, kommt die Evidenzthematik durch den Rekurs auf das Denken Balthasars zur Sprache. Hier soll untersucht werden, wie Verweyen die Möglichkeit der historischen Rückfrage bewertet. Wie gewichtet er den biblischen Befund? Welche Intention steht hinter der These, mit dem Sterben des Gekreuzigten sei aller Inhalt der Offenbarung ausgesprochen? Warum kann Verweyen davon ausgehen, dass der römische Hauptmann zum Gottessohnbekenntnis gelangt? Und wie lässt sich nach Verweyen erklären, dass diejenigen, die sich über längere Zeit in der Nachfolge befunden haben, erst der Ostererscheinungen bedurften, um zur wahren Erkenntnis zu gelangen?

Im zweiten Teil der Arbeit soll die Theologie Hans Urs von Balthasars bzw. die von Balthasar angenommene objektive Evidenz ihren Platz finden. Vor der Frage nach den Bedingungen der Erkenntnis der Kreuzesgestalt sollen die erkenntnistheoretischen Annahmen Balthasars bezüglich der natürlichen Gotteserkenntnis sowie die Inhalte der Kreuzestheologie dargestellt werden. Zielpunkt ist hier die Rekonstruktion des Theorems der objektiven Evidenz, da dies für die Fundamentaltheologie Verweyens bedeutsam wird.

Im Anschluss werden seine Verweise auf Balthasar untersucht, die sich in „Gottes letztes Wort" und in neueren Veröffentlichungen finden. Adaptionen und Modifikationen, die Verweyen hinsichtlich der Annahmen Balthasars vornimmt, werden hier auf ihre Relevanz für die Fundamentaltheologie Verweyens hin sichtbar gemacht. Schließlich werden im letzten Teil die Ergebnisse der Relation zwischen den beiden Denkern dargestellt, zusammen mit den Folgen, die sich daraus für die Einordnung der Fundamentaltheologie Verweyens ergeben.

Erster Teil
Die Fundamentaltheologie
Hansjürgen Verweyens

I. Die Verantwortung vor der philosophischen Vernunft

1. Die Fundamentaltheologie Verweyens vor dem Hintergrund des Denkens Maurice Blondels und Karl Rahners

Theologisches Arbeiten ist zu jeder Zeit bestimmt von Politik, Kultur und kirchengeschichtlichen Vorgaben. Dies gilt auch für die Theologie Hansjürgen Verweyens. Um die Intention des fundamentaltheologischen Entwurfes Verweyens verständlich zu machen, ist es hilfreich, einen Blick auf die theologischen und theologiegeschichtlichen Strömungen zu werfen, innerhalb derer er seine Neubegründung der Fundamentaltheologie vornimmt. Eine umfassende Darstellung der geschichtlichen Hintergründe und theologischen Verlaufslinien und Abhängigkeiten vor, während und nach dem Zweiten Vatikanischen Konzil kann an dieser Stelle jedoch nicht geleistet werden.[1] Es geht hier ausschließlich darum, die Entwicklung der Theologie aus dem Blickwinkel Hansjürgen Verweyens darzustellen, da diese Perspektive die Intention seines fundamentaltheologischen Arbeitens aufzeigt. Zudem sollen Impulse, die er aus der Philosophie Maurice Blondels, dem Denken Karl Rahners, den Aussagen des Zweiten Vatikanischen Konzils und der Situation der Fundamentaltheologie in den Achtziger Jahren des vergangenen Jahrhunderts aufgenommen hat, deutlich gemacht werden. Eine umfassende Beschäftigung mit jeder der aufgezeigten Positionen sprengte den Umfang dieser Arbeit und zudem trüge

---

[1] Vgl. Leo Scheffczyk, Grundzüge der Entwicklung der Theologie zwischen dem Ersten Weltkrieg und dem Zweiten Vatikanischen Konzil, in: Gabriel Adriányi (Hg.), Die Weltkirche im 20. Jahrhundert (= HKG[J] 7), Freiburg 1979, 260–301. Herbert Vorgrimler/Robert Vander Gucht (Hgg.), Bilanz der Theologie im 20. Jahrhundert. Perspektiven, Strömungen, Motive in der christlichen und nichtchristlichen Welt, Bd. 2, Freiburg 1969, 7–88 und 197–245. Zur Geschichte der Fundamentaltheologie: Johann Reikerstorfer, Fundamentaltheologische Modelle der Neuzeit, in: HFTh[2] 4 (2000) 242–264. Harald Wagner, Einführung in die Fundamentaltheologie, Darmstadt [2]1996, 10–42.

dies zur Erörterung der erkenntnistheoretischen Frage bei Verweyen wenig bei. Zur Sprache gebracht werden daher nur die inhaltlichen Aspekte, die Verweyen aus den jeweiligen Ansätzen aufgreift.

1.1 In den Spuren Maurice Blondels

Verweyen weiß sich, wie zahlreiche Veröffentlichungen zeigen, vom Denken Maurice Blondels geprägt.[2] Seiner Einschätzung nach stammen von Maurice Blondel „die entscheidenden Impulse für eine gründliche Erneuerung der Theologie und Kirche"[3]. Blickt man in die Theologiegeschichte, wird diese Einschätzung einsichtig.[4] Seit der Mitte des 19. Jahrhundertes ist die Auseinandersetzung der katholischen Theologie mit der zeitgenössischen Philosophie abgebrochen worden; zwar finden sich vereinzelte Versuche, Kant und den Deutschen Idealismus aufzunehmen, diese werden jedoch

---

[2] Vgl. Verweyen, Einleitung zu: Maurice Blondel, Zur Methode der Religionsphilosophie, Einsiedeln 1974, 13–100. Ders., Die „Logik der Tat". Ein Durchblick durch M. Blondels „L'Action" (1893), in: ZKTh 108 (1986) 311–320. Ders., Methodik der Religionsphilosophie. „L'Action" (1893) im Spiegel der „Lettre" (1896), in: ThPh 64 (1989) 210–221. Ders., Maurice Blondels Philosophie der Offenbarung im Horizont „postmodernen" Denkens, in: Archivio Di Filosofia LXII (1994) N. 1–3, 423–437. Ders., Maurice Blondels Kritik des „Dilettantismus" und das „postmoderne" Denken, in: Albert Raffelt/Peter Reifenberg/Gotthard Fuchs (Hgg.), Das Tun, der Glaube, die Vernunft. Studien zur Philosophie Maurice Blondels. „L'Action" 1893–1993, Würzburg 1995, 16–32. Ders., Blondels Beitrag zur Diskussion um eine ‚kanonische Exegese', in: Michael Becht/Peter Walter (Hgg.), Zusammenklang. FS für Albert Raffelt, Freiburg 2009, 406–416.

[3] Albert Raffelt/Hansjürgen Verweyen, Karl Rahner, München 1997, 17. Im Vorwort wird darauf verwiesen, dass beide Autoren den gesamten Text vollständig mittragen, es finden daher keine Markierungen statt, welche Textpassagen aus der Feder Raffelts bzw. Verweyens stammen.

[4] Eine detaillierte Aufzeichnung der theologischen Wirkungsgeschichte findet sich bei Albert Raffelt, M. Blondel und die neuere katholische Theologie in Deutschland, in: Ders., Das Tun, der Glaube, die Vernunft, 180–205 sowie ders., Blondel, Deutsch, in: ThPh 64 (1989) 237–251. Das Verhältnis von Blondel zum deutschen Idealismus zeichnet Peter Henrici, Blondels „Action" im Lichte der klassischen deutschen Philosophie, in: ThPh 64 (1989) 161–178, nach.

institutionell verurteilt und finden damit ihr Ende. Dagegen wendet man sich im 19. Jahrhundert der Neuscholastik zu, die bereits in Italien und Spanien begonnen hatte, ihre volle Breitenwirkung jedoch kirchlich erst in der Mitte des 19. Jahrhunderts erreicht. Damit endet die Rezeption des kantischen und idealistischen Denkens. Die Folge ist ein strenger Supranaturalismus, der Offenbarung ohne Verbindung zum menschlichen Lebensbereich denkt. Wunder und Weissagungen stellen in diesem Denken den Grund für die Glaubwürdigkeit der Offenbarung dar.[5] Vorherrschend war im 19. Jahrhundert eine Fundamentaltheologie bzw. Apologetik, die sich auf einem Fundament begründet, das nicht mit dem Inhalt des Glaubens verbunden ist. Vernunft und übernatürliche Glaubenswahrheit stehen sich unvermittelt gegenüber. Nachträglich wird der Begriff des instruktionstheoretischen Offenbarungsverständnisses diese Epoche charakterisieren.[6] Das tragende Motiv der Glaubenszustimmung kann mit dieser Art der Fundamentaltheologie nicht zur Sprache gebracht werden. Gegen dieses Denken wendet sich Maurice Blondel, der die Frage nach den philosophischen Bedingungen der Apologetik stellt und für jedes Denken der Transzendenz eine Verantwortung vor der modernen Philosophie fordert.[7] Blondel wird von der Frage nach dem Sinn der Existenz umgetrieben. So will er die Apologetik darauf ausrichten, einen philosophischen Beweis für die Sinnhaftigkeit des christlichen Glaubens zu erbringen.[8] Obwohl es nie zu einer

---

[5] Vgl. Franz Schupp, Der geistesgeschichtliche Ort der Theologie Karl Rahners, in: ThPQ 152 (2004) 61–74, 62–65.

[6] „Instruktionstheoretisch ist das Offenbarungsverständnis, wenn die Offenbarung nur noch der ‚Instruktion' dient, also auf Vorgänge und Inhalte einer göttlichen Belehrung in Sachen der Erlösung eingegrenzt wird (Reduktion der Offenbarung auf ihren doktrinalen Informationsgehalt). In diesem Fall treten Offenbarungs- und Heilsgeschehen auseinander. Das Heil selbst wird dann nicht mehr im Offenbarungsbegriff mitgedacht, sondern in anderen soteriologischen Kategorien. Der Offenbarungsbegriff wird damit eingeengt auf den informativen und in Lehre umsetzbaren theoretischen Teil der Heilsgeschichte." Max Seckler, Der Begriff der Offenbarung, in: HFTh[2] 2 (2000) 40–61, 45.

[7] Vgl. Albert Raffelt, Extrinsezismus – Intrinsezismus, in: LThK[3] 3 (1995) Sp. 1135–1137, 1136f.

[8] Vgl. Peter Henrici, Die Strukturen der „Action" im Licht der französi-

Verurteilung kam,[9] trifft den französischen Denker das Schicksal des Häresieverdachts und damit auch fürs erste eine stark beschnittene Rezeption. Um 1900 fordert der Ansatz Blondels in der Theologie „unredliche Feindseligkeit" heraus, und Blondel muss sich in dieser Zeit fragen lassen, ob sein Denken mit der kirchlichen Rechtgläubigkeit konform ist.[10] Seine Rezeption innerhalb der katholischen Theologie bleibt zu Lebzeiten weitgehend eingeschränkt.[11] Erst nach 1940 wird sein Denken wieder aufgegriffen, wenn sich die französische Theologie Themen zuwendet, die fast hundert Jahre brach lagen.[12]

Heute ist eine andere Sichtweise auf die Bedeutung Blondels bestimmend. Er gilt als Denker, der „wohl wie kein anderer Autor das katholische Denken des 20. Jahrhunderts so entscheidend und weit reichend mitbestimmt"[13] hat und der „die entscheidenden Impulse für eine gründliche Erneuerung der Theologie und Kirche gab"[14]. Der Streit um die theologiegeschichtliche Bedeutung Blondels soll hier offen bleiben, von Bedeutung ist an dieser Stelle sein Einfluss auf die Fundamentaltheologie Hansjürgen Verweyens. Georg Schwind sieht Hansjürgen Verweyens Fundamentaltheologie als den einzigen deutschsprachigen Ansatz an, der die direkte Nachfolge Blondels antritt.[15] Nach Ansicht von Michael Seung-

---

schen Philosophie, in: Raffelt (Hg.), Das Tun, der Glaube, die Vernunft, 33–50, 34f.

[9] Vgl. Peter Henrici, Blondel Maurice, in: LThK³ 2 (1994) Sp. 528–529, 528.

[10] Vgl. Anton E. van Hooff, Die Innenseite des Modernismusstreits. Die persönliche Erfahrung Maurice Blondels – mehr als bloße Geschichte?, in: StZ 207 (1989) 667–676, 670f.

[11] Vgl. Albert Raffelt, Die Erneuerung der katholischen Theologie, in: GCh 12 (1992) 216–237, 227. Verweyen, Fundamentaltheologie – Hermeneutik – Erste Philosophie, in: ThPh 56 (1981) 358–388, 360.

[12] Vgl. Schupp, Der geistesgeschichtliche Ort, 67.

[13] Peter Henrici, Blondel und Loisy in der modernistischen Krise, in: IKaZ 16 (1987) 513–530, 530. An anderer Stelle wird die Bedeutung Blondels relativiert: Insgesamt sei das Denken Blondels für die deutsche Fundamentaltheologie jedoch nicht „strukturbildend". Vgl. Raffelt, M. Blondel und die neuere katholische Theologie, 198.

[14] Raffelt, Karl Rahner, 17.

[15] Vgl. Georg Schwind, Das Andere und das Unbedingte. Anstöße von

Wook Kim ist der Beginn des transzendentalen Denkens bei Verweyen grundlegend durch die Immanenzmethode Blondels bestimmt.[16]

Warum ist das Denken Blondels so bedeutend für Verweyen? Nach Verweyen bricht Blondel mit dem seit Thomas von Aquin üblich gewordenen Verständnis der Unvermittelbarkeit von natürlichen und übernatürlichen Gehalten. Im Gegensatz zum Denken Anselms, welches annehme, dass „der durch die Gnade zu wahrer Humanität befreite Mensch das Bild Gottes aus dem Schutt hervorholen und von dem Schmutz säubern [soll – E.S.], in die es durch die Sünde gebracht und dadurch gleichsam zu einem blinden Spiegel der Wahrheit verkehrt wurde"[17], gehe Thomas davon aus, dass der Mensch kraft seiner Natur keinen Zugang zur übernatürlichen Offenbarung habe. Der Verpflichtungscharakter des Glaubens ergebe sich bei Thomas aus den Offenbarungszeichen, eine Hinordnung des Menschen auf die geschichtliche Offenbarung werde nicht angenommen. Eine Verpflichtung auf geschichtlich ergangene Offenbarung sei infolge dessen für den gebildeten Menschen nicht einsehbar.[18] Blondel verfolge, so Verweyen, das Ziel, die Offenheit der Vernunft für das Offenbarungsgeschehen auf-

---

Maurice Blondel und Emmanuel Levinas für die gegenwärtige theologische Diskussion (= ratio fidei 3), Regensburg 2000, 55, Anmerkung 123.

[16] Vgl. Michael Seung-Wook Kim, Auf der Suche nach dem Unbedingten, das mich „ich" sein lässt. Zur Entwicklung des erstphilosophischen Denkens bei Hansjürgen Verweyen (= ratio fidei 24), Regensburg 2004, 40.

[17] Verweyen, Die „Logik der Tat", 311. Mit einem Verweis auf: Ders., Nach Gott fragen. Anselms Gottesbegriff als Anleitung (= Christliche Strukturen in der Modernen Welt 23), Essen 1978 und auf das Proslogion von Anselm von Canterbury.

[18] Ob die Thomasinterpretation Verweyens zutreffend ist, soll hier nicht entschieden werden. Angemerkt werden kann jedoch, dass sich Hans Urs von Balthasar und Albert Raffelt in der Aussage treffen, dass mit dem *desiderium naturale* bei Thomas die Gefahr verbunden sei, eine Forderung der Natur nach Offenbarung abzuleiten. Thomas gehe von einer Einheit von Natur- und Gnadenordung aus und verstehe dementsprechend das natürliche Verlangen als auf das letzte Sein ausgerichtet. Vgl. Albert Raffelt, Desiderium naturale, in: LThK[3] 3 (1995) Sp. 108–110, 108f. Vgl. Hans Urs von Balthasar, Karl Barth. Darstellung und Deutung seiner Theologie, Köln 1951, 278f.

zuzeigen, ohne die Ungeschuldetheit von Offenbarung zu verabschieden und ohne dieses Gnadengeschehen „wie von außen aufoktroyiert erscheinen"[19] zu lassen. Damit unterbinde er den Heteronomieverdacht. Blondel suche nach einem unwiderlegbaren Ausgangspunkt für die Frage der menschlichen Bestimmung, indem er aus der Immanenz des menschlichen Seins eine Hinordnung auf eine endgültige Offenbarung Gottes erkennbar mache.[20] Im Frühwerk Blondels sieht Verweyen daher einen ersten Durchbruch hinsichtlich der systematischen Reflexion einer ersten Philosophie, wie sie sich bei Descartes, Kant und Fichte finde, die allerdings aufgrund des Modernismusstreits keine Wirkungsgeschichte entfalte.[21]

Zusätzlich biete das Denken Blondels nach Verweyen die Möglichkeit, „das genuin Anders- und Fremdartige des anderen in seiner Unantastbarkeit zu hüten."[22] Auf die Nähe dieses Gedankens zum Ansatz von Emmanuel Levinas weist Verweyen hin, wenn er auf die Frage nach der Bedeutung von Einheit für die aktive Toleranz zu sprechen kommt, die er durch das Sich-bestimmen-Lassen der Freiheit durch die fremde Freiheit inhaltlich gegeben sieht. Levinas und Blondel kommen nach Verweyen in der Intention überein, andere Freiheit als unverfügbar zu begreifen und die Erfüllung der eigenen Freiheit, bzw. in der Begrifflichkeit Blondels des eigenen Wollens, darin zu sehen, „von einer anderen Freiheit von innen her unterwandert zu werden und gerade darin trotz aller unüberschaubaren Konsequenz seine Erfüllung zu erfahren."[23] Die Hinordnung des Menschen auf die Offenbarung, die Vermeidung des Heteronomieverdachts sowie ein Freiheitsbegriff, der die Unhintergehbarkeit der anderen Freiheit garantiert, sind drei Aspekte, die Verweyen bei Blondel besonders hervorhebt.

---

[19] Verweyen, Die „Logik der Tat", 313.
[20] Vgl. Verweyen, Die „Logik der Tat", 311–313.
[21] Vgl. Verweyen, Fundamentaltheologie – Hermeneutik – Erste Philosophie, 360.
[22] Verweyen, Maurice Blondels Philosophie, 436.
[23] Verweyen, Maurice Blondels Philosophie, 437.

1.2 Rahner in der Tradition Blondels

Verweyen bestimmt den weiteren Entwicklungsverlauf des Anliegens Blondels folgendermaßen: Blondel wende sich gegen den Extrinsezismus der Neuscholastik, der bis zu Beginn des 20. Jahrhunderts die Theologie bestimme. Blondels Arbeit widme sich der Frage, inwiefern die Vernunft auf eine geschichtliche Offenbarung hin angelegt sei bzw. ob Offenbarung eine Antwort auf die menschliche Sinnfrage geben könne. Auf philosophischem Wege, genauer mit einer phänomenologischen Untersuchung des menschlichen Handelns, weise er laut Verweyen eine Hinordnung des Menschen auf Offenbarung nach. Die entsprechenden kirchengeschichtlichen Umstände, der Modernismusstreit und seine Folgen, legten jedoch der Rezeption Blondels Steine in den Weg.[24] Verweyen stellt heraus, dass erst über die Theologie Karl Rahners das von Blondel initiierte Vorhaben der anthropologischen Vermittlung von Offenbarung innerkirchlich an Bedeutung gewinne.

„Es ist kein Ruhmesblatt der Geschichte der katholischen Theologie (bzw. der sie bedingenden Kirchenpolitik), daß ein halbes Jahrhundert nach dem Erscheinen von ,L'Action' K. Rahner mit seiner ersten Auflage von ,Hörer des Wortes' noch einmal so gut wie neu ansetzen muß und mit ähnlichen Worten wie Blondel die in der Fundamentaltheologie unberücksichtigte Forderung nach einer anthropologischen Vermittlung der übernatürlichen Offenbarung unterstreicht."[25]

Die Frage nach der Heilswahrheit, die jeden Menschen betrifft, sei die „Aufgabe, die erstmals M. Blondel in aller Schärfe erkannt und der sich K. Rahner in ,Hörer des Wortes' als einem (nach der Modernismuskrise wieder) brachliegenden Feld der F[undamental]th[eologie] widmete"[26]. Rahner wende sich wie Blondel gegen

---

[24] Vgl. Raffelt, Karl Rahner, 18f.

[25] Verweyen, Gottes letztes Wort, 239. Im Folgenden wird immer die vierte Auflage zitiert. Die erste bzw. zweite Auflage bleibt für diese Arbeit völlig unberücksichtigt.

[26] Verweyen, Fundamentaltheologie – eine Zwischenbilanz, in: ThRv 82 (1986) 89–102, 96.

den neuscholastischen Extrinsezismus und Offenbarungspositivis-
mus und ziele auf einen Begriff von Offenbarung, deren unbedingter Gehorsamsanspruch vor der kritischen Vernunft begründbar
sei.[27] Dieser Versuch der anthropologischen Vermittlung öffne
aber nach Verweyen einem anderen Problem Tür und Tor. Während Rahner in „Hörer des Wortes" auf rein philosophischem
Wege die Hinordung der Vernunft auf die Offenbarung annehme,[28] sei in seinem Spätwerk eine erstphilosophische Reflexion
kaum mehr zu finden. Durch den Begriff des „übernatürlichen
Existentials" verlasse Rahner die Transzendentalphilosophie und
betrete den Boden der Transzendentaltheologie. So sehr Verwey-
en die denkerische Arbeit Rahners würdigt und die mit ihm verbundene Weiterentwicklung der Fundamentaltheologie, die sich
mit dem II. Vatikanum theologisch vollzieht, schätzt,[29] so sehr ist

---

[27] Vgl. Verweyen, Die Bedeutung Hans Urs von Balthasars für die Erneuerung der Fundamentaltheologie, in: Walter Kasper (Hg.), Logik der Liebe
und Herrlichkeit Gottes. Hans Urs von Balthasar im Gespräch. FS für Karl
Kardinal Lehmann, Ostfildern 2006, 386–400, 392.
[28] Vgl. Verweyen, Wie wird ein Existential übernatürlich? Zu einem
Grundproblem der Anthropologie Karl Rahners, in: TThZ 95 (1986)
115–131, 124. Fößel kritisiert, dass sich Verweyen vor allem auf die frühen
Texte Rahners bezieht. Thomas Fößel, Warum ein Existential *übernatürlich* ist. Anmerkungen zur kontroversen Diskussion um Karl Rahners
Theologumenon vom „übernatürlichen Existential", in: ThPh 80 (2005)
389–411, 398–400.
[29] Vgl. Verweyen, Gottes letztes Wort, 19. Detailliert hat Fößel die Beziehung zwischen Verweyen und Rahner ausgearbeitet. Ders., Gott, 501–966.
Ob der starke Kontrast, den Fößel mit der These aufbaut, dass Rahners
Theologie die Negativ- bzw. Kontrastfolie für das Denken Verweyens von
1969 bis 2002 bildet, zutreffend ist, kann angefragt werden. Wenn Verweyen
Blondel und dem frühen Rahner ein Bemühen „um eine rationale Verantwortung des christlichen Glaubens vor dem Forum neuzeitlich-kritischer
Philosophie" (Verweyen, Die Bedeutung, 393) bescheinigt, scheint die Beziehung komplexer als eine reine Abgrenzungsbewegung zu sein. Fößel positioniert das Denken Verweyens in „deutlicher Opposition" zu Rahner und
geht davon aus, dass Verweyen das gesamte religionsphilosophische und
fundamentaltheologische Denken Rahners „zur Disposition" stelle und
dessen Einfluss auf die Theologiegeschichte einzudämmen versuche. Verweyen integriere nach Fößel keinen Aspekt der Theologie oder Philosophie
Rahners in unmittelbarer Weise. Vgl. Fößel, Gott, 963f. Dies überrascht vor

für ihn mit dem Begriff des „übernatürlichen Existentials" eine Problematik verbunden, die die Theologie insgesamt und die Fundamentaltheologie insbesondere trifft:

> „Verblüffend ist eigentlich, wie rasch dann seit etwa der Mitte der sechziger Jahre das Interesse an diesem Typus von Philosophie [d. h. an der Erstphilosophie – E.S.] erlahmte. In unauffälliger Stille wurde auch im Raum der Rahner verpflichteten Fundamentaltheologie und theologisch-philosophischen Anthropologie erstphilosophisches Reflektieren überhaupt zu Grabe getragen. Das dürfte zusammenhängen mit dem schnell wachsenden Einfluß wirkungsgeschichtlicher Hermeneutik (im Anschluß an Heidegger und Gadamer) und angelsächsischer Sprachphilosophie (vor allem des späten Wittgenstein) im deutschen Sprachraum, aber auch mit dem Zweiten Vatikanischen Konzil, in dessen Licht sich eine neue Generation von Theologen endlich von der Last scholastisch-neuscholastischen Philosophierens (und sei es auch noch so kantianisch adaptiert) befreit erfuhr. Zu wenig beachtet scheint mir jedoch, daß die weit verbreitete Rezeption des ‚übernatürlichen Existentials' als Generalnenner für die Hingeordnetheit des Menschen auf Heil erheblich zu dieser Verabschiedung jeder philosophischen Letztbegründung beigetragen haben dürfte."[30]

Damit ist die Situation charakterisiert, die Verweyens fundamentaltheologisches Arbeiten bestimmt. Nach einer langen Phase des

---

allem deshalb, weil Fößel an anderer Stelle die Intention von Rahner und Verweyen hinsichtlich des fundamentaltheologischen Anliegens als kongruent beschreibt, wobei er jedoch darauf hinweist, dass die Lösungsansätze auseinander gingen. Ebenfalls dürfte die These Verweyen selbst widersprechen, der die im Denken Rahners unzweifelhafte Gewissheit der strukturellen Hinordnung jeder menschlichen Vernunft auf die Selbstmitteilung Gottes aufnimmt und diese Möglichkeit der Gewissheit als grundlegend für die Möglichkeit der Verantwortung des Glaubens bewertet. Vgl. Verweyen, Die Bedeutung, 393. Hinsichtlich der Frage der kategorialen Offenbarung grenzt sich Verweyen jedoch von Rahner ab. Vgl. ebd., 393–400. Vgl. Verweyen, Christologische Brennpunkte, Essen 1977, 32–35.
[30] Verweyen, Gottes letztes Wort, 124.

Stillstandes sei laut Verweyen die Neuscholastik mit ihrer Extrinsezismuslehre überwunden. Die nun über Rahner begonnene Rezeption Blondels erweise sich nach Verweyen aber nicht als ein Weg der Erstphilosophie, sondern leiste im Übergang zur Transzendentaltheologie und unter Einfluss der Hermeneutik gerade deren *Verabschiedung*. Jede Fundamentaltheologie, die sich dem Denken Rahners verpflichtet wisse, führe nach Verweyen zu einem unaufhebbaren philosophischen Pluralismus und kenne keine Erstphilosophie jenseits des hermeneutischen Prozesses mehr.[31] Verweyens weitere fundamentaltheologische Arbeit intendiert, der rein hermeneutischen Vermittlung entgegenzuwirken und die Verabschiedung der Letztbegründung aufzuhalten. Für Verweyen steht die Theologie vor folgendem Problem: Eine Rechtfertigung des Glaubens auf rein dogmatischem Wege kann nicht mehr ausreichen, gefordert ist eine Verantwortung des Logos „vor einer in Freiheit zustimmenden Vernunft"[32]. Das II. Vatikanum habe zwar die hermeneutische Verfasstheit dogmatischer Entscheidungen festgestellt, andererseits fehle nach Verweyen bisher eine fundamentaltheologische Antwort auf die Frage, wie angesichts der hermeneutischen Bedingtheit die Rede von einem letztgültigen Ereignis noch bewahrt werden könne.[33] Welche Gefahren Verweyen in einer lediglich hermeneutischen Auslegung ohne Letztbegründung sieht und worin die Letztbegründung seiner Ansicht nach besteht, soll in den folgenden Kapiteln deutlich werden.

---

[31] Vgl. Verweyen, Wie wird ein Existential, 129. Licht stellt dagegen in Frage, ob es Rahner im frühen Denken darum gegangen sei, eine autonome Philosophie zu betreiben. Ebenfalls hinterfragt er den Einfluss von Rahners übernatürlichem Existential auf die zeitgenössische Theologie und die Verabschiedung erstphilosophischer Bemühungen. Vgl. Licht, Karl Rahners Theorie, 144f.

[32] Verweyen, Gottes letztes Wort, 49.

[33] Vgl. Verweyen, Gottes letztes Wort, 49.

1.3 Verweyens Kritik am II. Vatikanum

Verweyen zeigt in „Gottes letztes Wort" anhand der beiden dogmatischen Konstitutionen „Dei Filius" und „Dei Verbum" den Bedeutungswandel auf, der sich hinsichtlich des Offenbarungsverständnisses in der Zeit zwischen dem I. zum II. Vatikanum ereignet habe. Offenbarung sei nach „Dei Verbum" nicht mehr eine Sammlung von Sätzen, die der Gläubige als wahr annehmen müsse, stattdessen gehe es um ein interpersonales Geschehen zwischen Gott und den Menschen und um die freiwillige Zustimmung seitens der Geschöpfe, die den gesamten Lebensvollzug umfasse. Es finde eine Konzentration auf Jesus Christus statt, Wundern und Weissagungen werde eine periphere Bedeutung zugesprochen.[34] Die detailgenaue Argumentation Verweyens und deren Ergebnis sollen an dieser Stelle aber nicht nachgezeichnet werden. Vielmehr ist entscheidend, was das II. Vatikanum aus der Sicht Verweyens *nicht* geleistet hat. Denn offen bleibt ihm zufolge, „wie in der Kontingenz geschichtlicher Ereignisse Gott wirklich manifest zu werden vermag"[35] bzw. genauer „wo im Leben Jesu menschliche Existenz tatsächlich transparent geworden ist für das letztgültige Zum-Erscheinen-Kommen Gottes"[36]. Zur Frage der geschichtlichen Wahrnehmbarkeit des Göttlichen finde sich nach Verweyen keine Aussage in den Konzilstexten von 1965. Auch die Frage nach der Evidenz des geschichtlichen Ereignisses und dem Grund des Glaubens werde nicht geklärt:

> „Die Konstitution berücksichtigt weder die Frage Lessings nach der Evidenz jenes Sehens für uns, die Nachgeborenen, noch die Ansicht Kierkegaards, daß selbst den Augenzeugen Jesu dessen wahrnehmbare Gestalt nicht zur Gründung glaubenden Sehens verhilft."[37]

---

[34] Vgl. Verweyen, Gottes letztes Wort, 270–277. Vgl. Verweyen, Sinn und Wirklichkeit der Wunder Jesu, in: IKaZ 18 (1989) 222–228, 224–226.
[35] Verweyen, Gottes letztes Wort, 277.
[36] Verweyen, Sinn und Wirklichkeit, 226.
[37] Verweyen, Gottes letztes Wort, 277.

Damit bleibt für Verweyen eine zentrale Frage unbeantwortet. Wie findet der Mensch den Weg in den Glauben? Zum einen ergebe sich seit Lessing der Einwand, dass ein Graben die historischen und die unbedingten Wahrheiten trenne. Damit werde die Bedeutung der geschichtlichen Offenbarung fraglich. Zum anderen macht Verweyen auf die Aporie aufmerksam, dass die sichtbare Gestalt des Gottessohnes nicht zum Glauben führe, die er mit dem Namen Kierkegaard verbindet. Diese Probleme blieben ungeklärt. Im Konzilstext ließen sich keine Aussagen darüber finden, inwiefern ein geschichtliches und damit sinnlich wahrnehmbares Geschehen für die Vermittlung göttlicher Gegenwart transparent werden könne.[38]

Für Verweyen ist damit die fundamentaltheologische Frage nach der Verantwortung vor der historischen Vernunft ungelöst. Die Konzilstexte klärten seiner Meinung nach nicht, wie die Letztgültigkeit des Offenbarungsgeschehens erkannt werden könne. Offen blieben die Fragen: Wie lässt sich erkennen, ob sich in einem geschichtlichen Geschehen die Selbstmitteilung Gottes ereignet oder nicht?[39] Wie kann die Diastase zwischen historischer und unbedingter Wahrheit geschlossen werden? Wie kann das Phänomen, dass die Wahrnehmung der Kreuzesgestalt nicht bei allen Menschen zu einer positiven Glaubensentscheidung führt, mit der Annahme der Selbstmitteilung als größtmögliche Offenbarung verbunden werden?

1.4 Das Denken Rahners als Problem der Fundamentaltheologie[40]

Die kritische Position Verweyens zum Denken Rahners kann an Verweyens Kritik an den fundamentaltheologischen Veröffentlichungen in den achtziger Jahren deutlich gemacht werden. 1985 erscheinen drei Grundlagenbücher der Fundamentaltheologie,[41]

---

[38] Vgl. Verweyen, Gottes letztes Wort, 277.

[39] Vgl. Verweyen, Botschaft eines Toten? Den Glauben rational verantworten, Regensburg 1997, 127.

[40] Für eine detaillierte Analyse des Verhältnisses zwischen Verweyen und Rahner sei hier auf die Arbeit von Fößel, Gott verwiesen.

[41] Vgl. Heinrich Fries, Fundamentaltheologie, Graz 1985. Hans Walden-

im gleichen Jahr wird auch der Sammelband „Probleme und Aspekte der Fundamentaltheologie"[42] in deutscher Sprache herausgegeben. Diese Veröffentlichungen werden Verweyen zum Anlass, auf den gegenwärtigen Stand der Fundamentaltheologie zu reflektieren und auf ihre grundlegende, ungelöste Frage zu sprechen zu kommen: Welche Möglichkeit gibt es, die Unüberholbarkeit, d. h. die Letztgültigkeit eines geschichtlichen Ereignisses festzustellen?[43] Auf eine Wiedergabe der differenzierten und umfassenden Analyse und Wertung der Handbücher durch Verweyen kann hier verzichtet werden. Interessant für diesen Kontext ist das zentrale Problem der gegenwärtigen Fundamentaltheologie, welches Verweyen abschließend konstatiert: Mit den gegenwärtigen Entwürfen der Fundamentaltheologie sei es nicht möglich, ein geschichtlich unüberholbares Ereignisses festzustellen. Wenn für Rahner „jeder actus honestus auch ein actus salutaris [ist – E.S.], auch wenn dieser actus honestus nicht ausdrücklich auf eine geoffenbarte Wirklichkeit und Motivation gegenständlicher und verbalisierter Art [zurück – E.S.] geht"[44], vollziehe sich nach Verweyen „eine Taufe des grundsätzlichen Agnostizismus hinsichtlich einer inkarnatorischen Selbstmitteilung Gottes"[45]. Mit der Theologie Rahners könne die Wahrnehmbarkeit des Offenbarungsereignisses nicht deutlich gemacht werden. An anderer Stelle führt Verweyen weiter aus: Bei Rahner werde die Frage nach dem tatsächlichen Ergangensein der geschichtlichen Offenbarung mit der Frage der Sinnhaftigkeit dieses Ereignisses vermischt. Die fundamentaltheologische Aufgabe der Glaubensverantwortung werde vor allem hinsichtlich der Sinnhaftigkeit der Offenbarung angegangen. Die Frage, ob dieses Ereignis tatsächlich geschehen und zudem als unüberholbares Ereignis wahrgenommen und behauptet werden kann, erfahre infolgedessen in der aktuellen Fun-

---

fels, Kontextuelle Fundamentaltheologie, Paderborn 1985. Walter Kern/Hermann Josef Pottmeyer/Max Seckler (Hgg.), HFTh 1 und 2 (1985).

[42] René Latourelle/Gerald O'Collins, Probleme und Aspekte der Fundamentaltheologie, Innsbruck 1985.

[43] Vgl. Verweyen, Fundamentaltheologie – eine Zwischenbilanz, 90f.

[44] Karl Rahner, Bemerkungen zur Situation des Glaubens heute, in: Latourelle, Probleme und Aspekte der Fundamentaltheologie, 329–346, 344.

[45] Verweyen, Fundamentaltheologie – eine Zwischenbilanz, 102.

damentaltheologie eine unverantwortbare Vernachlässigung.[46] Dieses Problem der Letztgültigkeit oder Unüberholbarkeit werde nach Verweyen in keinem der neu erschienenen fundamentaltheologischen Bücher gelöst. Vor diesem Hintergrund definiert er die beiden Grundaufgaben der Fundamentaltheologie:

> „Zum einen muß sich (philosophisch) ein nicht mehr hinterfragbarer Begriff von letztgültigem Sinn ermitteln lassen, die Fragestruktur der Vernunft zu jener Antwort, die der Glaube im inkarnierten Wort bzw. seiner kirchlichen Vermittlung gegeben sieht. [...] Zum anderen muß im Gesamtrahmen *geschichtlichen Erkennens* überhaupt der Zugang zu einer Evidenzform aufgewiesen werden, die wesentlich die Ebene von wahrscheinlichen Gewißheiten übersteigt, die im Kontext dessen zur Debatte steht, was bislang allein als historisch-kritisches Erkennen gilt."[47]

Die erste Aufgabe werde lediglich von Seckler erkannt, jedoch auch hier nicht gelöst, die zweite weitgehend vernachlässigt bzw. übersehen.

Hier zeigt sich Verweyens Anliegen in den 80er Jahren: eine systematische Neubegründung und Neuorientierung der Fundamentaltheologie. Mehrere Aufsätze erscheinen in dieser Zeit,[48] in denen Verweyen die Aufgaben und Herausforderungen für eine gegenwärtige Fundamentaltheologie herausarbeitet. Und immer wieder betont und bedauert er den Verlust der *erstphilosophischen* Reflexion zugunsten der Hermeneutik. So ist es nicht überraschend, dass Verweyens Hauptwerk „Gottes letztes Wort" damit beginnt, die zweifache Aufgabe der Fundamentaltheologie aufzuzeigen. Als erste bestimmt Verweyen die Verantwortung des Glaubens vor der philosophischen Vernunft, die sich zum einen damit befasst, einen Begriff von letztgültigem Sinn zu ermitteln,

---

[46] Vgl. Verweyen, Gottes letztes Wort, 246.
[47] Verweyen, Fundamentaltheologie – eine Zwischenbilanz, 102.
[48] Vgl. Verweyen, Fundamentaltheologie – Hermeneutik – Erste Philosophie. Ders., Aufgaben der Fundamentaltheologie, in: TThZ 92 (1983) 204–215. Ders., Fundamentaltheologie: zum „status quaestionis", in: ThPh 61 (1986) 321–335. Ders., Fundamentaltheologie – eine Zwischenbilanz.

zum anderen der Frage nachgeht, wie das Erkennen einer endgültigen Wahrheit in der Geschichte gedacht werden kann. Von der philosophischen Fragestellung aus ergeben sich hermeneutische Grundentscheidungen Verweyens für die Art und Weise der historisch-kritischen Rückfrage in fundamentaltheologischer Perspektive. Damit ist die zweite Aufgabe der seiner Fundamentaltheologie angesprochen, die Verantwortung der Wirklichkeit der geschichtlich ergangenen Offenbarung vor der historischen Vernunft.[49] Von elementarer Bedeutung ist für Verweyen, dass die Frage nach der Verantwortung des Glaubens vor der historischen Vernunft und die Frage nach der Verantwortung des Glaubens vor der philosophischen Vernunft auf keinen Fall vermischt werden. Die Frage nach dem Sinn von Offenbarung für den Menschen dürfe nicht gemeinsam mit der Überlegung behandelt werden, ob sich tatsächlich Offenbarung ereignet habe. Allein weil der Sinn von Offenbarung für den Menschen nachgewiesen werden könne, habe sich Offenbarung noch nicht ereignet. Genau diese Vermischung konstatiert er in der späten Theologie Rahners, die letztlich zu Lasten der Ersten Philosophie gehe.[50] Unumstößlich stellt Verweyen fest, dass die Annahme der Letztgültigkeit eines geschichtlichen Ereignisses ohne eine Erste Philosophie nicht möglich sei.[51]

---

[49] Vgl. Verweyen, Gottes letztes Wort, 35f. Diese zwei Themen des Denkens Verweyens finden sich nach Kim bereits in seinem frühen Denken. Vgl. ders., Auf der Suche, 36.

[50] Vgl. Verweyen, Gottes letztes Wort, 246 und ders., Glaubensverantwortung heute. Zu den „Anfragen" von Thomas Pröpper, ThQ 174 (1994) 288–303, 289. Verweyen moniert dort an der Theologie Rahners: „Man ließ die Frage nach einem transzendentalen Apriori im universalen Sinne Kants weithin einfach in der Reflexion auf die geschichtlich bedingte Apriorität der Vernunft im hermeneutischen Verständnis von Transzendentalität aufgehen."

[51] Vgl. Verweyen, Gottes letztes Wort, 64.

2. Die Struktur der Fundamentaltheologie Verweyens

2.1 Das Verhältnis von Glaube und Vernunft

Um die Aufgabe der Fundamentaltheologie näher zu bestimmen, orientiert sich Verweyen an Max Seckler, der zwei Bereiche der fundamentaltheologischen Verantwortung unterscheide. Im ersten Schritt werde der Kern der christlichen Botschaft begrifflich gefasst, im darauf folgenden zweiten Schritt werde dieser Grundbestand anthropologisch situiert.[52] Interessant ist, wie Verweyen in diesem Zusammenhang das Verhältnis von Glauben und Denken bestimmt. Verweyen nimmt an, dass diese beiden Schritte sich gegenseitig ergänzen:

„Nur das klare Erfassen der Mitte des christlichen Glaubens gibt den Blick auf die wirklich, nicht nur scheinbar autonomen Strukturen der menschlichen Vernunft frei. Auf der anderen Seite wird man annehmen dürfen, daß erst über die systematische Erforschung der Charakter des Glaubens als *Frei*setzung von Vernunft voll ans Licht kommt."[53]

Christlicher Glaube und menschliche Vernunft erschlössen sich demnach wechselseitig. Vom Glaubensinhalt erhelle sich das Verständnis der Vernunft. Glaube werde als die „Freisetzung von Vernunft" verstanden, die sich durch die systematische Untersuchung des christlichen Glaubens ergibt. So bezieht Verweyen Glaube und Vernunft gegenseitig aufeinander und konstruiert ein Verhältnis von Denken und Glauben, das zum Ergebnis den Glauben als „Freisetzung von Vernunft" hat. „Indem Glaube als Freisetzung deutlich wird, ergibt sich die Möglichkeit und Notwendigkeit, die im Glauben befreite Vernunft selbst zu erkunden."[54]

---

[52] Vgl. Max Seckler, Der Begriff der Offenbarung, in: HFTh 2 (1985) 60–83, 75. 77–79.

[53] Verweyen, Gottes letztes Wort, 50. Ebenbauer bemerkt dazu, dass Verweyen von Beginn seiner Untersuchung an davon ausgehe, dass Offenbarung eine „Freisetzung der Vernunft" bedeute. Dieses Offenbarungsverständnis begründe das Programm des fundamentaltheologischen Entwurfs Verweyens. Ders., Fundamentaltheologie, 36.

[54] Verweyen, Gottes letztes Wort, 50.

Wie verschränkt Verweyen Denken und Glauben, um am Ende den „Charakter des Glauben als Freisetzung von Vernunft"[55] zu beschreiben? Verweyen erreicht dies, indem er einen Ausgangspunkt sucht, der sowohl die inhaltliche Einheit des Glaubens umfasst, wie auch ein formales Kriterium, mit Hilfe dessen eine Unterscheidung des christlichen Logos von anderen Glaubensmöglichkeiten möglich wird. So kann der Inhalt des Glaubens als Erhellung der menschlichen Vernunft zur Sprache kommen.

2.2 Der Ausgangspunkt des Glaubens als Grund der Ersten Philosophie und der Hermeneutik

Der von Verweyen gewählte Ausgangspunkt des fundamentaltheologischen Denkens ist die Eucharistie als Zentrum des gelebten Glaubens.[56] Im Anschluss an Popkes[57] nimmt er eine fundamentaltheologische Vertiefung des *Traditio*begriffs vor.[58] Verweyen leitet sowohl die Berechtigung der Hermeneutik wie auch diejenige der Erstphilosophie aus dem *Traditio*begriff ab. Eine rationale Glaubensverantwortung bedürfe aufgrund des christlichen Glaubens dieser zwei Denkbewegungen.[59]

---

[55] Verweyen, Gottes letztes Wort, 50.
[56] Fößel kritisiert diesen liturgischen Zugang zum Kern des christlichen Glaubens als empirisch nicht verifizierbar und eurozentristisch. Ders., Gott, 41f.
[57] Wiard Popkes, Christus traditus. Eine Untersuchung zum Begriff der Dahingabe im Neuen Testament, Zürich 1967.
[58] Verweyen differenziert die *traditio* in vierfacher Hinsicht, vgl. dazu ders., Gottes letztes Wort, 52f. Ausführlich bespricht Fößel den Traditiobegriff. Vgl. ders., Gott, 36–77. Platzbecker weist darauf hin, dass die vierte Ebene, die Verweyen ergänze, entscheidend für den angemessenen Zugang zur eschatologischen Glaubenswahrheit sei. Vgl. Paul Platzbecker, Radikale Autonomie vor Gott denken. Transzendentalphilosophische Glaubensverantwortung in der Auseinandersetzung zwischen Hansjürgen Verweyen und Thomas Pröpper (= ratio fidei 19), Regensburg 2003, 33, Anm. 5.
[59] Vgl. Verweyen, Bildbegriff und transzendentale Sinnreflexion, in: Gerhard Larcher (Hg.), Symbol, Mythos, Sprache. Ein Forschungsgespräch, Annweiler 1988, 43–58, 44.

2.2.1 Hermeneutik

„[D]as unabschließbar-unendliche Bemühen um Verstehen, nicht der Ausgriff auf ein umfassendes Erklären muß oberstes Ziel der Wissenschaft bleiben, der es um den Menschen geht."[60] So bestimmt und beschränkt Verweyen das hermeneutische Unternehmen. Hermeneutik versteht er als einen offenen Prozess, der sich jeder Art des Universalanspruchs versagt und durch die Erste Philosophie sein Kriterium erhält. In diesem Punkt stimme er nach eigener Einschätzung mit der Position von Gadamer oder Ricœur überein, die von einer unaufhebbaren Mehrdeutigkeit aller sprachlichen Ausdrucksweisen ausgingen. Verweyen leitet die Aufgabe der Hermeneutik aus dem Begriff der *traditio* ab. *Traditio* versteht er als ein Geschehen, das jeden Menschen angehe. Aus dieser Bestimmung folgert Verweyen die Forderung, das Ereignis der christlichen Offenbarung in jeden möglichen und wirklichen Kontext zu übersetzen: „Soll sich aber jeder Mensch als Betroffener erkennen können, so muß die konkrete Begegnung mit *traditio* in jedem auch nur möglichen Verstehenshorizont eine Frage aufdecken, auf die Christus die angemessene Antwort ist."[61] Verweyen intendiert keinesfalls eine reine Anpassung der Botschaft an den jeweiligen Verstehenshorizont. Im Gegenteil: Der *Traditio*begriff führe bei seiner Auslegung innerhalb unterschiedlicher Kontexte nach Verweyen in eine Krisis, da er als Kriterium fungiere, anhand dessen die Frage entscheidbar werde, ob unter den jeweiligen kulturellen, geschichtlichen und sozialen Bedingungen die menschliche Sinnfrage in angemessener Weise gestellt werde.

Für den die Botschaft Verkündigenden ergebe sich aus dem *Traditio*begriff die Anforderung, das Geschehen als „Antwort auf die Fragen des anderen" auszulegen. Als Voraussetzung dafür fordert Verweyen eine radikale Solidarität des Verkündenden mit dem Fragenden, die sich darin zeige, dass die „Not des Verstandenwerdenwollens"[62] geteilt werde. Diese Solidarität mit dem Adressaten der Verkündigung könne bis zur Verabschiedung der eigenen Gottesvorstellung reichen. Die äußerste Form der Solidarität zwischen Verkündigendem und Adressaten sieht er in der

---

[60] Verweyen, Gottes letztes Wort, 61.
[61] Verweyen, Gottes letztes Wort, 62.
[62] Verweyen, Gottes letztes Wort, 62.

Frage Jesu am Kreuz. Wenn Jesus am Kreuz in der absoluten Verlassenheit zu seinem Vater schreie, werde deutlich, dass dem Gekreuzigten das eigene Bild seines Gottes zutiefst fraglich geworden sei. Der Gekreuzigte habe die Frage des Menschen, der sich von Gott verlassen glaube, zu seiner eigenen Frage gemacht. Er sei mit dem Menschen, der sich von Gott im Leid verlassen glaube, solidarisch geworden.[63]

Mit der theologisch begründeten Forderung der Auslegung der christlichen Botschaft in jedem möglichen Kontext ergebe sich die Notwendigkeit der *philosophischen* Methode dieser Aufgabe. Denn die theologische Aufgabe werde nur möglich, wenn auch der Nicht-Gläubige in seiner autonomen Vernunft angesprochen werden könne. Verweyen geht davon aus, dass sich daher Theologie und Philosophie nicht vollkommen trennen lassen.[64]

2.2.2 Erstphilosophie

Die zweite Aufgabe der Fundamentaltheologie neben der Hermeneutik besteht nach Verweyen in der erstphilosophischen Arbeit, da für eine rational verantwortete Rede von Gott die Ermittlung von Letztgültigkeitskriterien unerlässlich sei.[65] Sowohl die Herme-

---

[63] Vgl. Verweyen, Gottes letztes Wort, 62.

[64] Vgl. Verweyen, Gottes letztes Wort, 62. Ziel des Diskurses, der die universale Bedeutung der christlichen Botschaft deutlich machen wolle, sei es, dass verschiedene Theologien, die Verweyen mit dem Begriff der weltanschaulichen Herkunft beschreibt, zu einer gemeinsamen Sprache, der Philosophie, fänden. „Der integrale Diskurs ist vielmehr durch ein nicht adäquat scheidbares Ineinander von ‚Theologie' und ‚Philosophie', weil von dem Bemühen aller Beteiligten bestimmt, im Ausgang von ihrer verschiedenen weltanschaulichen Herkunft (‚Theologie') zu einer gemeinsamen Sprache (‚Philosophie') zu finden." Verweyen weist darauf hin, dass sich diese Sprache nicht unabhängig von geschichtlichen Bedingtheiten wisse. Das Ziel des Diskurses bestehe in einer universalen Verständigung. Gleichzeitig sei aber damit kein Abschluss der Verstehensprozesses angestrebt, da dieser Verstehensprozess sich unter kontingenten Bedingungen vollziehe und bleibend unter dem Anspruch stehe, dass sich der Mensch in seiner unauslotbaren Freiheit zur Sprache bringen könne. Vgl. Verweyen, Gottes letztes Wort, 61–63. Die von Verweyen angenommene Problematik der Suche nach einer Möglichkeit, sich selbst zum Ausdruck zu bringen, steht hier bereits im Hintergrund.

[65] Vgl. Verweyen, Gottes letztes Wort, 49.

neutik wie auch die kriteriologische Funktion ließen sich im Begriff der *traditio* verankern, denn dieser Begriff definiere nicht nur ein Geschehen, dem universale Bedeutung zukomme, sondern gehe zudem davon aus, dass das *Traditio*geschehen geschichtlich unüberholbar sei, d. h. von keinem Ereignis innerhalb der Geschichte übertroffen werden könne. Als Aufgabe sei der Ersten Philosophie aufgegeben, mit Hilfe der autonomen philosophischen Vernunft[66] einen Begriff von letztgültigem, d. h. geschichtlich unüberholbarem Sinn zu ermitteln, mit dessen Hilfe die Frage entscheidbar werde, wann von letztgültiger Offenbarung die Rede sein könne. Die Erste Philosophie müsse daher Kriterien liefern, anhand derer ein geschichtliches Ereignis als unüberholbar bzw. letztgültig einzuordnen sei.[67]

Während die Bedeutung der Hermeneutik nach Verweyen mittlerweile theologisch unbestritten sei, kämpfe die Erstphilosophie um ihre Legitimität. Im Anschluss an Leilich[68] beschreibt Verweyen drei Verständnisarten der Ersten Philosophie. Aristoteles fasse unter Erstphilosophie die Rückfrage nach den letzten Gründen der Welt. Beginnend mit Descartes und endgültig bei Kant werde darunter „die Reflexion auf das Subjekt und die es bestimmenden apriorischen Strukturen als Vorbedingung für die Erkenntnis dessen, was im Hinblick auf die begegnende Welt und jedes potentielle Darüber-hinaus als wahr gelten darf"[69], verstanden. Dieser zweiten Art der Erstphilosophie gibt Verweyen gegenüber der dritten Variante, die durch die Sprachphilosophie bestimmt ist, den Vorrang, indem er auf den theologischen Gedanken einer letztgültigen

---

[66] Verweyen unterscheidet hier nicht eindeutig, ob es sich um die praktische Vernunft oder um die theoretische Vernunft handelt. Da der Kontext jedoch die Frage von Einheit und Differenz behandelt, liegt der Schluss nahe, dass Verweyen hier die theoretische Vernunft meint.

[67] Vgl. Verweyen, Gottes letztes Wort, 63. Fößel weist darauf hin, dass gerade durch den Aufweis des universalen Geltungsanspruchs des *traditio*-Geschehens ein Kriterium notwendig werde, um die Auflösung der Theologie in Philosophie zu verhindern. Vgl. ders., Gott, 40.

[68] Vgl. Joachim Leilich, Sprachphilosophie, Kopernikanische Wende und ‚Linguistic Turn', in: Bijdr. 46 (1985) 141–153, 153. Leilich verweist dort auf die Dreiteilung der Philosophiegeschichte, wie sie von Apel und Sluga vorgenommen wurde.

[69] Verweyen, Bildbegriff, 43.

Offenbarung rekurriert. Verweyen hält gegen Apel an der cartesischen Erstphilosophie fest, da deren „größte Errungenschaft [...] ist, einen letzten Gültigkeitsgrund auch noch angesichts der Möglichkeit eines ‚allmächtigen Lügengeistes' gewonnen zu haben."[70]

2.2.2.1 Letztgültigkeit

Die Erste Philosophie stehe unter dem Anspruch, Kriterien für die Frage nach der Letztgültigkeit eines geschichtlichen Ereignisses bereit zu stellen. Der Mensch solle von der Unüberbietbarkeit der Offenbarung in Jesus Christus bis ins Letzte überzeugt sein. Voraussetzung dafür sei es, dass er das Ereignis als ein letztgültiges, unüberholbares verifizieren könne. „Eine solche Überzeugung schließt die Gewißheit ein, daß nichts unter all dem, was dem Menschen möglicherweise noch begegnen wird, jene letztgültige Wahrheit überholen kann."[71] Lediglich unter der Voraussetzung, dass der Mensch sich bis in sein Innerstes von seiner Glaubensentscheidung überzeugt wisse, könne er sich vollständig vom Glauben beanspruchen lassen. Bleibe ein noch so kleiner Rest des Glaubens, der der Vernunft verschlossen sei und der in seiner Sinnhaftigkeit nicht eingesehen werden könne, drohe die Gefahr des Fideismus. Die Forderung nach Letztgültigkeit ergibt sich nach Verweyen aus dem interpersonalen Offenbarungsverständnis. Ihm zufolge beinhalte der christliche Glaube die Annahme, dass sich Gott in Jesus Christus unüberholbar und letztgültig zu erkennen gegeben habe. Voraussetzung für diese freie Bejahung des Glaubens durch den Menschen ist nach Verweyen die Möglichkeit der Erkenntnis von Letztgültigem. Denn ohne dass die Offenbarung Gottes als letztgültige erkennbar sei, könne ein Verhältnis von Mensch und Gott nicht gedacht werden, das sich jenseits des Fideismus vollziehe, ein freies Ja zum Glauben und dessen Verantwortung wäre nicht möglich.[72]

---

[70] Verweyen, Bildbegriff, 48.
[71] Verweyen, Gottes letztes Wort, 63.
[72] Verweyen, ‚Fides et ratio': eine notwendige Wegweisung, in: ThGl 90 (2000) 489–497, 491f.

2.2.2.2 Autonom

Die Reichweite der Letztbegründung gehe aber über den individuell bereits vollzogenen Glauben hinaus. Mit dem Begriff der Letztgültigkeit werde auch ein universaler Geltungsanspruch formuliert. „Letztgültig, das bedeutet zum einen, daß der *Sinn*, der sich in diesem Ereignis erschließt, für immer und für alle Menschen gilt."[73] Diese Bestimmung von Letztgültigkeit hängt eng mit der geforderten autonomen Vernunftbegründung zusammen. Der Sinn-Begriff müsse nur mit Hilfe der Vernunft ermittelbar sein und infolgedessen zumindest prinzipiell von jedem mit Vernunft ausgestatteten Menschen als zutreffend erkannt werden können. Auch der Mensch, der noch keine Glaubenserfahrung gemacht habe, die sich mit dem ermittelten Sinnbegriff decke, müsse die grundsätzliche Vernünftigkeit des christlichen Glaubens erfassen können, auch wenn die Glaubensentscheidung damit noch ausstehe. „Wer immer einen prinzipiellen Gegensatz zwischen christlichem Glauben und autonomer Vernunft behauptet, hat entweder diesen Glauben oder das, was Vernunft ihrem eigenen Wesen nach ist – oder beides – noch nicht richtig bedacht."[74] Vernunft und Glaube dürfen nach Verweyen nicht als unvermittelbar angenommen werden, da eine solche Sicht weder dem christlichen Glauben noch der Vernunft gerecht werde. Eine Glaubensentscheidung, die nicht mit den Mitteln der Vernunft nachvollziehbar und damit lediglich die Annahme einer Bestimmung von außen sei, könne nicht als eine solche bezeichnet werden. Um die Vereinbarkeit von Glaube und Vernunft zu gewährleisten, muss nach Verweyen ein Begriff letztgültigen Sinns auf philosophischem Wege erreichbar sein. Wenn der Mensch keinen Begriff von letztgültigem Sinn ermitteln könne, stehe die Glaubensentscheidung und damit das Glaubensengagement immer auf einem unsicheren Fundament, da der Mensch keine Gewissheit darüber erlangen könne, ob im Kreuzesgeschehen wirklich etwas geschehen sei, das in geschichtlicher Hinsicht keine Steigerung erfahren könne. Nur mit Hilfe der Vernunft und ohne Rückgriff auf die Inhalte der geschichtlichen Offenbarung werde daher der Begriff von letztgültigem Sinn er-

---

[73] Verweyen, Fundamentaltheologie: zum „status quaestionis", 321.
[74] Verweyen, Fundamentaltheologie – Hermeneutik – Erste Philosophie, 369.

mittelt sowie die erstphilosophische Frage nach der letzten Gewissheit aufgrund der Selbstreflexion des Subjekts beantwortet.

> „Erst wenn die Vernunft in eigener Autonomie den *Begriff* ei-
> nes unhinterfragbar gültigen Sinns für menschliche Existenz so
> gefaßt hat, daß nichts mehr ihr diesen Begriff zu zerstören ver-
> mag, kann sie ehrlich sagen, daß sie bis ins Mark hinein von ei-
> ner *erfahrenen* letztgültigen Wahrheit überzeugt ist – dann näm-
> lich, wenn diese Erfahrung selbst (als eine ‚fides quaerens
> intellectum‘) auf jenen Begriff hin auslegbar ist."[75]

Wie bereits erwähnt geht Verweyen von einer wechselseitigen Erhellung von Glaubensinhalt und menschlicher Vernunft aus.[76] Er
nimmt keineswegs an, dass ein Mensch, der noch nie etwas von
der geschichtlichen Selbstmitteilung Gottes in Jesus Christus gehört hat, nur aus Ressourcen seiner Vernunft darstellen könnte,
wie sich Offenbarung zu ereignen habe und wodurch das Offenbarungsereignis erkennbar sei. Der Mensch habe nicht die Fähigkeit, zeitlich gesehen vor der geschichtlichen Offenbarung einen
Begriff letztgültigen Sinns mit seinen eigenen Vernunftmöglichkeiten zu konstruieren. Dieser Weg sei der Vernunft aufgrund ihrer
Verdunkelung durch die Sünde verstellt.[77] Philosophisch könne

---

[75] Verweyen, Gottes letztes Wort, 63. Ein anderes Verhältnis von Glaube und
Gewissheit findet sich bei Knapp. Knapp kritisiert das Denken Verweyens
dahingehend, dass die Glaubensgewissheit nicht angemessen thematisiert
werde. Knapp geht seinerseits davon aus, dass die Gewissheit dem Glauben
inhärent sei und nicht in einer philosophischen Reflexion gründe. Die nachträgliche Reflexion verantworte den Glauben vor der autonomen Vernunft.
Die Gewissheit ergebe sich jedoch nicht aus der Reflexion über die Vernünftigkeit des Glaubens, sondern sei Teil der individuellen Entscheidung zum
Glauben. Vgl. Markus Knapp, Verantwortetes Christsein heute. Theologie
zwischen Metaphysik und Postmoderne, Freiburg 2006, 134f., 211.
[76] Vgl. Kapitel 2.1 und Verweyen, Gottes letztes Wort, 50.
[77] Vgl. Verweyen, Gottes letztes Wort, 154. Auf die Bedeutung der Glaubenserfahrung als hermeneutischer Akt weist Hoff hin. Die geschichtliche
Erfahrung des Glaubens stelle der Ausgangspunkt des Modells dar, Verweyens Ansatz greife daher auf eine bestimmte hermeneutische Leistung
zurück. Vgl. Gregor Maria Hoff, Offenbarungen Gottes. Eine theologische
Problemgeschichte, Regensburg 2007, 238.

der Wahrheitsgehalt eines geschichtlichen Ereignisses durch die Vorgaben der Vernunft geprüft werden und dies ermögliche der Begriff von letztgültigem Sinn. Dieser Begriff dürfe nur aus den Möglichkeiten der menschlichen Vernunft konstruiert werden, damit so Kriterien für die Frage nach der Letztgültigkeit autonom entwickelt werden könnten. Gleichzeitig muss beachtet werden, dass Verweyen die Möglichkeit der autonomen Philosophie erst durch das Offenbarungsereignis gegeben sieht. „Die Durchführung einer wirklich autonomen Philosophie verdankt sich der Befreiung der ‚natürlichen Vernunft' aus der faktisch verstellten Realität des fleischgewordenen Logos."[78] Glaube und Vernunft sind für Verweyen wechselseitig aufeinander verwiesen. Der Glaube selbst setze eine Vernunft frei, die auch die Vernünftigkeit der vor dem Glauben wirksamen Vernunft deutlich werden lasse. Auch dort sei diese Vernunft anzutreffen, jedoch aufgrund des fehlenden Glaubens sei sie verborgen am Werke. Gerade aufgrund dieser verborgenen aber doch vorhandenen Vernunft, die durch den Glauben ans Licht komme, erschließe sich die Relevanz des Glaubens.[79] Der christliche Glaubensinhalt eröffne den Blick auf die wahrhafte Struktur der menschlichen Vernunft. Gleichzeitig mache erst die philosophische Reflexion über die Struktur der endlichen Vernunft und ihre Hinordnung auf die Offenbarung den „Charakter des Glaubens als *Freisetzung* von Vernunft"[80] deutlich.

---

[78] Verweyen, Gottes letztes Wort, 71. Fößel zeigt, dass Verweyen von einer natürlichen Theologie ausgeht, die er von der faktisch menschlichen Vernunft, wie sie im Römerbrief in theologischer Perspektive vorgestellt werde, konstruiere. Innerhalb dieser „konstitutiv glaubensbezogenen Vernunft" setze Verweyen die natürliche Theologie an. Dieser Bereich der natürlichen Vernunft müsse, um dem Heteronomieverdacht zu entgehen, mit Hilfe der autonomen Vernunft durchdacht werden. Die natürliche Theologie bzw. die Religionsphilosophie werde aufgrund der spezifischen Art der Erstphilosophie in die Fundamentaltheologie Verweyens eingeschlossen. Vgl. ders., Gott, 118.

[79] Vgl. Verweyen, Gottes letztes Wort, 45.

[80] Verweyen, Gottes letztes Wort, 50.

Zwischenreflexion 1

Bereits im Zusammenhang mit den Grundannahmen der Fundamentaltheologie Verweyens wird deutlich:

Glaube und Vernunft sind aufeinander verwiesen. Glaube wird bei Verweyen durch den Begriff der „Freisetzung von Vernunft" bestimmt.

Die menschliche Vernunft, die teilweise verborgen am Werke ist, wird durch den Offenbarungsinhalt erhellt. Für Verweyen vollzieht sich durch die Offenbarung eine Art Wiederherstellung der natürlichen Fähigkeiten des Menschen, sodass dieser nach der geschichtlich ergangenen Offenbarung auch auf rationalem Wege die Sinnhaftigkeit der Offenbarung erkennen kann.[81] Der Mensch, der nichts vom Offenbarungsereignis weiß, kann den Begriff letztgültigen Sinns nicht konstruieren. Warum? Nach Verweyen ist die natürliche Vernunft faktisch verdunkelt, er weist auf die „theologische Voraussetzung der Sündenverfallenheit aller Menschen hin."[82]

> „Der Mensch besitzt eine strukturelle Offenheit auf den sich in der Geschichte offenbarenden Gott. Er hat sich aber so sehr ‚auf sich selbst zurückgekrümmt' (‚incurvatus super seipsum', Augustin), dass er ohne eine Befreiung von dieser ihm faktisch zur Natur gewordenen Haltung jene Offenheit nicht mehr zu erkennen vermag."[83]

---

[81] Hoff bestimmt das Verhältnis von Glaube und Vernunft auf andere Art und Weise. Aus der Perspektive des Glaubens zeige sich für ihn die Glaubensverwiesenheit aller Vernunft. Wissenschaftstheoretisch stelle der Glaube eine umfassende Voraussetzung dar: Es sei damit „kein glaubensfreier Zugang der Vernunft zum Glauben möglich". Vgl. Gregor Maria Hoff, Die prekäre Identität des Christlichen. Die Herausforderung postModernen Differenzdenkens für eine theologische Hermeneutik, Paderborn 2001, 495. Trifft diese Einschätzung Hoffs jedoch zu, stellt sich die Frage, wie Glaubensverantwortung mit der Fundamentaltheologie Verweyens jenseits der Gemeinschaft der Gläubigen noch vonstatten gehen kann.

[82] Kim, Auf der Suche, 193.

[83] Verweyen, Einführung in die Fundamentaltheologie, Darmstadt 2008, 130.

Aus dieser Entfremdung wird der Mensch durch das Heilsereignis in Jesus Christus befreit. Mit dieser Annahme ist die Relation zwischen Offenbarung und Vernunft ausgesagt: Die Offenbarung befreit die degenerierte Vernunft zu ihrem adäquaten Vollzug. Ist diese Befreiung durch das geschichtliche Offenbarungsereignis geschehen, lässt sich die ursprüngliche Bestimmung des Menschen rational von jeder verstellten Vernunft nachvollziehen. Verweyen weiß sich hier dem Gedanken Augustins verpflichtet, der die Ursache für den Verlust der Möglichkeit der menschlichen Freiheit zum Guten in der Erbsünde gegeben sieht.[84] Der Mensch kann nach Verweyen ohne ein äußeres Zutun sein eigenes Wesen nicht vollziehen, seine Offenheit hat sich so stark depraviert, dass er sein eigenes Wesen nicht mehr erkennt.[85] Ist eine Offenbarung erfolgt, soll diese mit den Mitteln der Vernunft als rational nachvollziehbar aufgewiesen werden. Erst im Glauben zeige sich „die wahre Philosophie als das Organon der wahren Vernunft"[86]. Problematisch wird dieses Denken in zweierlei Hinsicht:

---

[84] Vgl. Helmut Hoping, Erbsünde. II. Historisch-theologisch, in: LThK^3 3 (1995) Sp. 744–746, 745.

[85] Scherer macht darauf aufmerksam, dass sich mit diesem Verständnis von Offenbarung das Anselmerbe bei Verweyen bemerkbar mache. Offenbarung werde vor allem gedacht als ein Handeln, das die wahre Bestimmung der Vernunft wieder zum Vorschein bringe. „[E]rst der Glaube an die in Jesus Christus ergangene Offenbarung setzt die Vernunft in ihr wahres Wesen ein." Georg Scherer, Erste Philosophie und Sinnbegriff, in: Larcher, Hoffnung, die Gründe nennt, 63–75, 64f. Vgl. Kim, Auf der Suche, 108–110.

[86] Scherer, Erste Philosophie, 64f. Zu einer ähnlichen Einschätzung gelangt Platzbecker: „Die Durchführung einer wirklich autonomen Philosophie verdankt sich nach Verweyen der Befreiung der ‚natürlichen Vernunft' aus der faktisch verstellten Rationalität, eine Befreiung, die sich durch Gottes Wort in der Begegnung mit dem fleischgewordenen Logos vollzieht. Diese Freilegung des wahren Logos wird nicht nur durch die bleibende Fehlbarkeit desjenigen, der seinen Glauben zu verantworten sucht, erschwert, sondern auch dadurch, dass es laut Verweyen in der ihm begegnenden explizit christlichen Tradition selbst so etwas wie eine ‚partielle Sonnenfinsternis', d. h. Eintrübung des authentischen Logos, gibt. Die Anlehnung an die Anselm'sche Vernunftkonzeption scheint hier sehr deutlich durch. Denn für Anselm hat einerseits alle Vernunft des Menschen ihr naturgemäßes Licht durch die Sünde verdunkelt und bedarf deswegen des Glaubenslichts, um selbst wieder hell und für anderes sehend zu werden.

Zum einen wird alles Denken vor dem Glauben als verstellt und verfinstert angenommen. Die menschliche Vernunft erhellt sich erst durch den Glauben. Menschliche Vernunft ist grundlegend auf Offenbarung bezogen, will sie sich angemessen vollziehen. Im Gespräch mit atheistischen Positionen und mit Vertretern anderer Religionen wirft diese Vorstellung Probleme auf.

Zum zweiten drängt sich die Frage auf, inwiefern die Definition von Glauben als „Freisetzung der Vernunft" zutreffend ist. Pröpper weist darauf hin, dass durch die Nähe zum Denken Anselms, welches die Offenbarung als Möglichkeit der Gotteserkenntnis annimmt, die durch die Sünde verstellt war, die wesentliche Bezogenheit des Glaubens auf Jesus Christus als einen freien, personalen Akt kaum einsichtig gemacht werden kann. Ein Offenbarungsverständnis, das von Offenbarung als freier Mitteilung ausgehe, müsse das Geschehen in Jesus Christus als freien Erweis der göttlichen Liebe denken. Dieses Geschehen umfasse mehr als die Wiederherstellung der wahren Vernunftbestimmung.[87] In diesem Zusammenhang stellt sich zudem die Frage nach der Ungeschuldetheit und Freiheit von Offenbarung.

3. Die Grundsituation des Menschen: der Götterfluch des Sisyphos

Nachdem Verweyen aus der Sinnmitte des Glaubens heraus die Aufgaben und die Struktur seiner Fundamentaltheologie rekonstruiert hat, widmet er sich dem zweiten Schritt Max Secklers: der anthropologische Frage. Verweyen konstruiert, um eine Verantwortung vor der philosophischen Vernunft zu ermöglichen, mittels rein philosophischen Annahmen einen Sinnbegriff. Als Grundlage für den letztgültigen Sinnbegriff nimmt Verweyen eine alle Menschen betreffende Sinn*frage* an und schickt den Untersuchungen des Sinn*begriffs* eine Überlegung zur anthropologischen Lebens-

---

Anderseits setzt der Glaube eine wirklich autonome Vernunft frei." Platzbecker, Autonomie, 22, Anm. 11.

[87] Vgl. Thomas Pröpper, Erstphilosophischer Begriff oder Aufweis letztgültigen Sinns? Anfragen an Hansjürgen Verweyens „Grundriß der Fundamentaltheologie", in: ThQ 174 (1994) 272–287, 283f.

problematik voraus. Verweyen geht von der menschlichen Suche nach Einheit aus und untersucht die Elementarstruktur der endlichen Vernunft unter diesem Gesichtspunkt. Damit ist eine *grundlegende Setzung* vorgenommen.[88] Mathematisch am Beispiel des reinen Punktes, literarisch an der Figur des Sisyphos von Albert Camus und transzendentallogisch an der menschlichen Wahrnehmung zeigt Verweyen die paradoxe Verfasstheit des Menschen auf.

3.1 Eine Beobachtung – die Suche nach dem absolut einfachen Punkt

Verweyen verweist auf eine Anekdote über Husserl, der zufolge Husserl als Kind ein geschenktes Messer so lange geschärft habe, bis die Klinge schließlich vollständig verschwunden sei. Hier lässt sich nach Verweyen beobachten, dass das Streben nach der vollkommenen Schärfe das Schneidewerkzeug vernichte. Als zweite Beobachtung führt er an, dass bereits primitive Menschen Pfeilspitzen herstellen können. Beide Phänomene zeigen nach Verweyen ein menschliches Streben, das, wenn auch wie in diesem Fall unbewusst, auf den reinen Punkt hinziele. Diesen reinen Punkt interpretiert Verweyen als die Idee der absoluten Einheit. Über den empirischen Weg gelange der Mensch zwar nicht zum absolut einfachen Punkt, denn die Messerklinge werde in der Bestrebung, sie schärfer und schärfer zu machen, zerstört. Beobachtbar sei jedoch in beiden Fällen, dass der Mensch von der *Idee* der Einfachheit angetrieben sei. Dieser Gedanke sei zwar aufgrund empirischer Erfahrung gewonnen, daraus ergebe sich aber nicht zwangsläufig die

---

[88] Platzbecker weist darauf hin, dass die Sinnfrage bei Verweyen und Pröpper grundsätzlich unterschiedlich gestellt sei. Während Verweyen die Frage Plotins nach dem Verhältnis von Bedingtem und Unbedingtem nicht-metaphysisch in den Blick nehme, verzichte das freiheitstheoretische Denken nach Pröpper (und Krings) auf diese Konzeption und distanziere sich infolge dessen von der metaphysischen Gotteslehre. Der Inhalt des Sollens als Bejahung der anderen Freiheit werde von der Vorstellung eines metaphysisch ,Absoluten' unterschieden. Vgl. ders., Autonomie, 215–217. Vgl. Hermann Krings, System und Freiheit. Gesammelte Aufsätze (= Reihe Praktischer Philosophie 12), Freiburg 1980, 175–177.

Herkunft dieses Gedanken aus der Bedingtheit. Gerade die Unerreichbarkeit des absolut einfachen Punktes weise auf die Unbedingtheit der Idee der Einfachheit hin.[89]

3.2 Der Götterfluch des Sisyphos

Zur ausführlicheren Analyse der menschlichen Sinnproblematik verweist Verweyen auf die Figur des Sisyphos bei Albert Camus. Ziele nach dem bisher Ausgeführten das Streben unbewusst auf den Einheitspunkt, finde sich bei Camus eine Steigerung. Das Schicksal des Sisyphos sei es, einen Felsblock auf den Gipfel eines Berges rollen zu müssen und gleichzeitig zu wissen, dass derselbe Stein aufgrund seines Gewichtes niemals auf dieser Bergspitze liegen bleibe, sondern immer wieder vom Berg hinunterrollen und sich so dieselbe Mühe unendliche Male wiederholen werde. Sisyphos sei der absurde Held. „Seine Verachtung der Götter, sein Haß auf den Tod und sein leidenschaftlicher Lebenswille haben ihm die unsagbare Marter eingebracht, bei der sein ganzes Sein sich abmüht, ohne etwas zu vollenden."[90] Es sei nicht nur das Streben nach der unerreichbaren Einheit, welches Sisyphos auszeichne – dieses finde sich auch schon bei den vorherigen Beobachtungen. Vielmehr charakterisiere Sisyphos, dass er um die Unerreichbarkeit seines Vorhabens wisse. Für Verweyen stellt diese Situation des Sisyphos das Paradigma der menschlichen Sinnproblematik dar.

> „Albert Camus hat in einem berühmten Essay den ‚Mythos von Sisyphos' aufgegriffen, um darin die Grundkonstellation des menschlichen Daseins, und d. h. nach Camus zugleich: des ‚Absurden', sichtbar zu machen. Absurd ist das Dasein nicht schon dadurch, daß es der Mensch in seinem Leben mit ‚schweren Brocken' zu tun hat. Das haben andere Lebewesen auch. Entscheidend ist der ‚Götterfluch': der Stein ‚gehört' auf den Gipfel des Berges – kommt dort aber nie zur Ruhe. Dem Menschen,

---

[89] Vgl. Verweyen, Gottes letztes Wort, 143.
[90] Albert Camus, Der Mythos von Sisyphos, Neuübersetzung von Vincent von Wroblewsky, Reinbeck bei Hamburg 2000, 156.

und ihm allein, sitzt unausrottbar die Idee der Einheit, einer Harmonie im Nacken, der die Wirklichkeit spottet."[91]

Jedes menschliche Leben gleicht nach Verweyen der Situation des Sisyphos. Ausgestattet mit der Idee der Einfachheit, der Einheit oder der Unbedingtheit befinde sich der Mensch immer in einem Zustand, etwas anzustreben, was er nicht erreichen könne. Aufgrund dieser Verfasstheit beginne der Mensch, am Leben zu verzweifeln. Diese Verzweiflung könne den Menschen auch angesichts der Schönheit der Natur erfassen. Aus Camus' Tagebüchern greift Verweyen folgende Beschreibung heraus:

„Gewitterhimmel im August. Glühende Winde. Schwarze Wolken. Im Osten jedoch ein zart blaues, durchsichtiges Band. Unmöglich, es anzuschauen. Es ist eine Pein für Auge und Seele. Denn die Schönheit ist unerträglich. Diese Ewigkeit von der Dauer einer Minute, die wir gleichwohl über alle Zeit hin ausdehnen möchten, sie läßt uns verzweifeln."[92]

Camus zeichne nach Verweyen einen Menschen, der sich angesichts unterschiedlichster Phänomene seines vergeblichen und unerfüllbaren Verlangens nach dem unbedingten Einen bewusst werde. Diese Analyse gibt laut Verweyen „völlig ungeschminkt die Lebens- und Sinnfrage gleichsam in einem Hohlspiegel"[93] wieder, die Camus Zeit seines Lebens umgetrieben habe: Die wahrgenommene Schönheit erwecke den Wunsch nach Ewigkeit, und im gleichen Moment des Wunsches werde die Vergänglichkeit des Wahrgenommenen schmerzhaft bewusst.[94] Der Mensch leide an seiner eigenen Verfasstheit. Deutlich werde dies in der Figur des Sisyphos, dem allzeit die Unmöglichkeit jenes Vorhabens – den Stein auf dem Berg zu fixieren – vor Augen stehe, und der damit immer

---

[91] Verweyen, Botschaft, 28.

[92] Albert Camus, Tagebücher. 1935–1951, Übersetzung von Guido G. Meister, Reinbeck bei Hamburg 1986, 9.

[93] Verweyen, Das fremdartige Glück absurder Existenz: Albert Camus, in: Klaus Held/Jochen Hennigfeld (Hgg.), Kategorien der Existenz. FS für Wolfgang Janke, Würzburg 1993, 365–381, 365.

[94] Vgl. Verweyen, Das fremdartige Glück, 366.

schon wisse, dass seine Mühen niemals im letzten Erfolg aufgehoben, ein zufriedenstellendes Ende finden könnten. Ebenso zeige die Erfahrung, die Camus in seinen Tagebüchern beschreibe und die durch eine unerfüllbare Sehnsucht nach Ewigkeit und Unbedingtheit bestimmt seien. Unerreichbare Vorstellungen würden dem Menschen zur Qual. Die Tragik ergäbe sich daraus, dass der Mensch selbst um die Unerreichbarkeit seiner Wünsche wisse.[95]

Camus' Analyse hinsichtlich der menschlichen Verfasstheit nimmt Verweyen als Ausgangspunkt für die Sinnfrage: „Diese von Camus essayistisch aufgezeigte ‚Elementarstruktur' des Daseins scheint mir in der Tat unhintergehbar, als solche aber auch in streng philosophischer Reflexion nachweisbar zu sein."[96] Damit gibt Verweyen den Dreh- und Angelpunkt für sein erstphilosophisches Unternehmen an. In der Beschreibung des Menschen, die Camus vornimmt, findet er eine apodiktische Position jenseits der hermeneutischen Methode.[97] Verweyen übernimmt Camus' Bestimmung des Menschen und qualifiziert sie als unabhängig von jeder geschichtlichen Vermittlung. Das menschliche Grunddilemma besteht nach Verweyen im Anschluss an Camus darin, mit der Idee der Einheit ausgestattet und gleichzeitig der Möglichkeit beraubt zu sein, dieselbe Einheit aus eigener Kraft zu erreichen. Unerreichbar und doch unaufgebbar bestimme diese Idee das menschliche Leben.

Während bei Camus Sisyphos „uns die größere Treue [lehrt], die die Götter leugnet und die Steine wälzt", will sich Verweyen aber nicht mit der Deutung der menschlichen Verfasstheit als Götterfluch zufrieden geben. Er nimmt dem absurden Helden sein Glück

---

[95] Vgl. Verweyen, Botschaft, 30f.

[96] Verweyen, Botschaft, 28.

[97] Die Problematik, die sich durch Begriffe ergeben, die auf universale Einheit zielen, zeigt Hubbert auf. Sowohl dem Sinnbegriff wie auch dem Begriff des Absurden liege der Anspruch zugrunde, alle Wirklichkeit auf *einen* Begriff zu bringen. Während Camus sich deutlicher von Descartes distanziere, gebe Verweyen dem Wunsch der Vernunft nach Einheit nach und frage von dort aus nach der Wirklichkeit des Einen zurück. Hubbert stelle die These auf, dass Verweyen damit gegen Camus zu Descartes zurückgehe. Vgl. Joachim Hubbert, Descartes, Anselm, Camus und Verweyen. Ringen um universalverbindliche Fundamentaltheologie, in: Larcher, Hoffnung, die Gründe nennt, 148–163, 162f.

nicht wirklich ab.[98] Verweyen geht nicht davon aus, dass Sisyphos die Götter leugnet. Für Verweyen wird auch Sisyphos, gerade in seinem Schicksal, von der Gottesfrage umgetrieben. Selbst der tragische Held geht nach Verweyen von der Existenz Gottes aus.

„Sisyphus mag zwar sich selbst und sein zwischen Gipfel und Abgrund gespanntes Geschick nicht anders begreifen können: er muß es als göttlichen Ruf oder auch Fluch zurückführen. Darin allein mag auch seine ganze Würde bestehen. Das hebt aber nichts von seiner Not. Er bleibt Sisyphus, dessen unausweichlicher Spruch ‚Gott ist' im Echo der Steine, Gipfel und Abgründe wie Hohn klingt."[99]

Verweyen fasst es als Herausforderung für seine Arbeit auf, Sisyphos als einen glücklichen Mensch zu denken. Mit einer Deutung des Daseins, das sich durch Absurdität auszeichnet und dessen Bejahung auf Kosten des Götterglaubens geht, will Verweyen sich nicht begnügen. Die menschliche Verfasstheit soll als sinnvoll denkbar werden, als Möglichkeit für den Anruf Gottes. So liegt für Verweyen die Lösung des Götterfluches in folgender Möglichkeit:

„Erst wenn Sisyphos seine Aufgabe als wenigstens prinzipiell lösbar zu erkennen vermöchte, würde er hinter dem, was sich wie der Fluch eines allmächtigen Tyrannen ausnimmt, vielleicht einen Anruf Gottes wahrnehmen können. Solange ihm seine Aufgabe als grundsätzlich unlösbar erscheint, kommt es ihm hingegen wie vergeudete Zeit vor, über Götter nachzudenken."[100]

Verweyen stellt seine eigene Fundamentaltheologie unter den Anspruch, die Absurdität des Daseins als sinnvoll zu erhellen und die prinzipielle Lösbarkeit und Sinnhaftigkeit der menschlichen Elementarstruktur aufzuzeigen.[101] Erst wenn die menschliche Ver-

---

[98] Vgl. Verweyen, Botschaft, 33.

[99] Verweyen, Nach Gott fragen, 63f.

[100] Verweyen, Gottes letztes Wort, 146.

[101] Platzbecker sieht darin die grundlegende Unterschiedenheit zwischen dem Denken Pröppers und dem Verweyens. Im freiheitstheoretischen Verständnis bei Krings und Pröpper bleibe die Antinomie zwischen dem An-

fasstheit in ihrer Sinnhaftigkeit erschlossen sei, werde die Frage nach Gott virulent. Gottesfrage und Lebenssinn sind nach Verweyen streng aufeinander bezogen. Fundamentaltheologisch sei es geboten, eine Konstruktion menschlichen Lebens auf Sinn hin anzubieten, um dadurch die Frage nach Gott zu eröffnen.

Zugleich verbinde diese Absicht sein eigenes Denken mit dem Denken Fichtes. „Im Unterschied zu Camus (und aller Religionskritik) ist Fichte der Überzeugung, daß man sich Sisyphos erst dann ‚als einen glücklichen Menschen vorstellen' kann, wenn ihm Herkunft und Sinn jeder Prägung durch das Unbedingte einsichtig sind."[102] Verweyen will zeigen, warum der Mensch immer von der Aufgabe getrieben ist, den Stein auf den Gipfel zu rollen, und wie diese Verfasstheit als sinnvoll und nicht als absurd erkannt werden kann. Als Lösungsmöglichkeit deutet Verweyen das Denken Fichtes an.

3.3 Die Camusrezeption Verweyens – eine spezielle Perspektive der Theodizeefrage

3.3.1 Priorität der Sinnfrage

Bei der Camusinterpretation Verweyens fällt auf, welche Bedeutung Verweyen der Frage nach Sinn von Leiden zugesteht. Die Priorität der Sinnfrage zeigt sich zum einen in der Interpretation des Sisyphos. Wenn Verweyen auf den „Mythos des Sisyphos" zurück greift, stellt er nicht die Frage, ob es Gründe für die Strafe des Sisyphos gebe, ob Sisyphos seine von den Göttern verhängte Stra-

---

spruch des Sollens und der möglichen Realisierung bestehen. Die Freiheit stehe hier vor der Problematik des Anspruchs eines Gehaltes, den sie aus sich heraus nie vollständig umsetzen könne. Auch wenn die Realisierung hinter ihrer Intention zurück bleibe, erübrige sich die Verpflichtung der Freiheit zur Anerkennung anderer Freiheit nicht. Dieses Denkmodell sei für Verweyen nicht plausibel. „Denn für Verweyen ist ein Begriff von ‚Autonomie' nur möglich, wenn mit der prinzipiellen Widersprüchlichkeit der Vernunft auf die des Daseins und damit die Antinomie der Freiheit in einem Begriff widerspruchsfreier Existenz überwunden werden kann." Ders., Autonomie, 195–198.

[102] Verweyen, Fichtes Religionsphilosophie, Versuch eines Gesamtüberblicks, in: Fichte-Studien 8 (1995) 193–224, 212.

fe als gerecht oder angemessen ansehe oder wie von Göttern zu denken sei, die eine derartige Strafmaßnahme verhängten. Im Fokus der Interpretation Verweyens steht die Frage, ob der Götterfluch, d. h. das Streben nach Einheit, als sinnvoll erkennbar eingesehen werden kann.[103]

Eine ähnliche Akzentsetzung zeigt sich, wenn man bedenkt, dass Verweyen für seine Fundamentaltheologie vor allem auf den „Mythos des Sisyphos" zurückgreift. Der Roman „Die Pest"[104] findet inhaltlich nur marginale Beachtung, obwohl Verweyen den Roman selbst zu den „theologisch wohl bedeutsamsten Werken" Camus' zählt.[105] Dies ist vor allem deshalb erstaunlich, weil „Die Pest" eine bis ins Äußerste gesteigerte Theodizeefrage aufwirft, man denke nur an die Passage, in der geschildert wird, wie ein Kind nach einem schrecklichen Todeskampf der epidemischen Krankheit erliegt.[106]

Auffallend ist dies deshalb, weil Verweyen die Theodizeefrage als Scheidepunkt für die Frage nach Gott annimmt.

> „Das Problem der Theodizee war als erstes zu behandeln; denn sollte Gott in dem ‚gegen ihn angestrengten Verfahren' unterliegen, so scheint alles Reden über Gott gegenstandslos zu werden. Wenn aber die Entscheidung zur Solidarität, die Camus zufolge im Protest gegen das Leiden mitgesetzt ist, in letzter Konsequenz zu dem Ruf nach einem Gott führt, den das menschliche Leiden in seinem Innersten trifft, dann ist Theologie alles andere als überflüssig."[107]

Einzig ein Gottesbegriff, der Gott bestimme als vom Leiden des Menschen im Tiefsten erschüttert, könne nach Verweyen die Rele-

---

[103] Striet weist darauf hin, dass für Camus die Annahme der Sinnhaftigkeit des Leidens den Blick auf die Wahrheit verstellt. Vgl. Magnus Striet, Versuch über die Auflehnung. Philosophisch-theologische Überlegungen zur Theodizeefrage, in: Harald Wagner (Hg.), Mit Gott streiten. Neue Zugänge zum Theodizee-Problem (= QD 169), Freiburg ²1998, 48–89, 83.

[104] Albert Camus, Die Pest, Neuübersetzung von Uli Aumüller, Reinbeck bei Hamburg 1997.

[105] Vgl. Verweyen, Das fremdartige Glück, 368.

[106] Vgl. Camus, Die Pest, 238–246.

[107] Verweyen, Einführung, 119.

vanz der Theologie aufweisen. Verweyen macht die Möglichkeit der theologischen Rede grundsätzlich von der Theodizeefrage abhängig. Scheitert der Gottesbegriff an der Theodizeeproblematik, erübrige sich jede weitere Theologie. Erst wenn aus der letzten Solidarität des Menschen heraus die Gottesfrage entworfen werden könne, lasse sich die Rede von Gott aufrechterhalten. Verweyen sieht in der Theodizeefrage, die sich hier beispielhaft angesichts des unschuldigen Leidens des Kindes aufdrängt, den gewichtigsten Einwand gegen die Gottesrede.

Angesichts des Leidens der Menschen und der Evidenz der eigenen moralischen Verantwortung dürfe die Theodizeefrage gestellt werden. „Nur wo der Mensch aus dem Inneren seiner eigenen Vernunft ein unbedingtes ‚Sollen' erfährt und bejaht, darf er sich dagegen auflehnen, daß Gott selbst in seinem Handeln diesem ‚heiligen Willen' (Kant) zuwiderhandelt."[108]

Verweyen konstatiert hieraus eine Verbindung zu einem „Recht zum Protest", welches sich der Mensch durch seine eigene sittliche Verpflichtung erwirbt.[109] Im Folgenden distanziert er sich von der Position Camus'. Camus gehe davon aus, dass jeder Mensch, der aufgrund seiner Solidarität gegen jedes Leiden aufbegehre, die Nichtexistenz Gottes postulieren *müsse*. Die Solidarität mit dem Leidenden habe zwangsläufig zur Folge, dass eine Existenz Gottes nicht mehr angenommen werden könne.[110]

Dieser Konsequenz steht Verweyen kritisch gegenüber und stellt eine andere Beziehung zwischen Solidarität und Gottesfrage her. Wenn mit der Nichtexistenz eine absolute Sinnlosigkeit des Leidens angenommen werde, lasse sich die Solidarität mit dem Leidenden bis zum Letzten nicht durchhalten.[111] Die radikale Auflehnung gegen jedes menschliche Leiden, welche sich in Camus' Werk zeige, verstelle gerade die Möglichkeit, Sinn im Leiden zu sehen. Ohne diesen Sinn sei aber eine letzte Solidarität nicht mög-

---

[108] Verweyen, Einführung, 117.
[109] Vgl. Verweyen, Einführung, 117.
[110] Vgl. Verweyen, Einführung, 117.
[111] Diese Perspektive wird von Striet bekräftigt: „Verweyen lenkt hier zu Recht den Blick auf die Aporie, in die sich der Entwurf einer Ethik begibt, für die die Absurdität menschlichen Daseins definitiv ist." Striet, Versuch, 83.

lich. Der Sterbende versinke geradezu in der Sinnlosigkeit, gegen die sich der Widerstand des Mitleidenden richte. Eine Solidarität bis zum Tod hält Verweyen nur für möglich, wenn implizit eine Hoffnung auf Sinn vorhanden sei.

Diese Annahme erläutert Verweyen anhand der Situation, in der ein Mensch einem Sterbenden beisteht. Ohne Hoffnung auf Sinn, d. h. ohne die Hoffnung auf die Existenz Gottes, werde der Mensch den Sterbenden zu einem bestimmten Zeitpunkt verlassen. Ausgesprochen oder unausgesprochen werde der Mensch, der angesichts seiner Machtlosigkeit dem Leiden des Sterbenden gegenüber den Sterbenden mit seinem Schicksal allein lassen, um sich dem Leiden zuzuwenden, das er mit seinen menschlichen Kräften noch mindern könne. Die Annahme der Sinnlosigkeit des Leidens führe dazu, dass Menschen sich nicht bis in den Tod beistehen können.[112]

Nach Verweyen ist einzig dem Menschen das Durchhaltevermögen gegeben, einen anderen Menschen bis zum Tod zu begleiten, der eine Macht postuliert, die sich gegen die Gewalt und das Leiden wendet. Eine entscheidende Annahme Verweyens besteht darin, dass Solidarität bis zum Letzten nur möglich ist, wenn eine Sinnhoffnung bezüglich des Leidens durch die Annahme der Existenz Gottes den Menschen erfüllt.

Ähnlich wie bei der Figur des Sisyphos wird bei der Theodizeefrage die Sinnfrage in den Mittelpunkt gestellt. Der Protest gegen das Leiden führe zu Sinnlosigkeit und untergrabe die Solidarität. Erst eine Annahme der Sinnhaftigkeit von Leiden ermögliche zwischenmenschlichen Beistand bis in den Tod.

3.3.2 Sinnfrage und Gottesbegriff

Doch wie verknüpft Verweyen die Frage nach dem Sinn des Leidens mit der Frage nach der Existenz Gottes? Voraussetzung für die Sinnmöglichkeit des Leidens ist nach Verweyen, dass sich Gott selbst bis ins Innerste vom Leiden der Menschen treffen lässt.

---

[112] Vgl. Verweyen, Einführung, 117–119. Striet fragt an, ob eine letzte Solidarität nur aufgrund einer vagen Hoffnung auf Sinn möglich ist. Er bestimmt die Bedeutung Gottes vor allem durch die Möglichkeit der eschatologischen Rettung Gottes und seiner Möglichkeit endliche Freiheit zu versöhnen und gibt gleichzeitig zu bedenken, „daß Gott daran gestorben ist, daß er nicht rettet". Ders., Versuch, 84–86, 85.

Das Postulat eines Gottes, der selbst leidet und so mit dem Menschen solidarisch wird, verbürgt bei Verweyen den Sinn des Leidens. Auch der Gottesbegriff muss dadurch bestimmt sein. Hier schließt er sich wieder Camus an. „Nur das Opfer eines unschuldigen Gottes konnte die lange und allgemeine Marterung der Unschuld rechtfertigen."[113] Damit zeigt sich der charakteristische Zug der Fundamentaltheologie Verweyens: Das Leiden Gottes selbst rechtfertigt das Leiden der Unschuldigen und gibt dieses Leiden nicht der Sinnlosigkeit preis. Gerade die Solidarität, die sich auch im Protest gegen das Leiden zeigt, macht die Relevanz einer Gottesrede deutlich, die Gott selbst als den vom Leiden des Menschen Betroffenen annimmt.

3.3.3 Die Bedeutung der Solidarität als Erlösung

Die Bedeutung der Solidarität im Leiden macht Verweyen an der Erzählung „Schischyphusch oder der Kellner meines Onkels"[114] von Wolfgang Borchert fest. Akteur der Handlung ist ein Kellner, der durch einen angeborenen Sprachfehler gezeichnet ist. Dieser kommt an den Tisch eines Gastes. Dieser Gast, der Onkel der erzählenden Person, leidet an der gleichen sprachlichen Unfähigkeit. Das anfänglich hierarchische Verhältnis, das sich aus der Rollenverteilung des zu bedienenden Gastes und des dienenden Kellners ergibt, erfährt im Hauptteil der Erzählung einen Wandel. Der Augenblick, in dem beide erkennen, dass sie durch das gleiche Schicksal verbunden sind, und der Onkel sein Mitleid und seine Solidarität mit dem Kellner äußert, hat eine entscheidende Änderung ihrer Beziehung zur Folge. Literarisch wird dieser Moment folgendermaßen ausgedrückt:

„Der Kellner schluckte. Dann nickte er. Nickte sechs-, siebenmal. Erlöst. Befriedigt. Stolz. Geborgen. Sprechen konnte er nicht. Er begriff nichts. Verstand und Sprache waren erstickt von zwei dicken Tränen [...]. Er begriff nichts. Aber sein Herz

---

[113] Albert Camus, Der Mensch in der Revolte. Essays, übertragen von Justus Streller, Neubearbeitung von Georges Schlocker, Reinbeck bei Hamburg 1953, 40.

[114] Wolfgang Borchert, Schischyphusch oder der Kellner meines Onkels, in: Ders., Das Gesamtwerk. Erw. Neuausgabe, Reinbeck bei Hamburg, 2007, 407–420.

empfing diese Welle des Mitgefühls wie eine Wüste, die tausend Jahre auf einen Ozean gewartet hatte."[115]

Für Verweyen ist dies die entscheidende Passage in der Erzählung. Warum? Die Solidarität des Onkels befreit den Kellner aus seiner Sprachisolation, aus seinem Götterfluch. Die Einheit, entstanden durch die Solidarität und das Zugeständnis des Onkels zum gleichen Sprachfehler, überwindet die Differenz zwischen dem Subjekt und seiner Umwelt für einen kurzen Moment. Der Kellner ist „erlöst", d. h. frei durch die Anerkennung seines Gegenübers.[116]

„Hier wird Sisyphos definitiv zu einem glücklichen Menschen, weil er einem anderen begegnet ist, der über seinen eigenen Schatten springt. Der Onkel [...] erweist sich als fähig, an der tragischen Wirklichkeit des überall vom Spott verfolgten Kellners das Bild zerbrechen zu lassen, das er sich zunächst von ihm gemacht hatte. Im Leben dieses Mannes findet Schischyphusch jetzt einen festen Platz. Sein Fels wird fortan auf einem mächtigen Berg ruhen, von dem er nicht mehr herunterrollt."[117]

Verweyen weist darauf hin, dass diese Erlösung nur kurzfristig Bestand haben wird, da sich die Anerkennung unter hierarchischen Verhältnissen vollziehe und eine letzte Solidarität daher ausbleibe. Erst wenn der Kellner selbst das Leiden kennengelernt habe, könne wahrhafte Bildwerdung stattfinden.[118] Solidarität bedeutet für Verweyen, dass sich eine Einheit zwischen dem Menschen und seiner Umwelt ereignet. Mit dieser Einheit, die der Mensch immer zu erreichen versucht, geschieht Erlösung. Der Mensch kommt dort an, wohin er zuvor vergeblich strebte. Die Sinnhaftigkeit des Leidens, die die letzte Solidarität verbürgt, lässt sich nach Verweyen nur aufzeigen, wenn sich Gott selbst bis ins Letzte vom Leiden treffen lässt. Letztlich vermag der Mensch nur durch die Solidarität eines mitleidenden Gottes die Sinnhaftigkeit des Leidens anzunehmen – und von einer Sinnhaftigkeit des Leidens geht Verweyen aus.

---

[115] Borchert, Schischyphusch, 413.
[116] Vgl. Verweyen, Botschaft, 38f.
[117] Verweyen, Einführung, 127.
[118] Vgl. Verweyen, Botschaft, 39.

4. Der Begriff letztgültigen Sinns

Nachdem Verweyen aufgezeigt hat, dass die Rede von Gott über das Phänomen der Solidarität für das moralische Handeln relevant ist, betont er, dass aus dieser Argumentation allein kein „noch so minimale[r] Fetzen theoretische[n] Wissens"[119] abzuleiten sei. Ob dieser Gott tatsächlich existiere, der für eine letzte Solidarität angenommen werden müsse und dessen Notwendigkeit somit in der praktischen Vernunft aufgewiesen wurde, bleibe offen. Verweyen nimmt an, dass moralische Entscheidungen keine erkenntnistheoretische Basis für eine rationale Glaubensverantwortung darstellen. Ein universaler Wahrheitsanspruch könnte nur durch Argumente überzeugen, „die nicht mehr voraussetzen, als was jeder Mensch als Teil seines Denkens erkennen kann, gleich welche theoretischen oder moralischen Ansichten er vertritt"[120]. Rationale Glaubensverantwortung kann nach Verweyen daher nicht über die Instanz der praktischen Vernunft stattfinden. Er wählt im Folgenden den transzendentalphilosophischen Weg für die rationale Glaubensverantwortung. Die Transzendentalphilosophie unternimmt nach Verweyen den Versuch, eine Grundstruktur des Denkens nachzuweisen, die der sprachlichen Vermittlung voraus liegt und in jedem Akt der Vernunft anzutreffen ist.[121]

4.1 Erstphilosophie: die Suche nach dem Wissen *vor* jeder Sprachlich- und Geschichtlichkeit

Verweyen intendiert eine rationale Verantwortung des Glaubens durch Argumente, die sich in jeder menschlichen Vernunft finden, unabhängig von ihrer sprachlichen Prägung und ihrer moralischen Position. Dieses Unternehmen sieht er begründet durch die Enzyklika „Fides et ratio", die eine Philosophie fordere, die der Hermeneutik Grenzen setze. Die Auslegung des Wortes Gottes dürfe nicht in einen Relativismus von Deutung münden, ohne eine wahre Aussage zu ermöglichen. Für diese Begrenzung der Hermeneutik be-

---

[119] Verweyen, Botschaft, 26.
[120] Verweyen, Einführung, 119.
[121] Vgl. Verweyen, Einführung, 119f.

darf es nach Verweyen einer Ersten Philosophie.[122]

Für die Begründung von Geltungsansprüchen sind nach Verweyen Kriterien nötig, die jenseits des hermeneutischen Bereichs Wahrheit und damit Gültigkeit beanspruchen. Er geht davon aus, dass es gegenwärtig keine fundamentaltheologische Konzeption gibt, die Kriterien bereitstellen kann, um einen angemessenen Begriff eines letztgültigen Sinns zu entwickeln. Dieser Begriff ist jedoch für die rationale Verantwortung des christlichen Glaubens unabdingbar.[123] Außerhalb der Theologie schreibt er dem Ansatz Apels hinsichtlich der Kriterienfrage für einen letztgültigen Sinnbegriff einen besonderen Stellenwert zu. In Auseinandersetzung mit der Transzendentalpragmatik, insbesondere mit dem Ansatz Apels, entwickelt Verweyen folgende Thesen:

„(a) So richtig es ist, daß jedes Ich erst in sprachlicher bzw. vorsprachlicher Kommunikation zu sich selbst findet: heißt dies zugleich, daß das Ich zur Prüfung der Gültigkeit *aller* seiner Denkgehalte auf die Vorgabe der Sprachgemeinschaft angewiesen ist? (b) So richtig es ist, daß sich niemand ohne performativen Selbstwiderspruch aus der Gemeinschaft der Argumentierenden ‚abmelden‘ kann: bedeutet dies zugleich, daß *alles* Denken im Hinblick auf diese Diskursgemeinschaft ‚anmeldepflichtig‘ ist? Mit anderen Worten, gibt es nicht auch Wissen, das sich seiner Wahrheit mit gutem Grund gewiß ist, ohne diese Gewißheit fragend oder behauptend dem Forum der Argumentationsgemeinschaft vorlegen zu müssen?"[124]

Verweyen kritisiert damit den universalen Geltungsbereich der Hermeneutik und stellt die Frage, ob nicht Denkgehalte erforderlich sind, deren Gültigkeit sich nicht durch die Sprachgemeinschaft feststellen lassen. Zugleich weist er auf ein Wissen hin, das dem

---

[122] Vgl. Verweyen, Gottes letztes Wort, 153, Anm. 52. Eine Auflistung der Artikel, die sich mit der Enzyklika „Fides et ratio" auseinandersetzen, findet sich bei Josef Kreiml, Gibt es eine unbedingte Inanspruchnahme des Menschen durch Gott? Zum Verhältnis von Glaube und Vernunft, in: Leb-Zeug 56 (2001) 103–111, 103. Vgl. Verweyen, ‚Fides et ratio‘, 494–497.

[123] Vgl. Verweyen, Gottes letztes Wort, 133.

[124] Verweyen, Gottes letztes Wort, 140.

Subjekt ohne die Vermittlung der Sprachgemeinschaft zueigen ist. Diese Suche nach einer Struktur des Denkens, das sich jenseits der sprachlichen Prägung des Menschen verorten lässt und welches in allen Vollzügen menschlicher Vernunft zur Wirkung kommt, stellt das Kernstück der transzendentalen Methode Verweyens dar. Es geht ihm um „den Nachweis einer elementaren Dynamik des Denkens", mit deren Hilfe die Hermeneutik begrenzbar, weltanschauliche Positionen beurteilbar und die Richtigkeit der Auslegung von Offenbarung erkennbar ist.[125]

Verweyen ordnet sich mit dieser Intention selbst in die Tradition der Ersten Philosophie ein, die von Augustin bis Husserl reicht. Der gemeinsame Ausgangspunkt liegt nach Verweyen darin, „daß das ‚(ego) cogito' den letzten, unhinterfragbar gewissen Boden kritischen Philosophierens darstellt"[126]. Doch Verweyen will hinsichtlich der rationalen Glaubensverantwortung nicht bei Descartes verharren. Seiner Ansicht nach muss die erstphilosophische Frage nach dem letztgültigen Sinnbegriff noch hinter den Subjektbegriff von Descartes zurückgreifen, zum Wissen der Vernunft um Einheit als dem apodiktischen Grund.[127]

> „Bietet sich damit […] nicht geradezu der Versuch an, beim Einfachen selbst, dem ‚Nicht-kom-plexen' schlechthin, anzusetzen, nicht zwar (wie zunächst in jener Tradition) als einer metaphysischen Größe, vielmehr als der nun wirklich unhintergehbaren Bestimmung des ‚Ich denke', dem Apriori *alles* [sic!] Denkens und Handelns?"[128]

Verweyen distanziert sich von der ontologischen Interpretation des Ichs bei Descartes. Er intendiert, das Einfache als den Grund aller Vernunftakte nachzuweisen.[129]

---

125 Vgl. Verweyen, Einführung, 120.
126 Verweyen, Gottes letztes Wort, 139.
127 Vgl. Verweyen, Gottes letztes Wort, 139.
128 Verweyen, Gottes letztes Wort, 142.
129 Platzbecker weist auf den methodischen Unterschied hin, welcher Verweyen an dieser Stelle von Krings trenne. Verweyen bleibe dem cartesischen Denken der Einheit treu, ohne dessen ontologische Implikation zu teilen. „Eine widerspruchsfreie Letztbegründung sittlichen Sollens und

4.2 Die angenommene Elementarstruktur des Bewusstseins

Verweyen untersucht die Fragen nach einer dem menschlichen Bewusstsein zugrunde liegenden Struktur, die aller sprachlichen Vermittlung voraus liegt. Er geht hier noch vor die oben genannte Beobachtung von der Suche nach dem absoluten Punkt zurück und findet – anders als zuvor – einen unhintergehbaren Ausgangspunkt in der Reflexion des Subjekts auf sich selbst. Leitend für diese Änderung des Ausgangspunktes ist die Einsicht, dass sich bereits *vor* der Suche nach dem einfachen Punkt ein Phänomen finden lässt, das ein unbedingtes Wissen des Menschen voraussetzt.[130] Verweyen geht bei seinen Überlegungen nicht (zumindest nicht chronologisch) vom Einen im platonisch-plotinischen Sinne aus, sondern von der Beobachtung, dass der Mensch anderes als anderes erfasst. Phänomenologisch wendet er sich der menschlichen Wahrnehmung zu. Er lenkt den Blick darauf, dass der Mensch seine Umwelt nicht nur wahrnimmt, sondern diese als von sich selbst unterschieden begreift. Weil der Mensch anderes als anderes erkenne, könne er als denkendes Wesen bezeichnet werden. Die begriffene Differenz habe zur Voraussetzung, dass sich das Subjekt als formal unbedingt erfasse, d. h. sich als nicht durch anderes bedingte Einheit begreife. Die begriffene Differenz sei daher unabhängig von der sprachlichen oder geschichtlichen Vermittlung.[131] „Das andere, präziser: das Denken des anderen als eines anderen, setzt ein Wissen um das Ich voraus."[132] In dem Mo-

---

wirklicher Autonomie kann nach Verweyen nicht von der cartesianischen Reflexion absehen, wie Krings dies indes versuche. [...] Allein von diesem festen und unhintergehbaren Ausgangspunkt der kargen Cartesischen Selbstgewissheit des denkenden Ich her lasse sich die konstitutionelle Widersprüchlichkeit von Freiheit auflösen und so ein konsistenter Sollensbegriff rekonstruieren." Platzbecker, Autonomie, 199f.

[130] Vgl. Verweyen, Offenbarungsglaube und Ikonoklasmus. Denken mit Thomas Pröpper, in: Klaus Müller/Magnus Striet (Hgg.), Dogma und Denkform. Strittiges in der Grundlegung von Offenbarungsbegriff und Gottesgedanke (= ratio fidei 25), Regensburg 2005, 3–15, 5.

[131] Verweyen, Gottes letztes Wort, 148.

[132] Diskussionsbeitrag von Verweyen in: Karsten Kreutzer/Magnus Striet/ Joachim Valentin (Hgg.), Gefährdung oder Verheißung? Von Gott reden unter der Bedingung der Moderne, Ostfildern 2007, 106.

ment, in dem das Subjekt die Verschiedenheit des Gegenübers begreife und auf die Voraussetzungen dieser Erkenntnisleistungen reflektiere, erfahre es sich als uneingeschränkte, unendliche Freiheit, es erfahre sich als formal unbedingt. Jedes Wissen komme von diesem Zeitpunkt an als Gedachtes und Reflektiertes in den Blick, das seinen Grund in der formalen Unbedingtheit des Subjekts besitze. Indem das Subjekt alles andere als Begriffenes durch sein Denken umfasse, übersteige das Subjekt zugleich seine Begrenztheit durch das Nicht-Ich.[133]

Voraussetzung für diesen Erkenntnisakt sei die freie Erkenntnisleistung des Subjekts selbst. Sei sich das Subjekt seiner Unbedingtheit bewusst geworden, stehe ihm die Unhintergehbarkeit dieses Wissens vor Augen. Damit sei ein apodiktischer Ausgangspunkt gewonnen, um welchen das Subjekt selbst wisse. „Wenn es [das Subjekt – E.S.] sich aber in Freiheit zu diesem Bewußtsein erhebt, weiß es um die Unhinterfragbarkeit dieses seines Wissens – in ähnlicher Weise, wie sie Descartes in seiner Zweiten Meditation beschreibt."[134]

Aus diesem formal unbedingten Wissen des Menschen ergebe sich eine Aporie. Denn das Subjekt stelle sich in seinem Erkenntnisprozess formal unbedingt, jedoch gleichzeitig material als weitgehend bedingt fest. Auch wenn der Mensch sich formal unbedingt und damit als frei beschreibe, blieben irritierend viele bedingte Bestimmungen, die das Subjekt an sich selbst vorfinde, ohne sie selbst gewählt zu haben. Gerade in der Reflexion auf sich selbst werde die Bedingtheit der Reflexion durch die sprachlich-geschichtlich geprägten Begriffe zur Sisyphosaufgabe: „Je mehr ich mir meiner selbst bewußt werde, wird mir auch diese Wirksamkeit von anderem und anderen in mir (mit Freude und/oder mit Schrecken) bewußt."[135] Erkenne der Mensch seine Geprägtheit durch das andere und wende sich darum wieder sich selbst mit dem Ziel der Selbstvergewisserung zu, komme er trotzdem nicht vom anderen los. In den Begriffen und Kategorien, unter denen er sich selbst in den Blick nehme, werde er das Ichfremde erneut finden. Verweyen macht dieses Entzogensein des Subjekts mit den franzö-

---

[133] Vgl. Verweyen, Gottes letztes Wort, 148.
[134] Verweyen, Gottes letztes Wort, 149.
[135] Verweyen, Einführung, 121.

sischen Personalpronomen ‚je' und ‚moi' deutlich. Wenn das Subjekt als ‚je' sich selbst betrachte, gelange es immer nur zu ‚je' im Dativ oder Akkusativ, d. h. zum ‚moi'. Das Subjekt reflektiere sich selbst unter bestimmten Begrifflichkeiten, die das Subjekt immer auf eine bestimmte Perspektive festlegten. Das Subjekt wisse daher um die Unmöglichkeit seiner eigenen Beschreibung.[136]

Zusammenfassend können damit zwei Beobachtungen festgehalten werden. Zum einen besitzt das Subjekt nach Verweyen ein Wissen um Einheit, das jeder sprachlichen Vermittlung voraus geht. Zum anderen wird dem Subjekt aufgrund des Wissens um die formale Unbedingtheit seine materiale Bedingtheit zum Fluch, denn diese steht der Erreichbarkeit der Einheit im Wege. Damit erscheint das Subjekt in seiner Grundstruktur paradox. Die Differenz zwischen Subjekt und Umwelt führt zum Bewusstsein der eigenen Unbedingtheit. „Das Ich ist ursprünglich mit sich als einer von nichts anderem bedingten Einheit vertraut."[137] Gleichzeitig weiß sich das Subjekt von einem Fremdartigen unterwandert und kann der Differenz nicht entkommen.[138] Für einen Begriff von Sinn, der letztgültig sein soll, d. h. rational verantwortbar, muss sich nach Verweyen die Struktur des Ichs nun so erschließen, dass diese Struktur nicht als Götterfluch, sondern als Möglichkeitsvoraussetzung für Sinn aufgezeigt werden kann. Von der Bestimmtheit der Vernunft durch die Kategorie der Einheit ausgehend, wird Verweyen einen Sinnbegriff konzipieren. „Was wäre

---

[136] Vgl. Verweyen, Gottes letztes Wort, 148f.

[137] Verweyen, Gottes letztes Wort, 150.

[138] Ob dieser Schluss in dieser Abstraktion zwingend ist, ist fraglich. Auch Kant nimmt an, dass es im Menschen ein Bedürfnis gibt, das Sittengesetz und die Naturgesetze in letzter Harmonie zu denken. Allerdings ergeben sich dieses Bedürfnis und das daraus folgende Gottespostulat in der praktischen Vernunft durch den moralischen Anspruch des Sittengesetzes. So entsteht die Notwendigkeit einer Instanz, die das Erreichen des Endzwecks möglich macht, aus moralischen Gründen im Bereich der praktischen Vernunft und nicht im Bereich der theoretischen Vernunft. Vgl. Verweyen, Einleitung zu: J.G. Fichte, Versuch einer Kritik aller Offenbarung (1792) (= PhB 354), Hamburg 1998, V–LXX, XVIIIf. Bei der Argumentation von Verweyen wird das Verlangen nach Einheit gefolgert aus dem herausgestellten Gegensatz zwischen formaler Unbedingtheit und materialer Bedingtheit.

nötig, damit die widersprüchlich erscheinende Grundstruktur der Vernunft als Voraussetzung eines letztgültigen Sinns wenigstens *gedacht* werden kann?"[139] Im formal Unbedingten, welches jeder sprachlichen und geschichtlichen Vermittlung voraus geht[140] und welches das Subjekt in der Analyse seiner eigenen Tätigkeit erkennt, liegt für Verweyen ein unhintergehbarer Punkt. Wie kann die geschichtliche Bedingtheit, die der formalen Freiheit des Menschen entgegensteht, so gedeutet werden, dass der Widerspruch zwischen Bedingtheit und Unbedingtheit aufgelöst werden kann?[141]

---

[139] Verweyen, Einführung, 124f.

[140] Darauf besteht Verweyen, alles andere bedeute für ihn hermeneutischer Relativismus. In einem Diskussionsbeitrag zum Thema „Hermeneutik und Subjektivität" gesteht Verweyen jedoch die Möglichkeit der Verbindung von Hermeneutik und Unbedingtheit bei Knut Wenzel ein, auch wenn er bei Wenzel die Gefahr eines fideistischen Restes sieht. Vgl. Kreutzer, Gefährdung, 105f. Verweyen hält der psychoanalytischen Forschung zugute, „Wege zu einer wenigstens partiellen Befreiung von Selbstverfremdung" eröffnet zu haben. Ders., Einführung, 79f.

[141] Verweyen baut einen starken Gegensatz auf zwischen der geschichtlichen Bedingtheit und dem unbedingten Wissen des Menschen. Der Grund liegt in der von Verweyen angenommenen vorsprachlichen und vorgeschichtlichen Herkunft des Wissens um Einheit. Wenn jedoch geschichtliche Prozesse gedacht werden als die Inhalte, zu denen sich die formale Unbedingtheit verhalten muss, da das transzendentale Ich ohne einen es bestimmenden Gehalt nicht existiert, stellt sich die Frage nach der Vermittlung von Bedingtheit und Unbedingtheit unter anderen Vorzeichen. „Der Prozess der Selbstidentifikation bedeutet grundlegend, dass ich mich im Akt der ‚Selbstwahl' als freies Ich ergreife und will und so im emphatischen Sinn als Subjekt meines Tuns, einer eigenen Geschichte und der Moralität konstruiere. Aber es bedeutet nun eben auch, dass ich in der Bewegung der einholenden ‚Reue' mich zugleich in meiner mich schon bestimmenden Geschichte übernehme. Denn nur dadurch geschieht, was meine reale Identität ausmacht." Pröpper, Diskussionsbeitrag zum Thema „Hermeneutik und Subjektivität", in: Kreutzer, Gefährdung, 112.

4.3 Die Rahmenbedingungen der Antwort auf die Sinnfrage

Bevor Verweyen den Begriff letztgültigen Sinns entfaltet, gibt er zunächst noch die Rahmenbedingungen an, die bei der Begriffsdefinition nicht unterboten werden sollen.

4.3.1 Keine Herkunft aus der Kontingenz

Verweyen schließt Erklärungsmodelle aus, die die menschliche Problematik von Einheit und Vielheit auf naturwissenschaftlichem Wege, etwa evolutionstheoretisch oder gehirnpsychologisch, begründen. Unter dieser wissenschaftlich-objektivierenden Perspektive komme einzig das ‚moi' des Menschen in den Blick. Lediglich die Bedingtheit des Menschen werde untersucht. Das menschliche Subjektsein, das sich durch seine Unbedingtheit und Unableitbarkeit definiere und das nur aufgrund der transzendentalen Reflexion zugänglich sei, könne auf diesem Wege nicht erfasst werden. Jede dieser wissenschaftlichen Erklärungen könne der Mensch aufgrund seines Wissens um Einheit wieder übersteigen. Darin zeige sich seine Unbedingtheit trotz der festgestellten Bedingtheit.[142] Verweyen geht davon aus, dass allen menschlichen Akten die Kategorie des Einen zugrunde liegt. Er verdeutlicht diese These an der menschlichen Wahrnehmung, die immer, sobald sie reflexiv wird, das noch so diffus Erscheinende unter einem Begriff summiere. Der transzendentallogischen Argumentation, die davon ausgehe, dass das Eine durch das Nicht-Eine vermittelt sei, setzt er die Beobachtung entgegen, dass die letzte Einheit gerade *nicht* im Bereich des Nicht-Einen, also im Bereich der Kontingenz erreichbar sei. Verweyen zeigt am mathematischen Problem der geometrischen Unerreichbarkeit eines Punktes, dass die Kontingenz nicht die Herkunft des Wissens um Einheit sein könne.[143] Denn so oft eine beliebige Strecke geteilt werde, mehr als eine asymptotische Annäherung an den einfachen Punkt könne nicht erreicht werden. Nur durch einen Sprung gelange man dorthin. Daraus leitet Verweyen ab, dass in der theoretischen Vernunft ein Wissen um die unbedingte Einheit vorhanden sei, das nicht aus der kontingenten sprachlichen oder kulturellen Vermittlung stamme, sondern

---

[142] Vgl. Verweyen, Gottes letztes Wort, 152.
[143] Vgl. Verweyen, Gottes letztes Wort, 144f.

vorgeschichtlich die Vernunft bestimme. Der Umstand, dass die Idee der vollständigen Einheit keine empirische Entsprechung kenne, zeuge von ihrer Herkunft aus der Vernunft selbst.

„Die Idee der reinen Eins, in ihrer transzendentalen Funktionalität erfaßt, urteilt sozusagen aus dem Hintergrund unseres Intellekts über die Inadäquatheit der Versuche, letzte Einheiten, etwa den schlechthin spitzesten Punkt oder das absolut Un-teilbare, das ‚A-tom', dar- oder gar herzustellen. Und in dieser richterlichen Funktion erweist sie sich als unbestechliche und von allem anderen unabhängig."[144]

Verweyen weist aber darauf hin, dass es bei der Frage des mathematischen Punkts *noch nicht* um die Einheit in ihrer transzendentalen Bedeutung, sondern nur um Einheit als objektive Größe gehe. Die Idee des mathematischen Punktes bleibt für Verweyen eine vermittelte. Vermittelt werde sie jedoch nicht durch das andere, also durch die Kontingenz, sondern durch das Subjekt selbst. Denn der mathematisch reine Punkt lasse sich nur anstreben, weil das denkende Subjekt mit der Idee der Einheit ausgestattet sei.

Auch wenn die objektive Größe der Einheit nicht ohne das Denken des Subjektes zu erreichen sei, bleibe das Denken des Subjekts unabhängig von seiner kontingenten Umwelt. Nur wenn sich das Subjekt im Denken einen Gegenstand gegenüberstelle, erfahre es sich in seiner Unbedingtheit.

„Hier zeigt sich nun die fundamentale Struktur des Bewußtseins: Trotz des elementaren Bedürfnisses der menschlichen Vernunft, Einheit zu setzen, kann sie dies nicht, ohne zugleich ein Gegenüber, also Zwei-heit, Ent-zweiung zu setzen. Auch in dem äußersten Versuch, das Eine zu fixieren, bleiben wir in einer Relation befangen."[145]

Zwar zeige sich die Idee der Einheit erst durch die Vielheit bzw. durch das andere, mit dem das Denken konfrontiert werde. Eine Bedingung der Idee der Einheit durch das andere will Verweyen

---

[144] Verweyen, Gottes letztes Wort, 144.
[145] Verweyen, Gottes letztes Wort, 145.

damit aber keinesfalls annehmen. Abermals greift er auf das Beispiel zurück, dass durch das Teilen einer beliebigen Strecke niemals der eine Punkt erreicht werden könne. Er verdeutlicht an dieser Beschreibung drei transzendentallogische Elemente des menschlichen Bewusstseins. Die Teilstrecke entspräche demnach der Objektivität, dem anderen. Die Tätigkeit des immer sich wiederholenden Teilens der Strecke stehe in Analogie zu der menschlichen Suche nach Einheit. Weder über die Objektivität noch über das ständige Teilen bzw. über die menschliche Tätigkeit könne der absolute Punkt erreicht werden. Erst durch einen Sprung, in der die Vernunft ihre Tätigkeit des Teilens unterbreche und die Grenzen dieser Tätigkeit reflektiere, komme das Wissen um Einheit zum Vorschein.

„Diese Einheit wird nur in ihrer Einzigartigkeit evident, wenn die menschliche Vernunft aus der ‚schlechten Unendlichkeit‘ bloßer Annäherung gleichsam für einen Augenblick heraustritt, um den eigentlichen Grund ihres Nicht-Ablassen-Könnens von der Suche nach unbedingter Einheit zu erfassen."[146]

In der Distanz zur Kontingenz erlange das Subjekt das Wissen um das Einheitsprinzip. Möglich werde diese Distanz durch die formale Unbedingtheit der Vernunft, die jeder sprachlichen und geschichtlichen Vermittlung voraus gehe.[147]

4.3.2 Die Einwände gegen die Metaphysik

Verweyen beschreibt das Phänomen der Religion folgendermaßen: Seit sich der Mensch äußern könne, werde ihm die Differenz zwischen einem Absoluten und sich selbst zur Frage. Der Mensch suche aufgrund der Wahrnehmung dieser Differenz eine Möglichkeit, diese zu überwinden. Zudem stelle er seine paradoxe Struktur von Bedingtheit und Unbedingtheit und damit sich selbst mit seinem Anteil am Absoluten fest. Die Paradoxie zwischen Einheit und Bedingtheit muss nach Verweyen überwunden werden, um den Zustand dauerhaften Glücks zu erreichen.

---

[146] Verweyen, Gottes letztes Wort, 145.
[147] Andere Positionen münden nach Verweyen in einem hermeneutischen Relativismus. Vgl. Kreutzer, Gefährdung, 105f.

Verweyen nimmt an dieser Stelle eine weitreichende Setzung vor: er schließt eine Erklärung der Struktur der Vernunft aus der Endlichkeit aus. An diesem Punkt unterscheidet sich das Denken Verweyens grundsätzlich von dem Denken Pröppers, der davon ausgeht, dass die menschliche Vernunft selbst für die Idee des Unbedingten aufkommt.[148] „Es wäre der Akt, in dem sie [die freie Reflexion – E.S.] – staunend durchaus, aber wohl mit Erschrecken – der abgründigen Faktizität der freien Vernunft und alles Seienden innewird und die Frage absoluter Begründung aufwirft, ohne sie jedoch beantworten zu können, weil die Sinnprämisse, die dabei im Spiel wäre, von ihr selbst als Reflexion nicht garantiert werden kann."[149]

Lasse sich die paradoxe menschliche Struktur überhaupt erklären, dann nach Verweyen „als Prägung durch eine unbedingt-eine Realität, die der Differenz wirklich mächtig ist, diese nicht nur begrifflich umgreift."[150] Werde dieser Erklärungsversuch der paradoxen menschlichen Struktur jedoch metaphysisch geführt, stehe ihm nach Verweyen eine Reihe „von schwer zu behebenden Einwürfen"[151] entgegen.

Welche Einwände ergeben sich nach Verweyen gegen einen metaphysischen Aufweis der Herkunft des Einen? Der Theologe wendet sich zuerst dem Einwand zu, ob der metaphysische Aufweis nicht die Gültigkeit des „Satzes vom zureichenden Grund" voraussetze, d. h. davon ausgehe, dass nichts ohne zureichenden Grund bestehe. Verweyen erachtet es jedoch durchaus als legitim, der Frage nach dem Grund von all demjenigen, was nicht aus sich selbst erklärbar sei, nachzugehen und diese Frage auch nicht mit Hinweis auf die durch Kant problematisierte Anwendung des

---

[148] Vgl. Pröpper, Erstphilosophischer Begriff, 281. Platzbecker verdeutlicht die Verbindung dieser Annahme mit dem Bildbegriff: „Sofern sich das apodiktisch gewisse ‚ego cogito' in dieser Evidenz als auf den ‚Urgrund allen Bewusstseins' verwiesen erfährt, kann dieser Grund nach Verweyen nicht in ihm selber liegen. Stattdessen müsse der Sollensbegriff dem Entwurf des späten Fichte entsprechend von einem sich als Bild mitteilenden Absoluten her konzipiert werden." Platzbecker, Autonomie, 200.

[149] Pröpper, Erstphilosophischer Begriff, 281f. Vgl. ders., Sollensevidenz, Sinnvollzug und Offenbarung. Im Gespräch mit Hansjürgen Verweyen, in: Larcher, Hoffnung, die Gründe nennt, 27–48, 29.

[150] Verweyen, Gottes letztes Wort, 152.

[151] Vgl. Verweyen, Gottes letztes Wort, 152.

Kausalprinzips einzustellen. Für den Abbruch dieser Frage gebe es nach Verweyen keinen vernünftig einsehbaren Grund. Hinsichtlich der *Existenz* dieses Grundes könne diese Argumentation jedoch nicht tragen, denn auch wenn begrifflich auf einen denkmöglichen und sinnvollen Grund für die Verfasstheit des Menschen geschlossen werden könne, folge aus dieser Argumentation nicht dessen Existenz.

Doch selbst wenn der Schritt von der widersprüchlich erscheinenden Struktur des Menschen auf die Existenz Gottes unternommen werde, stelle sich die Frage, ob das Verhältnis zwischen Gott und Mensch als kausales gedacht werden dürfe oder ob ein solches Gottesverhältnis der Unbedingtheit des Subjekts widerspräche. Verweyen stellt sich die Frage, wie die formale Unbedingtheit bzw. das „völlig unabhängige Selbst" mit einem kausalen Verhältnis zwischen Mensch und Gott zusammengedacht werden könne. Widerspräche es nicht der Eigenheit des Subjekts, eine göttliche Ursache als Grund anzunehmen?

Als dritten und wichtigsten Einwand führt Verweyen die Theodizeefrage ins Feld. Wie könnte ein Gott angenommen werden, der den Menschen durch ein Streben auf ein unerreichbares Ziel hin bestimmt? Könne mit guten Gründen ein Gott angenommen werden, der den Menschen vor die Aufgabe stellt „mit einer ständigen und nicht zu behebenden Betroffenheit durch ein anderes fertigzuwerden, die seiner ursprünglichen, von keinem anderen bedingten Einheit radikal im Wege steht"?[152]

Nach Verweyen ist es die Aufgabe der Fundamentaltheologie, philosophisch zu zeigen, warum der Mensch für eine letztgültige Offenbarung ansprechbar sei. Die metaphysische Argumentation erscheint ihm aufgrund der drei angeführten Einwände als Antwortmöglichkeit problematisch.

4.3.3 Das Verhältnis zur Offenbarung und Vernunft

Verweyen geht davon aus, dass der letztgültige Sinnbegriff allein durch die autonome Vernunft zu bilden ist. Dies bedeute aber nicht, dass dieser Begriff zeitlich vor dem geschichtlichen Offenbarungsereignis in Jesus Christus konstruiert werden könne. Aufgrund der Sündenverfallenheit bedürfe der Mensch der Zuwen-

---

[152] Verweyen, Gottes letztes Wort, 153.

dung Gottes durch die Menschwerdung, um Einsicht in das Verhältnis zwischen Mensch und Gott und den Sinn des menschlichen Daseins zu erhalten. Erst die Zuwendung Gottes durch die Menschwerdung ermögliche es, die faktische Getrübtheit der Vernunft aufzuhellen: „Die Durchführung einer wirklich autonomen Philosophie verdankt sich der Befreiung der ‚natürlichen Vernunft' aus der faktisch verstellten Realität des fleischgewordenen Logos."[153] Ein Begriff letztgültigen Sinns könne daher ohne die Offenbarung nicht ermittelt werden. Die Vernunft sei aus eigenen Kräften vor der Inkarnation dazu nicht in der Lage. „In seiner natürlich-faktischen Lage als Sünder ist der Mensch zu einem sachgerechten κρίνειν gar nicht imstande, weil er sich selbst das naturgegebene Licht der Vernunft immer schon verdeckt und daher nicht weit genug sieht oder in falsche Richtungen blickt."[154]

An dieser Stelle lässt fragen: Bergen diese Aussagen Verweyens nicht Gefahren? Wenn der Mensch gedacht wird als einer, dem aufgrund seiner Sündigkeit das „naturgegebene Licht" der Vernunft verstellt sei und der daher die Wahrheit nicht vor der geschichtlichen Offenbarung erkenne, droht dann nicht das Risiko, die Ungeschuldetheit und Freiheit von Offenbarung aufzugeben und den Offenbarungsbegriff zu verengen? Welche Bedeutung kommt der Offenbarung durch diese Aussagen zu? Bringt Offenbarung lediglich in der menschlichen Vernunft Verschüttetes wieder zum Erscheinen? Impliziert dieses Denkmodell nicht zudem, dass ohne die Sünde keine geschichtliche Offenbarung notwendig gewesen wäre?

Geschichtliche Offenbarung eröffne der Vernunft ihre eigene Bestimmung erneut, da diese durch die Sünde der Welt verdeckt würde. Im Rahmen einer Beschreibung des Verhältnisses von Theologie und Philosophie bei Anselm bestimmt Verweyen Philosophie als die Frage nach dem „eigentlich Eigenständigen des Menschen", als die Frage nach den dem Menschen ursprünglich

---

[153] Verweyen, Gottes letztes Wort, 71. Vor diesem Hintergrund wird die Einschätzung Ebenbauers fraglich, der davon ausgeht, dass Verweyen sowohl nach innen wie nach außen den Glauben verantworten kann, jedoch die Verantwortung mit der Wahrheit der erstphilosophischen Reflexion steht und fällt. Vgl. Ebenbauer, Fundamentaltheologie, 155.

[154] Verweyen, Gottes letztes Wort, 43.

zugehörigen Möglichkeiten. Gleichzeitig fragt Verweyen kritisch an, ob es „einen solchen autonomen Urbesitz eigener Möglichkeiten" überhaupt gebe.[155] Im Anschluss kommt er auf die durch die Sünde verfinsterte Erkenntnis der Ebenbildlichkeit zu sprechen und folgert: „,Authentisches Philosophieren' wird erst dann wieder möglich, wenn Gott diese verzerrende Maskerade durchbricht und dem Menschen damit ermöglicht, zu seinem eigentlichen Selbst vorzustoßen."[156] Ob Verweyen hier seine eigene Position oder die Anselms wiedergibt, bleibt unklar. Auch wenn Verweyen nur Anselm rekonstruiert, wird aber doch deutlich, wie problematisch hier das Verhältnis von Vernunft und Offenbarung gedacht wird. Die geschichtliche Offenbarung hat in diesem Denken ausschließlich die Funktion, die Vernunft erneut zu ihrem eigentlichen Vollzug zu befreien.

4.3.4 Keine Vernichtung oder Abwertung der Differenz

Verweyen bestimmt den Menschen in seiner Dialektik von Bedingtem und Unbedingtem. Beide Elemente müssten in ihrer Bezogenheit über den Sinnbegriff deutlich werden. Eine mystische Lösung, die der Verzweiflung über die gegenwärtige Welt entspringe und die das Subjekt im Absoluten aufgehen lasse, sodass die Differenz erlösche, weil das Individuelle verschwinde, verbiete sich aus mehreren Gründen. Verweyen schließt sie zum einen mit dem Hinweis auf die Gefahr der Ideologisierung und die damit verbundenen ethischen Probleme aus. Die fehlenden Unterscheidungsmöglichkeiten gingen zudem zu Lasten einer rationalen Überprüfung der jeweiligen Weltanschauung, da die Differenz die Basis jeder Argumentation darstelle. Offen bleibe bei der mystischen Lösung auch die inhaltliche Bestimmung des *Ziels* des Einheitsstrebens. Wie könne dieses Absolute, in das sich die Differenz aufheben solle, bestimmt werden? Zudem sei die Frage ungeklärt, woher der Schein der Differenz komme.[157]

Daher entscheide sich die Qualität des Sinnbegriffs an dem bleibenden Wert der Differenz. Der Sinnbegriff müsse aufzeigen, dass „unbedingte Einheit *in* und trotz der unaufhebbaren Fremd-

---

[155] Vgl. Verweyen, Einleitung zu: Anselm, 17.
[156] Verweyen, Einleitung zu: Anselm, 20f.
[157] Vgl. Verweyen, Gottes letztes Wort, 165f.

heit des in seiner Existenz hineinstehenden anderen"[158] realisiert werden könne. Die Einheit solle als erreichbar gezeigt werden, ohne dass das andere vernichtet bzw. die Differenz zerstört werde.

4.4 Die Äußerung des Unbedingten als Mitte des Sinnbegriffs

Für Verweyen sind für den Sinnbegriff folgende Punkte unverzichtbar: Zum einen müsse die Struktur menschlicher Vernunft, d. h. die Differenz zwischen Bedingtheit und Unbedingtheit, in ihrer Sinnhaftigkeit deutlich werden. Zweitens sei davon hinsichtlich eines Sinnbegriffes davon auszugehen, dass weder das Streben nach Einheit verabschiedet, noch eine Überwindung oder Ausblendung der Differenz vorgenommen werde. Verweyen zielt darauf, eine Möglichkeit aufzuzeigen, Einheit trotz Differenz zu erreichen. Unhintergehbar für die Argumentation bleibe drittens die von ihm einzig zugelassene Erklärung ‚von oben' für das menschliche Wissen um Einheit. Diesen drei Voraussetzungen könne nach Verweyen der Begriff der „Äußerung" des Unbedingten gerecht werden.[159]

„Diese seine widersprüchlich erscheinende Grundstruktur kann sich das Ich nicht aus sich selbst und erst recht nicht aus einem in keiner Hinsicht unbedingtem Sein erklären, wie es ihm in der Welt begegnet. Wenn sie überhaupt erklärbar sein soll, dann nur durch die Äußerung eines in jeder Hinsicht unbedingten einen Seins, das zugleich der Differenz mächtig ist."[160]

Weder das Subjekt selbst noch die Kontingenz der Welt erklären nach Verweyen den erscheinenden Widerspruch der menschlichen Verfasstheit. Einzig eine der Differenz mächtige Äußerung des Unbedingten könne diese Erklärung leisten.

Das angeführte Zitat impliziert folgende vier Aussagen: Zum einen geht Verweyen hier begrifflich von einem unbedingten Prinzip aus. Dieses unbedingte Prinzip trage zweitens in sich die Mög-

---

[158] Verweyen, Gottes letztes Wort, 154f.
[159] Vgl. Verweyen, Gottes letztes Wort, 154f.
[160] Verweyen, Gottes letztes Wort, 155.

lichkeit und die Wirklichkeit der Differenz.[161] Drittens nimmt Verweyen an, dass sich dieses Prinzip, welches bestimmt ist durch Einheit und Differenz, geäußert habe. Für die menschliche Sinnproblematik bedeute diese Äußerung viertens, dass der vermeintliche Götterfluch als Götterruf erkennbar und realisierbar werde. Mit dieser Definition ist das Kernstück des letztgültigen Sinnbegriffes und der Erstphilosophie Verweyens erreicht. Allein das begrifflich konstruierte Absolute, das die Differenz umgreife und sich in seiner Verfasstheit dem Menschen zugänglich gemacht habe, könne die Erklärung des scheinbaren Widerspruchs der menschlichen Struktur leisten und somit eine Denkmöglichkeit eröffnen, die die Absurdheit des Lebens widerlege.

Verweyen führt anschließend weiter aus, wie die Unbedingtheit der Äußerung zu denken sei. Nicht in den Begriffen Ursache und Wirkung solle das Verhältnis zwischen Mensch und Unbedingtem gedacht werden. Dies stehe der Erfahrung des Subjekts entgegen, das sich selbst als unbedingt und darin gerade nicht als verursacht erfahre. Den Begriff der Äußerung müsse gedacht werden als eine Äußerung, die sich ohne irgendeine Art der Notwendigkeit vollziehe, da es ansonsten nicht für den Begriff der völligen Unbedingtheit in Frage komme. Nur ein völlig Unbedingtes könne das unbedingte Wissen des Subjekts ermöglichen. Von dieser Äußerung des absolut unbedingten Seins besitze das Subjekt seinen Begriff unbedingter Einheit.[162] Verweyen weist an dieser Stelle die Fragen, wie sich im Unbedingten selbst Differenz denken lässt und warum es zum Ereignis der Äußerung kommt, mit dem Hinweis zurück, dass dieselben den Bereich der Erstphilosophie überschreiten. Den Begriff der Äußerung sieht er noch innerhalb der Erstphilosophie erreichbar.

---

[161] „Wenn überhaupt, dann lässt sich die paradoxe Elementarstruktur der menschlichen Vernunft nur ‚von oben' her erklären, [...] – als Prägung durch eine unbedingt-eine Realität, die der Differenz wirklich mächtig ist, diese nicht nur begrifflich umgreift." Verweyen, Gottes letztes Wort, 152.
[162] Vgl. Verweyen, Gottes letztes Wort, 155f.

Zwischenreflexion 2

a) Verweyen nimmt in der Konstruktion seines Sinnbegriffes eine Prägung der Vernunft ‚von oben' an. Er geht gerade davon aus, dass eine Erklärung der paradoxen menschlichen Elementarstruktur nur möglich sei, wenn die Vernunft als von einem unbedingten Prinzip geprägt gedacht werde, welches der Differenz mächtig sei. Er macht im Anschluss an diese Annahme allerdings die Problematik deutlich, die sich mit einer metaphysischen Lesart dieses Erklärungsversuches ergebe. Offen bleibt nach diesen Einwänden jedoch die Frage, ob sich für Verweyen der Schritt in die Metaphysik auch verbietet, wenn diese Einwände behoben werden können. Wenn es Verweyen mit dem Sinnbegriff gelingt, eine Lösung der aufgezeigten Problemfelder aufzuzeigen, was steht aus seiner Perspektive der Hinwendung zur Metaphysik im Wege? Grenzt sich Verweyen mit dieser Problemanalyse wirklich von der Metaphysik ab, oder entwirft er nicht einen Sinnbegriff, der die Einwände gegen die Metaphysik entkräftet?

b) Bemerkenswert ist außerdem, wie im dritten Einwand die Theodizeefrage zur Sprache kommt: Die Frage nach Gott wird konfrontiert mit der menschlichen Verfasstheit, die darin besteht, „mit einer ständigen und nicht zu behebenden Betroffenheit durch ein anderes fertigzuwerden, die seiner ursprünglichen, von keinem anderen bedingten Einheit radikal im Wege steht"[163]. Die Theodizeefrage stellt sich für Verweyen angesichts der menschlichen Unerreichbarkeit der Einheit. Hier kann jedoch angefragt werden, ob diese Problematik inhaltlich identisch ist mit der Frage, ob Gott das Leiden Unschuldiger will.[164] Verweigert Iwan in Dostojewskis Roman „Die Brüder Karamasow" die ewige Harmonie, weil er sein Streben nach Einheit nicht realisieren kann? Unbestritten ist für Iwan Karamasow die Realität der Welt ein Argument gegen die Existenz Gottes. Doch die Realität der Welt wird aufgrund des faktischen Leidens der Menschen zum Argument gegen Gott und nicht wegen der fehlenden Möglichkeit, Einheit in der Realität der Welt zu erreichen.[165] Entspricht die Einheitsfrage der Theo-

---

[163] Verweyen, Gottes letztes Wort, 153.

[164] Vgl. Verweyen, Einführung, 115.

[165] Vgl. Verweyen, Gottes letztes Wort, 204f. Zumindest stellt Verweyen selbst die Position von Iwan Karamasow so dar.

dizeefrage in Camus' Pest? Lässt sich die Theodizeefrage überhaupt formalisiert in der reinen Vernunft stellen oder verbietet sich hier jede Art der Abstraktion und Formalisierung?

Handelt es sich bei der Frage nach der erreichbaren Einheit um eine universale Sinnfrage? Hoff macht deutlich, dass das Sinnbedürfnis im fundamentaltheologischen Entwurf Verweyens evident gesetzt sei, faktisch jedoch durch Interpretation zustande komme und geschichtlich die Sinnfrage unterschiedlich ausfalle.[166] Verweyen nimmt nach Hoff eine Setzung vor, in dem er die Sinnfrage als Frage von Einheit und Differenz festlegt. Ebenfalls weist Hoff darauf hin, dass der Schluss von unbedingter Sinnverwiesenheit auf Sinn nur möglich sei, wenn als Voraussetzung angenommen werde, dass eine Erklärungsmöglichkeit für das Sinnverlangen existiere.[167]

Zudem ist hier auf Werbick zu verweisen, der die Anerkennungsfrage stärker akzentuiert. Ihm zufolge stellt die Frage nach der Würdigung und nicht das Problem der Einheit die ursprüngliche Frage des Menschen dar. Die interpersonale Begegnung ziele darauf ab, die andere Freiheit in ihrem Lebenszusammenhang anzuerkennen.

„Im Anderen erreicht mich die Bitte um Würdigung einer Würde als *Bitte*, als die Bitte, sich von der konkret folgenreichen Erkenntnis jener Macht- und Interessenszusammenhänge in Anspruch nehmen zu lassen, die die Würdigung dieses konkreten Menschen wie auch der anderen Menschen erkennbar verhindern."[168]

Aber ist die Sinnfrage darauf zu begrenzen? Keinesfalls soll bestritten werden, dass die „Bitte um Würdigung" ein elementares Bedürfnis des Menschen darstellt. Doch ist damit die Frage nach dem Leiden richtig gestellt? Wird aber hinsichtlich der Sinnfrage nicht die Problematik von Kontingenz und Negativität dem Men-

---

[166] Vgl. Hoff, Die prekäre Identität, 513.
[167] Vgl. ebd., 515. Vgl. Hoff, Offenbarungen, 238. Auch Scherer stellt die Identität von Sinn- und Einheitsfrage infrage. Ders., Erste Philosophie, 71f. Allerdings verknüpft Scherer selbst im Folgenden den Sinnbegriff mit dem Seinsbegriff.
[168] Jürgen Werbick, Den Glauben verantworten. Eine Fundamentaltheologie, Freiburg ³2005, 864.

schen zum existentiellen Problem? Ist der Mensch nicht vielmehr von der Tatsache geplagt, die Erkenntnis, dass Machtstrukturen die Würde anderer Menschen unterlaufen, in vielen Fällen nicht in die Tat umsetzen bzw. nicht mehr rückgängig machen zu können? Verhallt diese „Bitte um Würdigung" nicht häufig ungehört im Raum, weil sie die Möglichkeiten des Menschen übersteigt? Leidet der Mensch nicht vielmehr an den Ungerechtigkeiten, Unwiederbringlichkeiten, an der Brüchigkeit seines Daseins und an den begrenzten Möglichkeiten seiner Existenz? Nicht zu vergessen ist auch das *malum physicum*. Wie kann das Leid aufgrund von Krankheit, Naturkatastrophen, Hunger und Tod durch die Frage nach der Einheit reflektiert werden? Verweyen aber fokussiert die Einheitsfrage und leitet daraus die Notwendigkeit eines absoluten Prinzips ab, das der Differenz nicht entgegensteht, sondern diese integrieren kann. Verweyen selbst bemerkt in einer Fußnote: „Wir klammern an dieser Stelle die weitgehende Frage (der Theodizee) danach aus, ob bzw. wie Unschuldige treffendes Leid überhaupt mit der Annahme einer gerechten Weltordnung vereinbar ist."[169] Doch welche Relevanz hat ein Sinnbegriff, der die Frage nach dem Leid der Unschuldigen ausklammert?

Auch der Einwand Pröppers soll an dieser Stelle nicht übergangen werden. Pröpper stellt an Verweyen die Frage, ob es notwendig sei, den Sinnbegriff so weitgehend unter den Anspruch der Erstphilosophie zu stellen. Er hält es für ausreichend, die Unbedingtheit als Grundlage des Sinnbegriffs anzunehmen und allein damit, ohne die Differenzproblematik, die Hinordnung des Menschen auf die geschichtliche Offenbarung aufzuzeigen. Ausgangspunkt stellt für Pröpper die formal unbedingte Freiheit dar, die sich zu sich selbst entschließt und sich auf einen ihr angemessenen Gehalt verpflichtet. Transzendentallogisch sei es geboten, das Moment der existierenden Freiheit zu reflektieren, um das Phänomen der Freiheit angemessen zu bestimmen. So werde die Anerkennung der unbedingten menschlichen Freiheit zum Kriterium des freien, moralischen Handelns.[170]

c) Auffallend ist in Verweyens Argumentation eine große Nähe zu Descartes.

---

[169] Verweyen, Gottes letztes Wort, 205, Anm. 19.
[170] Vgl. Pröpper, Erstphilosophischer Begriff, 281.

„Wenn überhaupt, dann lässt sich die paradoxe Elementarstruktur der menschlichen Vernunft nur ‚von oben‘ her erklären, etwa – nach der Art des ‚transzendentallogischen Gottesbeweises‘ [...] – als Prägung durch eine unbedingt-eine Realität, die der Differenz wirklich mächtig ist, diese nicht nur begrifflich umgreift.“[171]

Für Verweyen besteht die (einzige) Möglichkeit, die Sinnhaftigkeit der menschlichen Vernunft aufzuzeigen, in der Annahme, dass die Vernunft durch eine unbedingte Realität, die auch die Differenz umfasst, geprägt sei. Mit Descartes geht Verweyen von der Idee des Unendlichen im Menschen aus und nimmt anders als Pröpper an, dass die Idee des Unbedingten selbst im Menschen wirke.[172]

„Descartes bleibt mit seinem Argument im Recht, daß schon zur Bildung des bloßen Begriffs von Endlichem oder Bedingtem die Idee eines Unendlichen und Unbedingen in uns wirksam sein muß und daß diese Wirksamkeit ohne die Annahme eines ‚aktual‘, nicht nur ‚potentiell‘ Unendlichen und Unbedingten nicht zu erklären wäre“[173].

Da Verweyen ausschließt, dass das Subjekt selbst für das Unbedingte aufkommen könne, muss er die Frage nach der Herkunft anderweitig beantworten. Trotz der Nähe zu Descartes und dem späten Fichte betont Verweyen jedoch, „keinen spekulativen Schritt in die Metaphysik hinein“ zu unternehmen.[174] Er akzentuiert, dass es bei seiner Untersuchung nur um die Ermittlung eines Begriffes gehe. Im Gegensatz zur metaphysischen oder ontologischen Methode sei mit dem Begriff nicht die Aussage der Existenz gemacht. Festgestellt werde

---

[171] Verweyen, Gottes letztes Wort, 152.
[172] An die Annahme Pröppers, dass das Subjekt selbst für die Idee des Unbedingten aufkomme, stellt Verweyen die Anfrage, woher die Vernunft darum wisse, dass sie lediglich formal aber nicht material unbedingt sei, „wenn sich in das Ich nicht die Spur eines *nicht nur formal Unbedingten* eingegraben hat?“ Verweyen, Gottes letztes Wort, 161.
[173] Vgl. Verweyen, Einführung, 125.
[174] Vgl. Verweyen, Glaubensverantwortung heute, 290.

„weder eine Wirklichkeit, noch eine (Real-)Möglichkeit, sondern lediglich die (transzendentallogische) Notwendigkeit von etwas unter der Voraussetzung, daß (in theologischer Perspektive) eine letztgültige Offenbarung Gottes rational verantwortbar bzw. (in philosophischer Perspektive) die mir als unaufhebbar erscheinende Widersprüchlichkeit der Grundstruktur meiner Vernunft als ohne Widerspruch vernünftig erkennbar sein soll."[175]

An welcher Stelle der Fundamentaltheologie Verweyens der Übergang zwischen der Hypothese der Existenz Gottes zu deren Affirmation stattfindet, hat Platzbecker herausgearbeitet. Dieser betont, dass die Frage nach Gott laut Verweyen nicht durch die theoretische Vernunft zu beantworten sei.[176] Für die begriffliche Bestimmung der angemessenen Gottesrede müsse nach Verweyen jedoch die Frage nach der Herkunft der Freiheit gestellt werden, um denkmöglich eine Lösung der menschlichen Sinnproblematik zu erreichen.[177] Das Absolute müsse sich vor der menschlichen Sinnstruktur verantworten und zwar so, dass diese Sinnstruktur nicht im Absurden ende. In diesem Zusammenhang finde sich eine hypothetische Annahme der Existenz Gottes um transzendentallogisch die Sinnfrage klären zu können.

„Verweyen verknüpft mit der von Pröpper gestellten ‚Frage absoluter Begründung' die rein *hypothetische* Präsumtion der Existenz eines schlechthin unbedingten Grundes, um damit eine rein transzendentallogische Antwort auf die Frage nach ei-

---

[175] Verweyen, Gottes letztes Wort, 155.
[176] Platzbecker weist darauf hin, dass Verweyen „in einer der cartesianischen dritten Meditation parallelen Argumentation die Notwendigkeit [zeigt – E.S.], ein wirklich existierendes Unbedingtes als Ursprung für die Unbedingtheitsbestimmung des Subjekts zu *denken*." Der Sprung vom logischen zum ontischen Denken verbiete sich jedoch. Hier finde sich die „entscheidende Grenzlinie zur Metaphysik". Ders., Autonomie, 158f.
[177] Nach Kim ergibt sich eine sublime Grenzlinie zur Metaphysik bei Verweyen, da er der „*via causalitatis* den spekulativen Schritt in die Metaphysik [...] *ab*erkennt, jedoch die transzendentallogische Notwendigkeit der Frage nach dem ursprünglichen Grund *an*erkennt." Kim, Auf der Suche, 172.

ner durchgängig, nicht nur fragmentarisch konsistent und sinnvoll zu denkenden Vernunft zu geben."[178]

Mit diesem Gedankengang zeigt sich eine grundlegende Annahme der Fundamentaltheologie Verweyens. Hier wird eine grundlegende Verbindung zwischen der Annahme der Existenz Gottes und dem Sinnbegriff vorausgesetzt. Diese Konstruktion geht davon aus, dass es im Interesse der Vernunft liege, einen Begriff für ihre widerspruchsfreie Realisierung zu suchen. Wolle die Vernunft nicht das gleiche Schicksal wie Sisyphos erleiden, biete nach Verweyen der Begriff vom letztgültigen Sinn die einzig angemessene Möglichkeit. Eine Lösung ist jedoch nur denkbar, wenn zumindest hypothetisch die Existenz Gottes angenommen wird.[179]

Interessant ist an dieser Stelle die weitere Argumentation Platzbeckers. Allein aus der Rückfrage Verweyens folge keine objektive Notwendigkeit der Annahme Gottes, „erst mit dem Vollzug von Freiheit ‚wird' diese Notwendigkeit."[180] Damit ergebe sich die Objektivität der Argumentation nicht durch die Rückfrage selbst, sondern durch jeden Akt der Freiheit, die de facto jeder Mensch beanspruche als Voraussetzung allen Handelns. An dieser Stelle entstehe nach Platzbecker die objektive Notwendigkeit der Annahme der Existenz Gottes. In der faktisch existierenden Freiheit erfahre sich der Mensch, wolle er sich selbst nicht als widersprüchlich akzeptieren, nur sinnvoll in der Beschreibung „Bild des Absoluten zu werden"[181] Dieser Schluss gibt Anlass für kritische Rück-

---

[178] Paul Platzbecker, „Freiheit als Prinzip aller Erscheinung". Anmerkungen zu einem Zentralbegriff in der Kontroverse zwischen Hansjürgen Verweyen und Thomas Pröpper, in: Joachim Valentin/Saskia Wendel (Hgg.), Unbedingtes Verstehen?! Fundamentaltheologie zwischen Erstphilosophie und Hermeneutik, Regensburg 2001, 23–41, 32.

[179] Obenauer sieht in dem im Begriff letztgültigen Sinns enthaltenen Bildbegriff eine ontologische Implikation: „[...] es ist der Anspruch erhoben, daß sich Wirklichkeit *sinnkonsistent* eben nur in besagter Weise verstehen läßt." Klaus Obenauer, Rückgang auf die Evidenz. Eine Reflexion zur Grundlegung und Bedeutung einer thomistisch orientierten Metaphysik im Kontext der systematisch-theologischen Letztbegründungsdebatte (= BDS 40), Würzburg 2006, 340.

[180] Platzbecker, Freiheit, 32, Anm. 16.

[181] Verweyen, Gottes letztes Wort, 163.

fragen: Denn wie kann die Rede vom Absoluten noch im Begrifflichen verbleiben, da der Mensch in jedem reflexiven Bewusstseinsakt seine Freiheit beansprucht und damit Freiheit sich als existent erweist?[182] Ist mit der Beanspruchung der Freiheit als Ort, an dem die Notwendigkeit der Existenz eines Absoluten angenommen werden muss, die Frage nach der Existenz Gottes nicht bereits entschieden? Welche Erklärungsmöglichkeit bleibt dem Menschen, der seine Freiheit beansprucht und die Existenz Gottes verneint? Wird hier tatsächlich noch von der philosophischen Strittigkeit des Daseins Gottes ausgegangen oder impliziert nicht jeder Freiheitsakt die Annahme der Existenz Gottes? Folgt Verweyen hier nicht Descartes viel zu lange, der das Faktum des Unendlichen im Bewusstsein des endlichen Menschen durch ein Unendliches als dessen Wirkursache erklärt?[183] Muss in der Fundamentaltheologie Verweyens im Blick auf eine menschliche Verfasstheit, die durch ein Wissen um Einheit bestimmt ist, ein unbedingtes Prinzip, das den Menschen prägt, d. h. Gott, nicht notwendig angenommen werden? Wenn ja, drängt sich allerdings die Frage auf, ob damit der Nichtexistenz Gottes nicht die denkerische Möglichkeit genommen ist, nachdem Verweyen seinen fundamentaltheologischen Entwurf fertig gestellt hat.[184]

---

[182] Hier liegt auch die Kritik Pröppers begründet, der den Begriff letztgültigen Sinns Verweyens nicht als Entwurf eines möglichen Sinns, sondern als Sinnaufweis, als „philosophische Vergewisserung des Sinnes, der jedem Menschen von seinem Wesen her offensteht", erkennt. Daraus ergebe sich aber das problematische Verhältnis von Offenbarung und Vernunft als Vermittlungsverhältnis, d. h. die Offenbarung vermittelt den Menschen zu sich selbst. Vgl. ders., Erstphilosophischer Begriff, 283. Zur Realität von Freiheit in der theoretischen und praktischen Vernunft vgl. Magnus Striet, „Erkenntnis aller Pflichten als göttliche Gebote". Bleibende Relevanz und Grenzen von Kants Religionsphilosophie, in: Georg Essen/Ders. (Hgg.), Kant und die Theologie, Darmstadt 2005, 162–186, 169–173.

[183] Vgl. Verweyen, Gottes letztes Wort, 92f.

[184] Platzbecker geht davon aus, dass bei der Sinnfrage der Ursprung des Unbedingten von Verweyen nicht erörtert werde. Mit der begrifflichen Lösung der Sinnproblematik sei es jedoch notwendig, die Frage nach dem Ursprung neu zu stellen. Die Parallele, die sich dadurch zu Descartes ergibt, ist seiner Meinung nach kein Rückfall in die Metaphysik, sondern folge notwendig aus der Frage, wie die Realisierung der Freiheit vernunftgemäß

d) Als vierter Punkt ist das Offenbarungsverständnis in Verweyens Fundamentaltheologie kritisch zu beleuchten. Denn dieses wird durch den Begriff der Äußerung grundlegend eingeschränkt, da Offenbarung auf die Erklärung der menschlichen Struktur, d. h. auf die Offenbarung der menschlichen Bestimmung, festgelegt wird. Kann mit dem Begriff der Äußerung die geschichtliche Offenbarung als ein Ereignis von Liebe und Freundschaft gedacht werden? Und wie kann das Offenbarungsereignis als Geschehen zwischen Mensch und Gott gedacht werden, wenn das, was Grund der Freiheit des Menschen ist, seine formale Unbedingtheit nicht in ihm selbst liegt, sondern dem Menschen von Gott im kausalen Verhältnis zukommt?[185] Wenn die Unterschiedenheit zwischen Mensch und Gott als Voraussetzung eines wirklichen Freiheitsgeschehens durchgehalten werden soll, muss der Mensch die Mög-

---

gedacht werden könne. Vgl. ders., Autonomie, 55f. Schließt jedoch das zweite das erste zwingend aus? Oder ist hier nicht doch bereits, wie Pröpper bemerkt, über die Sache des Glaubens schon entschieden? Vgl. ders., Sollensevidenz, 40. Verstärkt wird diese Anfrage auch, wenn sich Verweyen dem späten Schelling anschließt. Verweyen versteht die Frage nach dem Begriff des letztgültigen Sinns strukturgleich zur Frage Schellings nach der Voraussetzung der Entstehung eines freien Seins. Schelling komme über die Sinnfrage zur Gottesrede. Vgl. Verweyen, Offenbarungsglaube, 12. Essen merkt dazu kritisch an, dass Schelling an dieser Stelle bereits eine inhaltliche Gottesbestimmung voraussetzt und Schellings Denken zwischen Metaphysik und Transzendentalphilosophie oszilliert. Vgl. Georg Essen, Die philosophische Gottesfrage als Aufgabe der Theologie. Konturen eines philosophisch-theologischen Programms, in: Müller (Hg.), Dogma und Denkform, 27–36, 33. Gerät Verweyen mit dem Rekurs auf den späten Schelling nicht in die Gefahr, aus dem Rahmen der Transzendentalphilosophie herauszufallen? Zusätzlich wird der Rückgriff auf Schelling aus einer weiteren Problemperspektive prekär, die mit dem metaphysischen Denken gegeben ist. Denn Meier kommt zu dem Ergebnis, dass die Spätphilosophie Schellings an ihrem eigenen Anspruch scheiterte, nämlich zu denken, „wie der Mensch in und aus der Freiheit Gottes lebt". Frank Meier, Transzendenz der Vernunft und Wirklichkeit Gottes. Eine Untersuchung zur Philosophischen Gotteslehre in F. W. J. Schellings Spätphilosophie (= ratio fidei 21), Regensburg 2004, 291.

[185] Zur Bedeutung des transzendentalen Denkens für die Offenbarungstheologie vgl. Thomas Pröpper, Erlösungsglauben und Freiheitsgeschichte. Eine Skizze zur Soteriologie, München ²1988, 274–277.

lichkeit besitzen, sich selbst zur Freiheit zu bestimmen. Der Begriff Gottes beinhaltet dementsprechend, dass er die Selbstbestimmung des Menschen *ermöglicht*. Unverzichtbar ist jedoch die freie Tat des Menschen, sich in seiner Freiheit zu bejahen.

4.5 Der Bildbegriff Anselms

Ist mit dem Begriff der Äußerung eine Erklärung für die Grundstruktur des menschlichen Subjekts in seiner Sinnhaftigkeit gegeben, bleibt nach Verweyen noch die Frage zu beantworten, wie eine Äußerung eines unbedingten Prinzips gedacht werden könne, ohne die Einheit dieses Prinzips zu unterlaufen.[186]

„Wenn nicht auch das völlig unbedingt eine Sein selbst widersprüchlich erscheinen soll, muß sich aber eine Äußerung jenes Seins, die im menschlichen Ich ein ihm selbst gegenüberstehendes selbständiges anderes duldet, als seiner völlig unbedingten Einheit nicht widersprechend verstehen lassen.“[187]

Wie kann der Begriff der Äußerung gedacht werden, ohne der Einheit des unbedingten Prinzips entgegen zu stehen? Um dieses Verhältnis zu klären, greift Verweyen zum einen den neutestamentlichen Bildbegriff in 2 Kor 4,4[188] und Kol 1,13–15[189] auf, in dem Christus als Bild Gottes bezeichnet wird. Zum anderen begibt er sich an den Ort der Theologiegeschichte, an dem der Bildbegriff seine systematische Berücksichtigung findet, bei Anselm von Canterbury. Anselm beschreibe mit dem Bildbegriff das Verhältnis zwischen Gott Vater und Gott Sohn: „denn das Wort ist genau

---

[186] Vgl. Verweyen, Gottes letztes Wort, 156.
[187] Verweyen, Gottes letztes Wort, 156.
[188] Denn der Gott dieser Weltzeit hat das Denken der Ungläubigen verblendet. So strahlt ihnen der Glanz der Heilsbotschaft nicht auf, der Botschaft von der Herrlichkeit Christi, der Gottes Ebenbild ist.
[189] ¹³Er hat uns der Macht der Finsternis entrissen und aufgenommen in das Reich seines geliebten Sohnes. ¹⁴Durch ihn haben wir die Erlösung, die Vergebung der Sünden. ¹⁵Er ist das Ebenbild des unsichtbaren Gottes, der Erstgeborene der ganzen Schöpfung.

das, was es als Wort oder Bild ist, auf anderes (oder: ein anderen) hin, weil es nur Wort und Bild von etwas (oder: jemandem) ist"[190]. Bestimmend sei bei Anselm die Vorstellung vom reinen, vollkommenen Bild des Vaters, das der Sohn verkörpere. Weil der Sohn das Bild des Vaters sei, sei er vom Vater unterschieden, während gleichzeitig die göttliche Einheit gewahrt bleibe, da das Bild vollkommen sei.[191]

Auffallend ist die Bewertung des Bildbegriffs durch Verweyen. Anselm erreiche mit der Annahme, dass der Sohn das vollkommene Bild des Vater realisiere und damit die Einheit gewahrt werde, einen Gottesbegriff, der sich nach Verweyen jenseits des Projektionsverdachts befinde, da er nicht aus der Kontingenz erschlossen werde, sondern aus der Prägung der Vernunft durch ein Unbedingtes.

„Der ‚Vater der Scholastik' hat damit einen streng apriorischen Begriff von ‚Einheit in Differenz' gewonnen. [...] Im Unterschied zu ontischen, aus dem Transzendieren von endlichem Sein gewonnenen Gottesvorstellungen (z. B. ‚der Allerhöchste', ‚das vollkommenste Sein') kann Anselms Gottesbegriff nicht als eine Projektion (als vorgestelltes Ende einer unendlichen Stufenleiter) erklärt werden. Unser unendliches Transzendieren und Projizieren ist vielmehr, wenn überhaupt, dann nur aufgrund einer Prägung unserer Vernunft durch ein Unbedingtes zu verstehen."[192]

---

[190] Verweyen übersetzt hier die Passage, in der Anselm den Bildbegriff bestimmt. Er bezieht sich auf Anselm von Canterbury, Monologion, Kap. 38, in: Opera omnia, ad fidem codicum rec. F.S. Schmitt, T. 1–2, Vol. 1–6, Stuttgart 1968–1984, 56, Z 24–26. Vgl. Verweyen, Gottes letztes Wort, 157.

[191] Vgl. Verweyen, Einleitung zu: Anselm von Canterbury, De libertate arbitrii et alii tractatus. Freiheitsschriften. Lateinisch-deutsch, übers. u. eingel. v. Hansjürgen Verweyen (= FC 13), Freiburg 1994, 7–57, 31.

[192] Verweyen, Gottes letztes Wort, 157. Zum Bildbegriff vgl. Verweyen, Anthropologische Vermittlung der Offenbarung: Anselms ‚Monologion', in: Michael Kessler/Wolfhart Pannenberg/Hermann Josef Pottmeyer (Hgg.), Fides quaerens intellectum. Beiträge zur Fundamentaltheologie. FS für Max Seckler, Tübingen 1992, 149–158, 156. Vgl. ders., Die Einheit von Gerechtigkeit und Barmherzigkeit bei Anselm von Canterbury, in: IKaZ 14 (1985) 52–55, 53f.

Der Gottesbegriff Anselms sei deshalb von Bedeutung, weil er sich allein aus der Unbedingtheit der Vernunft ergebe. Verweyen nimmt den Bildbegriff als streng *apriorisch* an. Der Gottesbegriff Anselm stamme nicht aus der Projektion endlicher Vorstellungen. Grund dieses Gottesbegriffes sei allein die menschliche Vernunft, deren Besonderheit in ihre Prägung durch ein Unbedingtes bestehe.

4.6 Die Freiheit der Bildwerdung

Obwohl sich Verweyen weitgehend am Bildbegriff Anselm von Canterburys orientiert, modifiziert er diesen in einer Hinsicht. Nach Verweyen werde bei Anselm im Rahmen der trinitarischen Reflexion nicht ausreichend bedacht, dass der Bildbegriff die Möglichkeit aufzeige, mittels derer sich das Subjekt *in Freiheit* ganz zu dem bestimmen könne, was es selbst schon immer vom Ursprung her sei. Nach Verweyen ist wahres Bildsein nur möglich, wenn die menschliche Freiheit selbst alles daran setzt, ein Bild zu werden, das Bild also nicht von außen geschaffen wird, sondern durch die freie Handlung des Subjekts zustande kommt. Diese Bestimmung der *freien* Bildwerdung sei die Voraussetzung, dass das Bild dem unbedingten Sein nicht widerspreche. Denn allein Freiheit, die sich entschließe, Bild des Absoluten zu werden, bilde das absolute Sein in seiner Unbedingtheit ab. Gleichzeitig vollziehe die Freiheit ihr wahres Sein durch das Sich-zum-Bild-machen, die wahrhafte Form der Freiheit bestehe also darin, sich zum Bild des Absoluten zu bestimmen.[193] Dass sich die Freiheit zum Bild des Absoluten mache, könne ihr nicht von außen vorgeschrieben werden. Die Freiheit erfahre in der Sollenserfahrung lediglich den einen unbedingten Anspruch, zu dem sie sich verhalten müsse. Werde jedoch das unbedingte Sollen und damit das Vermögen zur Bildwerdung erfahren, stelle das Sich-zum-Bild-machen der Freiheit die Bedingung dafür dar, dass der Selbstvollzug des Daseins nicht als absurd angenommen werden müsse.

---

[193] Vgl. Verweyen, Gottes letztes Wort, 157–159.

„Unter diesen Voraussetzungen stellt die Einlösung dieser Bedingung ein *unbedingtes Sollen* für jeden dar, der die absurd erscheinende Grundstruktur der Vernunft nicht einfach auf sich
beruhen läßt und bei der Suche nach den Möglichkeitsbedingungen für einen letztgültigen Sinn, für ein rational konsistentes
Vernunftwesen, auf die oben dargestellte Lösung stößt."[194]

An dieser Stelle soll auf das Freiheitsverständnis von Verweyen etwas näher eingegangen werden.[195] Verweyen geht davon aus, dass
die Freiheit für die Unbedingtheit des Sollens voraus gesetzt werden müsse. „Wesentliche Bedingung dafür, daß etwas unbedingt
gesollt sein kann und nicht nur der offene oder versteckte Zwang
des Müssens herrscht, ist, daß es *Freiheit* gibt."[196] Auch sei das
Sich-zum-Bild-machen nur aufgrund der Freiheit des Subjekts
denkbar, ohne die unbedingte Freiheit könne die Einheit nicht erreicht werden.

Doch welche Bedeutung kommt der Freiheit unter diesen
Voraussetzungen zu? Verweyen geht von einem zweistufigen Freiheitsbegriff aus. Die erste Stufe der Freiheit sei durch die Wahlfreiheit des Subjektes bestimmt. Diesen scheinbaren Freiheitsbegriff
verdeutlicht Verweyen am Phänomen der menschlichen Wahrnehmung. Wenn der Mensch anderes als anders erkenne, ergebe sich
aus dieser Erkenntnis eine Handlungsdimension, die sich als „Streben, das über alles andere hinausgeht"[197], zeige. Das Subjekt besitze
eine ursprüngliche Vertrautheit mit sich selbst, und aufgrund dieses
Einheitswissens wolle das Subjekt diese Einheit auch im anderen
realisieren.[198] Sowohl der Trieb der Selbsterhaltung, aber auch das
Streben, über die Umwelt zu triumphieren, bestimme das Handeln
des Subjekts im Zustand der scheinbaren Freiheit. Das Subjekt unterscheide in dieser Phase nicht zwischen den faktischen und den

---

[194] Verweyen, Gottes letztes Wort, 159.
[195] Die Unterschiede im Freiheitsverständnis von Verweyen und Pröpper
hebt Orth hervor. Vgl. Stefan Orth, Das verwundete Cogito und die Offenbarung. Von Paul Ricœur und Jean Nabert zu einem Modell fundamentaler
Theologie (= FThS 162), Freiburg 1999, 55.
[196] Verweyen, Gottes letztes Wort, 159.
[197] Vgl. Verweyen, Gottes letztes Wort, 160.
[198] Vgl. Verweyen, Gottes letztes Wort, 149f.

moralischen Möglichkeiten. Im Zustand der scheinbaren Freiheit komme es zu keiner Einschränkung der eigenen Handlungsmöglichkeiten aufgrund moralischer Kategorien.[199]

Zur wahren Freiheit und unbedingten Gewissheit gelange das Subjekt erst, wenn es sich als denkendes in seiner unbedingten Einheit erkenne. Das Subjekt wisse jetzt, anders als im Zustand der Wahlfreiheit, um seine eigene Unbedingtheit und damit um seine Freiheit von der Determination. Jeder Erklärungsversuch der Determination scheitere an der eigenen Erfahrung des Unbedingten. „Dem Versuch des Deterministen, *alle* Freiheit als letztlich determiniert aufzuweisen, mangelt es an der hinreichenden Reflexion auf das Tun selbst, das einen solchen Beweis antreten möchte."[200] Im Unterschied zur Wahlfreiheit, die sich noch in der Sicherheit wähne, sich adäquat realisieren zu können, wisse sich die bewusste Freiheit als Synthese aus formal unbedingter und material bedingter Freiheit. Sie sei sich der Unmöglichkeit der Realisierung ihres eigenen Anspruches bewusst. „Als Akt des unaufhaltbaren Transzendierens von allem, was ihr in dieser Welt begegnen kann, scheint ihr, daß sie in keinem Engagement an irgend etwas in dieser Welt sich angemessen zu realisieren vermag."[201] Verweyen stellt vor diesem Hintergrund die Frage, wie sich angesichts dieser Erfahrung, die dem Fluch des Sisyphos entspreche, ein unbedingter Sollensanspruch aufrechterhalten lasse. Dürfe das Subjekt auf ein Unbedingtes verpflichtet werden, das es prinzipiell nicht erreichen könne? Verweyen kommt jetzt auf die bei Kant angelegte Problematik zu sprechen, die darin bestehe, dass Kant zwar von der Evidenz der Sollenserfahrung ausgehe, die rationale Begründung, warum dieses Sollen umgesetzt werden soll, aber schuldig bliebe. Nach Verweyen lasse sich mit dem Denken Kants nicht sinnvoll einsehen, warum dem unbedingten moralischen Anspruch Folge geleistet werden solle, wenn er doch vom Menschen niemals vollständig umgesetzt werden könne. Für Verweyen stellt diese Problematik die Sollensverpflichtung in Frage. Es bleibe seiner Ansicht nach mit diesem Denkmodell ein Rest an Dezisionismus oder Intuitionismus in Bezug auf das moralisch

---

[199] Vgl. Verweyen, Gottes letztes Wort, 160.
[200] Verweyen, Gottes letztes Wort, 160.
[201] Verweyen, Gottes letztes Wort, 160.

Gebotene, da eine vollständige Sinnantwort fehle. Wie könne einsichtig gemacht werden, warum dem unbedingten Sollensanspruch gefolgt werden solle?

Die einzig adäquate Möglichkeit angesichts des Wissen des Subjekts um seine begrenzten Möglichkeiten einen unbedingten Sollensanspruch zu erheben, liege nach Verweyen in der Bestimmung der Freiheit, sich zum Bild des Absoluten zu machen. Die formale Freiheit bleibe gewahrt und die paradoxe menschliche Struktur könne aufgrund der Äußerung des Unbedingten mit der Möglichkeit zur Differenz einsichtig gemacht werden. Die erscheinende Widersprüchlichkeit der Elementarstruktur werde als sinnvoll denkbar, wenn sich das Subjekt als Bild des Absoluten verstehe. Mit dem Bildbegriff verliere die Verfasstheit des Menschen ihren paradoxen Schein, da die Dialektik der menschlichen Vernunftstruktur als Äußerung eines unbedingten Seins, das zur Differenz fähig sei, verständlich werden könne. Mit dem Bildbegriff lasse sich die Äußerung des Absoluten denken, ohne dass dessen Einheit zerstört werde.[202]

„Das Verständnis von Freiheit als Bild des Absoluten ist notwendige, wenn auch nicht hinreichende Bedingung dafür, daß die Differenz, in der sich die menschliche Vernunft immer schon gesetzt findet, ihren bedrohlichen Charakter als inneren Widerspruch der Vernunft mit sich selbst verliert."[203]

Gleichzeitig werde mit der Bildmetapher der Begriff des unbedingten Sollens verständlich. Ergehe im Sollensanspruch die Aufforderung an den Menschen, sich als Bild des Absoluten zu verstehen, könne einsichtig gemacht werden, warum diesem Sollensanspruch gefolgt werden solle. Denn damit sei der Begriff des unbedingten Sollens verstanden als „eine Aufforderung, die aus dem schlechthin unbedingten Sein selbst ergeht und es der *formal* unbedingten Freiheit ermöglicht, sich in dem ihr einzig adäquaten ‚Gegenstand' auch zu *realisieren*."[204]

---

[202] Vgl. Verweyen, Gottes letztes Wort, 162f.
[203] Verweyen, Gottes letztes Wort, 163.
[204] Verweyen, Gottes letztes Wort, 163.

Mit dem Bildbegriff könne die Äußerung des Unbedingten erklärt werden, ohne dessen Einheit zu zerstören, und das Sollen einsichtig gemacht werden. Werde dieser Zusammenhang vom Subjekt begriffen, gebe es für die Vernunft keine andere Möglichkeit mehr, sich selbst als sinnvoll zu verstehen. Habe die Vernunft mit dieser Argumentation den Sinn ihres Daseins erfasst, erübrige sich jede andere Option.

> „Angesichts dieser Evidenz weiter an einer Wahlfreiheit, die über die Wahl der zum Ziel notwendigen Mittel hinausgeht, oder an der grundsätzlichen Ungebundenheit bloß formaler Freiheit festhalten zu wollen, würde bedeuten, den dem Wesen der Freiheit einzig angemessenen Selbstvollzug gegen dessen bloßen Schein einzutauschen."[205]

Wahlfreiheit oder formal unbedingte Freiheit sind nach Verweyen lediglich Möglichkeitsbedingungen für die wahre Erscheinung der Freiheit. Begreife sich Freiheit wahrhaft selbst durch ein als gültig erkanntes Sollen, müsse sie sich entsprechend vollziehen. Verweyen geht davon aus, dass die Vernunft im Sich-zum-Bild-machen nur realisiere, wozu sie immer schon bestimmt sei.[206] „Sie kann sich nur zu etwas als ihrem eigentlichen realen Vollzug ‚machen', das sie immer schon, von ihrer Grundstruktur her bestimmt"[207]. Die Freiheit der Vernunft bestehe daher darin, ihrer eigenen Bestimmung des Sich-zum-Bild-machens nachzukommen.

Zwischenreflexion 3

Wenn Verweyen die einzig angemessene Möglichkeit der Freiheit als Sich-zum-Bild-des-Absoluten-machen bestimmt, zeigt sich nach Pröpper, dass die Bedeutung der formalen Freiheit als „ur-

---

[205] Verweyen, Gottes letztes Wort, 163f. „[A]ngesichts eines als vernünftig erachteten Sollensanspruchs hat das Subjekt nur noch die Wahl zwischen der *vernünftigen* Anerkenntnis des Sollens und der *unvernünftigen* Missachtung des Sollens." Fößel, Gott, 304, Anm. 39.
[206] Vgl. Verweyen, Gottes letztes Wort, 163f.
[207] Verweyen, Gottes letztes Wort, 164.

sprüngliches Sichverhalten, Sichöffnen und Sichentschließen" nicht direkt ausgedrückt und als Instanz gewürdigt wird.[208] Pröpper sieht durch die fehlende Berücksichtigung der formalen Freiheit als ursprüngliches Verhalten zugunsten der Hinordnung aller Freiheit auf die Bildwerdungslogik drei problematische Folgen gegeben: Zum einen werde die Ethik der Sinnfrage untergeordnet. Nur weil es der Vernunft sinnvoll erscheine, erfolge das moralische Handeln. Ohne Sinnaufweis entfällt die Legitimation für moralisches Handeln. Zudem hat das unbedingte Seinsollen, welches sich Freiheiten gegenseitig zusprechen, nach Pröpper in der Fundamentaltheologie Verweyens seinen direkten Grund nicht in der anderen Freiheit, sondern in ihrer Möglichkeit des Sich-zum-Bild-machens. Der Anspruch des Sollens wird damit nicht in der anderen Freiheit selbst verankert, sondern in ihrer möglichen Abbildung des Unbedingten. Drittens verschwindet die Möglichkeit autonomer Moral, d. h. einer Moral, die sich durch die Verpflichtung des Subjekts der anderen Freiheit gegenüber bestimmt. Ohne die Existenz Gottes kann die Verbindlichkeit moralischen Handelns bei Verweyen nicht aufgezeigt werden. Zudem lässt sich, wenn jede Freiheit durch das Sich-zum-Bild-machen bestimmt wird, lediglich aus dieser Bestimmung, die selbst wieder Gott voraussetzt, die verbindliche Anerkennung Gottes und seines Offenbarungshandelns begründen.[209]

---

[208] Vgl. Pröpper, Erstphilosophischer Begriff, 191. „Jede Bestimmung bedeutet eine Festlegung (*negatio*) und Gehaltlichkeit (*positio*). Eine absolut gehaltlose Bestimmung ist ebensowenig denkbar wie eine nichts negierende und mithin nichtbestimmende Bestimmung. Die Komponente des *Gehalts* der Selbstbestimmung wird, wenn der Begriff der *Selbst*bestimmung streng genommen werden soll, als originäres Sichentschließen für einen Gehalt verstanden; jede andere begriffliche Bestimmung würde ein Moment der Fremdbestimmung enthalten." Hermann Krings/Eberhard Simons, Gott, in: HPhG 2 (1973) 614–641, 635.

[209] Pröpper, Erstphilosophischer Begriff, 282f. „Autonomie heißt ja, daß die Freiheit sich selber Gesetz ist, sich selbst als Aufgabe gegeben. Sie konstituiert sich als moralisch-autonome, indem sie sich zu sich selbst entschließt und auf ihr unbedingtes Wesen, das sich der existierenden Freiheit als Anruf ihrer Bestimmung bekundet, als Maß ihrer Selbstbestimmung verpflichtet. Resultiert daraus nun die Forderung, andere Freiheit unbedingt anzuerkennen, und muß doch zugleich gelten, daß das unbedingte

Während Pröpper dem Bildbegriff distanziert gegenüber steht, da hier dem Subjekt die Unbedingtheit durch seine Herkunft und Ausrichtung auf das Absolute zukommt, problematisiert Verweyen dagegen Pröppers Annahme, das Subjekt könne selbst für die Idee des Unbedingten aufkommen. Denn woher wisse die Vernunft, dass sie lediglich formal, aber nicht material unbedingt sei, „wenn sich in das Ich nicht die Spur eines *nicht nur formal Unbedingten* eingegraben hat?"[210] Weiter fragt Verweyen an, wie das Subjekt von der rein formalen Freiheit ohne die Berücksichtigung der paradoxen Grundstruktur des Subjekts zum Begriff des Sollens gelangen könne. Der Sollensbegriff konfrontiere das Subjekt mit seiner paradoxen Elementarstruktur. Wie könne Pröpper zudem eine bestimmte Möglichkeit des Handelns, die sich im Stadium der Wahlfreiheit eröffne, als eine notwendig zu vollziehende, d. h. dem Selbstvollzug der formalen Freiheit angemessene, aufweisen? Wie gelange man zu einem Kriterium, das moralisches Handeln qualifiziere? Zum dritten sei mit dem Denken Pröppers die gleiche Aporie gegeben, die Verweyen auch dem kantischen Denken vorwirft. Gott werde als Lückenbüßer postuliert, der einlösen solle, was der endlichen Vernunft nicht möglich sei. Denn während die endliche Vernunft ihre unbedingte Anerkennung der anderen Freiheit immer nur bedingt, zeitlich beschränkt und symbolisch realisieren könne, stehe einer formal und material unbedingten Freiheit die Unbedingtheit der Anerkennung offen. Dieses Modell untergrabe nach Verweyen den unbedingten Sollensanspruch, der an die endliche Vernunft ergehe. Wenn grundsätzlich der Vernunft nur in begrenztem Maße eine Realisierung des unbedingten Sollensanspruchs möglich sei, stelle dies das moralische Handeln insgesamt in Frage.[211]

Seinsollen, das die Freiheit im Entschluss zu sich selbst und zu anderen intendiert, allein durch Gott verbürgt werden könnte, dann würde sie mit der Ablehnung Gottes sich ja in Widerspruch setzen zu dem, was sie selbst will, wenn sie tut, was sie – sich selber und anderer Freiheit verpflichtet – tun soll." Pröpper, Freiheit, 187.

[210] Verweyen, Gottes letztes Wort, 161.

[211] Vgl. Verweyen, Gottes letztes Wort, 161f. Zur Kritik der kantischen Gottesrede vgl. Striet, Erkenntnis, 180f.

Innerhalb dieser Argumentation fallen drei Annahmen auf, die die Fundamentaltheologie Verweyens bestimmen:

(1) Verweyen geht davon aus, dass sich im Subjekt die Spur eines Prinzips finde, das sich nicht nur durch formale, sondern auch durch materiale Unbedingtheit auszeichne. Ohne diese Annahme könne die Vernunft sich selbst nicht als lediglich formal unbedingte feststellen. Folglich geht Verweyen davon aus, dass sich im Subjekt eine Äußerung des material und formal unbedingten Prinzips finden lasse.

(2) Als Grundlage für ein unbedingtes Sollen setzt Verweyen voraus, dass sich dieses Sollen als sinnvoll hinsichtlich der menschlichen Verfasstheit aufweisen lassen müsse. Nur wenn aufgewiesen werden könne, dass es vernünftige Gründe gebe, das unbedingte Sollen zu realisieren, sei die Notwendigkeit des moralischen Handelns gegeben. Ein unerreichbarer Sollensanspruch untergrabe die Möglichkeit des moralischen Handelns.

(3) Eine Gottesrede, die Gott lediglich aufgrund der begrenzten Möglichkeit des Subjekts bei der Realisierung seines Sollensanspruchs annehme, ist für Verweyen nicht akzeptabel.

4.7 Bedeutung des Leiblichen

Bei der Darstellung der Art und Weise des Sich-zum-Bild-machens kommt Verweyen auf die Frage der Leiblichkeit des Menschen zu sprechen. Verweyen greift auf Irenäus von Lyon zurück, der das Bildsein des Menschen vor allem in seiner Körperlichkeit begründet sehe. Verweyen weist darauf hin, dass das Sich-zum-Bild-machen die Dimension des Körperlichen nicht ausschließe.[212] Mit dieser Perspektive werde auch die Möglichkeit von Zerfall und Zerstörung des Körpers ernst genommen.[213] In der Sinnlichkeit habe der Mensch Zugang zu etwas, das jenseits seines Begriffs- und Kategoriensystems liege. „Über meine Sinnlichkeit [...] lasse ich mich immer schon (bewußt oder unbewußt) auf anderes ein, das noch nicht in meinem ‚Kategoriennetz eingefangen'

---

[212] Vgl. Verweyen, Gottes letztes Wort, 168.
[213] Vgl. Verweyen, Einführung, 26.

ist bzw. dieses immer wieder auf eine ursprünglichere Weise von Anderssein hin aufbricht."[214] Auffallend ist, dass Verweyen der Sinnlichkeit die Möglichkeit zuspricht, einen Zugang zur Wirklichkeit zu eröffnen, der der Wahrnehmung, die über die Kategorien stattfinde, verschlossen sei. Durch die Sinnlichkeit breche etwas auf, was der Vernunft verborgen bliebe. Blickt man von hier aus auf die Kritik Verweyens an den Texten des II. Vatikanums, denen es nicht gelänge, die Durchsichtigkeit eines sinnlich wahrnehmbaren Geschehens für Offenbarung aufzuzeigen, und berücksichtigt man zum anderen die Bewertung des Sinnlich-Ästhetischen bei Hans Urs von Balthasar, wird deutlich, in welcher Perspektive die Frage nach dem Leiblichen von Verweyen gestellt wird: als Möglichkeit eines Zugangs zur Wirklichkeit jenseits der Kategorien und damit als Möglichkeit der Erkenntnis von Offenbarung.

4.8 Sich-zum-Bild-werden

Ohne die Klärung der Frage, wie sich Einheit durch die Differenz hindurch erreichen lasse, ist für Verweyen ein Begriff von letztgültigem Sinn nicht möglich.[215] Mit Fichte nimmt Verweyen an, dass das Ich so bestimmt sei, dass es all seinen im Ich liegenden Begriffen ein Äquivalent im Nicht-Ich geben wolle. Das Streben nach Identität, wie es Fichte nenne, treibe den Menschen um.[216]

„Aufgrund seiner paradoxen Grundverfaßtheit versucht der Mensch, in dem anderen, von dem er immer schon unterwandert ist und so im Hinblick auf das Wissen um seine unbedingte Einheit zutiefst bedroht scheint, mit sich selbst völlig zur De-

---

[214] Verweyen, Gottes letztes Wort, 167f.
[215] Vgl. Verweyen, Gottes letztes Wort, 171.
[216] Vgl. Verweyen, Gottes letztes Wort, 171. Verweyen schließt sich bei den Sollensbestimmungen, die sich aus der Erkenntnis des Bildseins ergeben, vor allem dem Denken Fichtes an, weist aber darauf hin, dass er die eigenen Ausführungen lediglich als Anknüpfung an die späte Wissenschaftslehre von 1810 und nicht als Fichteinterpretation betrachtet. Vgl. Verweyen, Gottes letztes Wort, 158, Anm. 64.

ckung zu kommen. Er ringt darum, sich, dieses Unbedingte, im anderen zum Ausdruck zu bringen, und das heißt zugleich, er will sich selbst auch wirklich so ausgedrückt *finden*."[217]

Der Mensch wolle nicht nur seine Umwelt nach seinen Begriffen gestalten, er wolle sich selbst dort antreffen, d. h. er suche nach einem Bild von sich selbst. Dieses Streben könne in der bloß materiellen Welt keinen Widerhall finden, sondern brauche die andere Freiheit. „Nur über den freien Entschluß eines anderen Menschen könnte das um Ausdruck ringende bedingt-unbedingte Wesen Mensch sich wirklich zum Ausdruck bringen."[218] Das Ringen um Ausdruck könne nach Verweyen nur durch die freie, personale Anerkennung seine Erfüllung finden. Weder könne ein anderer Mensch dazu gezwungen werden, Spiegel, also Bild meiner selbst zu werden, noch könne das Bild in einer bloß scheinbaren Anerkennung des Anderen erreicht werden.[219] Entscheidend für das Sich-zum-Bild-machen sei die freie Entscheidung des anderen. Nur indem sich der Mensch aus freiem Entschluss zum Bild seines Mitmenschen mache und so im unbedingten Entschluss des freien Handelns die Differenz zwischen sich und seinem Gegenüber überwinde, entstehe ein wirkliches Bild. Mit solch einem Bild finde sich der Mensch im anderen wieder, sein Ringen um Ausdruck habe seine Erfüllung gefunden. Verweyen illustriert dies an der Erzählung Borcherts. Indem der Onkel sein Bild des Gegenübers zerbreche und Platz für ein neues Bild schaffe, vollziehe sich die Anerkennung des Schicksals des Kellners. Mit dieser Anerkennung durch das Zerbrechen des Bildes ende der Götterfluch. Das Zerbrechen habe die Qual beendet.[220] „Ein völlig entsprechender Ausdruck seiner selbst könnte dem Menschen nur in einem solchen ‚Bild' gelingen, zu dem sich ein anderer Mensch aus gänzlich freien Stücken und in Dareingabe seines ganzen Was-Seins macht."[221]

Wichtig ist für Verweyen die Unabschließbarkeit des Sich-zum-Bild-machens. Die Freiheit des Menschen stehe einer endgültigen

---

[217] Verweyen, Gottes letztes Wort, 172.
[218] Verweyen, Gottes letztes Wort, 172.
[219] Vgl. Verweyen, Gottes letztes Wort, 171.
[220] Vgl. Verweyen, Botschaft, 40.
[221] Verweyen, Gottes letztes Wort, 172.

Festlegung einer Freiheit auf ein bestimmtes Bild entgegen. Sich zum Bild einer anderen Freiheit machen, sei kein einmaliger Akt, der ein statisches Bild zur Folge habe. Bild einer anderen Freiheit zu werden meine einen dynamischen Prozess, der sich immer wieder von der anderen Freiheit bestimmen lasse und bereits vorhandene Festlegungen zugunsten eines veränderten Bildes aufgebe. Jedes Bild müsse immer wieder aufgrund dessen, dass der andere doch ganz anders als dieses Bild sei, zum Zerbrechen freigegeben werden.[222] Verweyen bezeichnet dieses sich immer wiederholende Zerbrechen der Bilder als Ikonoklasmus.[223]

Als weitere Bedingung des Sich-zum-Bild-machens führt Verweyen an, dass der Mensch seinen ganzen Freiheitsraum als Medium in Betracht ziehen müsse. Die gesamte Identität, einschließlich der Körperlichkeit, müsse sich durch das Sich-zum-Bild-machen als erschütterbar erweisen.[224] Allerdings konstatiert Verweyen, dass in dieser Hinsicht die Bestimmungsmöglichkeit des Menschen seine Grenze finde. Denn der Leib entziehe sich der Verfügung, nicht zuletzt in der zeitlichen Nähe zum Tod. Doch damit bleibe die Frage nach der Bildwerdung nicht aporetisch. Lösbar sei die Frage, wie sich das absolute Sich-zum-Bild-machen vollziehe, allein über eine Inkarnation des Absoluten selbst, „d. h., daß das immer gesichtslosere und fremder werdende andere selbst ein Antlitz annimmt und als Du ansprechbar wird."[225] Gerade die Entzogenheit des menschlichen Leibes werde im Offenbarungsgeschehen relevant. Die Erscheinung des Absoluten müsse zum Kern die Entschiedenheit zum Sich-zum-Bild-machen haben, die keine Grenze kennt und gerade darin ihren Offenbarungscharakter der Bildwerdung erreiche. „In dem sich vom Absoluten her zeigenden Antlitz müßte die eigentliche, von mir unerreichte Wahrheit der vielen Menschen ‚auf dem Weg zum Bild des Absoluten' aufleuchten."[226]

---

[222] Vgl. Verweyen, Gottes letztes Wort, 172f.
[223] Vgl. Verweyen, Gottes letztes Wort, 174.
[224] Vgl. Verweyen, Gottes letztes Wort, 173f.
[225] Verweyen, Gottes letztes Wort, 184f.
[226] Verweyen, Gottes letztes Wort, 185.

5. Evidenz des Sollens

5.1 Die Erfahrbarkeit des Sollens: Begründung und Ereignis

Der Begriff letztgültigen Sinns steckt nach Verweyen den Rahmen für die Erfahrung eines gültigen Sollens ab. Dieser Rahmen garantiere die Vernünftigkeit eines Sollensanspruchs. Verweyen geht davon aus, dass eine Vernünftigkeit des Sollens gegeben sein müsse, damit moralisches Handeln möglich sei. Allein die Erfahrung eines Sollensanspruches genüge nicht als Handlungsaufforderung. Dem Subjekt müsse auch einsichtig sein, *warum* es diesem Handlungsanspruch folgen solle. „Sollen im strengen Sinn kann der Mensch nur, was durchgehend vernünftig ist."[227] Alle anderen Verhaltensnormierungen und Sollensansprüche seien heteronome Bestimmungen. Der Begriff letztgültigen Sinns eröffne die Möglichkeit, Kriterien aufzustellen, anhand derer entscheidbar werde, ob ein vernünftiges, d. h. einsichtiges Sollen gegeben sei.

Neben der Sollensbegründung beschäftigt sich Verweyen mit der Frage, *wie* ein Sollen zustande komme. Er sucht nach einer Möglichkeit, mittels philosophischer Kriterien die Gültigkeit einer Sollensevidenz aufzuweisen. Er lehnt Erklärungen ab, die für das Ergehen der Sollenserfahrung evolutionstheoretische Annahmen verantwortlich machen. Ebenso wenig genügt ihm die einfache Behauptung des Faktums der Sollenserfahrung. Gleichwohl ist er sich bewusst, welche Problematik entsteht, wenn das Ergehen einer Sollensevidenz an ein geschichtliches Ereignis gebunden wird. Er wirft die Frage auf, wie sich die Unbedingtheit der Sollenserfahrung aussagen lasse, wenn diese durch ein geschichtliches und damit bedingtes Ereignis ergehe. Inwiefern könne dieses geschichtliche und damit bedingte Geschehen eine unhintergehbare, erstphilosophische Bestimmung beinhalten? Verweyen geht daher davon aus, dass sich innerhalb der Geschichte ein Ereignis denken lassen müsse, das die Freiheit unbedingt binde. Als Ereignis mit erstphilosophischer Reichweite nimmt Verweyen ein geschichtliches Faktum an, das die notwendige Möglichkeitsbedingung des Selbstbewusstseins sei. Mit einem Ereignis, das für die Konstitution des menschlichen Selbstbewusstseins unumgänglich sei, ließe

---

[227] Verweyen, Gottes letztes Wort, 186.

sich die Möglichkeit eines erstphilosophischen Inhalts in geschichtlicher Vermittlung denken. Sei diese grundsätzliche Möglichkeit von Unbedingtem in bedingten Geschichtsereignissen aufgezeigt, müsse der Nachweis erbracht werden, dass von der Konstitution des Selbstbewusstseins eine Vermittlungslinie hin zur Evidenz des Sollens gezogen werden könne.[228]

5.2 Entstehung des Bewusstseins und das Sollen

Verweyen greift für die Frage nach dem Zustandekommen der Sollenserfahrung auf die frühe Philosophie Fichtes, vor allem auf das dritte Kapitel der „Grundlagen des Naturrechts", zurück.[229] Hier weise Fichte nach, dass ohne den auffordernden Akt einer anderen Freiheit kein Selbstbewusstsein denkbar sei. Verweyen nimmt die Unterscheidung Fichtes zwischen einem anfänglichen Bewusstwerden seiner selbst und einem ursprünglichen Bewusstwerden auf. Das anfängliche Bewusstwerden des Subjekts stelle eine Vorform des vollen Bewusstseins dar. Das Subjekt nehme im Zustand dieser Vorform eine Welt wahr, reflektiere aber noch nicht die Voraussetzungen seiner Wahrnehmung, denn es erfasse diese Welt nicht als eine auf das Subjekt bezogene Welt. Damit ein Selbstbewusstsein entstehe, müsse eine bestimmte Begegnung stattfinden. Diese bestehe darin, dass das Subjekt auf etwas treffe, in dem es sich selbst erkenne. Voraussetzung für die Konstitution des Selbstbewusstseins sei eine anerkennende Begegnung mit einem freien Gegenüber. Durch die positiv erfahrene Begegnung mit einer anderen Freiheit werde der Wandel von Bewusstsein zum Selbstbewusstsein bewirkt, indem das Subjekt, das sich im Zustand des anfänglichen Bewusstwerdens befinde, mit der Freiheit des Begegnenden konfrontiert werde, mit dem es sich selbst identifizieren könne.[230] „Mir als frei gegeben werden kann ich aber nicht durch irgendein reines Naturobjekt, sondern nur in der Äußerung eines anderen Subjekts, in der dieses mich als freies Wesen anerkennt."[231] Das Selbstbewusstsein

---

[228] Vgl. Verweyen, Gottes letztes Wort, 186f.
[229] Vgl. Verweyen, Gottes letztes Wort, 188f.
[230] Vgl. Verweyen, Gottes letztes Wort, 188f.
[231] Verweyen, Gottes letztes Wort, 189.

des Menschen basiere daher auf der interpersonalen Anerkennung. „Interpersonale Anerkennung [...] ist also bereits *reale* Möglichkeitsbedingung dafür, daß ein Ich überhaupt zu sich *selbst* kommt."[232]

Aus diesem Gedankengang allein lasse sich nach Verweyen jedoch noch nicht die Evidenz des Sollens verständlich machen. Dafür müsse eine weitere Reflexion angestrengt werden. Die Vernunft erfahre in ihrem Erwachen zu Selbstbewusstsein ihre interpersonale Verwiesenheit. „[U]m mich selbst zu finden, [öffne ich – E.S.] mich notwendig auf andere Vernunft hin"[233]. Daher werde davon ausgegangen, dass die Vernunft vor dem Akt der Anerkennung bereits um ihre Verwiesenheit auf die andere Vernunft wisse. Vor der Anerkennung durch ein anderes Subjekt habe das Subjekt die andere Vernunft als die eigene anerkannt. Der Grund dafür liege im von Verweyen angenommenen ursprünglichen Streben des Menschen, sich in der Welt vorzufinden, das bereits *vor* der Bewusstwerdung um die eigene Unbedingtheit vorhanden sei. Mit diesem Streben sei bereits die eigene Vernunft bejaht und damit implizit auch ihre Verwiesenheit auf die andere Freiheit. „Darin besteht aber der grundlegende Sinn von Sollen: mich selbst auf eine mich anrufende Vernunft als konstitutiven Teil meiner selbst hin zu verpflichten."[234] Aus der Verwiesenheit der Vernunft, um die die Vernunft vor dem Akt der Anerkennung wisse, ergebe sich die Forderung der Moralität.[235]

5.3 Voraussetzung der Subjektwerdung

Für Verweyen ist die Annahme eines ursprünglichen Wissens, das dem Subjekt zu eigen ist und die Grundlage für die Entstehung des Selbstbewusstseins bildet, unverzichtbar. Verweyen geht davon aus, dass das Subjekt eine ursprüngliche Vertrautheit mit sich besitze, die die Voraussetzung dafür darstelle, dass Anderes als Anderes erkannt werden könne. Zusätzlich sei das Subjekt mit sich

---

[232] Verweyen, Gottes letztes Wort, 189.
[233] Verweyen, Gottes letztes Wort, 190.
[234] Verweyen, Gottes letztes Wort, 190.
[235] Vgl. Verweyen, Gottes letztes Wort, 190.

selbst bereits vor dem anerkennenden Akt als individuelles Wesen vertraut, auch wenn diese Bestimmung noch nicht ins Bewusstsein gehoben sei. Anders sei es nicht denkbar, dass sich das Subjekt mit einem ihm entgegengebrachten Bild identifizieren könne.[236]

Durch die interpersonale Anerkennung trete dieses ursprüngliche Wissen des Subjekts ans Licht. Verweyen geht davon aus, dass aus der empfundenen Lebenseinheit, die er in der Symbiose von Mutter und Kind gegeben sieht, durch den Akt der Anerkennung eine „inchoative" Vernunfterfahrung entstehe. Hier verortet er das ursprüngliche Wissen um sich selbst. Das Subjekt wisse hier noch nicht um seine Paradoxie zwischen Bedingtheit und Unbedingtheit. Dieses „in jenem Ursprungsakt gewonnene ‚Grundvertrauen'"[237] bringt Verweyen genauso wie Pannenberg und Küng mit der Entstehung von Religion in Verbindung.[238] Interpersonale Anerkennung bedeute daher, dass ein anderes freies Wesen dem Subjekt zum Bewusstsein seines eigenen, ursprünglichen unbedingten Wissens verhelfe, indem es dieses als frei anerkenne. In diesem Vorgang passiere lediglich die Anerkennung von etwas bereits Vorhandenem, das durch ein freies, personales Gegenüber aufgedeckt werde. Die Theorie der interpersonalen Anerkennung in der Rezeption Verweyens wäre falsch verstanden, ginge man davon aus, dass durch die Äußerung der anderen Freiheit das Unbedingte im Subjekt erst entstünde. Die andere Freiheit lege nach Verweyen nichts Fremdes bzw. nichts von außen in das anfängliche Bewusstsein hinein, sondern befreie lediglich das ursprüngliche, unbewusste Vertrautsein des Subjekts aus seiner Latenz.[239]

> „Zum richtigen Verständnis der interpersonalen Konstituierung des Selbstbewußtseins ist es nun jedoch wichtig zu beachten, daß auf seiten des zu konstituierenden Selbstbewußtseins bereits jene ursprüngliche Vertrautheit eines Ichs mit sich selbst und seiner elementaren Strukturiertheit besteht, die überhaupt Voraussetzung dafür ist, daß ich anderes *als* anders erkenne. [...] Ein Entwicklungsprozeß, in dem nicht von Anfang an ein

---

[236] Vgl. Verweyen, Gottes letztes Wort, 190.
[237] Verweyen, Gottes letztes Wort, 192.
[238] Vgl. Verweyen, Gottes letztes Wort, 192.
[239] Vgl. Verweyen, Gottes letztes Wort, 190f.

Ich auf der Suche nach seinem Selbst steckt, kann sich nie als zu einem ‚Selbst' gehörig entpuppen."[240]

Wenn Verweyen auf die Problematik der Verstellung des wahren Bildes reflektiert, zeigen sich zusätzlich die angenommenen Voraussetzungen der Subjektwerdung. „Oft genug beginnt mit dieser ersten Zuwendung doch auch die Internalisierung eines Über-Ichs, das geradezu unfähig zur Liebe macht."[241] Die Möglichkeiten, die Verweyen der Psychoanalyse zuschreibt, das Subjekt zu sich selbst zu befreien, liegen in seiner Annahme begründet, jeder Mensch besitze ein ursprüngliches unbedingtes Wissen, das durch geschichtliche Einflüsse nicht vollständig zerstörbar sei:

> „Das Wissen um die eigentliche eigene Wahrheit muß vielmehr in seinem Kern erhalten bleiben – wenn es auch wiederum einer befreienden interpersonalen Anerkennung (etwa durch den Psychotherapeuten) bedarf, um diesen Kern gegen die überfremdenden Ich-Vorstellungen wirksam werden zu lassen."[242]

Verweyen geht davon aus, dass das Subjekt sein wahres Bild und das Wissen um Einheit in sich trage. Damit stellt sich die Frage, wie sich die Herkunft dieses Bildes denken lässt. Geschichtliche und sprachliche Vermittlung fallen als Erklärung ebenso aus wie die eigene Freiheitstat, da das ursprüngliche Wissen die Voraussetzung für die Freiheit ist. Schließt Verweyen hier über die Beschreibung des faktischen Menschseins auf die Existenz eines Unbedingten? Wie kann er ein ursprüngliches Wissen um die eigene Wahrheit annehmen, das weder aus der Kontingenz noch aus der Freiheit des Menschen hervorgeht, ohne die Annahme einer Schöpfungsgnade zu denken? Ist mit dieser Annahme aber nicht die Gefahr einer Überschreitung der transzendentalen Methode zugunsten eines Gottesbeweises gegeben?

---

[240] Verweyen, Gottes letztes Wort, 190f.
[241] Verweyen, Einführung, 79.
[242] Verweyen, Gottes letztes Wort, 191.

5.4 Erkenntnis des Offenbarungsereignisses

Verweyen geht davon aus, dass die Erfahrung des unbedingten Sollens mit der geschichtlichen Offenbarung identisch sein müsse. Bisher wurde deutlich, dass nach Verweyen der Mensch aufgrund seiner eigenen Vernunftgeprägtheit die andere Vernunft anerkennt, da er sich zur Konstitution des Selbstbewusstseins auf diese verwiesen weiß. Die Verwiesenheit der Vernunft auf andere Vernunft wird von Verweyen als Grund des moralischen Handelns angenommen. Doch wie kann die in der Entstehung des Selbstbewusstseins angenommene Evidenz des moralischen Handelns mit der geschichtlichen Offenbarung verbunden werden? Verweyen stellt die Frage: „Wie kann auf der Grundlage des ursprünglich erfahrenen Sollens sich das Wort und Bild des unbedingten Seins geschichtlich zeigen?"[243]

Bei der Antwort auf diese Frage zeigt sich eine besonders zu erwähnende Annahme Verweyens: Er geht davon aus, dass jeder unbedingte Anspruch auf Offenbarung zurückzuführen sei. „Insofern sich der Mensch von jenem Unbedingten in Anspruch genommen erfährt, wird er dies auf eine *Offenbarung* zurückführen."[244] Nach Verweyen müsse lediglich entschieden werden, ob dieser Anspruch zu Recht bestehe. Diese Entscheidung sei mittels des Begriffs letztgültigen Sinns möglich. Denn dieser Begriff biete das Kriterium zur Unterscheidung. Als Offenbarung des Unbedingten könne alles verstanden werden, „was seinem Inhalt nach menschliche Freiheit auf jenes Ziel hin auf den Weg bringt."[245] Offenbarung lasse sich in ihrer Unbedingtheit feststellen, wenn ihr Inhalt es dem Menschen ermögliche, die ihm eigene Bestimmung

---

[243] Verweyen, Gottes letztes Wort, 192.
[244] Verweyen, Gottes letztes Wort, 193. Auch an anderer Stelle zeigt sich, dass Verweyen davon ausgeht, dass ein moralisches Sollen die Erfahrung einer unbedingten Erfahrung darstellt, diese Erfahrung jedoch je nach Kontext nicht angemessen ausgelegt werde. „In solcher Evidenz einer unbedingten Solidarität wird diese Größere vielmehr auch erfahren – bei den zitierten Denkern nur eben nicht als Gott. Denn: ist Gott allmächtig, dann scheint er mangels gerechten Handelns den Maßstäben sittlicher Vernunft unterlegen. Ist er aber nicht allmächtig, so wird man ja mit den traditionellen Begriffen von Gott brechen müssen." Ders., Gottes letztes Wort, 105.
[245] Verweyen, Gottes letztes Wort, 193.

zu realisieren. Als Kriterium für die Unbedingtheit der Offenbarung sei daher die Frage anzulegen, wie sich das Geoffenbarte
zum ursprünglichen Wissen des Menschen um Einheit verhalte.
Diene das Geoffenbarte dem Menschen dazu, sich selbst als Bild
des Absoluten zu verstehen oder nicht?

> „Allgemein wird man sagen dürfen, daß die Rede von einer Of-
> fenbarung in dem Maße verantwortbar ist, wie [...] Freiheit
> wirklich als Bild des Unbedingten zum Erscheinen kommt.
> Dies wäre dort der Fall, wo Freiheit als völlig von einem unbe-
> dingten Sein in Anspruch genommen begegnet, und zwar in An-
> spruch genommen auf die Freisetzung der als Bilder Gottes ge-
> schaffenen Menschen hin."[246]

Die Unbedingtheit der Offenbarung lasse sich nachweisen, wenn
ihr Inhalt in einer Freiheit bestehe, die als Bild des Absoluten sichtbar werde. Dieses absolute Sich-zum-Bild-machen ereigne sich,
wenn sich eine Freiheit völlig dem unbedingten Anspruch hingebe,
der darin bestehe, dass alle Menschen zum Bild des Absoluten würden. Eine Freiheit, die ihre gesamte Existenz dafür einsetze, das
Unbedingte abzubilden und damit die Bildwerdung aller Menschen
ermögliche, könne als letztgültige Offenbarung identifiziert werden. „Von einer letztgültigen Offenbarung kann dem [...] Sinnbegriff zufolge nur dort gesprochen werden, wo ein Mensch seine
ganze Existenz darangibt, Wort und Bild des Unbedingten zu
sein."[247] Dieses Bild des Absoluten dürfe aber keinen unnahbaren
Gott sichtbar machen, sondern müsse das Versprechen einlösen,
das der Mensch bei seiner Subjektwerdung erhalten habe: die unbedingte Anerkennung. Die Begegnung mit diesem Bild der letztgültigen Offenbarung müsse eine Erfahrung der Anerkennung bis ins
Letzte sein. Dieses Offenbarungsereignis müsse dem Menschen
gleichzeitig die Hoffnung und den unbedingten Anspruch vermitteln, dass allen die Möglichkeit gegeben sei, Bild des Absoluten zu
werden. Zudem könne daran deutlich werden, dass über dieses universale Sich-zum-Bild-machen aller Menschen das Absolute selbst
dargestellt werden könne und so Einheit in Differenz möglich sei.[248]

---

[246] Verweyen, Gottes letztes Wort, 193.
[247] Verweyen, Gottes letztes Wort, 194.
[248] Vgl. Verweyen, Gottes letztes Wort, 192–194.

6. Die Abbildung des Absoluten durch das Sich-zum-Bild-machen aller Menschen

6.1 Das Wissen um das eigene Bildsein

Die Fundamentaltheologie Verweyens geht davon aus, dass die einzig sinnvolle Erklärung der menschlichen Struktur in der Bildlogik zu finden sei. Doch auch wenn dies aufgewiesen wird, übersieht Verweyen nicht, dass es faktisch menschliches Existieren gibt, das sich nicht dazu bestimmt, Bild des Absoluten zu werden. Diesem Faktum stellt Verweyen die Annahme entgegen, dass jedes unbedingte Sein, das sich zur Erscheinung entschlossen habe, dieses Ziel erreiche. „Ein unbedingtes Sein, das erscheinen *will* – und das kündet jedes unbedingte Sollen an –, *wird* aber unweigerlich erscheinen, eben weil es unbedingtes Sein ist."[249]

Wie vereinbart Verweyen diese Annahme eines absoluten Seins, das erscheinen wird, mit dem faktischen Widerstand des Menschen gegen diese Bestimmung? Vorausgesetzt für die Bildwerdung eines Menschen ist nach Verweyen der freie Entschluss des Subjekts. Vorausgesetzt ist ebenfalls, dass sich jede Freiheit in der Evidenz des Sollens als Bild Gottes erfahre und damit ihre Verwiesenheit auf Gott evident werde. Es ist daher nach Verweyen nicht anzunehmen, dass die Verweigerung des Menschen ihren Grund in der Unerkennbarkeit dieser Bestimmung habe. In der Evidenz des Sollens erfahre die Freiheit, „daß sie restlos Gott gehört"[250]. Die Vernunft, die ihre Bestimmung nicht vollziehe, verweigere laut Verweyen faktisch den Vollzug ihrer Bestimmung. Damit werde die Verwirklichung des letztgültigen Sinns nicht mehr möglich, da das Absolute in der Differenz nicht vollständig erscheinen könne.[251]

---

[249] Verweyen, Gottes letztes Wort, 196.
[250] Verweyen, Gottes letztes Wort, 197.
[251] Verweyen, Gottes letztes Wort, 196f.

6.2 Hinordnung aller Freiheit auf den Begriff der *traditio*

Wie kann trotz der Verweigerung menschlicher Freiheit, sich als
Bild des Absoluten zu verstehen, letztgültiger Sinn möglich bleiben? Verweyen nimmt eine Unterscheidung menschlicher Schuld
vor. Er beschreibt drei Möglichkeiten von moralisch unangemesse-
nem Verhalten. Die erste Stufe verfehlter Freiheit umfasse ein ge-
genseitiges negatives moralisches Verhalten. Alle Beteiligten seien
gleichzeitig Opfer und Täter. Mit der zweiten Ebene beschreibt er
moralisch fragwürdiges Verhalten gegenüber Personen, die weder
in einem positiven noch in einem negativen Verhältnis zum Han-
delnden/zur Handelnden stehen. Am intensivsten beschäftigt Verweyen jedoch die dritte Ebene: Hier geht es um ethisch verwerf-
liches Handeln gegenüber Personen, die keineswegs in einer
neutralen oder negativen Relation zum handelnden Subjekt stehen,
sondern die dem Subjekt in einer positiven, anerkennenden Haltung begegnen. Dass auf dieser dritten Ebene moralisch verwerf-
liches Verhalten kulminiert, überrascht nicht, betrachtet man den
Hintergrund, auf dem Verweyen die Sinnhaftigkeit menschlichen
Daseins beschreibt. Nicht nur zu seiner Konstitution, sondern auch
bleibend, um den Begriff des eigenen Bildes zu realisieren, sei das
Subjekt nach Verweyen auf andere Freiheit verwiesen. Wenn das
Subjekt das Angebot einer anderen Freiheit, das sein eigenes Sich-
zum-Bild-machen ermögliche, ablehne, stelle das folgerichtig die
schlimmste Form verfehlter Freiheit dar. Denn die Verfehlung bestehe darin, dass das Subjekt das Angebot einer anderen Freiheit,
die sich selbst zum Raum mache, in dem das Subjekt seine eigene
Wahrheit finden könne, nicht annehme, da es die eigene Bedürftigkeit nach einem Gegenüber für die persönliche Wahrheitsfindung
übersehe. „Liebe [wird – E.S.] von solchen als Zumutung empfun-
den, die sich selbst bereits voll und ganz gefunden zu haben glauben."[252] Die tiefer liegende Ursache für diese Haltung liege nach
Verweyen in der Angst des Subjekts vor dem eigenen Bildsein.

„Sobald diese Menschen in dem für sie offenen Raum von Liebe dieses wahren Bildes ihrer selbst auch nur von ferne ansichtig werden, kommt Angst in ihnen auf, sich zu verlieren. Denn

---

[252] Verweyen, Einführung, 154.

sie stoßen hier auf ein Bild, das ihnen in einer Tiefe entspricht, die sie selbst nicht wahrhaben wollen. Anstelle des Wortes der Liebe hören sie nur den Widerspruch gegen ihre eigene Lebensform. Die gesuchte Anerkennung für das, als was sie selbst gelten möchten, kann der Liebende ihnen nicht geben, weil er sie und nicht das Zerrbild ihrer selbst liebt."[253]

Auffallend ist hier wiederum die Annahme Verweyens, dass jedes Subjekt von seiner wahren Bestimmung wisse. Das Subjekt erkenne oder erahne sich selbst als wahre Erscheinung im Raum des anderen. Wolle es sein wahres Bild nicht sehen, so verweigere es sich nach Verweyen bewusst seiner Bestimmung, die es als ursprüngliches Wissen in sich trage. Der Grund dafür liege in der Angst, seine bisherige Identität zu verlieren. Die Anerkennung der anderen Freiheit werde als Gefährdung des bisherigen Selbstverständnisses des Subjekts verstanden. Hier zeigt sich deutlich, dass Verweyen davon ausgeht, dass die menschliche Vernunft den Bildbegriff in sich trage und darum wisse, dass das Sich-zum-Bild-machen ihre eigentliche Bestimmung sei.[254]

Dieser Konflikt zwischen der Freiheit, die den Vollzug ihrer Bestimmung verweigere, und der Freiheit, die sich dem Sich-zum-Bild-machen zur Verfügung stelle, verschärfe sich nach Verweyen weiter. Denn die sich verweigernde Freiheit erfahre ihre eigentliche Wahrheit, wolle diese jedoch auf keinen Fall anerkennen und lasse nichts unversucht, um den entstandenen Widerspruch zu eliminieren.

„Hier begegnet Freiheit einer anderen Freiheit in allernächster Nähe, nämlich in einem Akt von Anerkennung, der ihr eigenes Wesen ganz zu Wort kommen läßt. Dieses Wort will sie, in ihrem eigenmächtigen Gegenentwurf zu wirklicher Freiheit, aber nicht wahrhaben. Hier muß also die äußerste Kraft aufgeboten werden, um einen Widerspruch, der so tief in die eigene Existenz hineinragt, zu beseitigen."[255]

---

[253] Verweyen, Einführung, 155.
[254] Vgl. Verweyen, Gottes letztes Wort, 198–200.
[255] Verweyen, Gottes letztes Wort, 200.

Diese äußerste Kraft reiche nach Verweyen so weit, die Person zu beseitigen, die das Subjekt in seiner bisherigen Identität in Frage stelle. Dabei genüge es der Freiheit, die sich der Bildwerdung verweigere, nicht, nur die Person selbst auszuschalten. Ihr Ziel sei es, auch den moralischen Anruf des Sich-zum-Bild-machens zu liquidieren.[256]

Gelinge es nicht, mit dem Verkünder auch seine Botschaft von der Bestimmung aller Menschen als Bild des Absoluten zu eliminieren, – und Verweyen geht davon aus, dass trotz der Kreuzigung Jesu der Anspruch der Bildwerdung nicht ausgelöscht wurde – setzten die Menschen, die sich der Botschaft verweigerten, noch nach dem Tode Jesu alles daran, den Anspruch der Botschaft einzuebnen. Dies zeigt sich für Verweyen in der Interpretation des Schreis Jesu am Kreuz als Ruf nach Elija. In dieser Interpretation des letzten Schreis werde die Absicht deutlich, in der letzten Äußerung des Gekreuzigten dessen Abfall von seiner eigenen Sendung und seine Verabschiedung des göttlichen Anspruches zu konstatieren. Doch selbst mit diesem Ansinnen bleibe die Vernunft, die den Anspruch des Sich-zum-Bild-machens eliminieren möchte, der Idee verhaftet, sich selbst abbilden zu wollen.

„Ihm den ganz anderen Geist auszutreiben, ihn dazu zu bringen – oder wenigstens den Anschein zu wecken –, daß er so aussieht wie man selbst, ein Spielball natürlicher Triebe: das ist das höchste Fest der Vernunft, die sich dem Bild unbedingten Seins verschließt und doch nicht anders kann, als im anderen unbedingt das Bild des eigenen Wesens anschauen zu wollen.“[257]

Mit dieser Rekonstruktion der Fundamentaltheologie Verweyens lässt sich zeigen, dass es nach ihm nicht nur die Bestimmung jeder Freiheit ist, Bild des Absoluten zu werden. Selbst die Menschen, die ihre Bestimmung verfehlen, vollziehen nach Verweyen letztlich die Logik der Bildwerdung.[258] Mit diesem Aufweis wird der Theologe seiner eigenen Anforderung gerecht, die er zu Beginn von „Gottes letztes Wort" formuliert:

---

[256] Vgl. Verweyen, Gottes letztes Wort, 200f.
[257] Verweyen, Gottes letztes Wort, 201.
[258] Vgl. Verweyen, Gottes letztes Wort, 201.

„*Traditio* im Sinne der Heiligen Schrift ist Antwort auf sündige Existenz. Die Frage nach der Offenheit menschlicher Existenz auf den Logos christlicher Hoffnung muß daher genauer lauten: Ist menschliche Freiheit so strukturiert, daß sie beim Verfehlen des ihr wesentlichen Sinns sich notwendig als auf *traditio* in der neutestamentlich entfalteten, grausamen Gestalt hingeordnet erweist?"[259]

Verweyen kann nachweisen, dass auch die Verweigerung des Sich-zum-Bild-machens noch auf den Bildbegriff ziele. Kritisieren lässt sich jedoch der Ausgangspunkt der Argumentation. Ist mit dem Begriff der *traditio* als die Antwort auf die sündige Existenz der Offenbarungsbegriff hinreichend bestimmt? Ist damit der gesamte Inhalt von Offenbarung erfasst?

6.3 Die erkenntnistheoretische Voraussetzung des Satisfaktionsdenkens Verweyens

Aus eigener Kraft sei es einer Freiheit, die sich auf der dritten Ebene der moralischen Verfehlung schuldig gemacht habe, nicht möglich, diese Verfehlung wieder gutzumachen. Verweyen schließt sich der Satisfaktionstheorie Anselms an, geht aber davon aus, dass die Theorie Anselms von einem „grundsätzlichen Fehler"[260] bestimmt sei, der darin bestehe, dass Anselm das Phänomen der Reue anthropologisch nicht ausreichend berücksichtige. Mit einem streng philosophischen Aufweis solle der Mangel bei Anselm deutlich werden. Verweyen reflektiert das Phänomen der Reue zunächst vom Gottesbegriff her. Aufgrund des Gottesbegriffs, der sich durch die Liebe zum Menschen auszeichne, sei die Möglichkeit der Verzweiflung angesichts der Verweigerung des „Ruf[s] zu der einzig angemessenen Selbstverwirklichung"[261] ausgeschlossen. Werde der Gottesbegriff als der bestmögliche gedacht, müsse ein Gott angenommen werden, der dem Menschen selbst dann verzeihe, wenn dieser denjenigen getötet habe, der den Menschen in seiner Bestimmung als Bild des Absoluten an-

---

[259] Verweyen, Gottes letztes Wort, 56.
[260] Verweyen, Gottes letztes Wort, 202.
[261] Verweyen, Gottes letztes Wort, 202.

gesprochen habe. Denn als Maßstab der Liebe gelte der Tod dessen, der sich ganz für den Anspruch der Bildwerdung hingegeben habe. „Der Gedanke liegt zwar nahe, daß die absolute, von mir geschmähte Vernunft – theologisch: ‚Gott-Vater‘ – nach der Liquidation des Gerechten nun erst recht mit mir ins Gericht geht und keine Instanz zu meiner Rettung mehr bleibt."[262] Eine ewige Verwerfung der verweigerten Freiheit durch einen moralisch vollkommenen Gott lasse sich jedoch nicht konsistent denken, denn dieser Gottesbegriff werde vom Gekreuzigten, der sich ganz für den Menschen hingegeben habe, übertroffen.

Die Problematik der Wiedergutmachung ergebe sich daher nicht vom Gottesbegriff her, sondern aus der Perspektive des Menschen. Der Mensch, der zuvor denjenigen zu Tode brachte, der ihm seine eigene Bestimmung verkündigte, empfinde Reue und damit die Regung, sein verfehltes Handeln wieder gut zu machen. Ort der Satisfaktion sei nach Verweyen nicht das rechtliche Denken, sondern das *wirkliche* Gefühl der Reue. „In der Reue bricht sich ‚verspätet‘ die Evidenz Bahn, daß Freiheit durch ein unbedingtes Sollen in Anspruch genommen und darum dieser Anspruch auf jeden Fall zu erfüllen ist."[263]

Erkenntnistheoretisch ist diese Formulierung auffallend. Denn welche Gründe führt Verweyen für die Verspätung an? Ist Reue nicht nur dann denkbar, wenn eine Handlung vorausgeht, die vollständig der Freiheit zuzuschreiben ist, d. h. in ihrem vollen Umfang begriffen wurde? Hier zeigt sich, dass Verweyen davon ausgeht, dass der Mensch, der sich der Bildwerdung verweigere, diese Verweigerung in vollem Bewusstsein vollziehe. Verweyen nimmt eine erkenntnistheoretische Eindeutigkeit des vermittelten Anspruchs der Bildwerdung an. Denn wenn umgekehrt ein geschichtliches Geschehen der Offenbarung als prinzipiell mehrdeutig verstanden wird, stellt sich die Schuldfrage nicht nur für den Menschen, sondern auch für denjenigen, der die menschliche Erkenntnisfähigkeit bzw. die Ausdrucksmöglichkeit geschichtlicher Ereignisse in der Ambivalenz beließ.[264] Ist der Mensch für seine

---

[262] Verweyen, Gottes letztes Wort, 202.
[263] Verweyen, Gottes letztes Wort, 202.
[264] „Muss dann aber nicht das faktische Nichterleben der Gnade als Problem der Theodizee erfasst werden?" Striet, Offenbarungsglaube, 101.

Entscheidung verantwortlich, muss angenommen werden, dass er mit unumstößlicher Gewissheit die ihm eigene Bestimmung erkennen konnte und im Töten desjenigen, der ihn als Bild des Absoluten anspricht, wider besseres Wissen handelt. An einer weiteren Stelle der Fundamentaltheologie Verweyens zeigt sich damit, von welchen erkenntnistheoretischen Annahmen dieses Denken geprägt ist.

6.4 Erstphilosophisches Entscheidungskriterium für das geschichtliche Offenbarungsereignis

Nach Verweyen sei es dem freien, als moralisch definierten Subjekt angemessen, die Kategorie der Wiedergutmachung zu fordern. Ohne das Bedürfnis, die Schuld der Verweigerung ungeschehen zu machen, lasse sich keine Umkehr denken.[265] Erfahre das Subjekt jedoch aufgrund seiner Umkehr die unbedingte Liebe, zeige sich, dass es einer Wiedergutmachung durch das Subjekt aus der Perspektive der unbedingten Liebe nicht bedürfe. Denn im vollkommenen Bild sei diese Wiedergutmachung bereits geschehen. Die Schuld der Verweigerung sei bereits von Gott selbst durch das Leiden dessen übernommen worden, der auf die menschliche Hinwendung zur Botschaft des Sich-zum-Bild-machens warte. Dieses Warten dauere auch nach dem Tod des Gekreuzigten an. Denn da jede Freiheit „nur im Bild des Absoluten wirklich zu sich selbst finden"[266] und das Bild des Absoluten in der Welt zur Erscheinung kommen werde, werde Gott solange ausharren, bis auch die letzte Freiheit sich zu ihrem wahren Bild und damit zu Gott bekehrt habe.

Die unbedingte Liebe zeige sich daher doppelt: Das Leiden des Gerechten sei unübertroffen, weil er sich ganz dem Willen Gottes hingebe, und diese Hingabe, die sich als betreffbar von der Ver-

---

[265] Den Gedanken der Umkehr trägt Verweyen auch in das Denken von Raymund Schwager ein. Vgl. Verweyen, Offene Fragen im Sühnebegriff auf dem Hintergrund der Auseinandersetzung Raymund Schwagers mit Hans Urs von Balthasar, in: Józef Niewiadomski/Wolfgang Palaver (Hgg.), Dramatische Erlösungslehre. Ein Symposion, Innsbruck 1992, 137–146, 142.
[266] Verweyen, Gottes letztes Wort, 203.

weigerung des Menschen zeige, bis ins Letzte vollziehe. „Er wird auf diese Weise zum vollendeten Bild der *mißbrauchten* Liebe Gottes."[267] Damit gelange die Sünde an ihr Ende, weil sie zum einen nichts am inkarnierten Gott verschone, zum anderen aber erfahre, dass es ihr nicht gelinge, die unbedingte Liebe Gottes zu untergraben. Denn Gott habe sich selbst dazu entschlossen, sich vom Menschen treffen zu lassen. Nur dieser Entschluss Gottes ermögliche es, dass Gott durch das Handeln der Menschen leide. Zugleich nehme der Gekreuzigte selbst die Stelle des Sünders ein. Der Akt der Wiedergutmachung des Sünders habe sich bereits ereignet. Die Verfehlung sei am Kreuz gesühnt. Der Sünder stelle nach seiner Umkehr fest, dass eine Wiedergutmachung nicht mehr nötig sei. „Was der unendlichen Liebe angetan ist, ist bereits durchgestanden."[268]

Denkbar sei diese Art der Wiedergutmachung nach Verweyen nur, wenn die Einheit von Vater und Sohn als metaphysische Identität behauptet werde. Verweyen verdeutlicht die Relevanz dieser Annahme durch die literarische Figur des Iwan Karamasow, der eine Vergebung oder Sühne des Leidens Unschuldiger durch keinen *Menschen* für möglich halte. Diesem Einwand stimmt Verweyen zu. Gott selbst müsse sich vom Sühnegeschehen betreffen lassen. „Den [...] vorgelegten Überlegungen liegt der Gedanke zugrunde, daß *im* Tun einer rückhaltlosen menschlichen Liebe eine Verzeihung und Genugtuung zutage treten kann, die zugleich das Tun Gottes spiegelt."[269]

Verweyen greift nun wieder die Frage auf, wie sich die Göttlichkeit des Sterbens erkennen lasse. Er geht davon aus, dass sich die erkenntnistheoretische Unsicherheit des Offenbarungsgeschehens über eine erstphilosophische Reflexion ausräumen lasse. Unbedingte Offenbarung ereigne sich, wenn ein Sein sich ganz zum Bild des Absoluten mache und wenn diese Freiheit entschlossen sei, sich für das eigene Sich-zum-Bild-machen von der menschlichen Freiheit abhängig zu machen. Es müsse „so lange auf die völlige Einheit mit sich selbst warten, bis alle Freiheit sich entschlossen hat, sich zum Bild des Absoluten zu machen."[270] Denn

---

[267] Verweyen, Gottes letztes Wort, 203.
[268] Verweyen, Gottes letztes Wort, 203.
[269] Verweyen, Gottes letztes Wort, 205.
[270] Verweyen, Gottes letztes Wort, 205.

der Freiheitsentschluss des Menschen bleibe für die Bildwerdung unverzichtbar. Verweyen bestimmt daher die Allmacht Gottes als den Entschluss, so lange zu warten, bis jede Freiheit zugestimmt habe, Bild des Absoluten zu werden. Die zeitliche „Verspätung" und die zeitweilige Verweigerung dieses Sollensanspruchs „wurde als Leiden von demjenigen durchgestanden, der vorher vergeblich auf meine angemessene Antwort gewartet hatte"[271].

Auffallend ist an dieser Stelle der Fundamentaltheologie Verweyens, dass die rationale Begründung für den Sühnebegriff aus der Einheitsvorgabe des hypothetisch angenommenen absoluten Prinzips stammt. Der Begriff des Einen legitimiert rational die Behauptung der Sühnenotwendigkeit.

7. Die erkenntnistheoretischen Annahmen der Fundamentaltheologie Verweyens

7.1 Die Bestimmung jeder Vernunft zur Bildwerdung

Verweyen geht davon aus, dass jede Vernunft im Sich-zum-Bild-des-Absoluten-machen ihre wahre Bestimmung findet. Auch die Liebe Gottes, die sich als das Warten darauf zeige, dass die Freiheit sich als Bild des Absoluten verstehe, habe ihren Grund in der Annahme, dass die Freiheit „nur im Bild des Absoluten wirklich zu sich selbst finden"[272] könne. Der Grund dafür liege darin, dass sich die menschliche Verfasstheit einzig als Bild des Absoluten sinnvoll verstehen lasse. Denn über den Bildbegriff könne Einheit und Differenz vermittelt werden. Mit der letztgenannten Möglichkeit ist das von Verweyen normative Kriterium für die menschliche Freiheit benannt. Absurdität werde vermieden, wenn sich die Freiheit unter die Bestimmung des Sich-zum-Bild-machens stelle. „Wenn Schöpfung unhinterfragt sinnvoll sein soll, dann ist jedes freie Wesen darauf angelegt, Bild Gottes zu werden."[273] Jede Vernunft stehe demnach unter dem Anspruch, Bild des Absoluten zu werden.

---

[271] Verweyen, Gottes letztes Wort, 203
[272] Verweyen, Gottes letztes Wort, 203.
[273] Verweyen, Einführung, 129. Warum die Schöpfung als sinnvoll verstan-

7.2 Die Abgrenzungen zum kantischen Denken

Verweyen stellt heraus, dass die kantischen Gottesrede in Bezug auf die Theodizeeproblematik mit Problemen belastet sei. Er vermerkt zwar positiv, dass mit dem Gottespostulat Kants sich erstmals die Möglichkeit für eine befriedigende philosophische Antwort auf die Theodizeefrage ergebe, wie sie von Albert Camus, Theodor W. Adorno, Walter Benjamin und Max Horkheimer angesichts der Opfer der Geschichte und dem Leiden Unschuldiger thematisiert werde. Aus der unbedingten Evidenz, die darin bestehe, dass dem Subjekt die Augen über die wahre Bedeutung seines Mitmenschen geöffnet würden, ergebe sich die Forderung nach einer rettenden Instanz. Aber die Rettung dürfe nach Verweyen nicht in Form einer nachträglichen Harmonie erfolgen, wie das im Denken Kants angenommen werde, sondern indem die scheinbare Sinnlosigkeit des Leidens ihre wahre Bestimmung erfahre.[274] Rettung müsse gedacht werden, „nicht erst in einer immer schon zu spät kommenden ‚Rettung von oben herab', sondern in einem Akt, der den Anschein der Sinnlosigkeit des Leidens von innen her unterläuft"[275]. Die Fundamentaltheologie Verweyens stellt daher für die Beantwortung der Theodizeefrage die Betreffbarkeit Gottes in den Vordergrund.

Als zweites unterscheidet sich Verweyen nach eigener Einschätzung von Kant hinsichtlich der Belastbarkeit der Sollenserfahrung. Im Gegensatz zum Faktum der reinen Vernunft erreiche die Sollensevidenz nicht die unhinterfragbare Gewissheit. „Die sittliche Evidenz bildet nicht den apodiktisch-unaufhebbaren Konstitutionsgrund von Bewußtsein überhaupt. Sie wird von dem, der sich in dieser Evidenz aufhält, allenfalls als der eigentliche Grund *wahren* Wissens erkannt."[276] Daher sei die Sollenserfahrung erstphi-

---

den werden kann, bleibt hier offen. Denn wie kann jegliche Art des Leidens – und hier ist nicht gemeint, dass der Mensch an seiner eigenen Verfasstheit leidet, sondern dass Umweltkatastrophen oder Krankheiten den Menschen zu Tode quälen – durch die Berufung auf die Schöpfung mit Sinn belegt werden? Verschärft diese Aussage nicht vielmehr die Theodizeeproblematik?

[274] Vgl. Verweyen, Gottes letztes Wort, 104–106.
[275] Verweyen, Gottes letztes Wort, 106.
[276] Verweyen, Gottes letztes Wort, 107.

losophisch nicht direkt als Ausgangspunkt geeignet. Um die Sollenserfahrung als Ausgangspunkt zu setzen, müsse erst aufgewiesen werden, dass sich die menschliche Freiheit ohne die Anerkennung eines unbedingten Sollens nicht widerspruchsfrei denken lasse. Aufgabe der Erstphilosophie sei es, diesen Aufweise zu erbringen.[277]

Als drittes nimmt Verweyen eine Modifizierung der kantischen Sollenserfahrung vor. Im Anspruch der absoluten Solidarität zeige sich nicht nur eine Denkmöglichkeit Gottes, die alle bisherigen Gottesprädikate übertreffe, sondern auch die Erfahrbarkeit Gottes. Verweyen geht davon aus, dass in der Evidenz der Solidarität Gott erfahren werde, auch wenn diese Erfahrung nicht immer mit dem Begriff der Gotteserfahrung belegt werde. Der Grund, warum diese Art der Erfahrung nicht als Gotteserfahrung interpretiert werde, liege in dem Problem der angesichts des Leidens ausbleibenden Rettung. Das Verständnis der Allmacht Gottes, die aufgrund moralischer Motive zur Rettung verpflichtet sei, verstelle eine angemessene Interpretation der Erfahrung von unbedingter Solidarität als Gotteserfahrung.[278] Diese Argumentationsrichtung verstärkt Verweyen mit der Kritik, dass Gott im kantischen Postulat die Funktion des „Lückenbüßers"[279] inne habe. Die Ursache dieser funktionalen Gottesrede liege darin, dass Kant das Unbedingte als Sollen ansehe und dieses unbedingte Sollen der *Vernunft* und nicht Gott zuordne.[280] „Das eigentlich Unbedingte ist für Kant das meine Freiheit beanspruchende Sollen als ein Akt der Vernunft selbst."[281] Kant nehme zu Recht in der Unbedingtheit der sittlichen Autonomie den Ort an, an dem sich Offenbarung ereigne. Die Existenz Gottes ergebe sich bei Kant lediglich aus dem Postulat dieser Grunderfahrung, jedoch nicht aus der Grunderfahrung selbst.[282]

---

[277] Vgl. Verweyen, Gottes letztes Wort, 107.

[278] Vgl. Verweyen Gottes letztes Wort, 104f.

[279] Verweyen, Gottes letztes Wort, 108.

[280] Vgl. Verweyen, Gottes letztes Wort, 108.

[281] Verweyen, Gottes letztes Wort, 108.

[282] Vgl. Verweyen, Philosophie und Theologie. Vom Mythos zum Logos zum Mythos, Darmstadt 2005, 319.

„Liegt nicht auch in dieser Bewegtheit der freien Vernunft durch den Anspruch des Sollens ein Verhältnis vor, das man analog zum Verstehen von Bewegung im Raum kosmologischer und transzendentallogischer Argumentation als eine Relation von Akt und Potenz bzw. als ein ‚iudicari' auslegen könnte und müßte? Wäre nicht unmittelbar aus diesem Sollen selbst über die Frage nach seinem Ursprung die Wirklichkeit Gottes angemessener zu begreifen?"[283]

Nach Verweyen ist es geboten, auf die Herkunft des Sollens zu reflektieren und Gott nicht lediglich als Postulat einzuführen, welches sich aus der Sollensverpflichtung ergebe. Kant habe die Evidenz des Sollens nicht auf seinen letzten Grund hin befragt. Dieses Vorgehen Kants führt Verweyen auf zwei Annahmen Kants zurück. Zum einen intendiere Kant, jeden Rückfall in ein heteronomes Verständnis des Sittengesetzes zu verhindern. Das kantische Denken wolle vermeiden, das Sittengesetz als Gebot Gottes zu verstehen, d. h. die Vernunft durch eine äußere Forderung bestimmt zu denken. Menschliche Freiheit und das unbedingte Sittengesetz dürfen keinesfalls über ein Lohndenken vermittelt werden. In den Worten Verweyens: „Für eine wirklich sittliche Vernunft darf es keinen anderen Lohn geben als den höchsten Einklang mit sich selbst, den das unbedingte Sollen der Vernunft abfordert wie zugleich verspricht."[284] Zum anderen fehlen bei Kant Denkmöglichkeiten für ein Verhältnis von Mensch und Gott jenseits des Spinozismus. Hier werde Freiheit nur als Moment des Göttlichen verstanden, und infolgedessen werde es nicht nur unmöglich gemacht, den Gedanken der wahren Autonomie des Menschen aufrechtzuerhalten, sondern auch die Unbedingtheit Gottes zu denken.[285] Beide Diskurse verstellen nach Verweyen für Kant die Möglichkeit, nach dem Grund der Evidenz des Sollens zu fragen, und seien allein zeitgeschichtlich bedingt, d. h. diese Frageeinschränkungen seien sachlogisch nicht zwingend. Dass die

---

[283] Verweyen, Gottes letztes Wort, 108.
[284] Verweyen, Gottes letztes Wort, 109.
[285] An dieser Stelle zeigt sich symptomatisch Verweyens Intention: Nicht allein die Wahrung der menschlichen Autonomie steht im Blickpunkt, sondern immer auch die Vermeidung einer Verendlichung des Absoluten.

Vernunft das Wissen der Sollensevidenz nicht selbst hervorbringe, werde aufgrund der damals aktuellen Diskussionen von Kant übersehen.[286] Verweyen geht davon aus, dass die Frage nach dem Grund der Evidenz zu stellen sei, und dass diese Frage ihre Antwort in einem Offenbarungsgeschehen finde. „Wo immer also wahres, auf seinen adäquaten Gehalt offenes Sollen erfahren wird, drängt (ohne daß dies bewußt sein müßte) das Unbedingte selbst zur Erscheinung; ja es beginnt damit tatsächlich bereits zu erscheinen – mit anderen Worten: es *offenbart* sich."[287] Verweyen trennt sich hier von der Position Kants, wenn er die Sollensevidenz als Offenbarungsakt versteht. Während Kant das eigentlich Unbedingte, das die menschliche Freiheit beanspruchende Sollen als ein Akt der Vernunft selbst annehme, geht nach Verweyen die Sollensevidenz auf Offenbarung zurück.

Doch an diese Annahme sind Anfragen zu formulieren: Überschreitet es nicht den begrifflichen Rahmen der Gottesrede, wenn jede Sollenserfahrung als Offenbarungserfahrung gedeutet wird? Kann damit noch ein Sollen gedacht werden, ohne dass gleichzeitig ein absolutes Prinzip vorausgesetzt wird, das sich offenbart? Zudem bedarf das Faktum der praktischen Vernunft nach Verweyen einer erstphilosophischen Begründung für eine unumstößliche Sicherheit. Apodiktischer Ausgangspunkt ist die Erfahrung des formal unbedingten Wissens und nicht die Sollensevidenz. „Man muß zwar nicht notwendig – wie Kant – vom Phänomen des Sittengesetzes ausgehen, kann vielmehr auch auf reduktivem Wege in schlechthin unvermeidbaren Setzungen der Vernunft den immer schon implizierten Vorgriff auf Wahrheit als einen unbedingten Wert erweisen."[288] Verweyen interpretiert die Sollenserfahrung als Offenbarungserfahrung. Die Frage nach Gott als Postulat gleichsam nachträglich als Folge des unbedingten Sollenserfahrung zu thematisieren ist für ihn unbefriedigend.

Inwieweit sind diese Modifikationen der kantischen Sollensevidenz problematisch? Verweyen betont zwar, dass mit diesen Ausführungen kein theoretisches Wissen erreicht sei und dass die

---

[286] Vgl. Verweyen, Gottes letztes Wort, 109. 187.

[287] Verweyen, Gottes letztes Wort, 187.

[288] Verweyen, Einleitung zu: J.G. Fichte, Anweisung zum seligen Leben (= PhB 234), Hamburg ³1983, XIII–LXVI, XXX.

Sollensevidenz sich nicht als apodiktischer Ausgangspunkt eigne, da ihre Bedeutung für die Entstehung des Selbstbewusstseins nicht nachgewiesen, sondern einzig die Dimension der praktischen Vernunft durch die Sollensevidenz eröffnet sei. Erst die erstphilosophische Begründung legitimiere das Erfahrene, da die Erstphilosophie nachweisen könne, dass ohne die Anerkennung dieses Sollens endliche Freiheit nicht widerspruchsfrei zu denken sei. In der Sollensevidenz erfahre der Mensch das Gute. Dass er dieses erfahren habe, erweise aber erst die Erstphilosophie. Das Sollen werde nicht angemessen interpretiert, „solange nicht als höchste Aufgabe an die Freiheit in den Blick kommt, Bild des Unbedingten zu werden, und darum als höchste Gabe an die Freiheit, von ihrem Wesen her auf dieses Bild hin angelegt zu sein."[289]

In der Sollensevidenz werde der Imperativ des Sich-zum-Bildmachens als Aufforderung erfahren, die sich über die Erstphilosophie Verweyens als die einzig angemessene erkennen lasse. Hieraus folgt ein besonderes Verhältnis zwischen theoretischer und praktischer Vernunft in der Fundamentaltheologie Verweyens. Mit Hilfe der theoretischen Vernunft werden die Erfahrungen der praktischen Vernunft interpretiert und als unumstößlich gewiss festgestellt. Auf die Problematik, die sich mit diesem Vorgehen ergibt, wird zu einem späteren Zeitpunkt eingegangen.

---

[289] Verweyen, Gottes letztes Wort, 188.

II. Das Denken Fichtes in der Rezeption Verweyens

Das philosophische Denken Verweyens ist maßgeblich von der Philosophie J.G. Fichtes bestimmt.[1] Zentrale Punkte und Begriffe der Philosophie Fichtes wie der Offenbarungsbegriff und die Interpersonalitätstheorie wurden von Verweyen interpretiert und in seinen fundamentaltheologischen Ansatz aufgenommen. Sein Begriff von letztgültigem Sinn ist ohne den Hintergrund des Denkens Fichtes nicht verständlich, ebenso wenig der Offenbarungsbegriff seiner Fundamentaltheologie. Zu beachten ist, dass die Philoso-

---

[1] Vgl. Verweyen, Zeitgenössische philosophische Aussagen, 32. Folgende Hinweise beziehen sich auf Texte, in denen sich Verweyen explizit mit Fichte beschäftigt. Hinweise auf das Denken Fichtes finden sich bei Verweyen an zahlreichen anderen Textstellen, die hier aufzuführen den Rahmen sprengen würde. Verweyen, Recht und Sittlichkeit in J.G. Fichtes Gesellschaftslehre (= Symposion 50), Freiburg 1975. Ders., Kirche und Staat in der Philosophie J. G. Fichtes, in: PhJ 81 (1974) 298–313. Ders., Offenbarung und autonome Vernunft nach J.G. Fichte, in: Klaus Hammacher/ Albert Mues (Hgg.), Erneuerung der Transzendentalphilosophie im Anschluß an Kant und Fichte. FS für Reinhard Lauth, Stuttgart 1979, 436–455. Ders., Zum Verhältnis von Wissenschaftslehre und Gesellschaftstheorie beim späten Fichte, in: Klaus Hammacher (Hg.), Der transzendentale Gedanke. Die gegenwärtige Darstellung der Philosophie Fichtes (= Schriften zur Transzendentalphilosophie 1), Hamburg 1981, 316–329. Ders., Sein, Bild, Interpersonalität. Zur Bedeutung des späten Fichte, in: Alois Halder/Klaus Kienzler/Joseph Möller (Hgg.), Auf der Suche nach dem verborgenen Gott. Zur theologischen Relevanz neuzeitlichen Denkens, Düsseldorf 1987, 116–126. Ders., Einleitung zu: J.G. Fichte, Das System der Sittenlehre nach den Prinzipien der Wissenschaftslehre (1798) (= PhB 485), Hamburg 1995, XI–XXXV. Ders., Fichtes Religionsphilosophie. Ders., Einleitung zu: J.G. Fichte, Anweisung zum seligen Leben. Ders., Einleitung zu: J.G. Fichte, Versuch einer Kritik aller Offenbarung. Ders., In der Falle zwischen Jacobi und Hegel. Fichtes Bestimmung des Menschen (1800), in: FZPhTh 48 (2001) 381–400. Ders., Rechtslehre und Ethik bei Fichte. Grundzüge und Aktualität, in: Hans Georg von Manz/Günter Zöller (Hgg.), Fichtes praktische Philosophie. Eine systematische Einführung, Hildesheim 2006, 111–126.

phie Fichtes sowohl den erstphilosophische wie auch der hermeneutischen Teil der Fundamentaltheologie Verweyens prägen.[2] Im folgenden Kapitel wird dargestellt werden, in welchen Punkten Verweyen auf Fichte zurückgreift. Methodisch wird darauf hingewiesen, dass in dieser Arbeit kaum auf andere Fichterezeptionen eingegangen wird, genauso wenig wie eine eigene Fichteinterpretation stattfinden soll.[3] Ziel ist es, zu untersuchen, inwiefern sich die Überlegungen Verweyens auf Gedanken von Fichte berufen, ohne dass damit die Frage gestellt wird, ob seine Fichteinterpretation zutreffend ist. In einem zweiten Schritt soll darüber hinaus gefragt werden, welche Implikationen sich durch das Gedankengut bei Fichte für den Begriff von letztgültigem Sinn ergeben.

1. Fichte und Verweyen

1.1 Warum Fichte?

Welche Gründe nennt Verweyen selbst für die Auseinandersetzung mit dem Denken Fichtes? In Bezug auf die Erstphilosophie bewertet Verweyen den Beitrag Fichtes dahingehend, dass sich

---

[2] Platzbecker weist darauf hin, dass die Unterscheidung zwischen Pröpper und Krings auf der einen und Verweyen auf der anderen Seite vor dem Hintergrund der Fichterezeption besonders deutlich werde. Während sich Krings und Pröpper vor allem auf den frühen Fichte beziehen, gehe Verweyen der Entwicklung Fichtes bis ins späte Denken nach. Platzbecker macht darauf aufmerksam, dass die Kritik, die Verweyen mit Hegel und dem späten Denken Fichtes an den frühen Fichte richte, dass nämlich eine widerspruchsfreie Begründung moralischen Sollens nicht erfolge, auch auf den freiheitstheoretischen Ansatz von Pröpper und Krings zutreffe. Platzbecker stellt fest, dass für Verweyen Autonomie nur möglich sei, wenn die grundsätzliche Widersprüchlichkeit der Vernunft überwunden werden könne. Hier liege die grundlegende Differenz zwischen Verweyen und Pröpper bzw. Krings. Krings und Pröpper gehen davon aus, dass eine formal unbedingte Freiheit sich immer nur symbolisch und bedingt realisieren kann. Vgl. Platzbecker, Autonomie, 189–198.

[3] Daher ist auf die Einarbeitung zusätzlicher Literatur zu Denken und Rezeption Fichtes verzichtet worden. Die Arbeit konzentriert sich hier ausschließlich auf die Rezeption Verweyens.

bei Fichte ein Verhältnis von Glaube und Philosophie finde, welches weder eine nachträgliche rationale Argumentation für einen kritisch unhinterfragten Glauben liefere, noch in der Linie von Augustinus, Anselm von Canterbury, Thomas von Aquin und Maurice Blondel aus dem gelebten und praktizierten Glauben heraus die Vereinbarkeit zwischen Glaube und Vernunft anstrebe. Die Besonderheit des Denkens Fichtes liege darin, dass die philosophische Überlegung dem Glauben vorausgehe und aus dieser sich Impulse für die Klärung theologischer Fragen ergebe.

> „Charakteristisch für Fichte ist [...], daß er nie zunächst schon gleichsam den ‚Haushalt seines Glaubens' in Ordnung und zu Wort gebracht hatte, bevor er sich ans Philosophieren gab, sondern von dieser [sic!] erst eine Klärung auch seiner Theologie erhoffte."[4]

Hinsichtlich der Frage, inwiefern sich in geschichtlichen Ereignissen unbedingte Wahrheit ausdrücken könne, finde sich bei Fichte eine Antwort in seiner Philosophie der Offenbarung, wenn auch zum Teil nur angedeutet und nicht vollständig entfaltet, die nicht nur über die Lessings und Kants hinausreiche, sondern auch in der gegenwärtigen Situation einer Philosophie, die nach Verweyen grundlegend durch die Hermeneutik geprägt sei, Relevanz beanspruchen könne.[5] „Vom Systemansatz Fichtes aus [...] läßt sich das Verhältnis von autonomer Vernunft und geschichtlicher Offenbarung angemessen bestimmen."[6]

Weiter leiste Fichte die systematische Weiterführung der Philosophie Kants, indem er die Gotteslehre im Anschluss an die Erfahrung des unbedingten Sollens weiterentwickle. Mit dieser Fortführung finde eine Verbindung von patristischem und augustinisch-scholastischem Denken und der Moderne statt. Im Begriff des „Bildes des Absoluten" habe Fichte die platonische und transzendentale Spekulation in intersubjektiver Perspektive neu durchdacht, ohne durch die Interpersonalität den Gedanken der Verant-

---

[4] Verweyen, Einleitung zu: J.G. Fichte, Anweisung zum seligen Leben, XIXf.
[5] Vgl. Verweyen, Fichtes Religionsphilosophie, 195.
[6] Verweyen, Gottes letztes Wort, 230.

wortung endlicher Vernunft vor Gott zu schmälern.[7] Autonomie der Vernunft und absolute Unbedingtheit Gottes ließen sich bei Fichte synthetisch denken.[8] Bezüglich des Ethikkonzepts komme Fichte nach Verweyen eine einzigartige Bedeutung zu. Denn es leiste eine Letztbegründung des Sollensanspruchs, der ethisches Handeln bis ins Letzte als vernunftgemäß erweisen könne und damit die Alternative zwischen deontologischer und teleologischer Ethik ablöse.[9]

Fichte biete ein Denken, das zum einen seinen Ausgangspunkt im Philosophieren nehme und von dort her auf die Theologie stoße, zum anderen die Verbindung zwischen autonomer Vernunft und geschichtlicher Offenbarung aufzeige, indem es den Sollensanspruch durch den Bildbegriff interpretiere, damit den Heteronomieverdacht abwehre und zugleich die Einheit des Absoluten gewähre. Diese Art und Weise der Vermittlung von Offenbarung und Vernunft sei nach Verweyen die Leistung Fichtes, der die Theologie auch heute noch Bedeutung zuzumessen habe, um die Frage nach dem Verhältnis von Glaube und Vernunft zu klären.

> „Die heutige Theologie, die sich vor einen unüberschaubaren Pluralismus von philosophischen Ansätzen gestellt sieht, täte gut daran, die von Fichte gewiesenen Leitgedanken aufzugreifen, um von hierher wieder eine bessere Zusammenschau der grundsätzlichsten Fragen hinsichtlich des Verhältnisses von Glaube und Vernunft zu gewinnen."[10]

1.2 Offenbarung bei Verweyen: Letztes Überzeugtsein und Abwendung des Subjektivismus

Welche Anforderungen stellt Verweyen selbst an das Offenbarungsverständnis, wenn er im Denken Fichtes einen Inhalt gegeben sieht, der sich fundamentaltheologisch als fruchtbar erweist?

---

[7] Vgl. Verweyen, Sein, Bild, Interpersonalität, 126.
[8] Vgl. Verweyen, Gottes letztes Wort, 109.
[9] Vgl. Verweyen, Einleitung zu: J.G. Fichte, Das System der Sittenlehre, XV.
[10] Verweyen, Sein, Bild, Interpersonalität, 126.

Verweyen räumt der Frage, wie die Vereinbarkeit von Vernunft und Offenbarung zu denken sei, höchste Priorität ein. „Das Problem des Verhältnisses von Offenbarung und autonomer Vernunft gehört zu den zentralsten Fragen an alle Denker des christlichen und ‚nachchristlichen' Abendlandes."[11] Eine Theologie, die das Verhältnis von Glaube und Vernunft nicht reflektiere mit der Begründung, die Selbstmitteilung Gottes in Jesus Christus sei „die Wende aller Vernunft"[12], verleugne ihren eigenen Glaubensgrund. Verweyen wendet sich damit gegen alle Arten rational nicht nachvollziehbarer Glaubensformen.

> „Weil christliche Offenbarung nicht mit irgendwelchen Gaben und Erleuchtungen, sondern mit der Befreiung des eigenen, ursprünglichen Bildes des Menschen selbst zu tun hat, zielt sie auf einen Glauben, der Überzeugtsein des Menschen bis ins Mark seiner Autonomie bedeutet, auf eine ‚fides quaerens intellectum'."[13]

Mit diesen Worten sind zwei grundlegende Thesen Verweyens angesprochen: Zum einen geht er davon aus, dass die Beziehung zwischen Offenbarung und autonomer Vernunft mit der Frage des Überzeugtseins verbunden sei. Völlig überzeugt vom christlichen Glauben könne der Mensch nur sein, wenn die Frage nach Letztgültigkeit geklärt und ein Begriff von letztgültigem Sinn gewonnen sei, d. h. der Mensch umfassend die Sinnhaftigkeit des Glaubens rational nachvollziehen könne. „Eine solche Überzeugung schließt die Gewißheit ein, daß nichts unter all dem, was dem Menschen möglicherweise noch begegnen wird, jene letztgültige Wahrheit überholen kann."[14] Verweyen besteht hier auf der Annahme einer Gewissheit, eine hohe Wahrscheinlichkeit genügt ihm nicht, da sie die Gefahr eines versteckten Fideismus berge.[15] Daher kann er keine

---

[11] Verweyen, Offenbarung und autonome Vernunft, 436.
[12] Verweyen, Offenbarung und autonome Vernunft, 436.
[13] Verweyen, Offenbarung und autonome Vernunft, 436.
[14] Verweyen, Gottes letztes Wort, 63.
[15] Vgl. Verweyen, Gottes letztes Wort, 292–298. Verweyen weist hier auch auf den Unterschied zwischen „allgemein unbedingten (insbesondere moralischen) Entscheidungen und der unbedingten Bejahung eines Ge-

inhaltlichen Nischen von Offenbarung und Glaube zulassen, die dem menschlichen Denken verschlossen bleiben. Denn diese Reste beinhalten seiner Meinung nach das Potential, die Endgültigkeit der Glaubensentscheidung zu verhindern. Zum anderen ziele nach Verweyen die christliche Offenbarung auf die „Befreiung des eigenen, ursprünglichen Bildes des Menschen"[16]. Allerdings stellt sich mit dieser Bedeutung von Offenbarung, wie bereits im ersten Teil der Arbeit erwähnt, die Frage, warum und wovon das ursprüngliche Bild des Menschen befreit werden muss. Verweyen geht davon aus, dass die christliche Offenbarung die Befreiung des Menschen von seiner Sündenverfallenheit ermögliche.[17]

> „Der theologischen Voraussetzung der Sündenverfallenheit des Menschen zufolge ist es mir faktisch sogar ohne die Befreiung durch den sich mir erneut zuwendenden Gott überhaupt nicht möglich, mit mir selbst über den wahren Sinn meines Daseins ins reine zu kommen."[18]

Geschichtliche Offenbarung eröffne dem Menschen die Möglichkeit, sich selbst jenseits der Absurdität zu denken. Erst die Offenbarung ermögliche es, dass der Mensch seine eigene Verfasstheit als konsistent erfassen könne. An dieser Stelle ist darauf hinzuweisen, dass diese Perspektive Verweyens die geschichtliche Offenbarung im Wesentlichen darauf festlegt, dem Menschen die ihm eigene Bestimmung zu offenbaren. Auf die damit verbundene Bedeutungseinschränkung des Offenbarungsbegriffs wird noch zurückzukommen sein.

Verweyen geht außerdem davon aus, dass zwischen der nichtchristlichen Vernunft, also der Vernunft des Menschen, die sich nicht (oder noch nicht) zu Jesus Christus bekennt, und der Ver-

---

schichtsfaktums als Vermittlung von letztgültigem Sinn" hin. Bei moralischem Handeln gehe der Entschluss zum unbedingt Guten der geschichtlichen Situation des Handels voraus. „Der christliche Glaubensassens behauptet das Faktum selbst als die entscheidende Basis der unbedingten Zustimmung." Ebd. 297.

[16] Verweyen, Offenbarung und autonome Vernunft, 436.
[17] Vgl. Verweyen, Gottes letztes Wort, 154.
[18] Verweyen, Gottes letztes Wort, 154.

nunft, die „aufgrund geschichtlicher Offenbarung befreit und erhellt wurde"[19], kein Konkurrenzverhältnis und keine Gegensätzlichkeit bestehe. Er nimmt an, dass „die *im* Glauben freigesetzte Vernunft innerhalb der *vor* dem Glauben wirksamen Vernunft eine Vernünftigkeit enthüllt, die dieser Vernunft selbst zwar verborgen, aber dennoch in ihr am Werke war."[20] Nachträglich, aufgrund des Glaubens, solle die Vernünftigkeit, die auch außerhalb bzw. vor dem Glauben am Werk war, erkennbar sein, so Verweyen. Es sei also die *eine* Vernunft, die im Glauben und zeitlich vor dem Glauben wirksam sei: einmal verborgen, einmal in ihrer Vernünftigkeit erkannt. Damit wird noch einmal deutlich, dass Verweyen Offenbarung als Befreiung der Vernunft zu sich selbst versteht.

Als weiteren Punkt in der Offenbarungsfrage hebt Verweyen die Unverfügbarkeit und Unausdenkbarkeit der Offenbarung gegen jede Art des Subjektivismus hervor. „Offenbarung im Sinn von Judentum, Christentum und Islam meint [...] die Kundgabe eines göttlichen Anspruchs als *von außen* an meine Vernunft herangetragen, nicht aus ihrer eigenen Intentionalität gezeugt oder produzierbar."[21] Verweyen wendet sich hier gegen die Auffassung, dass der Mensch ausschließlich aus sich heraus und aus eigener Kraft zum Inhalt der Offenbarung gelangen könne. Zwar steht Verweyen für einen Sinnbegriff ein, der mit den Mitteln der autonomen Vernunft erreichbar und konzipierbar sein soll. Dieser Weg sei jedoch zeitlich dem Offenbarungsereignis in Jesus Christus nachgeordnet aufgrund der Verfasstheit des Menschen.[22] Mit diesem zweiten Aspekt von Offenbarung werden weitere Fragen aufgeworfen. Zum einen hinsichtlich des Inhalts der Offenbarung: Besteht die Offenbarung nach Verweyen nun allein in dieser Befreiung zum Ursprünglichen, das dem Menschen vor dem Sündenfall bereits erkennbar war und danach ins Dunkel verschwunden ist und erst durch die erneute Of-

---

[19] Verweyen, Gottes letztes Wort, 213.

[20] Verweyen, Gottes letztes Wort, 45.

[21] Verweyen, Gottes letztes Wort, 228. Böttigheimer schätzt die Theologie Verweyens ein als eine, der die „Glaubensinhalte objektiv, von außen, gegeben sind." Christoph Böttigheimer, Lehrbuch der Fundamentaltheologie. Die Rationalität der Gottes-, Offenbarungs- und Kirchenfrage, Freiburg 2009, 110.

[22] Vgl. Verweyen, Gottes letztes Wort, 154.

fenbarungsinitiative wieder ans Licht kommt? Lässt sich mit diesem Offenbarungsverständnis der Begriff der Selbstmitteilung erreichen, auf den Verweyen im Hinblick auf das gewandelte Offenbarungsverständnis des II. Vatikanums hinweist?[23] Zum anderen stellt sich die Frage, wie das Verhältnis von Vernunft und Offenbarung in der Fundamentaltheologie zu denken ist. Beiden Anfragen wird für die Beurteilung der Fichterezeption entscheidendes Gewicht zukommen.

Für den Offenbarungsbegriff stellt Verweyen damit folgende Forderungen auf: Hinsichtlich der Frage, ob Offenbarung stattgefunden hat, muss eine sichere Antwort möglich sein. Die Gewissheit der Letztgültigkeit des Offenbarungsereignisses ist für Verweyen unverzichtbar. Jede Art von Wahrscheinlichkeit stehe dem individuellen Engagement und der christlichen Vorgabe entgegen. „Der christliche Glaubensassens behauptet das Faktum selbst als die entscheidende Basis der unbedingten Zustimmung."[24] Zudem zielt nach Verweyen der Inhalt der Offenbarung darauf, das ursprüngliche Bild des Menschen wieder freizulegen.

Außerdem verwahrt sich Verweyen gegen jede Art des Subjektivismus und betont, dass Offenbarung von außen an die Vernunft herantrete. Mit einem Offenbarungsverständnis, das Offenbarung so definiert, dass ihr Inhalt vom Menschen nicht selbst hervorgebracht werden kann, lasse sich eine erste Brücke zu Fichte schlagen. Immanuel Kant stufe die Notwendigkeit von Offenbarung nur als akzidentiell ein. Offenbarung sei bei ihm in dem Umfang denkbar, in dem man Gott als den Urheber des Sittengesetzes, d. h. des vernünftig sittlichen Anspruchs, annehmen könne. Sie überschreite bei Kant jedoch nicht die Bedeutsamkeit eines Hilfsmittels, welches dem Menschen ermögliche, schneller zur höheren sittlichen Einsicht zu gelangen. Prinzipiell sei Offenbarung jedoch für die menschliche Freiheit im Denken Kants nicht notwendig.[25]

---

[23] „Hier hat das Zweite Vatikanische Konzil wieder für Klarheit gesorgt, indem es Offenbarung wie auch Glauben als einen ganzheitlich-personalen Akt herausstellte: Gott teilt nicht primär *etwas* dem Menschen mit, sondern er teilt *sich selbst* mit – bis hin zur völligen Entäußerung am Kreuz." Verweyen, Gottes letztes Wort, 37f.

[24] Verweyen, Gottes letztes Wort, 297.

[25] Vgl. Verweyen, Gottes letztes Wort, 228.

Mit dieser Einschätzung will sich Verweyen nicht zufrieden geben. Er knüpft an das Offenbarungsverständnis Fichtes an, der bereits in seinen frühen Schriften eine bedingte Notwendigkeit von Offenbarung annehme.[26] An dieses Offenbarungsverständnis lassen sich erste Anfragen formulieren: Zusammengedacht mit der Annahme, dass das wahre Bild des Menschen erst durch Offenbarung möglich werde, und dem Ausgangspunkt, dass eine sichere Gewissheit und nicht nur eine Wahrscheinlichkeit Voraussetzung für die christliche Glaubensentscheidung sei, lässt sich hier bereits fragen, wie Verweyen diese Bestimmungen im neuzeitlichen Subjektdenken umsetzen kann. Wenn sich die einzig wahre Bestimmung des Menschen von Gott her ergibt, bleibt dann ausreichend Raum für die Möglichkeit, die Nichtexistenz Gottes anzunehmen? Philosophisch reichen die Möglichkeiten des Menschen nicht weiter als bis zum Begriff Gottes. Nur in der Perspektive des Glaubens kann die Existenz Gottes bejaht werden. Bei Verweyens Theologie ergibt sich ein normatives Menschenbild vom Gottesbegriff her. Lässt sich diese Denkkonstruktion neuzeitlich halten?

2. Philosophie im Anschluss an Kant: Die Begründung des Sollens

2.1 Methodische Vorbemerkungen

Verweyen schreibt Fichte hinsichtlich des Offenbarungsbegriffs und in Bezug auf die Begründung des Sollens eine grundlegende Bedeutung für die gegenwärtige Theologie zu. Daher sollen diese beiden Aspekte hinsichtlich der Rezeptionsuntersuchung im Vordergrund stehen. Die Bewertungen, die Verweyen der Begründung des Sollens sowie dem Offenbarungsbegriff Fichtes ausstellt, werden sich als aufschlussreich für die Offenlegung seiner eigenen fundamentaltheologischen Annahmen erweisen. Als erstes wird der Entwicklung der Sollensbegründung Fichtes, die Verweyen darstellt, nachgegangen. Anschließend wird die Entwicklung des

---

[26] Vgl. Verweyen, Einleitung zu: J.G. Fichte, Versuch einer Kritik aller Offenbarung, XXVIII–XXXII.

Offenbarungsverständnisses Fichtes nach Verweyen und dessen Rezeption durch Verweyen in den Blick genommen. Komplex werden die Untersuchungen zur Rezeption der Inhalte Fichtes durch Verweyen, da zum einen die Entwicklung im Denken Fichtes beachtet werden muss, die Verweyen aufzeigt, zum anderen jedoch auch die Interpretamente Verweyens entscheidende Hinweise und Argumente für die Prämissen der Fundamentaltheologie Verweyens geben. Daher werden immer zugleich die Fragen gestellt, wie sich das Offenbarungsverständnis oder der Sollensbegriff bei Fichte nach Verweyen entwickelt und wie Verweyen diese Entwicklung interpretiert und bewertet. Andere Autoren, die sich mit der Entwicklung des Denkens Fichtes bzw. mit der Interpretation einzelner Schriften oder Themen Fichtes beschäftigt haben, werden nicht berücksichtigt, da im Zentrum dieses Teils vor allem die Frage steht, inwiefern die Fichterezeption Verweyens Aussagen über dessen Voraussetzungen seines fundamentaltheologischen Unternehmens ermöglicht.

2.2 Die unbedingte Freiheit Kants als Ausgangsbasis

Um den Begriff des Sollens bei Fichte deutlich zu machen, untersucht Verweyen das Verhältnis zwischen dem Denken Kants und Fichtes. Beide gingen von derselben Grundannahme aus: Nur über die positive Entscheidung der praktischen Vernunft sei dem Menschen der Zugang zur Realität und eine Sicherheit bezüglich seiner Autonomie gegeben. Kant zeige in der „Kritik der praktischen Vernunft", wie der Mensch sich angesichts des Todes der eigenen Freiheit, der Möglichkeit der Unbedingtheit des menschlichen Handelns, gewahr werde. In der existentiellen Bedrohung des menschlichen Lebens werde „eine ganz andere Kraft erfahren, die nicht in ihrem Herrschaftsbereich liegt: die unbedingte Freiheit zum Guten, ohne die es die unbedingte Aufforderung zum Guten nicht gibt"[27]. Verweyen weist darauf hin, dass in formaler Hinsicht für die Gültigkeit des Sittengesetzes Kant immer bereits ein Subjekt voraussetze, das sich selbst zur Einhaltung des Sollensanspruchs verpflichte. Doch mit welchem Recht erfolge diese An-

---

[27] Verweyen, Gottes letztes Wort, 102.

nahme?[28] „Kant selbst gibt zwar eine scharfe Analyse des Phänomens des Sollens. Die Begründung dieses ‚Faktums der reinen praktischen Vernunft' ist aber auch bei ihm defizitär."[29] Die inhaltliche Verpflichtung der kantischen Philosophie sei zwar aus sich heraus einsichtig, aber nicht die Begründung der Verpflichtung, die Verweyen seinerseits als unverzichtbar erachtet. Unbegründet nehme Kant an, dass jeder Mensch zur Einhaltung dieser materialen Bestimmung verpflichtet sei.[30] Erst Fichte intendiere, die Frage nach dem tatsächlichen Vollzug aufgrund einer rationalen Begründung in der „Wissenschaftslehre" zu beantworten.[31] Sein Anliegen sei es, den Ausgangspunkt, die positive Entscheidung der praktischen Vernunft, die die Grundlage der Freiheit bilde, noch einmal zu begründen. Fichte sei daher als eine Weiterführung der kantischen transzendentalen Philosophie zu verstehen,[32] da ihm die Annahme einer Sollensevidenz nicht genüge. Verweyen greift die bei Fichte angestrebte Begründung des sittlichen Handelns *aus sich selbst* heraus auf. Intensiver als Kant reflektiere Fichte auf die Problematik, dass die alleinige Behauptung des Faktums der reinen Vernunft, d. h. die Erfahrung des unbedingten Anspruchs des Sittengesetzes ohne eine entsprechende Begründung, unbefriedigend bleibe.

„Die durch das Phänomen des Sollens vermittelte Selbstgewißheit wirklicher Freiheit darf aber nicht als bloß ‚verliehen' stehengelassen werden. […] Dieser Aufweis ist aber nur durch die lückenlose Rekonstruktion des Systems freier, durch keine Vorgaben von außen bestimmter Selbständigkeit zu leisten."[33]

---

[28] Vgl. Verweyen, Einleitung zu: J.G. Fichte, Das System der Sittenlehre, XIII.

[29] Verweyen, Einleitung zu: J.G. Fichte, Das System der Sittenlehre, XIIIf.

[30] Vgl. Verweyen, Einleitung zu: J.G. Fichte, Das System der Sittenlehre, XIII.

[31] „Ebendies ist die Aufgabe der Wissenschaftslehre: nicht die Grundevidenz der praktischen Vernunft hervorzubringen, aber sie als Evidenz einer sich konsistenten Vernunft einsichtig zu machen." Verweyen, In der Falle zwischen Jacobi und Hegel, 394.

[32] Vgl. Verweyen, Anweisung zum seligen Leben, XX.

[33] Verweyen, Einleitung zu: J.G. Fichte, Das System der Sittenlehre, XVI.

Nur wenn diese Begründung, d. h. die Vernunftgemäßheit des Sollens gegeben sei, könne jede Fremdbestimmung im sittlichen Handeln ausgeschlossen werden und die menschliche Freiheit gewahrt bleiben. An die Art der Begründung stelle Fichte eine ganz bestimmte Anforderung. Die von Kant vorgenommene Trennung zwischen praktischer und theoretischer Vernunft wolle Fichte nicht beibehalten, vielmehr strebe er eine Philosophie aus einem Stück an.[34] Fichte kritisiere an der kantischen Philosophie, dass es ihr an einem einzigen Grund der Vernunft ermangele. Die Kategorie des Einen werde in unterschiedlichsten Bereichen benutzt, ohne dass diese in ihrem Zusammenhang geklärt seien. Der Ausgangspunkt der systematischen Überlegung müsse demnach in einem Begriff von Einheit liegen, aus dem alle übrigen Einheitsbegriffe menschlichen Bewusstseins abgeleitet werden könnten. Dieser Begriff des Einen müsse im Anschluss an Kant aus der Evidenz des sich in der Sollenserfahrung als frei und real erfassten Ichs gewonnen werden.[35]

> „Gibt es wirklich Freiheit, dann muß sich das Sollen wie jede andere Tatsache des Bewußtseins als notwendiges Moment der wirklichen Selbsttätigkeit endlicher Vernunft von einem unbezweifelbar gewissen Ausgangspunkt her ableiten lassen."[36]

Das Sollen müsse begründet sein, so Fichte nach Verweyen. Möglich werde diese Begründung nur, wenn das Sollen als unverzichtbarer Bestandteil der Selbsttätigkeit der endlichen Vernunft erfasst werde und diese Notwendigkeit der Verpflichtung auf das Sittengesetz sich von einem apodiktischen Ausgangspunkt ergebe. Als Argumentationsinstanz werde die formale Unbedingtheit des Menschen als Wissen um Einheit als einzige Möglichkeit zugelassen.

Festzuhalten bleibt an dieser Stelle, dass Verweyen Fichte hinsichtlich der Begründung der Sollenserfahrung rezipiert.

---

[34] Vgl. Verweyen, In der Falle zwischen Jacobi und Hegel, 389 und 397.
[35] Vgl. Verweyen, Einleitung zu: J.G. Fichte, Anweisung zum seligen Leben, XXI.
[36] Verweyen, Einleitung zu: J.G. Fichte, Das System der Sittenlehre, XVI.

2.3 Die Begründung des Sollens in der „Grundlage der Wissenschaftslehre" von 1794 [37]

Verweyen untersucht die von Fichte angeführte Begründung für die Vernünftigkeit des Sollens in den frühen Schriften. In den §§ 1–3 der „Grundlage der Wissenschaftslehre" von 1794 definiere Fichte erstmals die drei Prinzipien „absolutes Ich", „konkretes Ich" und „Nicht-Ich". Im Gegensatz zur späten „Wissenschaftslehre", die ihren Ausgang in der Faktizität des Ichs nehme, setze die frühe „Wissenschaftslehre" beim „absoluten Ich" als Ursprung des Bewusstseins an. [38] Mit dem Begriff des „absoluten Ichs" werde zum Ausdruck gebracht, dass die ursprüngliche Freiheit jeder Vernunft als Absolutes zu denken und diese ursprüngliche, absolute Freiheit Ursprung der Freiheit überhaupt sei. Mit dem „absoluten Ich" nehme Fichte eine Tathandlung an, die jeder Handlung der praktischen und theoretischen Vernunft zugrunde liege und daher Voraussetzung des Bewusstseins sei. [39] Das „absolute Ich" lasse sich daher nur reduktiv erschließen über die Möglichkeit des Menschen, Setzungen vorzunehmen. „[E]s wird im Ich eine unbedingte Identität als alleiniger Grund solchen Setzens vorausgesetzt." [40] Das individuelle Bewusstsein entstehe, indem das „absolute Ich" sich ein „Nicht-Ich" entgegensetze. Das „absolute Ich" werde in der frühen Schrift als Voraussetzung jeder menschlichen Vernunfthandlung angenommen. Erschließbar sei es, indem das Subjekt auf seine eigene Vernunfttätigkeit reflektiere und in dieser Reflexion sich selbst als formal unbedingt erfasse. Gleichzeitig erfasse es sich aber nur unter den Bedingungen des „Nicht-Ich", allein die Begegnung mit dem Kontingenten eröffne dem Subjekt seine Möglichkeit der Unbedingtheit. Warum und wie es zu dieser Setzung des individuellen Bewusstseins durch das „absolute Ich" komme, blei-

---

[37] Verweyen unterscheidet der Übersichtlichkeit wegen vor allem zwischen einer frühen Wissenschaftslehre ab 1794 und einer späten Wissenschaftslehre ab 1804. Vgl. Verweyen, Einleitung zu: J.G. Fichte, Das System der Sittenlehre, XVII, Anmerkung 8.

[38] Vgl. Verweyen, Fichtes Religionsphilosophie, 208f.

[39] Vgl. Verweyen, Philosophie und Theologie, 319.

[40] Verweyen, Einleitung zu: J.G. Fichte, Anweisung zum seligen Leben, XXII.

be dem Subjekt verborgen. Dem individuellen Bewusstsein eröffne sich infolge seiner Verfasstheit aus Bedingtheit und Unbedingtheit die Aufgabe, die Differenz zwischen dem „absoluten Ich" und dem „Nicht-Ich" zur Übereinstimmung zu bringen.[41]

Für Verweyen ist dieses Modell problembehaftet. Die dort vorgenommene Entgegensetzung von „Ich" und „Nicht-Ich" könne grundsätzlich nicht aufgelöst werden. Die §§ 1–3 der „Grundlage der Wissenschaftslehre" enden nach Verweyen in der Aporie, dass „Nicht-Ich" und „Ich" ohne rational nachvollziehbare Relation gedacht würden. Es bleibe völlig unverständlich, wie das absolute und das empirische „Ich" verbunden seien bzw. wie das Verhältnis zwischen beiden gedacht werden könne.[42] Verweyen konstatiert: „Hier resultiert ein Ich mit der Bestimmung zu unbedingter, aber prinzipiell nie erreichbarer Selbstständigkeit aus dem (absoluten) Ich selbst – bereitet sich also sozusagen ein Ich selbst den ‚Götterfluch des Sisyphos'."[43] Die Problematik verschärfe sich nach Verweyen in der 1794 gehaltenen Vorlesung Fichtes „Über die Bestimmung des Menschen an sich", in der dieser das höchste Gut als die Übereinstimmung des Menschen mit sich selbst bestimme. Voraussetzung für diese Übereinstimmung des Subjekts mit sich selbst sei die Kongruenz zwischen der Welt, wie sie existiere und den Begriffen des Menschen, wie sie existieren solle. Weil der Mensch in seiner Verfasstheit jedoch begrenzt sei, lasse sich diese Übereinstimmung niemals vollständig erzielen. Mit dem Begriff des „Seinsollens" zeige sich eine Problematik der frühen Philosophie Fichtes an. Er gehe anders als Kant nicht mehr von einem „Ding an sich" aus, das die Möglichkeit des sittlichen Handelns eingrenze. Dem Subjekt sei ein Endzweck gegeben, der darin bestehe, alles aufgrund seines Dranges nach Übereinstimmung zwischen sich selbst und seiner Umwelt nach seinem Gesetz zu gestalten. Die Einheit zwischen „Ich" und „Nicht-Ich" solle durch die Übereinstimmung zwischen Begriff und dem Dasein der Dinge erreicht werden. Dieses Streben nach Übereinstimmung

---

[41] Vgl. Verweyen, Philosophie und Theologie, 319.

[42] Vgl. Verweyen, Einleitung zu: J.G. Fichte, Anweisung zum seligen Leben, XXIII.

[43] Verweyen, Einleitung zu: J.G. Fichte, Das System der Sittenlehre, XVIII.

impliziere einen Gestaltungsauftrag hinsichtlich der bedingten Welt. Da dieses Ziel, die vollständige Übereinstimmung zwischen „Ich" und „Nicht-Ich", jedoch niemals völlig umsetzbar sei, bleibe die Einheit in diesem Stadium des Denkens unerreichbar.[44] Verweyen verhält sich kritisch zu diesen Phase des Denkens Fichtes und moniert an diesen Ausführungen nicht nur, dass der Mensch auf ein prinzipiell unerreichbares Ziel verpflichtet sei, sondern stellt ebenfalls fest, dass sich das Phänomen des Sollens mit dem frühen Denken Fichtes nicht begründen lasse. Mit dem aufgezeigten Modell könne zwar ein Vernunfttrieb beschrieben werden. Eine Begründung des Sollens lasse sich aber nicht ableiten, da es nicht nachvollziehbar sei, *warum* die Bedingtheit dem Unbedingten entgegengesetzt sei. Nur wenn sich dieses Verhältnis kläre, sei eine Sollensbegründung möglich.

> „Mit dem nicht aus der Vernunft erklärbaren Hineinversetzen einer Schranke in das (absolut bleibende) ‚reine Ich' war weder das Phänomen des Sollens im strengen Sinn begründet, noch ließ sich auf der Basis dieses Ansatzes zeigen, wie die menschliche Vernunft einem endlosen Streben entgehen könnte, das letztlich die Absolutheit des Sollens selbst aufhebt."[45]

Verweyen stellt daher fest, dass es nicht möglich sei, aus den frühen Schriften „ein[en] strenge[n] Begriff des Sollens, d. h. der unbedingten Selbstverpflichtung der Freiheit auf einen ‚heiligen Willen' (Kant)"[46] zu begründen. Denn warum solle sich das Subjekt auf etwas verpflichten, das grundsätzlich nie zu erreichen sei? Wenn Fichte mit dem „absoluten Ich" einen obersten Einheitspunkt fixiere, gehe es ihm um den bereits bei Kant angenommenen, jedoch nicht begründeten Nachweis, dass Freiheit und Sittengesetz identisch seien. Deutlich zeige sich diese Annahme in der „Zweiten Einleitung zur Wissenschaftslehre", in der Fichte es unternehme, die Möglichkeit der intellektuellen Anschauung der

---

[44] Vgl. Verweyen, Einleitung zu: J.G. Fichte, Anweisung zum seligen Leben, XXIIIf.

[45] Verweyen, Einleitung zu: J.G. Fichte, Anweisung zum seligen Leben, XXIX.

[46] Verweyen, Einleitung zu: J.G. Fichte, Das System der Sittenlehre, XIX.

Selbsttätigkeit des Ichs aufzuzeigen. Fichte ziele darauf, die Annahme der Wirklichkeit der Selbsttätigkeit des Ichs durch ein weiteres Prinzip zu sichern und die Motivation, die dem Glauben an die Selbsttätigkeit zugrunde liege, als vernünftig nachzuweisen. Er führe dies durch, indem er auf das Sittengesetzt im Menschen hinweise, das den Menschen zum unbedingten Handeln verpflichte, und das Sittengesetz als absolut Tätiges bestimme. Das Bewusstsein des Sittengesetztes, das dem Menschen unmittelbar sei, begründe die Anschauung der Selbsttätigkeit und der Freiheit. Der Mensch erfahre sich durch seine Selbsttätigkeit.[47]

Verweyen stimmt Fichte in der Annahme zu, dass im Faktum der praktischen Vernunft das individuelle Ich seine ursprüngliche Verbundenheit mit dem „Urgrund allen Bewusstseins" erfahre.[48] Verweyen problematisiert jedoch, dass Fichte den Urgrund mit dem Begriff des „Ichs" bezeichne, wo doch die Sollenserfahrung das ursprüngliche Ich-sagen hervorrufe. Es sei, so Verweyen, allein der Sollenserfahrung zu verdanken, dass eine Ich-Prädikation möglich werde. Ohne die Erfahrung der unbedingten Handlungsverpflichtung bleibe die Selbsttätigkeit der Vernunft aus. Erst das Sollen setze das Subjekt als Subjekt frei und damit seine Möglichkeit zum Ich-sagen und zur unbedingten Selbstständigkeit. Fichte übersehe, dass sich die Selbsttätigkeit dem Sollen verdanke und nicht die Selbsttätigkeit das Sollen hervorbringe. Er bestimme die Relation zwischen Sollen und Subjektivität unangemessen, wenn er beim Ich ansetze, das lediglich eine sekundäre Rolle gegenüber dem Urfaktum des Sollens spiele.

„Warum bleibt Fichte zunächst bei diesem ‚Ich' als dem obersten Begriff, wo damit doch so offensichtlich nur eine – und zwar untergeordnete – Seite des Urfaktums der reinen Vernunft, die mit dem Sollen freigesetzte Selbständigkeit, nicht aber das Sollen selbst zur Sprache gebracht wird?"[49]

---

[47] Vgl. Verweyen, Einleitung zu: J.G. Fichte, Anweisung zum seligen Leben, XXVf.

[48] Vgl. Verweyen, Einleitung zu: J.G. Fichte, Anweisung zum seligen Leben, XXVI.

[49] Verweyen, Einleitung zu: J.G. Fichte, Anweisung zum seligen Leben, XXVI.

Fichte intendiere, Freiheit und Sittengesetz in ihrer Identität zu denken, indem er die Selbsttätigkeit durch ein weiteres Prinzip, das mit Vernunftgründen angenommen werden müsse, absichere. Den obersten Einheitspunkt belege er mit dem Begriff des Ichs, das zwar die freie Selbsttätigkeit begrifflich fasse, jedoch nicht den Sollensanspruch. Damit blieben das Sollen der praktischen Vernunft und die formale Unbedingtheit der theoretischen Vernunft weiterhin unvermittelt. Die Sollensverpflichtung könne mit dieser Konstruktion nicht aus dem Einheitsgrund des Bewusstseins begründet werden – was die Vorgabe für die Sollensbegründung im Anschluss an Kant darstelle.[50] Nach Verweyen müsse das Verhältnis von Sollen und Selbsttätigkeit so gedacht werden, dass das Sollen als oberster Punkt die Selbsttätigkeit hervorbringe. Im Faktum der praktischen Vernunft erfahre das individuelle Ich seine Verbundenheit mit dem „Urgrund allen Bewusstseins", d. h. mit der Unbedingtheit. Daher rufe die Sollenserfahrung das Ichsagen, d. h. die Selbsttätigkeit des Subjekts hervor.

2.4 Moralische Entscheidungen als Basis für die Gottesfrage?

Verweyen geht nur in aller Kürze auf die Schriften des Atheismusstreits ein bzw. auf Schriften in zeitlicher Nähe dazu. Interessant ist hier, welchen Kritikpunkt er an Fichte äußert. Einen Atheismusverdacht bei Fichte hält Verweyen für unberechtigt. Allerdings kritisiert er den Ort, an dem Fichte den Gottesgedanken in der „Sittenlehre" von 1798 und in der Schrift „Über den Grund unseres Glaubens an eine göttliche WeltRegierung" (ebenfalls von 1798) einfügt. Denn der Gottesgedanke ergebe sich hier erst durch die Erfahrung des empirischen Ichs in seine Begrenztheit hinsichtlich der Realisierung des ihm aufgegebenen Zwecks. Um an der

---

[50] Verweyen erklärt diese Vorgehensweise Fichtes aus dessen Absetzung gegenüber Spinoza und dem Anschluss an das kantische Freiheitsdenken. Fichte ziele darauf, das Gottespostulat Kants und seine marginalisierte Bedeutung der Existenz Gottes in den Einheitspunkt des Bewusstseins zu verlagern, ohne die Autonomie zu gefährden. Im „absoluten Ich" unternehme Fichte den Versuch, die Freiheit und Gott zu verbinden. Vgl. Verweyen, Einleitung zu: J.G. Fichte, Anweisung zum seligen Leben, XXVIf.

Unbedingtheit des Sollens festzuhalten, werde der Glaube an eine Macht notwendig, die dieses Sollen jenseits der menschlichen Begrenzungen realisieren könne. Verweyen weist hier auf die inhaltliche Identität zwischen Kant und Fichte hin und entkräftet damit gleichzeitig den Atheismusvorwurf.[51] Problematisch ist für Verweyen diese Phase des Denkens in zwei Hinsichten. Zum einen bleibe der Endzweck prinzipiell immer noch unerreichbar. Zum zweiten könne dieses Denken das Problem nicht lösen, dass sich der Gottesgedanke „mit Notwendigkeit erst auf dem Standpunkt der Moral aus dem ‚reinen Ich‘ heraus"[52] ergebe. Nach Verweyen können moralische Entscheidungen jedoch gerade *nicht* als Basis für die Gottesfrage angenommen werden, da dies der universalen Bedeutung des Heilsanspruchs entgegenstehe.

> „Erkenntnistheoretisch gesehen, sind moralische Entscheidungen nicht als Fundament für eine rationale Glaubensverantwortung mit universalem Wahrheitsanspruch geeignet. Diesen Anspruch können nur solche Argumente erheben, die nicht mehr voraussetzen, als was jeder Mensch als Teil seines Denkens erkennen kann, gleich welche theoretischen oder moralischen Ansichten er vertritt."[53]

Rationale Verantwortung müsse demnach bei einem allgemein geteilten Argument menschlicher Vernunft ansetzen.[54]

2.5 Der Begriff des Sollens in den späten Schriften als Bild-Sein

Jede Philosophie, die auf Kant gründet, stehe nach Verweyen vor der Frage, wie sich die „Herkunft der menschlichen Freiheit aus einer schlechthin unbedingten Tätigkeit, einem ‚actus purus‘ […]

---

[51] Vgl. Verweyen, Einleitung zu: J.G. Fichte, Anweisung zum seligen Leben, XXVIIf.

[52] Verweyen, Einleitung zu: J.G. Fichte, Anweisung zum seligen Leben, XXIX.

[53] Verweyen, Einführung, 119.

[54] Vgl. Verweyen, Einleitung zu: J.G. Fichte, Anweisung zum seligen Leben, XXVIIIf.

konzipieren"[55] lasse. Verweyen betrachtet die mit der kantischen Philosophie aufgetretene Herausforderung als eine Frage nach der Vermittlung des formal Unbedingten der menschlichen Freiheit mit einem absoluten Prinzip. „[W]ie kann – gesetzt, das Absolute *ist* – außerhalb dieses Seins schlechthin überhaupt noch etwas anders sein, z. B. der Akt, in dem die endliche Vernunft das absolute Sein voraussetzt?"[56] Diese Frage lasse sich mit den frühen Schriften Fichtes nicht lösen. Es finde sich keine Denkmöglichkeit, wie angesichts eines Absoluten die Rede von der menschlichen Autonomie in ihrer Unbedingtheit erhalten bleiben könne. Denn: zerstöre die Annahme eines Unbedingten im Menschen nicht die Einheit des absoluten Prinzips? Solange Fichte vom Einheitspunkt des „Ichs" ausgehe, bleibe die Frage offen, wie Absolutes und menschliche Freiheit unterschieden werden, ohne das empirische „Ich" vom „Nicht-Ich" her zu definieren. Ohne eine Antwort auf diese Frage sei nach Verweyen ein Begriff von Gott nicht zu erreichen, der Gott unbedingt und den Menschen frei denke.[57] Verweyen folgt Fichte in Bezug auf die Frage nach der Begründung des Sollens und damit der Frage nach der Einheit des absoluten Prinzips und dem Einheitswissen des Menschen. Werde der Ausgangspunkt im moralischen Subjekt angenommen, müsse aufgezeigt werden, wie sich diese verschiedenen Unbedingtheiten vermitteln ließen, ohne den Gottesbegriff zu zerstören. Anders als Fichte in den frühen Schriften geht Verweyen von dem Sollen als oberstes Prinzip aus. Von hier ergebe sich die Selbsttätigkeit und von hier lasse sich die Vermittlung zwischen absolutem Prinzip und dem menschlich gedachten Begriff des Absoluten vornehmen.

Verweyen problematisiert hinsichtlich des frühen Denkens Fichtes, dass die Sollensbegründung nicht befriedigend gelöst sei. Zudem erscheint ihm unbegründet, warum Fichte nicht das Sollen, sondern das Ich als obersten Begriff zur Sprache bringe, da erst die Sollenserfahrung die Selbsttätigkeit des Subjekts freisetze. Der Begriff des „Ichs" bringe nach Verweyen lediglich eine untergeordnete Seite

---

[55] Verweyen, Einleitung zu: J.G. Fichte, Das System der Sittenlehre, XX.
[56] Vgl. Verweyen, Fichtes Religionsphilosophie, 209.
[57] Vgl. Verweyen, Fichtes Religionsphilosophie, 208.

des Urfaktums zur Sprache.[58] Erst nach 1800 reflektiere Fichte, dass sich das Sich-selbst-setzen des Ichs allein als Sollen vollziehe. Nur als Sollen, so Verweyen, sei die Selbsttätigkeit wirklich. Die Sollenserfahrung beschreibt Verweyen als Erfahrung eines „Existieren eines Absoluten, das um dieser seine eigenen Existenz willen Freiheit dasein [sic!] lässt."[59] Jede Reflexion auf die menschliche Vernunfttätigkeit, so Verweyen, komme zum Ergebnis, dass die Vernunft ein Absolutes voraussetze. Aus dieser Beobachtung folge zwangsläufig die Frage, wie dieses Absolute in der Vernunft sein könne, ohne seine Absolutheit einzubüßen. „Gesetzt, das absolute Sein sei, läßt sich dann überhaupt irgend etwas aus den ‚Tatsachen des Bewußtseins' ohne Widerspruch als wirklich seiend denken?"[60] Diese Frage stellt sich für Verweyen nicht etwa nur im Glauben, sondern sei auch die Frage des Agnostikers, da jede Vernunft ein Unbedingtes als Grund ihrer Vollzüge in sich trage.[61]

Verweyen weist darauf hin, dass eine Lösung dieser Problematik durch einen veränderten Ausgangspunkt zu erreichen sei. Während die frühe „Wissenschaftslehre" ihren Ausgangspunkt im „absoluten Ich" nehme und unklar bleibe, warum und in welchem Verhältnis dazu das „konkrete Ich" zu denken sei, gehe Fichte in seiner späten Philosophie andere Wege: „[D]as *gesamte Ich* [ist – E.S.] *Phänomen*; es ist *da*, weil das absolute Sein sich äußert"[62]. Entscheidend sei in der späten Philosophie, dass hier die Sollenserfahrung als der Ort angenommen werde, an dem sich das Subjekt in seiner Unbedingtheit erfahre. In der Sollenserfahrung stelle sich das Subjekt als unbedingt fest und mache gleichzeitig die Er-

---

[58] Vgl. Verweyen, Einleitung zu: J.G. Fichte, Anweisung zum seligen Leben, XXVI.

[59] Verweyen, Einleitung zu: J.G. Fichte, Anweisung zum seligen Leben, XXX.

[60] Verweyen, Einleitung zu: J.G. Fichte, Das System der Sittenlehre, XIXf. Vgl. Verweyen, Gibt es einen philosophisch stringenten Begriff von Inkarnation?, in: Marco Maria Olivetti (Hg.), Incarnazione (= Archivio di filosofia 67, 1/3), Padova 1999, 481–489, 485.

[61] Vgl. Verweyen, Einleitung zu: J.G. Fichte, Das System der Sittenlehre, XIXf.

[62] Verweyen, Fichtes Religionsphilosophie, 209.

fahrung eines Absoluten, das um seiner eigenen Existenz willen
Freiheit ermögliche.[63] Fichte könne die Frage, wie sich gleichzeitig die Unbedingtheit
der menschlichen Vernunft und ein Absolutes denken lasse, lösen,
indem er die menschliche Freiheit als Bild des Absoluten beschreibe. Das Absolute werde verstanden als das Eine, das sich auf eine
Art und Weise äußere, dass diese Äußerung seine eigene Einheit
nicht zerstöre. Solch eine Äußerung des Absoluten, die das Absolute nicht zerstört, „d. h. eine Äußerung, die [...] trotz Differenz
das Eine Absolute sein läßt"[64], ist nach Verweyen nur als Bild
möglich.[65]

„Nur im Akt einer Freiheit, die sich selbst – und in demselben
Akte alles mögliche Dasein – streng und ohne jeden Rest als
Bild des Absoluten erfaßt, vermag absolutes Dasein außer sich
zu treten. Nur so kann es eine ‚Relation eingehen', die nicht
‚Absolutes' und ‚Endliches' verbindet und damit das Absolute
verendlicht, sondern alles Ek-sistieren, alles Nach-Außen-Tre-
ten, ganz in der absoluten Freiheit des Seins belässt."[66]

Die Existenz des Ich lasse sich so in der Äußerung des absoluten
Seins begründen. Nicht das „absolute Ich", sondern das „absolute
Sein" werde in der späten Philosophie als Ursprung der Deduktion
des transzendentalen Systems gewählt.[67] Jegliches menschliche
Wissen könne sich damit als Möglichkeitsbedingung für das Erscheinen dieses Bildes erfassen und infolgedessen sei der Widerspruch zwischen Unbedingtem und Bedingtem der menschlichen
Vernunft aufgehoben. Wolle sich das Subjekt als freies verstehen
und der Heteronomie entweichen, sei dieses Denkmodell unverzichtbar, da jede andere Denkmöglichkeit die Selbstaufgabe des

---

[63] Vgl. Verweyen, Einleitung zu: J.G. Fichte, Anweisung zum seligen Leben, XXX.
[64] Verweyen, Einleitung zu: J.G. Fichte, Das System der Sittenlehre, XX.
[65] Vgl. Verweyen, Einleitung zu: J.G. Fichte, Das System der Sittenlehre,
XX.
[66] Verweyen, Fichtes Religionsphilosophie, 209.
[67] Vgl. Verweyen, Einleitung zu: J.G. Fichte, Das System der Sittenlehre,
XIX.

freien Subjekts bedeute. Äußere sich das absolute Sein, sei diese Äußerung allein als Sollen möglich, d. h. als Aufforderung an die menschliche Freiheit, Bild des Absoluten zu werden, denn erst wenn sie sich dazu bestimme, werde sie wirklich. Der Unbedingtheitsanspruch der Freiheit wisse sich nur unhinterfragbar gewiss, wenn sich die Freiheit entschließe, ihre Bestimmung als Bild des Absoluten zu realisieren. In der Sollensevidenz erfahre das Subjekt die Möglichkeit einer unhintergehbar gewissen Wirklichkeit, gleichzeitig eröffne das Sich-zum-Bild-machen die einzig mögliche Sinnoption.[68] „Das gesamte System der ‚Ichheit' läßt sich von hierher als bloße Erscheinung des Absoluten konzipieren, ohne daß das Wesen autonomer Freiheit angetastet würde."[69] Die Sollenserfahrung, die von Verweyen inhaltlich durch die Bestimmung, sich zum Bild des Absoluten machen zu sollen, festgelegt wird, bringe erst das Subjekt in seiner Unbedingtheit hervor. Gleichzeitig werde mit der Sollenserfahrung begründbar, warum dem Anspruch zu folgen sei: weil nur in der Bildwerdung das Subjekt das vollzogen werde, was vom Ursprung her sei.

2.6 Bildwerdung als Verpflichtung auf andere Freiheit

Im Begriff des Bildes liegt für Verweyen die Möglichkeit, der menschlichen Freiheit ihre wirklich existierende Unbedingtheit zuzusprechen, ohne die Absolutheit des Gottesbegriffs zu zerstören. Mit dem Bildbegriff ergebe sich die Begründung des Sollensanspruchs, ebenso werde die Forderung nach Übereinstimmung von Freiheit und Sittengesetz damit einlösbar. Denn die Freiheit erhalte mit ihrer Bestimmung als Bild zugleich die Aufgabe, dieses Bild zu realisieren. Erst wenn die Freiheit sich dazu bestimme, Bild des Absoluten zu werden, wisse sie sich als „unhinterfragbar wirklich"[70]. Verweyen betont, zwar werde bereits vor Fichte der Bild- oder Abbildbegriff gedacht, aber die Besonderheit bei Fichte

---

[68] Vgl. Verweyen, Einleitung zu: J.G. Fichte, Das System der Sittenlehre, XX.

[69] Verweyen, Einleitung zu: J.G. Fichte, Das System der Sittenlehre, XX.

[70] Verweyen, Einleitung zu: J.G. Fichte, Das System der Sittenlehre, XX.

bestehe darin, dass er ihn nicht in seiner statischen Bedeutung begreife, sondern dynamisch.

„[E]rst Fichte sieht deutlich, und weist dann in einer strengen Argumentationskette nach, daß die Lösung des Dilemmas nur dann glückt, wenn Gott nicht sozusagen ein fertiges Bild vor sich hinstellt, sondern etwas aus sich heraus entläßt, das sich selbst zum Bild Gottes *macht.*"[71]

Die Erscheinung des Absoluten, d. h. die Einheit, sei erst möglich, wenn das Subjekt das Bildsein nicht als einen einmaligen Akt Gottes verstehe, sondern indem das Subjekt das Vermögen erhalte, sich selbst zu diesem Bild zu machen. Damit entstehe trotz der Äußerung Gottes kein Sein neben Gott, sondern es „vollzieht sich in einem anderen seiner selbst eine Selbstoffenbarung Gottes als des absolut und einzigen und einen Seins."[72] Die Selbsttätigkeit des Subjekts müsse sein Ziel in der Bestimmung finden, sich zum Bild des Absoluten zu machen, damit die Einheit erreicht werde.[73]

Verweyen moniert, dass Fichte einen klar bestimmten Begriff hinsichtlich der Umsetzung des Sich-zum-Bild-machens schuldig bleibe. Hierfür werden zwei Ursachen angenommen. Zum einen ermangele es einer fehlenden Durchführung der Interpersonalität. Zum anderen reflektiere Fichte ungenügend auf die Bedeutung der Sinnenwelt in den Jahren 1804–1812.[74] Beide Punkte führt Verweyen jetzt im Anschluss an Elemente aus dem Denken Fichtes durch:

Zur Interpersonalität: Verweyen verweist in Bezug auf das Interpersonalitätsverständnis Fichtes vor allem auf seine frühen Schriften, insbesondere auf das dritte Kapitel von „Grundlage des Naturrechts" von 1796 und auf die Schrift „Das System der Sittenlehre" von 1798.[75] Hier zeige Fichte, dass das Ich, um zum eigenen Selbstbewusstsein zu gelangen, auf andere freie Subjekte angewie-

---

[71] Verweyen, Philosophie und Theologie, 326.
[72] Verweyen, Philosophie und Theologie, 326.
[73] Vgl. Verweyen, Fichtes Religionsphilosophie, 209f.
[74] Vgl. Verweyen, Philosophie und Theologie, 328. Ders.: Einleitung zu: J.G. Fichte, Das System der Sittenlehre, XXI.
[75] Vgl. Verweyen, Gottes letztes Wort, 188f.

sen sei. Selbstbewusstsein entstehe nach diesen Ausführungen in interpersonaler Perspektive.

„Dort [in §§ 1–3 der „Grundlage des Naturrechts" – E.S.] wies er als transzendentale Bedingung der Möglichkeit jedes individuellen Selbstbewußtseins den anerkennend-auffordernden Akt eines anderen Vernunftwesens auf, in dem sich das angesprochene Ich erstmals seiner Freiheit bewußt werden kann."[76]

Für Fichte sei eine andere menschliche Freiheit unentbehrlich dafür, dass ein Selbstbewusstsein entstehen könne. Der Mensch sei grundlegend für das *Erwachen* seines Selbstbewusstseins auf die Anrede fremder Freiheit verwiesen. Im Bild, das ihm durch eine andere Freiheit vermittelt werde, erkenne sich der Mensch selbst, finde er zu seinem eigenen Wesen.[77]

Verweyen stellt fest, dass Fichte die interpersonale Verwiesenheit des Menschen für die Subjektwerdung durch die anerkennende Beziehung aufweisen könne, ist mit diesem Aufweis jedoch nicht zufrieden. In der „Sittenlehre" von 1798 werde zwar zusätzlich die rein horizontale Perspektive überschritten, denn es werde nicht angenommen, dass sich das Selbstbewusstsein allein aus der interpersonalen Dimension ergebe, stattdessen nehme Fichte die interpersonale Entstehung von Freiheit von einem höheren Prinzip an. Aber nach Verweyen bleibe in beiden Schriften die Frage ungeklärt, warum sich das Subjekt *bleibend* auf eine andere Freiheit verpflichten solle. Da das Subjekt nur durch eine andere Freiheit zum Selbstbewusstsein gelange, Freiheit also intersubjektiv konstituiert sei, ziehe Fichte den Schluss, dass das Subjekt aufgrund seiner Verwiesenheit auf ein anderes Subjekt für seine Konstitution sich jedem Subjekt verpflichtet wisse und andere Freiheit daher schütze und anerkenne. Verweyen problematisiert diese Folgerung. Keineswegs sei es obligatorisch, dass das Subjekt sich mit dieser Argumentation auf den Sollensanspruch festlege. „Dieser Schluss erscheint mir (wenn man ein ‚moral sentiment' wie das der Dankbarkeit nicht schon voraussetzt) ebensowenig als zwin-

---

[76] Verweyen, Offenbarung und autonome Vernunft, 442f.
[77] Vgl. Verweyen, Einleitung zu: J.G. Fichte, Das System der Sittenlehre, XXX.

144

gend wie die Annahme des Deisten, daß der Anstoß der ‚Welt-maschinerie' durch einen ‚ersten Beweger' bereits zur Gottesvor-stellung verpflichte."[78]

Doch Verweyen bleibt nicht bei einer Kritik der Position ste-hen. Er führt seinerseits mit dem 1794 von Fichte formulierten „Trieb nach Identität" und der Denkfigur, Vernunft als Bild des Absoluten zu denken, Elemente aus dem Denken Fichtes als Be-gründung ein. Die bleibende Verwiesenheit des Subjekts auf ein freies Gegenüber könne durch die paradoxe menschliche Struktur von Einheit und Differenz begründet werden. Der Mensch, der durch das Wissen um die formal unbedingte Einheit geprägt sei, strebe danach, diese Einheit zu realisieren. Er wolle außerhalb sei-ner selbst finden, was ihn selbst ausmacht: sein Wissen um Einheit. Möglich sei diese Identität nur über eine andere Freiheit, die sich im freien Entschluss zu meinem eigenen Bild mache. Im Akt der Freiheit, die sich selbst dazu entscheide, sich einer anderen Frei-heit und deren Bedürfnis nach Einheit zur Verfügung zu stellen, werde die Einheit erreichbar. Verweyen erweitert an dieser Stelle die Interpersonalität des späten Denkens Fichtes mit Elementen der frühen Phase. Es ließe sich zeigen, dass Fichte im frühen Den-ken die Interpersonalität als Möglichkeitsbedingung für die Ent-stehung des Selbstbewusstseins angenommen habe. Hinsichtlich des moralischen Wissens ergebe sich bereits in der „Sittenlehre" von 1798 eine Verwiesenheit des Subjekts auf andere freie Subjek-te.[79] In der „Anweisung zum seligen Leben" werde schließlich auf die Bedeutung der gegenseitigen Anerkennung für das Erkennen des göttlichen Bildes verwiesen.[80] Damit die Einheit des Bewusst-seins bzw. die Einheit des Bildes realisiert werden könne, genüge es nicht, dass jedes Subjekt sich als Bild des Absoluten begreife. Erforderlich sei zudem, dass die individuellen Ausprägungen der Bilder in ein konstruktives, anerkennendes und sich ergänzendes Verhältnis gelangen. Jedes Subjekt sei damit vor die Aufgabe ge-stellt, das Bildsein der anderen Freiheit zu fördern. Die „Sitten-

---

[78] Verweyen, Einleitung zu: J.G. Fichte, Das System der Sittenlehre, XXVI.

[79] Vgl. Verweyen, Sein, Bild, Interpersonalität, 123.

[80] Vgl. Verweyen, Einleitung zu: J.G. Fichte, Anweisung zum seligen Le-ben, XLVI.

lehre" von 1812 unternehme in diesem Punkt nach Verweyen einen Perspektivenwechsel. Als Voraussetzung für die Einsicht in die Weltordnung, die dem Menschen als Endzweck gegeben sei, werde die Verschmelzung aller Einzelbilder zu einem Bild gedacht. Das Ziel der Sittlichkeit befinde sich damit jenseits der rein individuellen Perspektive.[81]

Jedes zum Bild Gottes bestimmte Individuum solle sein einmaliges, von Gott erhaltenes Bild entfalten. Dass es dafür der anderen Freiheit bedürfe, sei bei Fichte nur angedeutet. Verweyen führt diese Andeutungen weiter, indem er das Subjekt auf das Zum-Bild-werden einer anderen Freiheit hinordnet und damit die Rivalität zwischen den Freiheiten über einen interpersonal erreichbaren Begriff des Bildes des Absoluten vermittelt.

„Die Grundspaltung von Subjekt und Objekt bleibt beibehalten, ist aber zugleich dadurch überwunden, daß die eigentliche Wahrheit dieser Relation als eine inter-subjektive Beziehung erkannt wird, worin jedes Subjekt, sich selbst ins Bild des Absoluten hineingebend, sein wahres Sein in der Freude am je anderen finde."[82]

Mit der Modifikation des Denken Fichtes werde es möglich, die Differenz zwischen „Ich" und „Nicht-Ich" als Ort, an dem Wahrheit möglich sei, zu interpretieren. Die Perspektive, dass alles, was außerhalb des Unbedingten bestehe, die menschliche Sinnfrage ins Absurde führe, sei zugunsten einer Sichtweise, die gerade in der Differenz einen Sinn erkenne, abgelöst. Verweyen betrachtet den Bildbegriff und seine interpersonale Konkretisierung als die einzige Möglichkeit, um die Paradoxie menschlicher Vernunft zu erklären.

„Nur wenn alle Subjekte ihre eigentliche Existenz darin zu erkennen vermögen, daß sie zum Wort und Bild der anderen werden und diese so ‚zu Wort kommen' können, läßt sich ein ‚widerspruchsfreier Begriff von Widerspruch', eine Einheit von

---

[81] Vgl. Verweyen, Zum Verhältnis, 322f.
[82] Verweyen, Einleitung zu: J.G. Fichte, Anweisung zum seligen Leben, XLVI.

Vernunft in freier Kommunikation konzipieren und damit auch das alte Problem von ‚Einheit und Vielheit' einer Lösung zuführen."[83]

In einem weiteren Punkt modifiziert Verweyen die Konstruktion Fichtes, es betrifft das Sich-zum-Bild-machen der erscheinenden Welt: Fichte beschäftige sich ab 1804 mit der Frage, wie sich die Pluralität der Subjekte zur Einheit des Wissens verhalte. Er gehe davon aus, dass jedem Subjekt ein Anteil an der Darstellung des Bildes des Absoluten zukomme. Zwar nehme er an, dass interpersonal diese Anteile anerkannt werden müssen und auch die Materie dafür nicht irrelevant bleibe, eine begriffliche Vermittlung der Bedeutung der anderen Freiheit für das Sich-zum-Bild-machen werde jedoch nicht geleistet.[84] Aber wie kann, fragt Verweyen, wenn Gott angenommen und die Welt als Bild Gottes begriffen wird, die gesamte Welt der Erscheinungen als Möglichkeitsbedingung für das Zustandekommen des Bildes Gottes verstanden werden? Verweyen führt hier den Einwand ein, dass gerade die erscheinende Welt die Theodizeefrage und damit den gewichtigsten Einwand gegen die Annahme der Existenz Gottes hervorbringe. Die Affirmation Gottes hänge, darauf macht der Existentialismus aufmerksam, von der Möglichkeit ab, „einen Begriff von Lebenspraxis innerhalb der Bedingungen dieser erscheinenden Welt zu denken, der mit jener absoluten Setzung vereinbar ist."[85] Wie könne daher die Welt in ihrer Abbildhaftigkeit Gottes in den Blick kommen? Verweyen bindet die Bildhaftigkeit der Welt über die erweiterte Bedeutung der Interpersonalität in die Bildwerdungslogik ein.

In der „Sittenlehre" von 1812 werde ein Naturbegriff angedeutet, der die Materie als Mittel allgemeiner Kommunikation erahnen lasse und sich jenseits der menschlichen Beherrschbarkeit befinde. Voraussetzung für die Erscheinung des Absoluten sei die Würdigung von Geschichte und Natur als Konstitutionsbedingung des individuellen Ichs. Mit der Anerkennung des Individuums

---

[83] Verweyen, Einleitung zu: J.G. Fichte, Das System der Sittenlehre, XXVII.

[84] Vgl. Verweyen, Philosophie und Theologie, 328.

[85] Verweyen, Zum Verhältnis, 318.

müsse auch die Realität unbedingte Anerkennung erfahren, die das Subjekt selbst präge. Damit sei die Bedeutung der Sinnenwelt als bloßes Material für die sittliche Praxis überschritten hinsichtlich „einer grundsätzlich von der Freiheit anzuerkennenden Realität"[86]. Der Bedeutungszuwachs genügt Verweyen jedoch nicht, da sie die Relevanz der Sinnenwelt für die gegenseitige Anerkennung und Bildwerdung noch nicht ausreichend erfasse. Nicht nur als Teil des individuellen Subjekts solle Natur und Geschichte ihre Anerkennung erfahren, sondern in ihrer Vermittlung von Anerkennung müsse ihre Sinnhaftigkeit deutlich werden. Die Sinnenwelt selbst müsse als Möglichkeitsraum von Sinn angenommen werden, da sie das Medium für die Anerkennung des Einzelnen sei.

> „Über diese Weise hinaus, wie Natur und Geschichte in die Individuation der Einzeliche ein- und ausgehen, bekommt die Sinnenwelt eine Bedeutung, in der sie ebenfalls eines Rückfalls in die Welt der Anschauung als bloße Voraussetzung für die Erhebung zur Sittlichkeit und als beliebiger Stofflichkeit für die Selbstdokumentation des sittlichen Individuums grundsätzlich enthoben ist. Sie wird als Sphäre der Übereinstimmung unaufgebbarer Träger von Sinn, in dem sich die gegenseitige Anerkennung aller vermittelt."[87]

Natur werde damit zum Medium gegenseitiger Anerkennung, gerade im Bereich des Sinnlichen könne Anerkennung vermittelt werden. Sinnlich lasse sich ausdrücken, was die Freiheit intendiere: die Anerkennung anderer Freiheit.

Hinsichtlich des Vorgehens Verweyens lässt sich folgendes feststellen: Verweyen nimmt den Bildbegriff von Fichte auf und schreibt ihn weiter. In Bezug auf die Interpersonalität und hinsichtlich der Sinnenwelt zeigt Verweyen, wie die Einheit in Differenz möglich wird. Alle Bemühungen Verweyens zielen darauf, die Einheit des absoluten Prinzips durch eine umfassende Bestimmung der Aufgabe aller Menschen als Bild des Absoluten zu denken, die auch das Sinnliche als Voraussetzung allen Sich-zum-Bild-machens nicht unbeachtet lässt. Verweyen integriert das Leiblich-Körperliche in

---

[86] Verweyen, Zum Verhältnis, 325.
[87] Verweyen, Zum Verhältnis, 326.

die Bildwerdungslogik, indem er es als Medium der Anerkennung anderer Freiheit bestimmt.

2.7 Beobachtungen zur Rezeption Verweyens

Verweyen weist bei der Freiheitsfrage auf die achte Vorlesung der „Anweisung zum seligen Leben" hin. Hier kontrastiere Fichte die noch nicht zu sich gekomme Form von Freiheit als Wahlfreiheit. Fichte bestimme eine Freiheit, die sich nicht nach dem unbedingten Sollen richte, sondern an ihrer Möglichkeit der Wahl festhalte als niedere Moralität. Mit dieser Einordnung zeigt sich Verweyen unzufrieden, für ihn handelt es sich um einen „Rückfall aus der Evidenz des Sollens"[88].

> „Denn in der Erkenntnis des Sollens vergeht ihm [dem Subjekt – E.S.] alle Wahl. Das Ich erfährt sich vielmehr selbst als gewählt, den sich hier unbedingt äußernden heiligen Willen zu vollziehen, und als mächtig, sich von allen früheren Trieben loszureißen. Die Wahrheit der Wahlfreiheit besteht in der Wählbarkeit des Ichs durch jenen heiligen Willen, die in der Evidenz des Sollens an ihr Ziel kommt. Wollte das Ich angesichts des unbedingten Sollens dennoch an seiner Wahlfreiheit festhalten, so verstieße es gegen diese Äußerung des unbedingten und einzig reinen Willens der Vernunft."[89]

Nach Verweyen werde in der Sollenserfahrung das Subjekt vom Absoluten erwählt, das sich hier äußere. Vollziehe das Subjekt trotz seiner Erwählung seine Bestimmung des Sich-zum-Bild-des-Absoluten-machens nicht, so gerate es in den Schein der Wahrheit und wende sich ab von der Wahrheit des Daseins.[90] Verweyen versteht die menschliche Wahlfreiheit als Vorbedingung des Sich-

---

[88] Verweyen, Einleitung zu: J.G. Fichte, Anweisung zum seligen Leben, XLf.

[89] Verweyen, Einleitung zu: J.G. Fichte, Anweisung zum seligen Leben, XL.

[90] Vgl. Verweyen, Einleitung zu: J.G. Fichte, Anweisung zum seligen Leben, XL.

zum-Bild-machens.[91] Vollziehe das Subjekt diese Einsicht und Gründung in das absolute Prinzip nicht, „ist *jede* Selbständigkeit eines individuellen Ich [sic!], jede ,Freiheit des Willens' geradezu abzustreiten, weil in einem solchen Kontext nur der Schein von Freiheit für real gehalten werden kann"[92].

Verweyen betont, dass Fichte sich im Freiheitsverständnis von Kant unterscheide. Zwar gehe Fichte wie Kant von einem Vorrang der praktischen Vernunft aus. Doch bereits in der frühen „Wissenschaftslehre" zeige sich, dass Fichte Freiheit auf andere Weise bestimme als Kant. Fichte begreife Freiheit „nie als eine in sich stehende und nicht weiter auf einen umfassenderen Einheitsgrund hin befragbare Größe"[93]. Er gründe die Freiheit bereits 1794 in der Selbstständigkeit des „absoluten Ichs". Während Kant die Frage nach dem Grund der Freiheit ablehne und die Freiheit als nicht begründbar annehme, gründe bei Fichte die Freiheit in einem absoluten Prinzip. Dieses gelänge Fichte über den Bildwerdungsbegriff.[94]

---

[91] Vgl. Verweyen, Recht und Sittlichkeit, 228f. Ders., Fichtes Religionsphilosophie, 217. Daher ist es überraschend, wenn Wendel die Freiheit, die die Bildwerdung voraussetzt, nicht bloß als Vermögen oder Wahlfreiheit verstanden wissen will. Vgl. Saskia Wendel, Affektiv und inkarniert. Ansätze deutscher Mystik als subjekttheoretische Herausforderung (= ratio fidei 15), Regensburg 2002, 312.

[92] Verweyen, Recht und Sittlichkeit, 229.

[93] Verweyen, Recht und Sittlichkeit, 228.

[94] Zur Differenz zwischen Kant und Fichte hinsichtlich des Sollens bemerkt Wendel: „Dieses Pflichtgefühl ist hier, anders als bei Kant, nicht monologisch strukturiert, sondern Ergebnis eines interpersonalen Verhältnisses. Das Sollen, das dem Ich gemeinsam mit der Erkenntnis seiner selbst und der Freiheit aufgeht, ist unbedingt, absolut, und verweist somit auf das Absolute: Es ist selbst schon das Bild des Absoluten. [...] Worin besteht nun dieses Sollen? Es besteht im Bildwerden des Absoluten, damit dieses im Sein erscheinen kann, und dieses Sollen als Bildwerdung vollzieht sich in der Freiheit, im Können: ich soll, weil und was ich kann – ich kann, weil und was ich soll. Das Sollen ist unbestimmt und unbestimmbar, es ist formal, nicht material. Autonomie und Pflichtgefühle sind also wie bei Kant miteinander verknüpft, für Fichte ist jedoch die Freiheit mehr als bloße Selbstbestimmung. Sie ist zugleich Heteronomie, d. h. Vollzug einer Notwendigkeit, nämlich der Notwendigkeit, zum Bild des Absoluten zu werden, zum ,an uns sichtbar werden sollenden göttlichen Lebens'." Saskia

Verweyen rezipiert Fichte hinsichtlich der Annahme, dass sich die Freiheit in einem absoluten Prinzip begründe. Auch Verweyen geht davon aus, dass sich in der Sollenserfahrung nicht das Subjekt zur Freiheit bestimme. Dem Subjekt werde in der Sollenserfahrung die Erkenntnis mitgeteilt, sich selbst als Bild des Absoluten zu verstehen, und aus dieser Mitteilung werde das Subjekt zum einen fähig diese Erkenntnis zu vollziehen und zum anderen damit auf diesen Vollzug verpflichtet.

Verweyen übergeht das Moment der Freiheit im Prozess des Sich-zum-Bild-machens des Subjekts nicht. Er greift zur Verdeutlichung des Freiheitsbegriffs auf die frühe „Wissenschaftslehre" zurück. Hier werde der freiheitliche Akt thematisiert, der die Diastase zwischen der immer schon in jedem Akt jeder Vernunft vorgenommenen Setzung eines Unbedingten und der vernunftgemäßen Realisierung dieser Setzung überwinde.

„Zwischen dem Erkennen der Unvermeidbarkeit solcher Setzungen eines absoluten Werts und ihrer Anerkennung als Sollen besteht – obschon erst in diesem ihrem lebendigen Durchvollziehen die sonst absurd bleibenden absoluten Setzungen als vernünftig eingesehen werden können – aber immer schon eine Kluft, die nur durch einen Schritt der Freiheit zu überbrücken ist. In diesem spezifischen Sinn ist der Ansatz der frühen Wissenschaftslehre beim Ich, bei einer sich selbst absolut setzenden Freiheit unüberholbar."[95]

Verweyen geht davon aus, dass die Freiheit der Vernunft darin bestehe, ihre eigentliche Bestimmung, mit der sie der Absurdität entgegen treten könne, zu vollziehen. Das freie Subjekt sei, und hier schließt sich Verweyen Fichte vollkommen an, dazu bestimmt, sich zum Bild des Absoluten zu machen.[96]

Wendel, Bild des Absoluten werden – Geisel des anderen sein, in: Hoffnung, die Gründe nennt, 164–173, 166f.
[95] Verweyen, Einleitung zu: J.G. Fichte, Anweisung zum seligen Leben, XXX.
[96] „Konkret ist hier dem Verdacht nachzugehen, ob nicht auch bei Verweyen das unbedingte Moment der Freiheit in subtiler, aber folgenschwerer Weise durch ein Moment von sittlich verpflichtender Unbedingtheit syste-

Verweyen übernimmt von der späten Philosophie Fichtes den Freiheitsbegriff, dessen einzig mögliche Bestimmung der Freiheit im Sich-zum-Bild-machen bestehe. Diese Bestimmung erfüllt die Anforderungen, die Verweyen an die Weiterführung Kants stellt: die Begründung des Sollens müsse aus dem höchsten Einheitspunkt der Vernunft heraus einsichtig werden. Verweyen geht davon aus, dass Fichte nach 1800 das absolute Moment des Sich-selbst-setzen der Vernunft im Sollen angemessen zur Sprache bringe: „als Existieren eines Absoluten, das um dieser seiner eigenen Existenz willen Freiheit dasein läßt."[97] Die Begründung des Sollens erfolgt über das Argument, dass mit der Realisierung des Sollensanspruchs der Mensch das Absolute, das er in sich vorfinde, realisieren könne. Freiheit und Sollensverpflichtung könnten in ihrer Identität aufgezeigt werden, da erst die Realisierung der Sollensverpflichtung als angemessene Form der Freiheit gedacht werde. Gleichzeitig könne mit dieser Argumentation die Forderung erfüllt werden, die Gottesrede nicht aus einem moralischen Standpunkt entscheiden zu müssen, was Verweyen an Denkmöglichkei-

---

matisch ersetzt wird, das jedem, auch dem unbedingten Moment des Freiheitsbegriffs noch übergeordnet wird. Freiheit wäre damit gänzlich heteronom bestimmt. Sie wäre abhängig von der Erkenntnis und der Realität eines Momentes von Unbedingtheit, das einerseits alle Scheinfreiheit als dem Begriff von Freiheit widersprechend entlarvt, anderseits wahre Freiheit als Implikat der Unbedingtheit sittlichen Gehorsams identifiziert, eines sittlichen Gehorsams, der zwar im Nexus gegenseitiger interpersonaler Anerkennung – und nur dort – authentisch konstruiert wird, der aber gleichzeitig im Moment seiner Realisierung alle subjektive Freiheitsmomente schon als aufgegangene bzw. sogar vernichtete erkennen läßt." Ebenbauer, Fundamentaltheologie, 231. Dagegen hält Platzbecker die heteronome Herkunft des Sollens nicht für problematisch. Er stellt demgegenüber heraus, dass Autonomie bei Verweyen nur möglich sei, wenn die grundsätzliche Widersprüchlichkeit der Vernunft in einem Begriff sinnvoll gedacht werden könne. Vgl. Platzbecker, Autonomie, 198. Daher handele es sich bei dem Anspruch der Bildwerdung um eine heteronome Bestimmung der Vernunft, die „zu größtmöglicher Autonomie führt." Ebd., 201, Anm. 239. Die damit ausgesagte Abhängigkeit der Vernunft bleibt von Platzbecker unangefragt.

[97] Verweyen, Einleitung zu: J.G. Fichte, Anweisung zum seligen Leben, XXX.

ten der Schriften zur Zeit des Atheismusstreites bemängelt. Vielmehr könne aus der Problematik, wie sich das absolute Prinzip außerhalb und innerhalb des Subjekts in eins denken lasse, die Gottesrede entwickelt werden. Aus dem Einheitspunkt der Vernunft heraus und nicht wie bei Kant in marginalisierter Nachträglichkeit und ohne die Einheit des absoluten Seins zu zerstören, könne die Relevanz der Gottesrede über den Bildbegriff aufgewiesen werden.

Trotz der Leistungsfähigkeit des Bildbegriffs hinsichtlich der von Verweyen geforderten Problematiken ergeben sich Anfragen. Zum einen ist einzuwenden, dass in diesem Denken menschliche Freiheit lediglich als Wahlfreiheit gedacht werden kann, der nur eine einzige, angemessene Möglichkeit, sich zu realisieren offen steht. An dieser Stelle wirkt sich aus, was Pröpper in seiner Anfrage an Verweyen kritisch bemerkt: Die Bedeutung der formalen Freiheit als „ursprüngliches Sichverhalten, Sichöffnen und Sichentschließen" wird nicht direkt ausgedrückt und als Instanz gewürdigt.[98] Die Freiheit in ihrer formalen Unbedingtheit ist nicht angemessen berücksichtigt, denn nur die Freiheit wird zur wahren Freiheit, die sich dazu entschließt, Bild des Absoluten zu werden. Jede Freiheit, die diese Selbstbeschreibung nicht vornimmt, muss als Verweigerungshaltung definiert werden. Diese Position wird sowohl christlich und insbesondere fundamentaltheologisch problematisch, da sie das Nicht-Glauben auf eine ursprüngliche Selbstverfehlung des Menschen zurück führt, ohne die Kontingenz in den Blick zu nehmen, die die Möglichkeit des Glaubens erst eröffnet.[99]

---

[98] Vgl. Pröpper, Erstphilosophischer Begriff, 191. Ebenso inhaltlich festgelegt wird der Freiheitsbegriff bei Krings gedacht. „Jede Bestimmung bedeutet eine Festlegung (*negatio*) und Gehaltlichkeit (*positio*). Eine absolut gehaltlose Bestimmung ist ebensowenig denkbar wie eine nichts negierende und mithin nichtbestimmende Bestimmung. Die Komponente des *Gehalts* der Selbstbestimmung wird, wenn der Begriff der *Selbst*bestimmung streng genommen werden soll, als originäres Sichentschließen für einen Gehalt verstanden; jede andere begriffliche Bestimmung würde ein Moment der Fremdbestimmung enthalten." Krings, Gott, 635.

[99] Darauf, dass sich dieser Dialog nur auf der Basis der philosophischen Strittigkeit der Existenz Gottes führen lässt, weist Striet hin. Vgl. Magnus Striet, Religiöse Pluralität denken. Ein geschichtstheologischer Versuch.

Zudem wird hier eine spezifische Interpretation der Sollenserfahrung vorgenommen, die auch in „Gottes letztes Wort" deutlich wird. Bereits dort ließe sich zeigen, dass Verweyen die Sollenserfahrung als Offenbarungsereignis versteht.[100] Auch innerhalb der Fichterezeption findet sich diese Annahme, wenn Verweyen davon ausgeht, dass in der Sollenserfahrung eine Äußerung des unbedingten Vernunftwillens stattfinde. Mit diesem Verständnis der Sollensevidenz sind jedoch zwei problematische Konsequenzen verbunden: Zum einen bleibt ungeklärt, wie die Unterscheidung zwischen Vernunftwille und dem theologischen Gottesbegriff vorgenommen werden kann, wenn in der Sollenserfahrung eine Offenbarung des Vernunftwillens stattfindet. Zum anderen wird mit diesem Verständnis die Sollensevidenz inhaltlich über die Erkenntnis der Bestimmung, Bild des Absoluten zu werden, festgelegt. Moralisches Handeln bedeutet infolge dessen, sich zum Bild des Absoluten zu machen. Für Verweyen geht in der Sollensevidenz „dem Ich die Chance einer unhintergehbar gewissen Wirklichkeit und der einzig durchgängig kohärente Sinn seiner Existenz auf."[101] In der Sollenserfahrung erkenne der Mensch Sinn und Möglichkeit einer letzten Wirklichkeit. Verweyen kriti-

---

(Zurzeit noch unveröffentlicht.) Zudem zeigt Knapp, dass Verweyen, indem er den Sinnbegriff auf das Einheitsdenken der metaphysischen Tradition gründe, in die vom postmodernen Denken aufgerufene Problematik der Einheitlichkeit gerate. Eine nachidealistische Theologie sei nach Knapp mit der idealistischen Bewusstseinsphilosophie und den metaphysischen Implikationen Verweyens nicht möglich. Vgl. ders., Verantwortetes Christsein, 87. Die Identität von Sinn und Einheit stellt auch Schlör fest: „Sinn ist theologisch Bildwerdung in traditio, ist philosophisch Vermittlung von Einheit und Verschiedenheit." Veronika Schlör, Zu Sinnverständnis und Sinnverstehen von Mimesis und Bildwerdung. Hermeneutische Anmerkungen und theologische Ausblicke, in: Valentin, Unbedingtes Verstehen, 59–69, 59.

[100] Vgl. Gottes letztes Wort, 187 sowie den Abschnitt I. 5.4 dieser Arbeit.

[101] Verweyen, Einleitung zu: J.G. Fichte, Das System der Sittenlehre, XX. Menke weist darauf hin, dass Verweyen den Autonomiebegriff Pröppers verengt, wenn er davon ausgeht, dass Freiheit ganz darin aufgehe, Bild des Absoluten zu werden, und nicht den Entschluss der Freiheit zu sich selbst zur Sprache bringt. Vgl. Karl-Heinz Menke, Kann ein Mensch *erkennbares* Medium der göttlichen *Selbst*offenbarung sein? Anmerkungen

siert, dass nach Kant der Mensch im Sollen das Sittengesetz erfahre und sich seiner Freiheit bewusst werde. Erst über Reflexionen der praktischen Vernunft gelange Kant zum Postulat Gottes.[102] Bei Verweyen ist die Sollenserfahrung inhaltlich anders bestimmt. In dieser nehme der Mensch den Sinn des Daseins wahr und zwar den einzig durchgängig kohärenten. Bereits diese Eindeutigkeit der Sinnwahrnehmung überrascht. Zwar spricht Verweyen von der reinen Möglichkeit einer letzten Wirklichkeit, gleichzeitig nimmt er eine einzige Möglichkeit eines kohärenten Sinns an. Wird diese Einzigkeit aber dem Befund der theoretischen Vernunft gerecht, der über die Existenz Gottes kein Urteil ermöglicht? Kann jede Vernunft auf diesen Sinnentwurf verpflichtet werden, wenn philosophisch strittig ist, ob überhaupt ein Gott existiert?[103] Entscheidet Verweyen mit einer Sollenserfahrung, die darin besteht, dass dem Subjekt die einzige Sinnmöglichkeit aufgeht, die theoretisch nicht entscheidbare Frage nach der Existenz Gottes nun doch? Hier ist auch die These Fößels aufzunehmen, dass Verweyen indirekt über die formale Ableitung aus der trans-

---

zur Verhältnisbestimmung von ‚Realsymbol' und ‚Inkarnation', in: Valentin, Unbedingtes Verstehen, 42–58, 53.

[102] Vgl. Verweyen, Sein, Bild, Interpersonalität, 116f.

[103] Hier ist auf die Anfrage Pröppers hinzuweisen, ob bei Verweyen gegen Kant die Sinnthematik über die Ethik gestellt wird. Ist ethisches Handeln noch begründbar, wenn der Sinnaufweis im Hypothetischen bleibt? Von einer Moralität, die sich auch ohne die Ableitung von Gott her ergibt, geht Striet (und Thomas Pröpper, Autonomie und Solidarität. Begründungsprobleme sozialethischer Verpflichtung, in: Ders. Evangelium und freie Vernunft. Konturen einer theologischen Hermeneutik, Freiburg 2001, 57–71) aus. „In der reflexiven Moderne begründet sich das moralische Sollen nicht mehr dadurch, dass es sich aus einem Gott genannten Unbedingten ableitet. Sondern es ist die gegenseitige Zuschreibung unbedingter Personenwürde, die in der Moderne insofern zum Maßstab genommen wird, als die Freiheit hierin ihre Bestimmung findet. Übersetzt: Man ist moralisch, weil man nicht anders als moralisch sensibel leben will." Magnus Striet, Unerledigte Trauer. Schnädelbachs Religionskritik als Herausforderung des Christlichen, in: HerKorr 63 (2009), 364–368, 368. Zur Problematik eines moralischen Sollens, das sich im Göttlichen verankert vgl. Striet, Erkenntnis, 172.

zendentalphilosophischen Analyse zu inhaltlichen theologischen Aussagen gelange.[104]

Anders gesagt: Wenn philosophisch die Frage nach der Existenz Gottes – die nicht bewiesen werden kann – offen bleiben soll, welche Relevanz kann dem Anspruch der Bildwerdung zugesprochen werden? Verweyen verfolgt chronologisch durch die Texte Fichtes die Frage: „Gesetzt, das absolute Sein sei, läßt sich dann überhaupt irgend etwas aus den ‚Tatsachen des Bewußtseins' ohne Widerspruch als wirklich seiend denken?"[105] Er weist darauf hin, dass die späte Gotteslehre keine Mystik, sondern die „systematische Konsequenz der für Kant grundlegenden sittlichen Einsicht"[106] sei. Während Kant jedoch von der Gewissheit der menschlichen Freiheit ausgeht und den Gottesbegriff nur als Postulat annimmt, dreht Verweyen die Fragerichtung um.[107] Fichte und Kant konzipieren ihre Überlegungen von dem Subjekt her, das sich in der Evidenz des Sollens frei erfährt und sich selbst gewiss wird. Verweyen nimmt das absolute Sein als Ausgangspunkt und begründet dies damit, dass auch der Agnostiker die Frage nach dem Absoluten als vernünftig zugeben müsse, da allen Bewusstseinsakten ein Vorgriff auf ein Unbedingtes zugrunde liege. Ein Unbedingtes werde angenommen, selbst wenn die Denkmöglichkeit der Nicht-Existenz Gottes der Annahme der Existenz aufgrund der Theodizeeproblematik vorgezogen würde. Bereits hier zeigt sich, wie eng für Verweyen das philosophisch Unbedingte menschlicher

---

[104] Vgl. Peter Fößel, Letztgültiger Sinn im Licht der theologischen Vernunft. Zur Reichweite transzendentalphilosophischer Glaubensverantwortung in Auseinandersetzung mit der Transzendentaltheologie Rahners, in: TThZ 5 (2006) 99–130. 122f. Fößel konstatiert die Problematik, die sich schöpfungstheologisch aus dem Bildbegriff ergibt. Die Frage, ob sich mit dem Bildbegriff der Gedanken einer *creatio ex nihilo* verschließt, wie Fößel annimmt, sei hier offen gelassen. (Zu den Voraussetzungen für die Denkmöglichkeit der *creatio ex nihilo* vgl. Magnus Striet, Bestimmte Negation. Annäherung an ein offenes Kapitel der Gotteslehre, in: Valentin, Unbedingtes Verstehen, 130–144, bes. 142–144.) Problematisiert werden soll der Bildbegriff an dieser Stelle hinsichtlich der Frage der menschlichen Freiheit.
[105] Verweyen, Einleitung zu: J.G. Fichte, Das System der Sittenlehre, XIXf.
[106] Verweyen, Sein, Bild, Interpersonalität, 126.
[107] Zum Gegensatz von Verweyen und Kant vgl. Pröpper, Erstphilosophischer Begriff, 282.

Vernunft und die theologische Gottesrede miteinander verbunden sind.[108]

Eine weitere Anfrage ergibt sich innerhalb der Einheitsthematik. Immer ist für Verweyen die Frage nach der Einheit leitend, horizontal wie vertikal.[109] Wie könne das Absolute und die Absolutheit des Menschen gedacht werden ohne die Einheit des Absoluten zu zerstören? Wie lasse sich die Verschmelzung aller Individuen zum Bild des Absoluten denken?[110] Dies zeigt sich auch, wenn Verweyen den Sollensbegriff bei Fichte bewertet. „Entscheidend ist, wie Fichte das Ziel allen Handelns bestimmt, ob ihm ein Begriff der Erscheinung des Absoluten gelingt, dem-

---

[108] Vgl. Verweyen, Einleitung zu: J.G. Fichte, Das System der Sittenlehre, XIXf. „Für ihn bleibt letztlich die alte metaphysische Frage leitend, ob Endliches neben dem Absoluten überhaupt Bestand haben kann. Denn das Absolute kann nach dieser Auffassung nur als absolut gelten, wenn es neben ihm keine andere eigenständige Wirklichkeit gibt. Absolutes und Endliches stehen also gewissermaßen in ‚Konkurrenz‘ zueinander. Wird dagegen das Absolute, Gott theologisch als unbedingte, immer schon zuvorkommende Liebe gedacht, so kann zwischen Gott und seinen Geschöpfen kein Verhältnis der Konkurrenz bestehen; dieses Verhältnis muss dann vielmehr so gedacht werden, dass Gott die Geschöpfe in ihrer geschöpflichen Eigenständigkeit, als das von ihm bleibend unterschiedene Andere will und sie gerade als solche unbedingt anerkennt und bejaht." Knapp, Verantwortetes Christsein, 214.

[109] Knapp fragt daher, ob sich Verweyen vollständig von der Metaphysik löse oder ihr letztlich treu bleibe wenn er als Ausgangspunkt den Einheitsgedanken annehme, der das gesamte Denken Verweyens präge. Knapp konstatiert, dass die Fundamentaltheologie Verweyens von der Struktur des metaphysischen Denkens geprägt sei, auch wenn die Existenz des Absoluten damit noch nicht ausgesagt werde. „Sein Begriff eines letztgültigen Sinnes setzt jedoch schon voraus, dass die Wirklichkeit im Ganzen als Erscheinung des Absoluten und somit als Einheit gedacht werden muss." Ders., Verantwortetes Christsein, 83f.

[110] Hier greift auch der Einwand Müllers, dass der Begriff letztgültigen Sinnes nur dann sinnvoll bleibe, wenn sich früher oder später alle Menschen zur Bildwerdung entschließen. Müller stellt in diesem Zusammenhang „ein[en] Zug von sittlichem Rigorismus und Radikalismus" fest, der seinen Grund in der peripheren Stellung der Autonomie des Subjekts besitze. Die intersubjektive Dimension sauge gewissermaßen die Bedeutung des Selbstseins auf. Vgl. Müller, Anerkennung, 54–57.

zufolge die Einheit göttlichen Lebens trotz der mit der Bewußt-
seinsform notwendig gesetzten Mannigfalt als prinzipiell möglich
eingesehen werden kann, nicht nur glaubend behauptet wird."[111]
Verweyen ergänzt den Bildbegriff durch Integration der interpersonalen Dimension sowie der Sinnenwelt. Sein Ziel ist es, dem
Vorwurf des unendlichen, asymptotischen Strebens zu entkommen. Verweyen bleibt damit einem philosophischen (oder theologischen)[112] Begriff verpflichtet, dessen Intention die Einheit des
Absoluten ist und infolgedessen menschliche Freiheit immer nur
in ihrem Bildcharakter zu Sprache kommt. Damit ergibt sich ein
nicht ganz unproblematisches Verhältnis zwischen Gott und
Mensch. Die Unterschiedenheit zwischen Mensch und Gott kann
in diesem Gedankenmodell nur über Einheit in Differenz gedacht
werden, wobei die Differenz im Sich-zum-Bild-machen besteht.
Die bleibende Unterschiedenheit zwischen Mensch und Gott,
auch in eschatologischer Hinsicht, lässt sich mit diesen Kategorien
schwer denken.[113] Zudem bleiben Anfragen aus offenbarungstheologischer Perspektive: Wie kann ein Offenbarungsgeschehen als
Ereignis zwischen freiem Menschen und freiem Gott gedacht werden? Wie kann mit diesen Denkvoraussetzungen der Glaubensinhalt gedacht werden, dass Gott Möglichkeiten eingeräumt hat,
damit unbedingte Freiheit entstehen kann und somit die Intention
Gottes „dem Menschen seine Liebe [zu – E.S.] erschließen"[114] ver-

---

[111] Verweyen, Einleitung zu: J.G. Fichte, Anweisung zum seligen Leben,
XLV.

[112] Platzbecker weist darauf hin, dass Verweyen den Bildbegriff der Trinitätslehre Anselms entnehme, der dort die Frage löse, wie Vater und Sohn
verschieden und doch verbunden seien. Er geht davon aus, dass die Aprio-
rizität des Bildbegriffs von der empirischen Bild- oder Spiegelvorstellung
strikt zu unterscheiden sei. Vgl. Platzbecker, Autonomie, 53. Damit stellt
sich jedoch die Frage, woher der Begriff des Bildes stammt. Ist es ein theologischer Begriff oder ein Begriff der Vernunft?

[113] Vgl. dazu Knapp: „An dieser Sollensevidenz geht ihm [dem Menschen –
E.S.] auf, dass die Sinnerfüllung seines Menschseins nur in der Einheit mit
dem Absoluten zu finden ist." Ders., Die Vernunft des Glaubens. Einführung in die Fundamentaltheologie (= Grundlagen Theologie), Freiburg
2009, 95.

[114] Balthasar, Karl Barth, 312. Zum Verhältnis von Schöpfungsaussagen
und evolutionstheoretischer Forschung vgl. Striet, Von Natur aus Diskurs.

wirklichbar gedacht werden kann? Wie kann die Beziehung zwischen einem freien Gott und einem freien Menschen mittels des Bildbegriffs gedacht werden?[115] Denn dem Bildbegriff gelingt es nicht, die Beziehung zwischen Mensch und Gott als bleibend unterschieden zu denken. Sind Mensch und Gott jedoch durch den Bildbegriff verbunden, kann die Unterscheidung zwischen Mensch und Gott nur noch vordergründig aufrechterhalten werden. Damit könnte die Monismusfrage virulent werden.

Zudem ergeben sich in eschatologischer Hinsicht Schwierigkeiten: Muss der Gottesbegriff nicht so konstruiert sein, dass Gott die letzte Entscheidung einer endlichen Freiheit gegen das Angebot seiner Gnade als Akt der Freiheit akzeptieren muss? Führt bei Verweyen nicht „jede noch so marginale Verfehlung menschlicher Freiheit gewissermaßen zu einer kosmischen Katastrophe"[116], die erst durch das Inkarnationsgeschehen wieder getilgt werden kann bzw. getilgt werden muss? Wenn es nicht möglich ist, die menschliche Freiheit eschatologisch zu achten, bleibt menschliche Freiheit nur ein vorläufiges Moment, das schließlich am Ende übergangen wird.[117]

Theologisches zur Kulturalität des Körperdiskurses, 21, Anm. 17. (Das Manuskript des zurzeit noch unveröffentlichten Artikels wurde mir von Striet freundlicherweise zur Verfügung gestellt.)

[115] Vgl. Fößel, Letztgültiger Sinn, 126.

[116] Fößel, Letztgültiger Sinn, 127. „Daß Gottes Wille nicht geschieht, ist für Gottes Gesandten der eigentliche Schmerz." Dieckmann, Das Kreuz, 45. Diese Problematik werde auch durch die Aussage Verweyens verschärft, der in der gegenwärtigen Sühnediskussion eine Einseitigkeit hinsichtlich der soteriologischen Frage feststelle. Verweyen moniere, dass „man den Tod Jesu so auf seine Heilsbedeutung für die Menschen konzentriert bedenkt, daß er kaum noch als Tat im Verhältnis zu dem von der Sünde betroffenen Vater reflektiert wird." Verweyen, Offene Fragen, 142.

[117] Theologisch ist die Hoffnung geboten, dass die unendlichen Möglichkeiten Gottes soweit reichen, ein Heil für jede menschliche Freiheit zu ermöglichen. Gleichzeitig muss jedoch angenommen werden, dass ohne den freien Entschluss des Menschen sein eigenes Heil nicht geschieht. Denn in diesem Falle wäre menschliche Freiheit nur vorläufig und im Geschehen zwischen Gott und Mensch in ihrer Unbedingtheit nicht gewahrt. Striet weist darauf hin, dass die Anerkennung so weit geht, dass ein Gott gedacht werden muss, der den Grund seiner Schöpfung, jede Freiheit für sich zu gewinnen, nicht erreicht. Vgl. ders., Erkenntnis, 184.

3. Das Offenbarungsverständnis Fichtes

Aufschlussreiche Beobachtungen zu den Implikationen der Theologie Verweyens ergeben sich auch, wenn man untersucht, wie er die Entwicklungen beschreibt und bewertet, die sich hinsichtlich offenbarungstheologischer Fragestellungen bei Fichte abzeichnen. Verweyen schreibt dem Denken Fichtes in Bezug auf die Begründung des Sollens keine herausragende Bedeutung zu, aber er hebt hervor, dass es Fichte gelinge, im Anschluss an die Interpersonalität und Geschichtsphilosophie einen Offenbarungsbegriff zu entwickeln, mit dem sich das Verhältnis von autonomer Vernunft und Offenbarung gegenwärtig denken lasse.

3.1 Die Textgrundlage

Für das Verständnis des Begriffs von Offenbarung bei Fichte ist nach Verweyen Folgendes zu beachten: Fichte behandle die Frage der Offenbarung systematisch lediglich in seiner ersten Veröffentlichung „Versuch der Kritik aller Offenbarung" von 1792. Dieser frühe Text des Philosophen dürfe jedoch nicht als stellvertretend für sein gesamtes Denken angesehen werden.[118] Verweyen stellt seine eigene Arbeit unter den Anspruch, das Gesamtwerk von Fichte in den Blick zu nehmen. Daher geht er bei der Darstellung des Offenbarungsbegriffes von der Offenbarungsschrift von 1792 aus, zieht aber weitere Textstellen aus den späteren Werken hinzu. Die zweite Auflage der Offenbarungsschrift sowie die „Vorlesung über Logik und Metaphysik" werden zitiert, Auszüge aus der „Anweisung zum seligen Leben" von 1806, dem „System der Sittenlehre" von 1812 oder aus der „Staatslehre" von 1813 werden ebenfalls verwendet.

---

[118] Vgl. Verweyen, Offenbarung und autonome Vernunft, 436f.

3.2 Die Entwicklungsphasen des Offenbarungsbegriffs

3.2.1 Die kantische Gottesrede

Um die Bedeutung der Ausführungen Fichtes deutlich zu machen, kontrastiert Verweyen das Offenbarungsverständnis Fichtes gegenüber dem kantischen. Mit der Gottesrede Kants als Postulat seien für Fichte verschiedene Probleme verbunden: So erscheine die Gottesrede im Denken Kants für Fichte als rein funktional. Gott werde eingeführt, um die Unvereinbarkeit zwischen Naturgesetzlichkeit und Sittengesetz zu überwinden und somit den Anspruch des Sittengesetzes zu wahren.[119] Verweyen macht das Problem der funktionalen Gottesrede deutlich, indem er auf das höchste Gut, das Kant als Ausgangspunkt seiner Argumentation annehme, zu sprechen kommt. Kant gehe in der „Kritik der praktischen Vernunft", der „Kritik der Urteilskraft" und in der Vorrede von „Die Religion innerhalb der Grenzen der bloßen Vernunft" von einem höchsten Gut als Ziel aus. Dieses höchste Gut sei die vollkommene Übereinstimmung von Sittlichkeit und Glückseligkeit. Während die Sittlichkeit durch die Freiheit des Subjekts realisiert werden könne, treffe dies für den Endzweck der Natur nicht zu. Werde die menschliche Freiheit auf das höchste Gut verpflichtet, umfasse dies nicht nur den Anspruch zur unbedingten Erfüllung des Sittengesetzes. Vielmehr stehe die Freiheit zugleich unter dem Anspruch auf das höchste Gut, d. h. auf die Übereinstimmung von Sittlichkeit und Glückseligkeit, hinzuarbeiten. Damit befinde sich die endliche Vernunft vor der Aporie, das höchste Gut nicht endgültig verwirklichen zu können. Zwar könne sie alles daran setzten, das Sittengesetz zu realisieren, die Möglichkeit der Glückseligkeit liege jedoch nicht in ihrem Bereich, da Glückseligkeit als Endzweck der sinnlichen Natur den Kausalzusammenhängen unterworfen sei, gegen die das Subjekt machtlos bleibe. Beide Ordnungen, die der Freiheit und Sittlichkeit und die der Natur, müssten jedoch in ihrer grundsätzlichen Möglichkeit der Übereinstimmung gedacht werden. Anderenfalls widerspreche sich das Sittengesetz selbst, wenn es die endliche Freiheit auffordere, ein Unerreichbares anzustreben. Beide Kausalitäten könn-

---

[119] Vgl. Verweyen, Einleitung zu: J.G. Fichte, Das System der Sittenlehre, XVII.

ten nur durch ein Prinzip zur Übereinstimmung gebracht werden, das die Glückseligkeit des sittlichen Wesens ermögliche, d. h. sich auch als mächtig über die Kausalitäten der Natur erweise. Aus der Annahme der Vernünftigkeit des Sittengesetzes folge daher die Annahme eines Wesens, das die Macht besitze, beide Ordnungen in Übereinstimmung zu bringen.[120]

Mit diesem Denkmodell werde die Gottesrede jedoch nach Verweyen rein funktional gedacht. Gott sei notwendig anzunehmen, um die Naturgesetzlichkeit und das Sittengesetz in ihrer Übereinstimmung zu denken. Zudem komme bei Kant Gott als Postulat lediglich marginal vor, jedoch nicht als Grund der sittlichen Evidenz selbst. Gott werde nicht thematisiert als der Grund der Sollenserfahrung, sondern lediglich als Postulat, das die Vereinbarkeit von Sittengesetz und Naturkausalität gewährleiste.[121] Wenn Gott nicht als Grund der Evidenz des Sollens bedacht werde, ist es für Verweyen fraglich, ob diese Gottesrede treffe, „was der jüdisch-christlichen Tradition zufolge alle endliche Vernunft trägt"[122]. Auch die Reichweite von Offenbarung sei im kantischen Denken ungenügend reflektiert. Zu stark bleibe Kant in diesem Punkt Lessings Offenbarungsverständnis verhaftet, das Offenbarung unter dem Aspekt der Erziehung thematisiere. Habe sich der Mensch zur Sittlichkeit erhoben, bedürfe er in diesem Denken der Offenbarung nicht mehr.[123] Außerdem fehle in der „Kritik der reinen Vernunft" jede Möglichkeit, die Sicherheit einer geschichtlich ergangenen Offenbarung auszusagen.[124]

3.2.2 Geschichtlich bedingte Offenbarung

Aus dem Verhältnis zwischen Fichte und Pezold weist Verweyen nach, dass es Fichte primär um eine strenge Notwendigkeit von Offenbarung gehe. Während Pezold einen fließenden Übergang von einer moralischen Nützlichkeit von Offenbarung zur Notwendigkeit von Offenbarung annehme, strebe Fichte danach, Offen-

---

[120] Vgl. Verweyen, Einleitung zu: J.G. Fichte, Versuch einer Kritik aller Offenbarung, XVIIIf.
[121] Vgl. Verweyen, Sein, Bild, Interpersonalität, 116f.
[122] Verweyen, Sein, Bild, Interpersonalität, 117.
[123] Vgl. Verweyen, Gottes letztes Wort, 227f.
[124] Vgl. Verweyen, Sein, Bild, Interpersonalität, 116f.

barung in ihrer Notwendigkeit und nicht nur in ihrer moralischen Möglichkeit aufzuweisen. Fichte intendiere, Tod und Auferstehung Jesu reflexiv und nicht über historisch-kritische Fragen zu sichern. Als Hintergrund dieser Bemühung Fichtes um den Nachweis der Notwendigkeit von Offenbarung ohne Rekurs auf die Ergebnisse historisch-kritischer Auseinandersetzungen müssen nach Verweyen zwei Einsichten Lessings berücksichtigt werden: Zum einen die Annahme, dass nur das von Religion Bestand habe, was jedes kritische Denken als verbindlich betrachten könne, zum anderen, dass Geschichtswahrheiten jede Beweiskraft für notwendige Vernunftwahrheiten abzusprechen sei. Vor dem Hintergrund eines Denkens, das nur den Inhalten Verbindlichkeit zuspreche, die als einsichtig dargestellt werden können, solle Offenbarung in ihrer Notwendigkeit aufgewiesen werden. Zudem bestimme eine strenge Trennung von Geschichtswahrheiten und Vernunftwahrheiten den Diskurs.[125] „Anders ausgedrückt: ein Existenzvollzug mit Unbedingtheitscharakter, wie es der sittliche und der religiöse Akt sind, läßt sich nicht auf eine Evidenz gründen, die aus Wahrscheinlichkeitselementen zusammengestückelt ist."[126] Dagegen werde mit der Annahme einer strengen Notwendigkeit von Offenbarung ein Offenbarungsverständnis angezielt, das die Gewissheit des Glaubens reflexiv durch Vernunfteinsicht sichern könne.

Den Gedanken einer strengen Notwendigkeit von Offenbarung finde sich in Fichtes Offenbarungsschrift von 1792 noch nicht. In der Überarbeitung des Entwurfs ergebe sich jedoch eine Begründung für eine *bedingt* notwendige Offenbarung.[127] Fichte begründe in einer Überarbeitung des § 5 der Offenbarungsschrift die Möglichkeit von Offenbarung durch eine bestimmte geschichtliche Situation. Er gehe davon aus, dass der Mensch als endliches mora-

---

[125] Vgl. Verweyen, Einleitung zu: J.G. Fichte, Versuch einer Kritik aller Offenbarung, XIf. Verweyen weist auch darauf hin, dass die zweite Annahme bis ins späte Denken Fichtes eine reduktionistische Wirkung zeige und erst durch einen entsprechenden Offenbarungsbegriff das Verhältnis von Vernunft und Religion geklärt werde.

[126] Verweyen, Einleitung zu: J.G. Fichte, Versuch einer Kritik aller Offenbarung, XII.

[127] Vgl. Verweyen, Einleitung zu: J.G. Fichte, Versuch einer Kritik aller Offenbarung, XXIX.

lisches Wesen stets in der Spannung zwischen Sittengesetz und Naturgesetz stehe. Diese Spannung könne sich bis zu dem Punkt steigern, an dem der moralische Anspruch völlig von dem Naturgesetz überdeckt werde. Fichte nehme die Möglichkeit an, dass die Situation der völligen Dekadenz des sittlichen Menschen entstehe. In diesem Stadium des Verfalls finde sich kein Wille mehr, ein Moralgesetz anzuerkennen oder diesem zu gehorchen. Einzig sinnliche Triebe bestimmten das Tun des Menschen. In dieser Situation, in der das Moralgefühl des Menschen völlig verloren gegangen sei, müsse notwendig ein Eingreifen Gottes gedacht werden, das den Anspruch des Sittengesetzes den Menschen nahe bringe.[128] Die Notwendigkeit ergebe sich aus dem Gottesbegriff, denn ein vom Moralgesetz bestimmter Gott könne sich nicht damit zufrieden geben, dass der Mensch im Zustand des „völligen Verfall[s]"[129] verharre. Gottes Aufgabe sei es in diesem Fall, mittels der sinnlichen Welt die Moralität der Menschen durch Offenbarung des Sittengesetzes zu fördern.[130]

> „Aufgrund eines solchen a priori denkbaren gesellschaftlichen Zustandes wäre allerdings – damit sich der sittliche Endzweck der Menschen realisieren lasse – Offenbarung als einziger Ausweg zu fordern. Sie bestünde darin, auf dem Weg der Sinnlichkeit über die Idee Gottes als höchste Autorität dem Sittengesetz Beachtung zu verschaffen."[131]

Diese göttliche Initiative im Bereich des Sinnlichen setze jedoch den absoluten Verfall ganzer Völker, nicht etwa einzelner Personen voraus. Sei nur der Einzelne betroffen, bleibe eine Bildung des moralischen Gefühls durch die Mitmenschen möglich. Nur wenn der Zustand des völligen Verlusts des Moralgefühls das ganze Menschengeschlecht erfasse, ergebe sich die Notwendigkeit von Offenbarung.

---

[128] Vgl. Verweyen, Einleitung zu: J.G. Fichte, Versuch einer Kritik aller Offenbarung, XXIXf.
[129] Verweyen, Fichtes Religionsphilosophie, 199.
[130] Vgl. Verweyen, Fichtes Religionsphilosophie, 200.
[131] Verweyen, Offenbarung und autonome Vernunft, 440.

Verweyen merkt an, dass in diesem Stadium Offenbarung nur für den Zustand der völligen Dekadenz ableitbar sei und daher eine strenge Notwendigkeit nicht aufgewiesen werden könne. Lediglich ein material notwendiger Offenbarungsbegriff könne damit erreicht werden. Zudem bleibe die Reichweite von Offenbarung beschränkt, da sie allein neu zur Sprache bringe, was die Vernunft vor dem Zustand der Dekadenz wisse. Für das moralische Handeln sei Offenbarung nicht konstitutiv, da diese lediglich als Anspruch an die Vernunft gedacht werde.[132]

Verweyen weist darauf hin, dass Fichte hier einen Begriff der Freiheit denke, der die Möglichkeit der absoluten Entfremdung in sich trage. Freiheit und Sittlichkeit würden in ihrer möglichen Distanz deutlich. Verweyen sieht an dieser Stelle eine Strukturanalogie zum Aufweis der Notwendigkeit von Offenbarung gegeben, die Anselm in „Cur Deus homo" aufzeige. Inhaltlich werde der Offenbarungsbegriff als Anspruch des Sittengesetzes bestimmt. Kriterium für Offenbarung sei die Frage, ob Offenbarung die Moralität befördere oder nicht. Die Selbstankündigung Gottes werde glaubhaft, indem sie ihren Anspruch durch ihre vollkommene Sittlichkeit legitimiere. Sie enthalte nichts, was dem Menschen vor dem Zustand der Dekadenz nicht aus sich selbst erschließbar gewesen sei. Offenbarung mache lediglich die Autorität des Sittengesetzes für die Vernunft deutlich. Wenn das Moralgefühl des Menschen wieder erwache, werde Offenbarung überflüssig, denn die Vernunft habe nach dieser frühen Schrift die Möglichkeit, aus sich selbst heraus den Anruf des Sittengesetzes zu vernehmen.[133] Die Bedeutung dieser frühen Sicht von Offenbarung bestehe nach Verweyen in einer anfanghaft gedachten Verbindung von geschichtlichem und transzendentalem Denken. Die Grenze dieses Offenbarungsbegriffs von 1792 liege darin, dass Offenbarung als geschichtlich-sinnliche Initiative nur material bedingt notwendig sei und als „äußerer Anstoß zu moralischem Handeln" verstanden werde.[134]

---

[132] Vgl. Verweyen, Einleitung zu: J.G. Fichte, Versuch einer Kritik aller Offenbarung, XL.

[133] Vgl. Verweyen, Einleitung zu: J.G. Fichte, Versuch einer Kritik aller Offenbarung, XXX–XXXII.

[134] Vgl. Verweyen, Fichtes Religionsphilosophie, 200f.

Auffallend ist, dass Verweyen innerhalb dieser Untersuchung nicht problematisiert, dass der Inhalt der Offenbarung in diesem Stadium auf das Ethische beschränkt bleibt. Auch macht er nicht auf die Konsequenzen aufmerksam, die sich aus der Trennung zwischen Freiheit und Sittlichkeit ergeben. Denn welcher Freiheitsbegriff liegt zugrunde, wenn sich die Freiheit von der Sittlichkeit distanzieren kann? Ebenfalls wird die Annahmen nicht kritisiert, dass die Dekadenz der Vernunft Offenbarung notwendig mache, d. h. der moralisch gedachte Gott aufgrund des sittlichen Verfalls der Menschheit zur Offenbarung verpflichtet und damit seine Freiheit zumindest eingeschränkt werde.

3.2.3 Die Frage nach der Erkennbarkeit von Offenbarung

Verweyen führt die von Fichte vorgenommene Bedeutungserweiterung im Rückgriff auf die Redaktionsgeschichte der Offenbarungsschrift vom Entwurf bis zur ersten Auflage aus. Die Offenbarung habe im Entwurf der Schrift zum einen die Aufgabe, bei der völligen Korruption der Sittlichkeit des Menschen, den Anspruch des Sittengesetzes vernehmbar zu machen. In der ersten Auflage der Schrift werde der Offenbarung in § 12 aber noch eine weitere Wirkmöglichkeit eingeräumt. Sie komme dem Menschen zu Hilfe, der bereits ein Moralgefühl entwickelt habe und in der Spannung zwischen Naturgesetz und Sittengesetz stehe. Durch moralische Antriebe, die sinnlich wahrnehmbar seien, lasse sich die menschliche Entscheidung zugunsten der sittlichen Handlung beeinflussen.[135] Hier habe Offenbarung eine umfangreichere Aufgabe als im früheren Stadium der Schrift, da sie den Menschen zum moralischen Handeln befähige oder zumindest dabei unterstütze.

Mit dieser erweiterten Bedeutung von Offenbarung finde sich bei Fichte die Frage nach der Erkennbarkeit und der Gewissheit göttlichen Handelns. Werde Offenbarung für die Entstehung des Moralgefühls relevant, genüge es, lediglich die theoretische Möglichkeit von Offenbarung offen zu halten. Gewissheit über die

---

[135] Vgl. Verweyen, Einleitung zu: J.G. Fichte, Versuch einer Kritik aller Offenbarung, XXXVII. Die gleiche Funktion spreche Fichte dem Gebet zu, das er im Gegensatz zu Kant als Möglichkeit ansehe, die sinnliche Natur des Menschen zu zügeln. Vgl. ebd. XXXVI.

Wirklichkeit von Offenbarung ergebe sich allein aus den Prinzipien der praktischen Vernunft, die die Ansprüche der Offenbarung als moralisch oder unmoralisch beurteile. Anders verhalte es sich, wenn Offenbarung in einer Situation relevant werde, in der das moralische Handeln in die Krise gerate. Hier genüge es nicht, eine Möglichkeit von Offenbarung anzunehmen, hier stelle sich die Frage, woran Offenbarung erkennbar sei. „Eine Offenbarung, die dem angefochtenen moralischen Willen zur Hilfe kommen soll, muß [...] mit mehr als einem bloß problematischen Urteil als gegeben erkannt werden."[136]

3.2.4 Die Weiterentwicklung: Formale Bedingtheit von Offenbarung

Ein entscheidender Fortschritt hinsichtlich des Offenbarungsverständnisses bei Fichte finde sich in § 1–3 der „Grundlage des Naturrechts" von 1796. Fichte weise hier auf, dass die Entstehung von Selbstbewusstsein die Anerkennung durch andere Freiheit voraussetze. Damit zeigt sich für Verweyen eine Denkmöglichkeit für das Verhältnis von Offenbarung und Vernunft. „Die mich in Anspruch nehmende Anrede eines anderen Vernunftwesens behindert nicht notwendig meine Freiheit; sie ist vielmehr unabdingbar, damit meine Autonomie sich überhaupt erst entfalten und die Evidenz des Sollens konstituiert werden kann."[137] Die modifizierte Argumentation Fichtes bestehe darin, dass die formale Notwendigkeit von Offenbarung aufweisbar werde. Indem die Anerkennung durch ein freies Subjekt als transzendentale Bedingung der Möglichkeit von Selbstbewusstsein angenommen werde, zeige sich die menschliche Autonomie in ihrer Genese auf die in Anspruch nehmende Anrede eines anderen Vernunftwesens angewiesen. Eine dem Subjekt äußere Aufforderung stehe der menschlichen Freiheit nicht entgegen, vielmehr könne sich menschliche Freiheit erst durch diesen freien Akt der Anerkennung und Aufforderung entfalten. Nach Verweyen zeichnet sich damit eine Lösung für das bisher ungeklärte Verhältnis zwischen Offenbarung und Vernunft ab.[138]

---

[136] Verweyen, Einleitung zu: J.G. Fichte, Versuch einer Kritik aller Offenbarung, XXXVIII.
[137] Verweyen, Gottes letztes Wort, 229.
[138] Vgl. Verweyen, Einleitung zu: J.G. Fichte, Versuch einer Kritik aller Offenbarung, XLf.

Fichte führe jede freie Selbsttätigkeit, also jedes Selbstbewusstsein, auf die Aufforderung durch ein anderes Subjekt zurück. Ohne diese Aufforderung, die er Erziehung nenne, sei kein menschliches Existieren denkbar. Die Frage stelle sich, wer den ersten Menschen erzogen habe. Hier bringe Fichte Offenbarung ins Spiel. Der erste Mensch sei von einem freien, nicht menschlichen Wesen zum Selbstbewusstsein aufgefordert worden. Mit diesem Gedanken ist nach Verweyen der entscheidende Schritt für die transzendentale Bedeutung von Geschichte als Ort der Offenbarung geleistet.[139] „Die menschliche Vernunft kommt, dies ist jetzt nach den strengen Prinzipien der Transzendentalphilosophie erwiesen, nicht einmal zu sich selbst, es sei denn durch Offenbarung."[140]

Verweyen merkt kritisch an, dass Fichte hier Offenbarung im Rahmen eines ersten deistischen Anstoßes der menschlichen Vernunft denke. Dies lasse sich auch an den Überlegungen Fichtes zur Sprachfähigkeit des Menschen nachweisen.[141] Gleichzeitig hebt Verweyen hervor, dass das hier erreichte Denkmodell die Möglichkeit biete, transzendental die Verwiesenheit von Vernunft und Offenbarung zu denken.

3.3 Die Unableitbarkeit von Offenbarung in der „Sittenlehre" von 1812

Ein Offenbarungsbegriff, der über den des ersten deistischen Anstoßes des Menschen hinausgehe, lasse sich in der „Anweisung zum seligen Leben" (1806) nachweisen, auch wenn hier die Aussagen zur Notwendigkeit von Offenbarung ambivalent blieben. Zwar stelle Fichte die einzigartige Stellung der Offenbarung in Jesus Christus heraus, da in diesem eine zuvor nie da gewesene Einsicht durchbreche und damit ein Offenbarungsverständnis erreiche, das die deistische Perspektive erstmals überschreite. Aber

---

[139] Vgl. Verweyen, Fichtes Religionsphilosophie, 219f.
[140] Verweyen, Einleitung zu: J.G. Fichte, Versuch einer Kritik aller Offenbarung, XLII.
[141] Vgl. Verweyen, Einleitung zu: J.G. Fichte, Versuch einer Kritik aller Offenbarung, XLIIf.

gleichzeitig betone Fichte im selben Text die Möglichkeit, dass die philosophische Erkenntnis unabhängig von der Offenbarung zu denselben Inhalten gelangen könne.[142]

Eine entscheidende Erneuerung hinsichtlich des Verhältnisses von Offenbarung und Vernunft führe Fichte nach Verweyen erst im Anhang zum „System der Sittenlehre" von 1812 durch. Hier finde sich die einzige ausführliche Erörterung des Offenbarungsbegriffs im Spätwerk. Die veränderte Sicht von Offenbarung illustriert Verweyen an Fichtes gewandelter Sicht von Kirche und deren Symbol. 1793 stehe Fichte der Kirche noch ausgesprochen negativ gegenüber. Ab 1796 bestimme der Gedanke der interpersonalen Vermittlung der Freiheit das Denken Fichtes und löse die Perspektive des isolierten, rein auf sich selbst bezogenen Menschen ab. In der „Sittenlehre" von 1798 gelange Fichte zu einem positiven Verständnis der Kirche aufgrund seiner Einsicht, dass das reine Ich nur im konstruktiven Zusammenspiel von Individuen erscheine. Kirche werde von Fichte als Institution interpretiert, die die individuellen moralischen Standpunkte in Bezug zueinander setze. Als Ausgangspunkt der Kommunikation nehme Fichte ein kirchliches Bekenntnis, ein *symbolum*, an. Dieses müsse in seiner ständigen Vorläufigkeit vernunftgemäß weiterentwickelt werden. Auf diese Ausführungen greife Fichte 1812 zurück. Interessant sei, dass Fichte das Symbol als ein geoffenbartes annehme. Der absolute Begriff, „das Wissen, daß alles erscheinende Sein Bild Gottes, des absoluten Seins, ist bzw. werden soll"[143], offenbare sich in einem sittlichen Subjekt. Für das Offenbarungsverständnis ergebe sich nach Verweyen mit dieser Annahme eine grundlegende Wende. Bisher sei Fichte davon ausgegangen, dass der Inhalt von Offenbarung und der Inhalt der Philosophie identisch seien und die Unterscheidung nur durch die Art und Weise des Wissens zustande komme. Während die Philosophie sich die Inhalte selbst erschließe, trage die Offenbarung von außen die gleichen Inhalte an das Subjekt heran. Diese Sicht von Offenbarung und Vernunft,

---

[142] Vgl. Verweyen, Einleitung zu: J.G. Fichte, Versuch einer Kritik aller Offenbarung, XLIVf.

[143] Verweyen, Einleitung zu: J.G. Fichte, Versuch einer Kritik aller Offenbarung, XLVIII.

die von einer inhaltlichen Identität zwischen beiden ausgehe, werde in dieser späten Schrift überholt.

Verweyen problematisiert diesen Schritt aber keineswegs, sondern hebt positiv hervor, dass nun das Verhältnis von Vernunft und Offenbarung zu seiner Klärung komme.[144] Nach Verweyen bestehe nicht länger ein ungeklärtes Nebeneinander von Vernunft und Offenbarung. Mit den späten Texten seien beide einander zugeordnet und schlössen sich nicht mehr aus. Die Offenbarung beinhalte, was von der Vernunft nachvollzogen werden könne. Damit ergebe sich eine völlig neue Perspektive. Einerseits werde der Philosophie bzw. der natürlichen Vernunft nun nicht mehr die Möglichkeit zugestanden, eigenständig zu den Inhalten der Offenbarung zu kommen. Andererseits werde ihre Aufgabe in Beziehung zur Offenbarung deutlich, da „jede Offenbarung, die die freie sittliche Vernunft anspricht (und nichts anderes konnte schon nach den Prinzipien von 1792 als Offenbarung anerkannt werden) letztlich darauf drängt, nicht nur im Glauben angenommen, sondern in eigener Kraft der Vernunft reflektiert zu werden".[145] Zwar werde die Möglichkeit der Erkenntnis der Vernunft zum einen beschnitten, da sie inhaltlich auf Offenbarung angewiesen sei, zum anderen erhalte die Vernunft ihren Platz im Glaubensgeschehen, legitimiere die Offenbarung doch selbst die Vernunft. Vernunft werde somit in ihrer Bedeutung innerhalb des Offenbarungsglaubens erkannt. Für Verweyen liegt in diesem wechselseitigen Verständnis von Offenbarung und Glaube ein entscheidender Beitrag Fichtes. Damit sei ein Denken gegeben, das unter dem Anspruch, die Möglichkeitsbedingungen von Freiheit grundlegend zu reflektieren, den Begriff des Glaubens von Anselm von Canterbury erreiche.[146]

---

[144] Vgl. Verweyen, Gottes letztes Wort, 230. Ders., Einleitung zu: J.G. Fichte, Versuch einer Kritik aller Offenbarung, XLIXf.

[145] Verweyen, Einleitung zu: J.G. Fichte, Versuch einer Kritik aller Offenbarung, XLIX.

[146] Vgl. Verweyen, Einleitung zu: J.G. Fichte, Versuch einer Kritik aller Offenbarung, XLIXf.

3.4 Das Bild in Jesus Christus in der „Staatslehre" von 1813

Auch in den geschichtsphilosophischen Ausführungen Fichtes zeigt Verweyen eine Weiterentwicklung auf, die sich parallel zu der oben beschriebenen Wandlung von Offenbarung vollziehe. Verweyen führt die Rede des von Fichte angenommenen Urvolks und Normalvolks an. Das Normalvolk sei nach Fichte ein Volk, das durch die göttliche Offenbarung bestimmt sei. Ihnen stelle er ein Volk der Wilden gegenüber. Durch die geschichtliche Synthese vom Normalvolk, das die inhaltliche Bestimmung beitrage, ein geoffenbartes Gutsein, und dem Volk der „Wilden", das das Prinzip der inhaltlich völlig unbestimmten Freiheit in den Prozess einbringe, ergebe sich „ein Reich eines sittlichen Handelns aus autonomer Vernunft".[147] Diesen Gedankengang greife Fichte 1813 wieder auf, verschärfe jedoch die Dialektik, wenn er diese Überlegung auf das Verhältnis von Spontaneität und Rezeptivität endlicher Vernunft anwende. Fichte denke das Verhältnis von Spontaneität und sittlichen Bildern ähnlich wie das Zusammenspiel der beiden Urvölker. Zwei Momente träfen aufeinander: das eine Moment werde inhaltlich durch das vollendete Bild der Sittlichkeit bestimmt, das andere Moment als Prinzip der reinen, formalen Freiheit, die keine inhaltliche Bestimmung aufweise. Nur durch ein Bild des Sittlichen könne die Vernunft zu ihrem Inhalt gelangen.[148] Diese Dialektik zwischen dem geoffenbarten Guten und der formalen Freiheit werde in der „Staatslehre" von 1813 schärfer gefasst. „Sosehr das Erscheinen der Vernunft auf Erden in unbedingter Freiheit erfolgen soll, vermag die bloße Spontaneität aus sich doch niemals einen Gehalt hervorzubringen."[149] Für die materiale Bestimmung sei die Vernunft auf das Prinzip der Rezeptivität verwiesen, allein durch dieses erhalte die Vernunft ihre inhaltliche Bestimmung.

Verweyen wirft die Frage auf, wie es möglich sei, die Autonomie der Vernunft auszusagen, wenn die Vernunft erst durch eine Bestimmung von außen zu sich selbst gelange. Fichte gehe zu diesem Zeitpunkt davon aus, dass die Vernunft aus sich selbst

---

[147] Vgl. Verweyen, Offenbarung und autonome Vernunft, 445.
[148] Vgl. Verweyen, Offenbarung und autonome Vernunft, 451.
[149] Verweyen, Einleitung zu: J.G. Fichte, Versuch einer Kritik aller Offenbarung, LI.

keine Möglichkeit besitze, einen Inhalt hervorzubringen, erst die Offenbarung ermögliche der Vernunft den angemessenen Vollzug. Verweyen entkräftet diesen Vorwurf mit dem Hinweis auf den Inhalt des Bildes. Das Problem der Vorgegebenheit der inhaltlichen Bestimmung löse sich dadurch, dass diese Bestimmung als Vorbild des Hervorbringens von Freiheit verstanden werde. Der geoffenbarte Inhalt sei zwar von seiner Herkunft nach einer, der an die Vernunft als äußere Bestimmung herangetragen werde. Aber der Inhalt dieser ihrer Herkunft nach heteronomen Vernunftbestimmung bestehe darin, dass der Inhalt selbst ein Vorbild hinsichtlich des Hervorbringens menschlicher Freiheit abgebe. Allein ein Inhalt, der sich dadurch bestimme, dass alles daran gesetzt werde, die menschliche Freiheit zu befördern, könne als ein von außen an die Vernunft herangetragener gedacht werden, ohne den Heteronomieverdacht zu erregen. Denn der Inhalt, den die Vernunft als ihr selbst gemäß erkenne, könne als Offenbarung angenommen werden.[150]

Verweyen weist auf den überraschenden Perspektivenwechsel hinsichtlich des natürlich Guten bei Fichte hin. Im Gegensatz zu den frühen Texten werde es hier kaum beachtet. Die inhaltliche Bestimmung der Freiheit werde nicht mehr dem Urvolk zugeschrieben. Vielmehr zeige sich hier eine christologische Konzentration. Die Annahme eines Normalvolkes, das die Norm des Sittlichen präsentiere, fehle vollständig. Vielmehr komme die geschichtliche Offenbarung in Jesus mit ihrem prinzipiellen Anspruch ins Spiel. Die Offenbarung in Christus werde als der Ort bestimmt, an dem die Freiheit ihren angemessenen Gehalt erhalte. Anders als in früheren Ausführungen schränke Fichte die Möglichkeit des natürlich vorkommenden Guten deutlich ein, indem er das einzig angemessene Bild der Freiheit als in Jesus Christus gegeben annehme. Vernunft sei daher prinzipiell auf die geschichtliche Offenbarung in Jesus Christus angelegt.[151]

---

[150] Vgl. Verweyen, Einleitung zu: J.G. Fichte, Versuch einer Kritik aller Offenbarung, LI.

[151] Vgl. Verweyen, Einleitung zu: J.G. Fichte, Versuch einer Kritik aller Offenbarung, Lf.

„Das einzige Bild eines die Freiheit auf immer bestimmenden Gehaltes, den diese sich dann nach und nach aneignen muß, tritt erst in der ‚Neuen Welt', mit der Offenbarung Christi, auf die Bühne der Geschichte – aber nicht, wie Fichte zuvor behauptet hatte, als Überbleibsel aus den Zeiten des Urvolks, sondern als ein durchaus ursprünglich auftretendes, zuvor nicht erdenkbares Bild."[152]

Damit ist nach Verweyen eine Lösung der transzendentalen Frage nach dem Verhältnis von Rezeptivität und Spontaneität gegeben, die über alle bisherigen Ausführungen Fichtes hinausgehe. Fichtes Ziel sei es, die strenge Notwendigkeit von Offenbarung aufzuweisen. Gedankliche Anfänge seien mit seiner Interpersonalitätstheorie gegeben. Die strenge Notwendigkeit von Offenbarung lasse sich in den späten Schriften denken, wenn die Freiheit und die Vernunft allein durch das Bild der Offenbarung Christi zu sich selbst gelangen können. Es sei gelungen, die geschichtliche Offenbarung in Jesus Christus zur unbedingten Voraussetzung für den angemessenen Vollzug von Freiheit zu machen. Damit werde erstmals ein Offenbarungsbegriff erreicht, der das Offenbarungsverständnis der Aufklärung übertreffe. Gleichzeitig erfolge eine inhaltliche Qualifizierung des Offenbarungsbegriffs.[153] Denn „in diesem ‚Bilde' [kommt – E.S.] nichts als das Wort von der Befreiung aller Menschen zu ihrer je eigenen und gemeinsamen Freiheit als Voraussetzung der Erscheinung des Absoluten"[154] zum Ausdruck. Fichte habe damit die formale Notwendigkeit von Offenbarung weisen können. Mit der „Wissenschaftslehre" ließe sich zeigen, dass jede Freiheit sich nur als Bild des Absoluten durchsichtig werde. Die Vernunft bleibe zwar im späten Denken Fichtes völlig abhängig von Offenbarung, doch damit gelinge es, die strenge Notwendigkeit von Offenbarung anzunehmen. Der Inhalt der Offenbarung erweise sich identisch mit der Vernunftbestim-

---

[152] Verweyen, Einleitung zu: J.G. Fichte, Versuch einer Kritik aller Offenbarung, LI.
[153] Vgl. Verweyen, Einleitung zu: J.G. Fichte, Versuch einer Kritik aller Offenbarung, LIIIf.
[154] Verweyen, Einleitung zu: J.G. Fichte, Versuch einer Kritik aller Offenbarung, LV.

mung, die eine Sollensbegründung ermögliche: das Wesen der Freiheit werde als Bild des Absoluten bestimmt. Daher sei Vernunft bleibend auf die Offenbarung verwiesen: denn hier erfahre die Freiheit die Bestimmung, unter der sie sich selbst einsichtig werde.

3.5 Beobachtungen zur Rezeption des Offenbarungsbegriffs durch Verweyen

Verweyen zeichnet die Entwicklung des Offenbarungsverständnisses Fichtes nach. Er geht davon aus, dass es das Ziel Fichtes sei, eine strenge Notwendigkeit von Offenbarung zu denken. Nach Verweyen wirke sich die Vorgabe Lessings bezüglich der Kluft von Geschichtswahrheiten und ewigen Wahrheiten reduktionistisch auf das frühe Offenbarungsverständnis aus, so dass Fichte die Bedeutung von geschichtlicher Offenbarung zu diesem Zeitpunkt nur ungenügend reflektiere und der Nachweis einer strengen Notwendigkeit von Offenbarung für die Vernunft nicht gelinge. Verweyen hält es für bemerkenswert, dass Fichte die Distanz zwischen Freiheit und Sittlichkeit im Zuge der bedingten Notwendigkeit von Offenbarung reflektiere.

Einen entscheidenden Impuls für das Offenbarungsverständnis ergebe sich durch die Interpersonalitätstheorie von 1796. Ein geschichtliches Ereignis in Form der anerkennenden Beziehung werde als konstitutiv für die Entstehung des Selbstbewusstseins nachgewiesen. Damit lasse sich eine erste Verwiesenheit von Geschichte als äußeres Ereignis und Vernunft zeigen. Transzendentalphilosophisch werde eine Möglichkeit gezeigt, wie sich Vernunft und Offenbarung vermittelt ließen. Insgesamt verbleibe das Offenbarungsdenken innerhalb des deistischen Anstoßdenkens. Fichtes Ausführungen zeigen sich in diesem Stadium als stark dem Denken der Aufklärung verhaftet, dem die Beschränkung der Vernunftmöglichkeiten zugunsten eines Offenbarungsbegriffes fremd sei. Überraschend ist die Kritik Verweyens, die moniert, dass im frühen Denken Offenbarung nicht als konstitutiv für das moralische Handeln gedacht werde. Verweyen problematisiert gerade die Unverbundenheit von moralischem Handeln und Offenbarung. Dagegen wird die Abhängigkeit der Vernunft von Offenbarung von ihm nicht angefragt, obwohl mit diesem Verhältnis faktisch immer bereits Offenbarung als ergangen vorausgesetzt werden muss, wenn auch in diesem Stadium nur in bestimmten geschichtlichen Situationen oder als einmalige Uroffenbarung.

Verweyen kritisiert nicht die inhaltliche Festlegung des Offenbarungsbegriffs auf die Gehalte der Vernunft. Im Gegenteil: ein Ansatzpunkt für die Etablierung eines angemessenen Offenbarungsbegriffs ergibt sich für Verweyen in der Beschränkung der Vernunft hinsichtlich ihrer Möglichkeit zur Sittlichkeit. Verweyen folgt der Argumentation Fichtes, der Offenbarung über eine geschichtliche Situation einführt, in der sich das Subjekt moralisch depraviert hat. Damit erfährt der Offenbarungsinhalt eine Festlegung als Anspruch des Sittengesetzes. In den späteren Texten Fichtes stellt Verweyen positiv heraus, dass sich dieses Denken verstärke. Die „Anweisung zum seligen Leben" bleibe noch unentschieden hinsichtlich der Notwendigkeit von Offenbarung. Der unübertreffbaren Bedeutung der Offenbarung in Jesus Christus stehe die Möglichkeit der Vernunft, aus sich selbst die entsprechenden Bestimmungen hervorzubringen, unvermittelt gegenüber. In der „Sittenlehre" sei diese Ambivalenz überwunden, wenn ein wechselseitiges Verhältnis von Offenbarung und Vernunft angenommen werde. Die Vernunft erfahre sich inhaltlich vollständig angewiesen auf die Offenbarung. Damit werde das Verhältnis von Vernunft und Offenbarung neu gedacht. Die bisherige Annahme, dass Vernunft und Offenbarung inhaltlich zu den gleichen Bestimmungen gelangen können, sei hier aufgegeben zugunsten einer wechselseitigen Verwiesenheit. Diese Modifikation ist für Verweyen wegweisend, weil damit das Verhältnis von Vernunft und Offenbarung zu seiner Klärung komme: Die inhaltliche Bestimmung der Vernunft sei ausschließlich durch Offenbarung gegeben. Verweyen wertete dies positiv. Mit einem Offenbarungsbegriff, der Vernunft und Offenbarung als vermittelbar annehme und gleichzeitig die Grundlage der Freiheit in ein Offenbarungsverhältnis verlege, zeigen sich für Verweyen bei Fichte Elemente, die für den Begriff von Offenbarung elementar und unhintergehbar seien. Zudem sei mit diesem Schritt die Nähe zum Denken Anselms geben, was Verweyen ebenfalls lobend vermerkt. Die sich damit ankündigende Problematik der Autonomie der Vernunft bzw. ihre Bestimmung durch äußere Ansprüche wird von Verweyen mit dem Hinweis auf den Inhalt der äußeren Bestimmung beruhigt. Er weist auf den überraschenden Befund bezüglich des natürlich Guten hin, das in den späten Texten kaum noch Beachtung finde. Auch hier sucht man vergeblich danach, dass Verweyen die Festlegung der Offenbarung auf moralische Inhalte problematisiert. Er zeigt sich im Gegenteil zufrieden über diese erreichte wechselseitige Verhältnisbestimmung von Offenbarung und Vernunft, die die inhaltlichen Bestimmungen einzig der Offenbarung zugestehe. In der „Staatslehre" von 1813 erfahre der Offenbarungsbegriff eine christologische Zuspitzung. In einem konkreten geschichtlichen Ereignis, d. h. in der Offenbarung in Jesus Christus, sei die einzigartige Möglichkeit für das Zu-sich-selbst-kommen der Vernunft gegeben. Das Ziel Fichtes, die strenge Notwendigkeit von Offenbarung für die Vernunft aufzuweisen, lasse sich damit zuwege bringen. Mit der Offenbarung in Jesus Christus sei ein vorher durch Denkmöglichkeiten nicht erreichbares *sittliches* Bild gegeben, in dem die Freiheit ihre einzig angemessene Bestimmung erfahre. Nicht nur die Geschichtlichkeit von Offenbarung könne gedacht werden, auch ihr Geltungskriterium finde sich mit dem Bild der Offenbarung in Jesus Christus. Die Relevanz der Offenbarung bestehe darin, dass sie eine Bestimmung beinhalte, die von der Vernunft als einzige Möglichkeit der Sinnhaftigkeit menschlichen Daseins erkannt werde.

Mit diesen Bewertungen Verweyens drängen sich zwei Fragen auf.

Erstens: Nimmt Verweyen mit diesem Denkmodell noch die praktische Vernunft als Ort der Gottesrede an? Die Rede von Gott als Postulat genügt Verweyen nicht.

> „Indem Gott aber nur als Postulat, also gleichsam am äußersten Rande dieses Horizonts auftaucht, nicht als eigentlicher Grund der sittlichen Evidenz selbst bedacht wird, scheint es fraglich, ob ein solcher funktional eingeführter Gott überhaupt noch etwas mit dem zu tun hat, was der jüdisch-christlichen Tradition zufolge alle endliche Vernunft trägt."[155]

---

[155] Verweyen, Sein, Bild, Interpersonalität, 116f.

Ist es mit diesem Denken möglich, am Grundgedanken des Jüdisch-Christlichen festzuhalten, „ohne daß die mühsam errungene Einsicht in die Autonomie der freien, sittlichen Vernunft doch wieder preisgegeben wird?"[156] Sprachlich zeigt sich hier bereits an, welcher Ausgangspunkt dieser Frage bei Verweyen zugrunde liegt. Verweyens Interesse ist es nicht, auf Grundlage der Autonomie des Menschen die Offenbarungsrede zu verantworten. Sein Ziel ist es, den Autonomiegedanken in den Kern der christlichen Tradition einzufügen. Ausgangspunkt ist die Gegebenheit von Offenbarung, nicht die in der Evidenz des Sollens sich selbst erfahrende Freiheit. Verweyen geht es darum, eine Gottesrede, die Gott als den Grund des Sollensanspruchs annimmt, mit den Vorgaben Kants, konkret mit der Autonomie der Vernunft, zu vereinbaren. Verweyens Argumentation verläuft mit Fichte über die Bestimmung des Sich-zum-Bild-machens. Offenbarung vermittele der Vernunft die Bestimmung, die ihr als einzig mögliche angemessen sei. Verweyen verfolgt nicht die Frage, wie Vernunft die Möglichkeit von Offenbarung denken kann, wenn das tatsächliche Ergehen der Offenbarung philosophisch als möglich, aber keineswegs als wirklich angenommen wird. Über die Rezeption der Inhalte Fichtes wird deutlich, wie innerhalb der Annahme geoffenbarter Wahrheiten die Vernunft und die menschliche Autonomie ihren Platz erhalten. Das Denken Verweyens geht damit von der Offenbarung als tatsächlich ergangen aus und nicht von der philosophischen Möglichkeit von Offenbarung. Mit diesem Ergebnis wird die Frage wieder verschärft, ob Verweyen nicht nur den Begriff, sondern die Existenz Gottes voraussetzt. Nach dem aufgezeigten Verhältnis von Offenbarung und Vernunft ergibt sich in Verweyens Denkmodell die Möglichkeit moralischen Handelns allein durch die inhaltliche Bestimmung der Offenbarung. Wird damit nicht die Frage nach der Offenbarung und damit die Existenz Gottes durch das faktische moralische Handeln des sittlichen Menschen entschieden?

Zweitens: Verengt die Aussage, dass durch Jesus Christus geoffenbart werde, wie sich die Vernunft angemessen zu verstehen habe, nicht der Offenbarungsbegriff? Verweyen stellt positiv heraus, dass die Möglichkeit innerhalb der späten Schriften ausfalle, dass

---

[156] Verweyen, Sein, Bild, Interpersonalität, 117.

die Vernunft durch sich selbst zu ihrer Bestimmung gelange. Offenbarung werde bestimmt durch ihren Inhalt, durch die die Vernunft zu ihrem Vollzug gelange. Der Offenbarungsinhalt beschränke sich auf das ethisch Gebotene.[157] Damit steht die Relation von Offenbarung und Vernunft unter dem Vorwurf, lediglich als Vermittlungsverhältnis gedacht zu werden.[158] Hinsichtlich des Offenbarungsbegriffs verfolgt Verweyen allein die Frage, wie die Problematik der kantischen Gottesrede ausgeräumt werden könne. Die Problematik verortet er im funktionalen Gottesbild und in der fehlenden Verbindung vom Sollen und dem Gottesbegriff, sowie in der Verengung des Offenbarungsbegriffs auf eine Erziehungsmaßnahme. Weiter moniert Verweyen im kantischen Denken die fehlende Möglichkeit, mit Sicherheit ein geschichtliches Ereignis als Offenbarung zu bestimmen. Ziel Verweyens ist es, mittels der Vernunft die Notwendigkeit von Offenbarung für die Vernunft aufzuzeigen. Überraschenderweise geht Verweyen jedoch nicht auf das Problem ein, dass sich bei Kant eine Ethisierung der Religion vollziehe. Allerdings muss angefragt werden, ob sich Offenbarung, im christlichen Sinne gedacht, in Moralität erschöpft.[159] Im Anschluss an Pröpper geht Bongardt davon aus,

---

[157] Daher ist an dieser Stelle Kim zu widersprechen, der davon ausgeht, dass der Begriff „Vermittlungsverhältnis" nicht zutreffe, da es gerade Verweyens Intention sei, das Denken Lessings und Kants zu überwinden und die Offenbarung in ihrer vermittelnden Funktion betrachten. (Vgl. Kim, Auf der Suche, 290.) Doch wie lauten die Einwände Verweyens gegenüber Kant? Verweyen moniert bei ihm die marginale Bedeutung Gottes als Postulat und nicht als Grund der sittlichen Evidenz selbst, und damit die Frage, ob mit diesem Denken die christliche Gottesrede erreichbar sei. Ungeklärt ist für Verweyen, wie die kantische Sollenserfahrung mit der christlichen Offenbarung gedacht werden könne (und nicht umgekehrt). Auch die Sicherheit einer geschichtlich ergangenen Offenbarung lasse sich nicht aussagen. Verweyen weist die Sollenserfahrung als Offenbarungserfahrung nach und kann damit Gott als Grund der sittlichen Evidenz ansetzen sowie die kantische Autonomie in das Offenbarungsdenken integrieren. Vgl. Verweyen, Sein, Bild, Interpersonalität, 116f. Damit ist aber noch keine angemessene Bestimmung des Offenbarungsgeschehens als wirkliches, interpersonales Ereignis erreicht.
[158] Vgl. Pröpper, Erstphilosophischer Begriff, 283.
[159] Vgl. Striet, Erkenntnis, 181f.

dass Offenbarung „mehr als die geschichtlich unüberbietbare Erscheinung wahren Menschseins [ist – E.S.]. Sie ist die Anerkennung, die Gott dem Menschen schenkt, indem er sich als dem Menschen unbedingt zugewandte Liebe zeigt."[160] Inhaltlich ist der Offenbarungsbegriff hier bestimmt als „die zuvorkommende und bedingungslos gütige Menschenzuwendung Gottes"[161]. Im Offenbarungsgeschehen zeigt sich, dass Gott sich ohne jede Vorleistung dem Menschen zuwendet, er ist als Liebender selbst anwesend.[162] Wie lässt sich mit dem Offenbarungsbegriff, den Verweyen von Fichte übernimmt, „jene radikale Absichtslosigkeit, die kein ‚warum' und kein ‚um zu' mehr kennt"[163], ausdrücken?[164]

Dieser Aspekt des Offenbarungsgeschehens, der Offenbarung als Ereignis zwischen Mensch und Gott bestimmt, in dem sich die unbedingte Liebe Gottes zum Menschen ereignet, wird von Verweyen bei Fichte weder ergänzt noch als fehlend festgestellt. Verweyen moniert einzig den Ausfall des Sühnegedankens bei Fichte.[165] Verweyen verschiebt die Inhalte der Vernunft in die Offenbarung. Doch genau diese Verschiebung wird zum Problem. Wird die Offenbarung allein durch die Inhalte des moralischen Handelns bestimmt, kann damit eine unbedingte Liebe Gottes und ein Offenbarungsverständnis als personales Beziehungsereignis zwischen Mensch und Gott nicht mehr ausgedrückt werden. Infolgedessen

---

[160] Michael Bongardt, Einführung in die Theologie der Offenbarung, Darmstadt 2005, 129.

[161] Thomas Pröpper, „Daß nichts uns scheiden kann von Gottes Liebe …". Ein Beitrag zum Verständnis von der „Endgültigkeit" der Erlösung, in: Ders., Evangelium und freie Vernunft, 40–56, 43.

[162] Pröpper, „Daß nichts, 45.

[163] Gotthard Fuchs, Das göttliche Umsonst. Zwischen Wirtschaftskrise und Heilsökonomie: ein Blick auf die verblüffenden Konvergenzen der auf den ersten Blick so unterschiedlichen Leitwährungen ‚Geld' und ‚Glaube', in: KatBl 134 (2009) 215–219, 218.

[164] Pröpper weist darauf hin, dass das Verhältnis von Mensch und Gott in der Kategorie Absolutes und Erscheinung nicht angemessen zu denken ist, sondern als Verhältnis von Freiheiten und die Bedeutung der Geschichte Jesu im endgültigen Erweis der Liebe Gottes liegt, die sich unbedingt für den Menschen entscheidet. Vgl. ders., Erstphilosophischer Begriff, 284.

[165] Vgl. Verweyen, Einleitung zu: J.G. Fichte, Anweisung zum seligen Leben, LIII.

wird geschichtliche Offenbarung als eine gedacht, die dem Menschen lediglich seine eigene Bestimmung aufzeigt. Zudem ergibt sich durch die Annahme, dass Gott Grund der Evidenz des moralischen Handelns ist, die Frage, wie sich moralisches Handeln angesichts der philosophischen Strittigkeit der Existenz Gottes legitimieren lässt.[166] Wird moralisches Handeln und Offenbarung in der Weise verbunden, wie es Verweyen im Anschluss an Fichte unternimmt, steht sowohl das christliche Offenbarungsverständnis wie auch der Anspruch, allein den Begriff und nicht die Existenz Gottes vorauszusetzen, auf dem Spiel.

---

[166] Vgl. Striet, Erkenntnis, 172.

III. Verantwortung vor der historischen Vernunft

Die Fundamentaltheologie Verweyens stellt sich eine doppelte Aufgabe: Sie untersucht die Frage nach der Möglichkeit der Vernehmbarkeit der geschichtlichen Offenbarung sowie die Frage, inwiefern davon ausgegangen werden kann, dass eine geschichtliche Offenbarung tatsächlich ergangen und gegenwärtig ist. Beide Themenkomplexe hängen mit der Frage zusammen, wie Verweyen von einer objektive Evidenz, also einer allgemeinen Einsichtigkeit der Göttlichkeit des Gekreuzigten sprechen kann. Nachdem bisher die Tektonik des Begriffs letztgültigen Sinns bei Verweyen Gegenstand der Arbeit war, d. h. die Verantwortung vor der philosophischen Vernunft, soll nun über die Frage nach dem tatsächlichen Ergangensein der Offenbarung nachgedacht werden.[1] Im Fokus stehen dabei wiederum erkenntnistheoretische Überlegungen. Welche Erkenntnis nimmt Verweyen grundsätzlich als möglich an? Von welchen Erkenntnisvoraussetzungen geht er aus? Inwiefern und warum ist nach Verweyen am geschichtlichen Geschehen die Göttlichkeit erkennbar? Woraus ergibt sich die objektive Evidenz über die Geschehnisse am Kreuz?

Verweyens Forderung lautet, dass ein interpersonales Offenbarungsverständnis die Möglichkeit der Letztgültigkeit des Erkennens implizieren müsse. Ohne die Möglichkeit einer eindeutigen Gewissheit hinsichtlich dessen, was sich am Kreuz ereignet habe, sei ein Offenbarungsereignis als Beziehung zwischen Mensch und Gott nicht denkbar. „Der christliche Glaube ist wesentlich das Ja dazu, dass Gott sich uns in Jesus Christus unüberholbar-letztgültig

---

[1] Vgl. Verweyen, Gottes letztes Wort, 26f. Der ekklesiologischen Frage, d. h. der Frage nach der bleibenden Gegenwart des geschichtlichen Ereignisses, wird in dieser Arbeit nicht nachgegangen. Denn im Zentrum stehen die Überlegungen zur Möglichkeit der Kreuzeserkenntnis, die Verweyen dem römischen Hauptmann zutraut, somit ist nach dem Fundamentaltheologen das Erkennen des Gottessohnes also schon angesichts des Kreuzes möglich. Daher können Texte, die sich mit der Frage nach der Gegenwärtigkeit des geschichtlichen Ereignisses beschäftigen, unberücksichtigt bleiben.

zu erkennen gegeben hat. Mindestvoraussetzung für ein solches, in Freiheit gesprochenes Ja ist die Annahme, dass die Erkenntnis von Letztgültigem überhaupt eine Möglichkeit der menschlichen Vernunft darstellt."[2] Daher will Verweyen aufzeigen, „ob und wie sich die Existenz Jesu tatsächlich als Zeichen einer von Gott her ergehenden Offenbarung" erweist, ohne dabei eine Verabschiedung der Verantwortung vor der historischen Vernunft vorzunehmen.[3]

Zu Beginn dieses Kapitels wird auf das von Verweyen angenommene „Dogma vom Ostergraben"[4] eingegangen und von dort aus die Auseinandersetzung Verweyens mit der historisch-kritischen Methode dargestellt. Es folgt die Darstellung der von Verweyen angenommenen Möglichkeiten der Vermittlung von Unbedingtem im Medium von Geschichtlichkeit. Die Motive, die hinter der Annahme der prinzipiellen Möglichkeit der Gotteserkenntnis im Sterben stehen, werden durch die Osterthesen offengelegt. Wie Verweyen auf der Grundlage dieser Voraussetzungen Mk 15 auslegt, wird im Anschluss dargestellt. In der Diskussion mit Kessler und Pröpper sollen die Implikationen des Denkens Verweyens und ihre Problematik bzw. Stärken aufgezeigt werden.

---

[2] Verweyen, ‚Fides et ratio‘, 491.

[3] Vgl. Verweyen, Sinn und Wirklichkeit, 226. Kim geht davon aus, dass das gesamte Denken Verweyens von der Transzendenz des Menschen für die Offenbarung einerseits und Transparenz des Erscheinenden für das Absolute andererseits bestimmt sei. Gegen Blondel halte Verweyen an der Notwendigkeit sinnlicher Gewissheit fest, die sich kritisch durch die Vernunft absichern lasse, ohne dem Subjektivismus zu verfallen. Mit Hans Urs von Balthasar finde Verweyen ein Denkmodell, mit dem er in den „Ontologischen Voraussetzungen" die Möglichkeit aufzeige, dass geschichtlich Erscheinendes auf das Göttliche transparent werden könne und damit die Priorität des Objektiven gegenüber einem Subjektivismus gewahrt bleibe. Vgl. Kim, Auf der Suche, 44. 52. „Entgegen allem Doketismus und Gnostizismus ist festzuhalten, dass es die leibhaftige Person dieses Jesus von Nazareth ist, die Gott wirklich vermittelt, und nicht der (wie auch immer gedachte) Geist des Glaubenden, der Gott in Jesus hineinprojiziert." Verweyen, Ontologische Voraussetzungen des Glaubensaktes. Zur transzendentalen Frage nach der Möglichkeit von Offenbarung (= Themen und Thesen der Theologie), Düsseldorf 1969, 39.

[4] Verweyen, Gottes letztes Wort, 339.

1. Das Problem des ‚garstig breiten Grabens'

Anlass der Überlegungen Verweyens ist die von Lessing aufgezeigte Kluft zwischen Glaubensaussagen und Wahrheiten der Vernunft. Für Lessing trenne ein „garstig breiter Graben" „zufällige Geschichtswahrheiten" und „notwendige Vernunftwahrheiten"[5]. Diese zufälligen Geschichtswahrheiten können nach Lessing nicht der Grund für eine religiöse Entscheidung darstellen.[6] Verweyen knüpft an diese Problematik an: Mit der historisch-kritischen Rückfrage, die sich seit der Aufklärung entwickelt habe, stehe die Christologie vor folgendem Problem: Christen und Angehörige anderer Religionen kämen in der Annahme überein, dass es die historische Gestalt des Jesus von Nazareth gegeben habe. Der geschichtliche Jesus sei die unumstrittene Basis der Verständigung. Als spezifisch christlich gelte der Glaube an den sich im Ostergeschehen offenbarenden Herrn. Dieses Denken stehe jedoch dem christlichen Gedanken der Kontinuität zwischen vorösterlichem Jesus und österlichen Christus entgegen. Seit dem Beginn der historisch-kritischen Rückfrage bestimme eine erkenntnistheoretische „Kluft zwischen Karfreitag und Ostern" die christliche Theologie. Mit anderen Worten: der Graben Lessings sei nicht überbrückt. Erfolge mit diesem Denken eine rationale Begründung des christlichen Glaubens, sei dies nur möglich über eine übermäßige Belastung des Ostergeschehens, während das irdische Wirken für die Göttlichkeit des Sohnes kaum mehr hinterfragt werde. Die Aufklärung und die damit verbundene historisch-kritische Rückfrage führe zu einem ‚Dogma vom Ostergraben'. Die historische Person Jesus von Nazareth sei ohne Glaubensvoraussetzungen zugänglich, der Glaube an die sich in ihm ereignende Selbstoffenbarung Gottes ergebe sich allein durch das Ostergeschehen und nicht durch sein geschichtliches Wirken.[7]

Mit dieser Entwicklung sei die Gefahr eines Monophysitismus und des Doketismus gegeben. Die Gottessohnschaft werde erst aufgrund der *Auferstehung* wahrgenommen, d. h. die Göttlichkeit

---

[5] G. E. Lessing, Werke und Briefe, Bd. 8, 441 und 443.
[6] Vgl. Verweyen, Gottes letztes Wort, 263–265. Vgl. Ders., Theologie im Zeichen der schwachen Vernunft, Regensburg 2000, 32–38.
[7] Vgl. Verweyen, Gottes letztes Wort, 339.

ergebe sich erst *sekundär*: „der irdische Jesus erscheint als bloßer Mensch, mit dem sich Gott erst nachträglich zu dessen abgeschlossenem Lebenswerk, eben ‚österlich‘, identifiziert"[8]. Bereits hier ist darauf hinzuweisen, dass Verweyen die Erkennbarkeit der Gottessohnschaft als Voraussetzung von Inkarnation annimmt. Lässt sich die Gottessohnschaft nicht erkennen, besteht für Verweyen die Gefahr, dass sich Gott nachträglich mit dem Menschen identifiziere und damit der Inkarnationsgedanke untergraben werde. Ob diese Alternative jedoch richtig gestellt ist, wird an späterer Stelle diskutiert werden.

Aus diesem „Dogma des Ostergrabens" heraus ergeben sich nach Verweyen unterschiedliche Möglichkeiten, die *Notwendigkeit* der Ostererscheinungen aufzuweisen: Für Bultmann seien die Ostererscheinungen irrelevant, Wolfhart Pannenberg dagegen spreche ihnen grundlegende Bedeutung zu, da erst die Erscheinungen den Anspruch Jesu legitimieren.[9] Die Verantwortung vor der historischen Vernunft erfolge bei Pannenberg dadurch, dass die Botschaft des Auferweckten mit großer Wahrscheinlichkeit als historisches Faktum gelten könne. Ein drittes Modell erkläre die Notwendigkeit der Ostererscheinungen durch den Kreuzestod selbst. Denn durch die Vorgabe des Deuteronomiums sei der Kreuzestod der Tod des von Gott Verfluchten und könne daher nur im Widerspruch zu seiner Botschaft und seinem Vollmachtsanspruch verstanden werden. Die Notwendigkeit einer neuen Offenbarungsinitiative folge hier durch den Widerspruch, den der Kreuzestod hervorrufe.[10] Mit diesen drei Modellen macht Verweyen deutlich, welche Antwortversuche er innerhalb seiner Fundamentaltheologie vermeiden möchte: Weder will er wie Bultmann die Bedeutung der Inkarnation auf das Kreuz reduzieren, noch wie Pannenberg den Anspruch Jesu als legitimierungsbedürftig durch die Ostererscheinungen annehmen. Auch eine neue Of-

---

[8] Verweyen, Gottes letztes Wort, 340.

[9] Verweyen bezieht sich hier auf Rudolf Bultmann, Neues Testament und Mythologie. Das Problem der Entmythologisierung der neutestamtlichen Verkündigung (1941), in: Hans W. Bartsch, Kerygma und Mythos, Bd. 1, Hamburg 1948, 15–53, sowie auf Wolfhart Pannenberg, Grundzüge der Christologie, Gütersloh [6]1982, 47–112.

[10] Vgl. Verweyen, Gottes letztes Wort, 340f.

fenbarungsinitiative, die sich durch die geschichtlich bedingte Wahrnehmung ergebe, da das Kreuz als Scheitern der Botschaft verstanden werde, schließt Verweyen als Argument für die Notwendigkeit von Erscheinungen aus. Alle drei Modelle haben nach Verweyen ihren Ursprung im erkenntnistheoretischen Dogma des Ostergrabens, den die historisch-kritische Exegese aufgerissen habe. Verweyen strebt an, die Bedeutung des sinnlich Wahrnehmbaren hinsichtlich der Möglichkeit einer objektiven Evidenz herauszuarbeiten.

2. Vermittlung von Unbedingtem in der Kontingenz

Die historisch-kritische Wissenschaft eröffne nach Verweyen eine Kluft zwischen zwei unterschiedlichen Evidenzebenen. Während die Exegese aufgrund ihrer eigenen Vorgaben zu wahrscheinlichen Aussagen gelange, fordert Verweyen eine unbedingte Sicherheit, d. h. eine unbedingt gültige, objektive Evidenz.[11] Der Suche danach stehen jedoch zwei Hindernisse im Weg. Ein erstes Problemfeld sei mit dem platonisch-augustinischen Denken gegeben. Die Grundlage der Inkarnation, die Gegenwart des Unbedingten im Sinnlich-Geschichtlichen, werde hier nicht angemessen bedacht. Bestimmend sei die Annahme, dass geschichtlich Wahrnehmbares Unbedingtes *niemals* vermitteln könne. Dieses Denken untergrabe den Inkarnationsgedanken. Eine andere Problematik liege nach Verweyen in einer „*analysis-fidei*"-Theorie, die nach Verweyen durch den Einfluss des thomistischen Extrinsezismus gekennzeichnet sei.[12] Diese Theorie gehe davon aus, dass der Glaube im Zusammenspiel von drei Faktoren zustande komme: durch die rational begründete Glaubenserkenntnis, durch das gnadenhafte Wirken des Heiligen Geistes und durch die freie Zustimmung des Menschen. Um die Bedeutung von Gnade und Freiheit nicht zu schmälern, müsse die Relevanz der rationalen Begründung als Akt der theoretischen Vernunft in dieser Theorie dahingehend beschnitten werden, dass sich aus der rationalen Verantwortung nicht

---

[11] Vgl. Verweyen, Christologische Brennpunkte, 27.
[12] Auf die Thomasinterpretation Verweyens wurde bereits oben hingewiesen. Vgl. Anm. 18 im ersten Teil der Arbeit.

direkt die Glaubensentscheidung ergebe. Denn dies ließe entweder die Bedeutung der Gnade unberücksichtigt oder unterlaufe die menschliche Freiheit. Daher dürfe in dieser Theorie die Relevanz der rationalen Glaubensbegründung keinen umfassenden Stellenwert einnehmen. Verweyen kritisiert diese Relationen. Zwar könne die rationale Begründung nicht direkt in den Glauben führen, denn das ließe die Bedeutung der Gnade unberücksichtigt. Die Beschränkung der rationalen Verantwortung dürfe aber nach Verweyen nicht so weit reichen, dass die Vernunft aufgrund der sinnlich-geschichtlichen Wahrnehmung von Offenbarung nie zu einer unbedingten Gewissheit kommen könne. Denn diese Annahme der unerreichbaren Gewissheit münde direkt in den Graben Lessings und führe damit zu einem latenten Fideismus.[13]

„Sofern nun die rationale Begründung der Glaubwürdigkeit des Offenbarungsfaktums als eine Leistung der theoretisch-objektivierenden Vernunft angesehen wird, darf ihr Ergebnis nicht unmittelbar in den Glauben führen. Der Glaube könnte dann nicht als freies Gnadengeschenk Gottes und Akt menschlicher Freiheit aufrechterhalten werden. Zieht man daraus den Schluß, die der Vernunft über die sinnlich-geschichtliche Wahrnehmung des Offenbarungsereignis vermittelte Gewißheit könne niemals eine unbedingte sein, sondern müsse dazu erst durch die Wirkung des inneren Gnadenlichts bzw. den freien Akt der Zustimmung erhoben werden, so ergibt sich allerdings hinsichtlich des von Lessing aufgeworfenen Problems ein versteckter Fideismus."[14]

Diese verstecke Form des Fideismus schätzt Verweyen weit bedenklicher ein als das offen ausgesprochene, nicht begründbare Fürwahrhalten im Denken Kierkegaards und der Dialektischen Theologie.[15] Eine Lösung des Problems mit dem Denken John

---

[13] Vgl. Verweyen, Gottes letztes Wort, 292–294.
[14] Verweyen, Gottes letztes Wort, 294.
[15] Für Kierkegaard sei die Wahrheit über Jesus Christus grundsätzlich nicht über die geschichtlich begegnende Gestalt vermittelbar. Ohne den Sprung über den Graben zwischen Geschichte und unbedingter Wahrheit werde bei Kierkegaard Glaube nicht möglich. Dieses Verständnis bestim-

Henry Newmans biete sich nicht an. Newman sei nach Verweyen zwar fundamentaltheologisch dahingehend bedeutsam, dass er gemeinsam mit Blondel einen entscheidenden Beitrag zur Überwindung des Extrinsezismus leiste. Für die Frage nach der Möglichkeit der Wahrnehmung von Unbedingtem in der Kontingenz ergäben sich bei Newman aber *keine* neuen Impulse, da auch Newman nur „eine so gut wie unbedingte Evidenz" annehme. Der Graben zwischen Unbedingtheit und Wahrscheinlichkeit bleibe daher offen.[16]

Trotz der scheinbar unüberbrückbaren Kluft will sich Verweyen mit einem „Blindflug"[17], wie er die zuvor kritisierte Glaubensentscheidung bezeichnet, die sich nur auf eine hohe Wahrscheinlichkeit berufen könne, nicht zufrieden geben. Auch wenn Karl Rahner bei der Reflexion auf das Wesen der Freiheit zu der Einsicht komme, dass eine permanente Inkongruenz zwischen der relativen Wahrnehmung einer geschichtlichen Situation und dem absoluten Engagement bestehe, verweist Verweyen auf die lediglich vordergründige Plausibilität dieser Argumentation. Ihre Schwäche zeige sich darin, die grundsätzliche Verschiedenheit zwischen allgemein unbedingten Entscheidungen und der unbedingten Anerkennung eines geschichtlichen Geschehens als Vermittlung letztgültigen Sinns zu übersehen. Bei moralischen Entscheidungen liege die Entscheidung zum unbedingt Guten der geschichtlichen Situation voraus. Für die unbedingte Bejahung eines Geschichtsereignisses als Vermittlung letztgültigen Sinns werde jedoch „das Faktum selbst [...] die entscheidende Basis der unbedingten Zustimmung."[18] Die Relevanz von Geschichte sei nach Verweyen innerhalb der Glaubensentscheidung eine andere als in Bezug auf das moralische Handeln. Genau in dieser Unterschiedenheit liege das

---

me nach Verweyen auch die Dialektische Theologie Bultmanns, die davon ausgehe, dass eine wahrscheinliche Gewissheit der Historie nicht der Grund für eine Existenzentscheidung sein könne. Vgl. Verweyen, Gottes letztes Wort, 265f. und 286f.

[16] Vgl. Verweyen, Gottes letztes Wort, 294f. Ders., Auferstehung, 125. Ders., Aufgaben der Fundamentaltheologie, 212. Ders., Fundamentaltheologie: zum „status quaestionis", 331f.

[17] Verweyen, Gottes letztes Wort, 296.

[18] Verweyen, Gottes letztes Wort, 297.

Problem Lessings und Kants begründet. Der Sinn moralischen Handelns werde zweifelsohne zugestanden, problematisch sei aber, inwiefern die autonome Freiheit durch ein *geschichtliches* Ereignis beansprucht werden könne.[19]

Festzuhalten bleibt: Mit dem Inkarnationsgedanken ist für Verweyen die Annahme unverzichtbar, dass in der Geschichte Unbedingtes vermittelbar werde und dieses auch erkennbar sein müsse. Die Berücksichtigung von Gnade und menschlicher Freiheit beim Zustandekommen der Glaubensentscheidung führe nach Verweyen zu dem Problem, dass die Unbedingtheit geschichtlicher Wahrnehmung nicht mehr behauptet werden könne, d. h. aus dem Gedanken folge eine Schwächung der Gewissheit, die durch das geschichtliche Ereignis zustande komme. Zudem wird deutlich, dass für Verweyen die Glaubensentscheidung nicht wie ein moralischer Entschluss aus dem freien Willen des Menschen hervorgehe, sondern eine grundsätzlich andere Bewertung erfahre. Entscheidungsgrundlage sei das geschichtliche Faktum selbst, nicht der Entschluss des Subjekts. Nach Verweyen müsse sich aus dem historischen Geschehen eine unbedingte Evidenz ergeben. Nur dann sei die Kluft zwischen der historischen Wahrheit und dem unbedingten Grund des Glaubens überwunden. Das sich im historisch evidenten Faktum gründende Subjekt entkomme damit dem Vorwurf eines offenen oder latenten Fideismus. Verweyen begibt sich im Folgenden auf die Suche nach einer Möglichkeit, die unbedingte Evidenz des geschichtlichen Offenbarungsgeschehens aufzuzeigen.

3. Die Lösung durch den *Traditio*begriff

Die historisch-kritische Methode reiße nach Verweyen einen Graben zwischen dem historischen Jesus und dem Christus des Glaubens. In der Logik der einseitigen historisch-kritischen Rückfrage gehe die Kontinuität zwischen vorösterlichem und österlichem Geschehen verloren. Erst von Ostern her ergebe sich das spezifisch Christliche. Daraus folge die Notwendigkeit der Annahme von Ostererscheinungen, die damit der entscheidende Grund für

---

[19] Vgl. Verweyen, Gottes letztes Wort, 296f.

den christlichen Glauben seien.[20] Die verschiedenen Evidenzen, die wahrscheinlichen Aussagen der historisch-kritischen Methode und die unbedingte Gewissheit, die die Glaubensentscheidung fordert, ständen sich damit unvermittelt gegenüber. Damit bestehe die Gefahr, dass das Gnadenwirken der Ostererscheinungen das leisten müsse, was dem geschichtlichen Ereignis durch die historisch-kritische Methode abgesprochen werde: die Gewissheit hinsichtlich der Einmaligkeit und Endgültigkeit des geschichtlichen Geschehens. Platonisches Denken und eine Glaubenstheorie, die die Gewissheit aufgrund der sinnlichen Wahrnehmung zugunsten der Freiheit und der Gnade abschwäche, passen sich in dieses Denken ein, dass die Letztgültigkeit geschichtlicher Evidenz unmöglich mache. Demgegenüber seien für die Affirmation einer letztgültigen Offenbarung, die sich geschichtlich ereignet habe, drei Elemente zu denken: Zum einen bedürfe es einer Evidenz, die ein geschichtliches Ereignis als Selbstmitteilung Gottes ausweise. Zum zweiten könne diese Evidenz *nicht* aus der rationalen Begründungsleistung der Vernunft erbracht werden, sondern müsse von Gott geschenkt sein. Diese Evidenz sei drittens nur im Wagnis der ganzen Existenz erfassbar.[21]

Auf der Suche nach der Gestalt der letztgültigen Offenbarung und ihrer Vermittlungsmöglichkeit wendet sich Verweyen dem Denken Bernhard Weltes und Hans Urs von Balthasars zu. Mit Welte macht Verweyen deutlich, inwiefern die Möglichkeit unbedingter Offenbarung im geschichtlichen Geschehen im Begriff

---

[20] Vgl. Verweyen, Gottes letztes Wort, 340.

[21] Vgl. Verweyen, Gottes letztes Wort, 298. Fößel bemerkt zu den beiden letzten Momenten der ‚*analysis-fidei*'-Theorie, dass sich mit diesen eine gewisse Spannung zu den Ergebnissen des Sinnbegriffs ergäben. Denn werde das eine, absolute Prinzip angenommen, müsse es die geschenkte Evidenz notwendigerweise gewähren, wenn es seine unbedingte Einheit nicht in Gefahr bringen wolle. Fößel geht davon aus, dass das Eine gezwungen sei, der verfehlten Freiheit die erneute Glaubensmöglichkeit einzuräumen. Auch den Wagnischarakter hält er für depotenzicrt, da die Vernunft eine unbedingte Sollenserfahrung als berechtigt erkennen *könne*. Die objektive Evidenz sei philosophischen Ursprungs. Infolgedessen sei der Wagnisbegriff von gnoseologischer und nicht von existentieller Bedeutung. Die Vernunft könne bei Verweyen zwischen Sinnvollem und Sinnlosem wählen. Vgl. Fößel, Gott, 304, Anm. 39.

der Tradition zu denken sei. Mit der Theologie Balthasars wird Verweyen den Versuch unternehmen, die Objektivität von Offenbarung aufzuzeigen.[22]

3.1 Das Zeugnis als Möglichkeit der unbedingten Aussage in der Geschichte

Verweyen findet in den Texten von Bernhard Welte Impulse hinsichtlich der Forderung einer Evidenz für den Glaubensakt. Verweyen übernimmt von Welte den Gedanken, dass eine hohe Wahrscheinlichkeit für die Glaubensentscheidung *nicht* ausreichend sei. Eine Lösungsmöglichkeit für die Vermittlung von Unbedingtem in Kontingenz sei mit Weltes Verständnis von der Wahrnehmung einer anderen Person gegeben. Dieser gehe davon aus, dass sich das Wesen einer anderen Person nicht durch die Synthese von Einzelinformationen über dieselbe erkennen lasse. Vielmehr erfasse und beurteile der Mensch in der direkten Begegnung ein Gegenüber in seiner Gesamtheit. Nach Welte nehme das Subjekt im interpersonalen Geschehen den Grund des anderen Subjekts selbst wahr. Zwar zeige sich dieser Grund in einzelnen Taten und Handlungen, er sei jedoch nicht mittels einer Synthese erschließbar. Diese Art des Erkennens, die sich nicht durch die Komposition einzelner Informationen ergebe, werde auch für die geschichtliche Vermittlung im Modus des Zeugnisses relevant. Die Zeugnistexte seien nicht als Quelle für Einzelinformationen bedeutsam, sondern in ihrer bezeugenden Ganzheit. Die Texte bekämen ihren Bedeutungsgehalt, indem sie selbst einzig als Vermittlung für den entsprechenden Inhalt angesehen würden. Wichtig seien nicht die textimmanenten Einzelheiten, sondern ihre Vermittlungsfunktion für das Unbedingte. Verweyen betrachtet diese Ausführungen Weltes als ein skizzenhaftes, vorläufiges Ergebnis für die Frage nach der Geschichtlichkeit und der Verantwortung des christlichen Glaubens. Welte gehe es um den Aufweis, dass dem Wesen des geschichtlichen Seins notwendig eine Offenheit für die Vermittlung unbedingter Wahrheit zugeschrieben werden müsse. Verweyens Interesse richtet sich auf „die Bedingungen der Erkenntnis unbe-

---

[22] Vgl. Verweyen, Gottes letztes Wort, 300–303.

dingter Offenbarung in der Relativität geschichtlichen Geschehens"[23]. Welte nehme an, dass die historisch-kritische Methode durch ihr analytisches und synthetisches Vorgehen in ihrer Reichweite beschränkt sei. Bei der Frage, die die historisch-kritische Methode verfolge, stehe vor allem die Faktizität von Ereignissen im Mittelpunkt, allerdings erreiche diese Art der Wahrheit nicht den Selbstvollzug des Subjekts. Denn aus theoretisch-historischen Informationen ergebe sich kein Anspruch an die Moralität des Menschen, da ein solcher durch die historische Methode selbst ausgeschlossen sei. Daher zeige sich, dass die geschichtliche Wissenschaft die unbedingt beanspruchende Wahrheit Jesu nicht ausdrücken könne. Das Denken Weltes eröffne nach Verweyen dagegen eine Möglichkeit, den unbedingten Anspruch nicht aus der Synthese von Einzelheiten zu folgern, sondern eine andere Art der Vermittlung anzunehmen. Die einzige Möglichkeit, ein unbedingt in Anspruch nehmendes Ereignis angemessen zu vermitteln, biete nach Verweyen der interpersonale Modus der Tradition. Im Vorgang der Tradition ereigne sich das vergangene Wahrheitsgeschehen neu in der Gegenwart und entfalte so seinen Wahrheitsanspruch. Im aktuellen Geschehen erweise sich die Wahrheit der Vergangenheit als Wahrheit der Gegenwart.

„Das Zeugnis ist das primäre Phänomen, in dem sich die Wirklichkeit eines ‚vergangenen‘, anspruchsvollen Ereignisses selbst als gegenwärtig zeigt – so gegenwärtig, daß man hier besser von einem *Er*gangenen als einem *Ver*gangenen spricht."[24]

Mit der Kategorie des Zeugnisses eröffne sich eine Möglichkeit, die Kluft zwischen vergangenem Geschehen und gegenwärtigem Anspruch zu überwinden. Im Zeugnis finde interpersonal die Vermittlung eines geschichtlich ergangenen Wahrheitsgeschehens statt. Indem es sich ereigne, nehme es das Subjekt in die Pflicht.[25] Mit Welte stellt Verweyen die Bedeutung der Interpersonalität

---

[23] Verweyen, Gottes letztes Wort, 300.
[24] Verweyen, Theologische Hermeneutik heute, in: Klaus Müller (Hg.), Fundamentaltheologie. Fluchtlinien und gegenwärtige Herausforderungen, Regensburg 1998, 177–191, 187.
[25] Vgl. Verweyen, Gottes letztes Wort, 298–300.

für die Möglichkeit der Unbedingtheit in der Geschichte heraus. Allerdings genügt Verweyen diese interpersonale Dimension für die Vermittlung von Unbedingtheitsansprüchen noch nicht. Mit Balthasar wird er die Objektivität der Offenbarung in ihrer Relevanz hervorheben.

3.2 Die Bedeutung der geschichtlichen Gestalt in der Theologie Hans Urs von Balthasars

Verweyen hebt hervor, dass sich Balthasars Denken von der traditionellen Erkenntnistheorie unterscheide. Balthasars Theorie der theologischen Ästhetik ermögliche nach Verweyen, das Zustandekommen des Glaubens auf eine neue Art und Weise zu denken. Der Grund liege darin, dass Balthasar einen neuen Weg hinsichtlich der Bewertung des geschichtlich Begegnenden, genauer hinsichtlich der Bedeutung der Gestalt des Gekreuzigten, für den Glaubensakt einschlage. Verweyen führt ein längeres Zitat von Balthasar an, in dem die grundlegende Bedeutung der geschichtlichen Gestalt des Gekreuzigten entfaltet wird.

„Die Plausibilität des Christentums steht und fällt mit derjenigen Christi, was grundsätzlich immer anerkannt worden ist; denn auch die Lehre von den notae Ecclesiae ist ja nie ernsthaft als von der Christologie abgelöst gemeint worden: es sind die Eigenschaften, die sich aus der Verheissung Christi fordern und in der Geschichte als Erfüllung Christi und Erweis seiner lebendigen Macht aufzeigen lassen.
Um ein solches Gebäude zu tragen, muss das Fundament von unüberwindlicher Stärke sein. Es kann auf keinen Fall so beschaffen sein, dass auf ihm nur Wahrscheinlichkeiten gebaut werden können, es muss Evidenz bieten. Und zwar nicht subjektive Evidenz, sondern objektive. An diesem Kreuzweg werden viele geneigt sein, sich von uns zu trennen, deshalb gilt es, genau zu bestimmen, was wir unter objektiver Evidenz verstehen. Es ist solche Evidenz, die vom Phänomen selbst her auf- und einleuchtet, und nicht solche, die auf Grund von Bedürfnisbefriedigung des Subjekts festgestellt wird. Die geschichtlich begegnende Gestalt ist an sich selbst überzeugend, weil das

Licht, wodurch sie einleuchtet, von ihr selbst ausstrahlt und sich evidentermassen als ein solches, von der Sache her leuchtendes erweist."[26]

Verweyen weist darauf hin, dass Balthasar keinesfalls die transzendentalen Erkenntnismöglichkeiten für die Wahrnehmung der Offenbarungsgestalt leugne. Jedoch betone er klar und eindeutig die uneingeschränkte Vorrangigkeit des Objektiven vor allen Konstruktionsmöglichkeiten des Subjekts und die Unverzichtbarkeit des Gnadenlichts, welches von der Offenbarungsgestalt selbst ausgehe.[27] Die subjektiven Faktoren dürfen aber *nicht* als die Offenbarung bedingend und mitbestimmend gedacht werden.

„Aber hier liegt auch die scharfe Grenze: die subjektive Bedingung der Möglichkeit des Ansichtigwerdens (die sehr umfassend sein kann) darf nie und nimmer in die Konstitution der objektiven Evidenz des Gegenstandes miteingreifen oder diese einfach ersetzen; jede noch so existentielle Form von Kantianismus in der Theologie muss das Phänomen verfälschen und verfehlen."[28]

Bereits hier lässt die direkte Gegenposition zu Kant aufhorchen. Wie kann Verweyen die Objektivität der Offenbarung, wie sie Balthasar annimmt, im neuzeitlichen Denken aufrechterhalten? Bei Balthasar wird eine Objektivität der Offenbarung angenommen, die jenseits der Konstitutionsleistung des Subjekts zustande

---

[26] Hans Urs von Balthasar, Herrlichkeit I, Schau der Gestalt, Einsiedeln ³1988, 445f. Verweyen zitiert den gesamten Abschnitt in Gottes letztes Wort, 301.

[27] Verweyen, Gottes letztes Wort, 301f. Auf die genaueren Voraussetzungen der Gotteserkenntnis bei Balthasar wird im nächsten Teil der Arbeit eingegangen. Verweyen sieht in der Annahme der Objektivität der Offenbarung eine große Nähe zur Theologie Pannenbergs, der von der Erkennbarkeit der Offenbarung ohne eine von außen hinzukommende Inspiration ausgehe. Bei Pannenberg finde sich die Begründung, dass der Auferstandene selbst den Geist ausstrahle, in welchem er erkennbar werde. Vgl. Verweyen, Gottes letztes Wort, 301, Anm. 38 im Verweis auf Wolfhart Pannenberg, Systematische Theologie, Bd. I, 273.

[28] Balthasar, Herrlichkeit I, 447. Dieses Zitat findet sich bei Verweyen, Gottes letztes Wort, 301.

kommt. Objektivität ergebe sich vom Phänomen her, das durch das ihm eigene Licht objektiv evident werde.

Verweyen zeigt den Einfluss des Gestaltdenkens auf die Theologie Balthasars an dessen Auseinandersetzung mit Pierre Rousselot. Balthasar werfe Rousselot eine zu große Nähe zum kantischen Denken vor und moniere, dass hier die tragende Bedeutung des Offenbarungsgeschehens selbst verkannt werde. Zu stark sei bei Rousselot das subjektive Moment der Gnade betont. Nach Verweyen kritisiert Balthasar,

> „dass Rousselot, das Rechte sehend, in seiner Ausdrucksweise und Denkgewohnheit immer noch zu nah dem Kantianismus, den er überholen will, bleibt. Auch er spricht von ‚Zeichen‘, statt von Gestalt. Auch für ihn bleibt die synthetische Kraft einseitig eine solche der subjektiven von der Gnade getragenen Dynamik; er lässt die Synthese zuwenig von der objektiven Evidenz der Offenbarungsgestalt her erwirkt sein. Es ist allerdings richtig, dass diese objektive Evidenz nur einem auf sie zu bereiteten und proportionierten Geist einleuchten kann, und dass man die subjektiven Bedingungen der Möglichkeit dieses Einleuchtens mit kantischen Kategorien beschreiben kann. Aber die aktiv-konstruktive systematische Kraft darf nicht zuungunsten der sich selbst in ihrem historischen Zeugnis ausdrückenden und durchsetzenden Kraft Gottes überschätzt werden. Im Evangelium ist die Glaubenskraft der Jünger ganz getragen und erwirkt von der offenbarenden Person Jesu.“[29]

Inhaltlich stellt Verweyen das bereits Ausgeführte mit dieser Textstelle noch einmal heraus. Die Bedeutung der objektiven Evidenz der Gestalt werde bei Balthasar dem subjektiven Gnadenmoment vorgeordnet. Rousselot bleibe nach Balthasar Kant verpflichtet und betone infolgedessen den subjektiven Anteil des Glaubensaktes zu stark. Die Gestalt der geschichtlichen Offenbarung erwirke nach Balthasar den Glauben, nicht die gnadenhaft getragene Subjektivität. Die geschichtliche Gestalt verbürge die Objektivität von Offenbarung.

---

[29] Balthasar, Herrlichkeit I, 170. Dieses Zitat findet sich bei Verweyen, Gottes letztes Wort, 302.

Doch Verweyen schließt sich nicht nur hinsichtlich der geschichtlichen Gestalt, die die Objektivität der Offenbarung verbürgt, dem Denken Balthasars an. Verweyen stellt im weiteren Verlauf seines Entwurfes ebenfalls die von Balthasar gedachte Möglichkeit der Einwirkung des inneren Gnadenlichts dar, die Balthasar beschreibe.

„Wenn die Mutter viele Tage und Wochen das Kind angelächelt hat, erhält sie einmal das Lächeln des Kindes zur Antwort. Sie hat im Herzen des Kindes die Liebe geweckt, und indem das Kind zur Liebe erwacht, erwacht es zur Erkenntnis; die leeren Sinneseindrücke sammeln sich sinnvoll um den Kern des Du. Erkenntnis (mit ihrem ganzen Apparat von Anschauung und Begriff) beginnt zu spielen, weil das Spiel der Liebe, von der Mutter her, von der Transzendenz her, vorgängig begonnen hat. So legt sich Gott als Liebe vor dem Menschen aus: von Gott her leuchtet die Liebe auf und stiftet dem Menschenherzen das Liebeslicht ein, das gerade diese – absolute Liebe zu sehen vermag [...] wie kein Kind ohne Geliebtwerden zur Liebe erwachte, so kein Menschenherz zum Verstehen Gottes ohne die freie Zuwendung seiner Gnade – im Bild seines Sohnes."[30]

Verweyen bezeichnet diesen Vergleich Balthasars als „ein schönes Beispiel" dafür, wie das Wirken eines „inneren Gnadenlichtes durch die von außen einstrahlende Offenbarungsgestalt"[31] gedacht werden könne. Interessant ist, dass Verweyen an anderen Stellen ohne direkten Bezug auf Balthasar davon ausgeht, dass sich im Mutter-Kind-Geschehen eine Hinordnung des Menschen auf die Offenbarung ereigne, wenn hier im Staunen eine ursprüngliche Einheit erfahren werde.[32] Diese Annahme teilt Verweyen offenbar mit Balthasar.

Zum Abschluss des Kapitels in „Gottes letztes Wort" kommt Verweyen auf den gegen das Denken Balthasars gerichteten Einwand zu sprechen, dass die geschichtlichen Verstehensbedingungen

---

[30] Balthasar, Glaubhaft ist nur Liebe (= Christ heute 5,1), Einsiedeln [3]1966, 49f. Dieselbe Textpassage findet sich auch bei Hans Urs von Balthasar, Herrlichkeit III/1. Im Raum der Metaphysik, Einsiedeln 1965, 945f.

[31] Verweyen, Gottes letztes Wort, 302.

[32] Verweyen, Gottes letztes Wort, 120, Anm. 39. Vgl. auch ebd. 189f.

des Subjekts unzureichend berücksichtigt seien.[33] Werde die Erkenntnis der Offenbarungsgestalt in der Theologie Balthasars nicht völlig unabhängig von den geschichtlichen Bedingungen gedacht, innerhalb derer sich das Subjekt vollziehe und die seine Wahrnehmung mitbestimmen? Dieser Anfrage stellt sich Verweyen und differenziert sie in zweifacher Hinsicht. Zum einen habe Balthasar bezüglich der geschichtlichen Weitervermittlung durchaus das jeweilige Vorverständnis berücksichtigt, gleichzeitig jedoch deutlich gemacht, dass das Vorverständnis des Subjekts keinen Beitrag zum christlichen Erkenntnisprozess darstelle. Allein durch die Gnade könne Gott bzw. die Inkarnation erkannt werden.[34] Verweyen kommt an dieser Stelle auf die Bedeutung des Staunens für die Gotteserkenntnis zu sprechen, von dem Hans Urs von Balthasar ausgehe. Im Staunen würden die bedingenden Faktoren der subjektiven Erkenntnismöglichkeiten außer Kraft gesetzt und damit werde die Objektivität von Offenbarung erfassbar.

„Allein im Akt des Staunens vermag sich ein sinnlich-geschichtlich Begegnendes unverstellt von der auf Erkenntnisziele vorgreifenden Subjektivität transzendental (im scholastischen wie Kantischen Sinn) zur Geltung zu bringen bzw. vermag es diese subjektiven Vorkonstruktionen von Objektivität von Grund auf umzustürzen."[35]

---

[33] Verweyen setzt sich mit dem von Kunz geäußerten Argument auseinander, dass Balthasar die konkreten, individuellen Erkenntnisbedingungen nicht ausreichend berücksichtige. Verweyen bezieht sich auf Erhard Kunz, Glaubwürdigkeitserkenntnis und Glauben (analysis fidei), in: HFTh 4 (1988) 414–449, 433. Zudem verweist Verweyen auf Peter Eicher, Offenbarung. Prinzip neuzeitlicher Theologie, München 1977, 341f, der diesen Einwand ebenfalls gegen Balthasar vorbringe, ebenso wie Ludger Honnefelder, Phänomenologie oder Hermeneutik. Über die Möglichkeit von Theologie, in: Ders./Matthias Lutz-Bachmann (Hgg.), Auslegung des Glaubens. Zur Hermeneutik christlicher Existenz, Berlin 1987, 8–20, 13 und Johann Reikerstorfer, Fundamentaltheologische Modelle der Neuzeit, in: HFTh 4 (1988) 347–372, 371.

[34] Vgl. Verweyen, Gottes letztes Wort, 302f im Verweis auf Balthasar, Herrlichkeit I, 447.

[35] Verweyen, Gottes letztes Wort, 303.

In den erkenntnistheoretischen Möglichkeiten des Staunens liegt für Verweyen das Zentrum der Theologischen Ästhetik. Die subjektiven Anteile in der Interpretation würden damit nicht geleugnet. Mit dem Staunen lasse sich jedoch eine Möglichkeit der Erkenntnis aufzeigen, in der sich Unbedingtes geschichtlich wahrnehmen lasse. Das Staunen eröffne einen Zugang zum unbedingten und objektiven Gehalt der Offenbarung. Die subjektiven Wahrnehmungskategorien würden im Staunen in ihrem bedingenden Einfluss zurückgedrängt, so dass Offenbarung in ihrer Unbedingtheit wahrnehmbar werde und jenseits der Subjektivität die Wahrnehmung des Offenbarungsgeschehens möglich sei.

„Zentral ist [...] die Frage, wie trotz und in dieser subjektiven Konstitution des Objektiven sich Gottes Wort in der Geschichte als unbedingtes vernehmen läßt. Dies kann es nur, wenn der bedingenden Interpretation gnoseologisch (nicht chronologisch) voraus bzw. diese definitiv durchkreuzend ein wirklicher Akt des Staunens stattgefunden hat, in dem alle subjektiv-intersubjektiven Möglichkeitsbedingungen der Erkenntnis in ihrem *bedingenden* Charakter außer Kraft gesetzt werden.“[36]

Voraussetzung für die Wahrnehmung von Unbedingtem sei, dass der jeweiligen Interpretation gnoseologisch ein Staunen vorausgehe. Denn im Staunen ereigne sich, was die subjektiven Bedingungen der Möglichkeit von Erkenntnis durchkreuze und diese damit entgrenze.[37] Diese zentrale Bedeutung des Staunens legitimiere nach Verweyen auch die Nachordnung des subjektiven Vorverständnisses hinsichtlich der Glaubenserkenntnis im Denken Balthasars.

Verweyen beruft sich angesichts der Frage, wie unbedingte Aussagen geschichtlich vernehmbar seien, im Wesentlichen auf das Denken von Hans Urs von Balthasar und stellt abschließend fest, dass aus seinen Impulsen fundamentaltheologisch die Auf-

---

[36] Verweyen, Gottes letztes Wort, 303.
[37] Verweyen verweist hier auf die gedankliche Nähe zu Levinas, der betone, dass die Gründung der Existenz einzig durch die Evidenz geschehe, die vom Antlitz des Gegenübers ergehe, und die Intentionalität des Subjekts dafür unwesentlich sei. Vgl. Verweyen, Gottes letztes Wort, 303, Anm. 48.

gabe erwachse, in den biblischen Zeugnissen einen Hinweis auf ein Staunen aufzuweisen, das die unbedingte Evidenz der Letztgültigkeit widerspiegele.[38] Verweyen sucht eine Möglichkeit, wie Unbedingtes in der Geschichte wahrnehmbar werden könne. Dafür greift er auf die objektive Evidenz im Denken Balthasars zurück, die mit der geschichtlichen Gestalt gegeben sei. Den entscheidenden Punkt Balthasars lokalisiert Verweyen in der Priorität des Objektiven vor der subjektiven Konstitution des Offenbarungsinhaltes.

3.3 Die Evidenz der geschichtlichen Ereignisse und die subjektiven Erkenntnismöglichkeiten

Verweyen verfolgt die Problematik, dass die historisch-kritische Forschung den unbedingten Wahrheitsanspruch der geschichtlich ergangenen Ereignisse per definitionem nicht in den Blick bekommen könne. Die Pflicht für die historische Verantwortung des Glaubensgeschehens will er keinesfalls aufgeben. „Die Gewissheit einer wirklich ergangenen Liebe kann begründet nur über die Wahrnehmung eines Faktums der Geschichte gewonnen werden, gehört materialiter also durchaus zum Gegenstandsbereich des Historikers."[39] Verweyen zeigt dazu die Möglichkeit der historischen Verantwortung am Beispiel der freien Selbsthingabe eines Subjekts. Ob es sich in einem bestimmten Fall wirklich um Liebe handle, lasse sich nur durch die Wahrnehmung eines geschichtlichen Geschehens sicher wissen. Nur wenn ein geschichtliches Handeln die Liebe zwischen Menschen ausdrücke und dieses auch so wahrgenommen werden könne, sei Gewissheit über die Wirklichkeit dieser Liebe möglich. Da sich erst über die Geschichte die Gewissheit und Wirklichkeit einer Liebesbeziehung wahrnehmen lasse, leitet Verweyen daraus die Konsequenz ab, dass die Frage, ob Offenbarung als geschichtliches Handeln wirklich ergangen sei, in den Bereich der geschichtlichen Vernunft gehöre. Andernfalls sei eine Verantwortung der geoffenbarten Liebe vor der kritischen Vernunft nicht möglich.

---

[38] Vgl. Verweyen, Gottes letztes Wort, 303.
[39] Verweyen, Gottes letztes Wort, 305.

Allerdings bestehe eine methodische Problematik, da sich die historische Theologie primär mit den geschichtlichen Faktoren befasse, in welchen sich das Offenbarungsereignis vollziehe. Daher erscheint es Verweyen notwendig, den Fokus auf den Kern des Offenbarungsgeschehens zu richten. Für diese fundamentaltheologische Frage sei die historisch-kritische Wissenschaft jedoch ungeeignet, da diese die unbedingte Evidenz aufgrund ihrer methodischen Einschränkung nicht erfassen könne. Verweyen nimmt an, dass „sich solche Evidenz nicht außerhalb einer ebenso unbedingten Entscheidung der Existenz vermittelt"[40]. Er kommt an dieser Stelle auf die *subjektiven* Voraussetzungen zu sprechen, die für die Evidenz gegeben sein müssen und geht davon aus, dass ohne das Wagnis der ganzen Existenz die Evidenz nicht wahrgenommen werden könne. „Liebe wird als vorbehaltloses Sich-loslassen auf den anderen hin nur in einem Akt erkannt, in dem der andere sich ebenso vorbehaltlos von sich selbst losreißen läßt."[41] Allein aus der unbeteiligten Betrachterperspektive ergehe die Evidenz nicht. „Das wäre ein eigenartiger Gott, der sich dem bloß zuschauenden Denken erschlösse!"[42]

Überraschenderweise relativiert der nächste Satz diese subjektiven Bedingungen jedoch wieder zugunsten der objektiven Evidenz. Denn Verweyen macht unmissverständlich klar, dass die Evidenz vom Objekt her in jedem Falle ergehe. Bleibe das Wagnis der Selbsthingabe aus, könne diese Evidenz jedoch nicht wahrgenommen werden.

„Geschieht dieser wagende Spruch auf seiten des Empfängers nicht, dann wird diesem die vom Liebenden her aufleuchtende Evidenz schlechthin unerträglich. Er wird sie sogleich auf die Verständnisebene herunterdeuten, auf der er sich selbst bewegt."[43]

Damit zeigt sich ein spezifisches erkenntnistheoretisches Denkmodell. Zwar setzt Verweyen der Erkenntnis der Evidenz den wagen-

---

[40] Verweyen, Gottes letztes Wort, 306.
[41] Verweyen, Gottes letztes Wort, 306.
[42] Verweyen, Botschaft, 43.
[43] Verweyen, Gottes letztes Wort, 306.

den Sprung bzw. die Selbsthingabe des Erkennenden voraus, auffallend ist jedoch, wie er die Erkenntnissituation bestimmt, wenn dieses Wagnis nicht eingegangen wird. Verweyen geht davon aus, dass auch ohne die Selbsthingabe des Gegenübers die Evidenz des Liebenden aufleuchte. In diesem Fall werde sie vom Subjekt nicht mehr wahrgenommen, bleibe aber ohne die Selbsthingabe des Betrachters allein durch die geschichtliche Liebestat vorhanden. Er nimmt demnach eine Evidenz an, die unabhängig von der menschlichen Interpretation und deren Hingabe vorhanden sei.

Das Nichterkennen der Evidenz habe nach Verweyen seinen Grund in der fehlenden Selbsthingabe des Betrachters. Die Evidenz werde „heruntergedeutet". Grund der Umdeutung sei die Selbstverhaftetheit des Subjekts. Verweyen weist zwar ausdrücklich darauf hin, dass das Zeugnis nicht ohne den Rahmen gegenseitiger Anerkennung *verstehbar* sei:

> „Solange sich kein anderer Adressat findet, der sich ganz in jene Weise von Existenz hineinnehmen läßt, die wir als *traditio* beschrieben haben, wird Liebe, auch wenn sie als wirkliches Faktum der Geschichte ergeht, nicht ‚geschichtsnotorisch', kommt nicht als Offenbarung an – es sei denn in Form einer weiteren Verdunklung von Humanität, die aus Verweigerung von Anerkennung, dem ‚Bleiben in der Finsternis', unweigerlich folgt."[44]

Vorhanden sei die Evidenz jedoch unabhängig von den subjektiven Wahrnehmungsprozessen.

Aus freiheitstheoretischer Perspektive problematisch ist an dieser Stelle, dass Verweyen davon ausgeht, dass die Evidenz auch

---

[44] Verweyen, Gottes letztes Wort, 306. „[D]as Zeugnis als Möglichkeitsbedingung für die Weitervermittlung einer unbedingten Verpflichtung, die von geschichtlichen Ereignissen ausgeht, [darf – E.S.] nicht aus dem lebendigen Zusammenhang gegenseitiger Anerkennung gelöst werden, aus dem mit dem Entstehen von Selbstbewußtsein das Phänomen von ‚Sollen' ursprünglich hervorgeht." Verweyen, Einführung, 136. Doch reicht diese Beanspruchung der Gegenseitigkeit weit genug seitens des Subjekts? Ebenbauer problematisiert die Relativierung der intersubjektiven Dimension des Glaubensereignisses, die sich durch den alleinigen Blick auf das leibliche Existieren Jesu vollziehe. Vgl. Ebenbauer, Fundamentaltheologie, 254.

ohne ein affirmatives Verhältnis gegeben sei. Die Entscheidung des Subjekts zum Glauben ergebe sich gerade aus der objektiven Evidenz der Gestalt. „Den Sprung legitimieren kann nur die Authentizität der Liebe selbst, die mir wirklich, als sinnlich-geschichtlich vermitteltes Faktum, begegnet."[45] Er nimmt eine objektive Evidenz an, die unabhängig von der Berücksichtigung subjektiver Faktoren bestehe und dem Schritt in den Glauben vorausgehe.[46]

Kritisch ist an diesem Denken zu vermerken, dass die Bewertung der Evidenz, die jeder Interpretation vorausgeht, die Gefahr in sich trägt, die Bedeutung des interpersonalen Geschehens für den Erkenntnisvorgang zurückzustufen. Die Objektivität der Offenbarung erreicht Verweyen mit dem Denken Balthasars durch

---

[45] Verweyen, Gottes letztes Wort, 287.

[46] „So wird sein ‚Ruf' nur dann zweideutig, wenn man sich seinem unbedingten Einforderungscharakter verweigert." Platzbecker, Autonomie, 336. Auch Gregor Maria Hoff weist darauf hin, dass ein „unabschaffbareres Moment von Entscheidung bleibt, also ein ‚Rest von Fideismus' [...]. Wenn nämlich die Evidenz kritisch unhintergehbar wäre, gäbe es keine Evidenz mehr, sondern den Zwang des Arguments." Hoff geht davon aus, dass auch Verweyen Interpretationsspielräume beanspruche, beispielsweise hinsichtlich der Sinnfrage. Vgl. Hoff, Die prekäre Identität, 501. Allerdings analysiert Hoff, dass Verweyen bereits bei der Sinnfrage nicht gleichursprünglich mit der Sinnlosigkeit rechne. Ebd. 496. Türk weist auf die Nähe zwischen Verweyen und der reformatorischen Theologie bezüglich der Passivität des Subjektes hin. Das Überwältigtwerden vollziehe sich bei Verweyen (wie auch bei Balthasar) völlig unabhängig von der Vernunftbemühung. Eine grundsätzliche Passivität des Subjekts gegenüber der Aktivität des Objekts des Glaubens finde sich als Konvergenzpunkt dieser Denkarten. Vgl. Türk, Offenbarung, 13f. Dieser Einwand ist jedoch zurückzuweisen. Die Bedeutung der Vernunft ist in der Fundamentaltheologie berücksichtigt. Die Erstphilosophie wird erst möglich über das Wissen der theoretischen Vernunft. Fraglich ist jedoch, ob mit dieser Erstphilosophie Glaube als das Ereignis zwischen zwei Freiheiten verstanden werden könne. (vgl. Pröpper, Erlösungsglaube, 173–182) Kritisch lässt sich hier fragen, ob es, wenn das Offenbarungsgeschehen als zweifaches freiheitliches Geschehen gedacht werden soll, nicht geboten ist, dem Subjekt die Freiheit zuzusprechen, die angebotene Beziehung zu bejahen oder zu verneinen, und sind nicht grundsätzlich beide Möglichkeiten als Entscheidungen des Subjekts zu würdigen? Darf die Möglichkeit des Nichtglaubens allein auf die schuldhafte Verschließung des Subjekts zurückgeführt werden?

die Evidenz seitens des geschichtlichen Ereignisses und des Staunens auf Seiten des Subjekts. Doch wie lässt sich in diesem Denken der Evidenz das interpersonale Geschehen integrieren? Die Bedeutung der interpersonalen Dimension und die subjektiven Wahrnehmungsbedingungen verblassen angesichts des Staunens. Unbedingtes wird nach Verweyen geschichtlich wahrnehmbar, indem subjektive Wahrnehmungsbedingungen außer Kraft gesetzt werden. Der Fokus des *Tradito*geschehens liege im Zeugnis der umstürzenden Tat, aus der sich eine objektive Evidenz ergebe, die im Wagnis der Selbsthingabe wahrnehmbar werde und die Selbsthingabe legitimiere. Diese objektive Evidenz gehe dem subjektiven Akt der Hingabe voraus. Das geschichtliche Ereignis fordere aus sich heraus den Schritt in den Glauben.

Kann mit diesen erkenntnistheoretischen Voraussetzung noch ein Offenbarungsgeschehen als ein Geschehen zwischen Mensch und Gott wirklich zur Sprache gebracht werden? Zudem muss mit diesen erkenntnistheoretischen Annahmen jedem Menschen, der nicht glauben kann, unterstellt werden, dass er sich bewusst und willentlich weigert, die von der geschichtlichen Gestalt ergehende Evidenz angemessen wahrzunehmen. Die eingeschränkte Universalität der Evidenz bzw. ihre geringe Möglichkeit der Kommunikationsfähigkeit liegt nach Verweyen in der mangelnden Bereitschaft der Betrachtenden, sich bis ins Letzte von der Botschaft treffen zu lassen, nicht in der Ambivalenz der Situation selbst. Verweyen lokalisiert das Problem des Unglaubens im Subjekt, nicht in der Fraglichkeit der geschichtlichen Ereignisse.[47] Kann der Gedanke, dass jede geschichtliche Offenbarung aufgrund ihrer Kontingenz deutungsbedürftig bleibt mit diesem Denken aufrechterhalten werden?[48]

---

[47] „Verweyen macht dies überzeugend am Phänomen der Reue und der Umkehr klar. Wäre die genannte Vernünftigkeit nicht schon verborgen wirksam, so wäre Reue ein Scheinphänomen. So aber hilft die Vernünftigkeit das wahre Ich aufzudecken, dessen Einspruch vor der Umkehr nicht gehört wurde." Platzbecker, Autonomie, 22, Anm. 10.

[48] Vgl. Magnus Striet, Offenbarungsglaube und Gotteszweifel, in: George Augustin (Hg.), Die Gottesfrage heute (Theologie im Dialog 1), Freiburg 2009, 91–105, 100.

Hinsichtlich der Frage, welcher Voraussetzungen es bedarf, um den Schritt in den Glauben zu wagen, weist Verweyen darauf hin, dass bestimmte geistige Phänomene nur vermittelt werden können, wenn der Angesprochene sich nicht als vollkommen unmusikalisch erweise.[49] Auch im Bereich des Geschichtswissens gebe es Fakten, die ihre Wirklichkeit nicht aufgrund der Sammlung von Wahrscheinlichkeiten erweisen, „sondern die den Charakter eines Blitzes haben, der, wenn und wohin er fällt, unbedingt trifft."[50] Der Blitz dürfe nicht als Inspirationsmoment verstanden werden, sondern sei auf das geschichtlich-körperliche Zeugnis bezogen.[51]

Zusammenfassend lässt sich festhalten, dass es Verweyen gelungen ist, eine Konzentration auf das geschichtliche Ereignis hinsichtlich der Verantwortung vor der historischen Vernunft vorzunehmen und so die Objektivität und Evidenz anstelle von Projektionsverdacht und Wahrscheinlichkeit zu sichern. Jedoch: Nimmt man mit Verweyen eine objektive Evidenz der Offenbarungsgestalt an, stellt sich die Frage, wie ein Offenbarungsgeschehen als freies, interpersonales Ereignis und die Deutungsbedürftigkeit kontingenter Ereignisse noch gedacht werden können. Auf diesen zentralen Kritikpunkt wird am Ende der Arbeit eingegangen.

---

[49] Vgl. Verweyen, Gottes letztes Wort, 306f. Was Verweyen hier unmusikalisch nennt, ist wohl die von ihm angenommene bewusste Verweigerung des Menschen hinsichtlich des christlichen Glaubens. Die Problematik, dass der Glaube bestimmte (Freiheits-)Erfahrung voraussetzt, wird bei Pröpper in völlig anderer Weise thematisiert. Der dort vorgenommene Gedankengang bleibt der philosophischen Strittigkeit der Existenz Gottes verhaftet. Dabei wird nur die Möglichkeit aufgezeigt, von der Freiheitserfahrung des Menschen her Gott verbindlich zu denken. Vgl. Thomas Pröpper, „Wenn alles gleich gültig ist …". Subjektwerdung und Gottesgedächtnis, in: Ders., Evangelium und freie Vernunft, 23–39, 24f. und 31.

[50] Vgl. Verweyen, Gottes letztes Wort, 307.

[51] „Der Blitz, den wir meinen, fällt bei aller Radikalität nicht geschichtlich unvermittelt aus den Wolken in die Seele ein, sondern wird nur im Fleische der Jesus kündenden Zeugen, also in einer menschlichen Horizontalen weitergetragen." Verweyen, Christologische Brennpunkte, 53.

4. Die kritische Verantwortung des unbedingten Anspruchs des geschichtlichen Ereignisses am Kreuz

4.1 Kriterien für die Unbedingtheit eines geschichtlichen Zeugnisses

Verweyen widmet sich als nächstes der Frage, wie die Erfahrung der Unbedingtheit eines geschichtlichen Ereignisses, konkret: der Glaube an Jesus Christus, kritisch verantwortet und nicht nur behauptet werden könne.

„Auch die radikalste Selbstverleugnung des Zeugen, bis hin zum Martyrium, steht ja nicht außerhalb von Projektionsverdacht – sei es im Sinne Feuerbachs oder Freuds –, ist nicht schon als solche Indiz dafür, daß Gott selbst in dieser Welt erschienen ist und die menschliche Freiheit eingefordert hat."[52]

Verweyen führt nun den zuvor entworfenen Sinnbegriff ein, der menschliche Freiheit unter den Anspruch der Bildwerdung stellt. Zudem kommt an dieser Stelle die Annahme Verweyens zum Tragen, dass das Bild des Absoluten erscheinen müsse und damit alle Freiheit ihren Auftrag zur Bildwerdung vollziehen werde. Verweyen folgert jetzt, dass die Unbedingtheit der Offenbarung in einem Handeln deutlich werde, welches jedem Subjekt die Möglichkeit eröffne, sich zum Bild des Absoluten zu machen. Letztgültige Offenbarung ereigne sich, wenn in einem geschichtlichen Ereignis die innerste Möglichkeit jedes Subjekts freigelegt werde, sich zum Bild des Absoluten zu bestimmen. Ein Offenbarungshandeln überwinde alle Schranken, die eine Freiheit daran hindere, sich als Bild Gottes zu verstehen.[53]

Aus diesen Vorgaben leitet Verweyen zwei Kriterien für die Authentizität eines geschichtlichen, unbedingt beanspruchenden Ereignisses ab. Zum einen müsse der Zeuge erkennbar sein als völlig bestimmt durch seinen unbedingten Anspruch.[54] Hinter diesem Anspruch müssen alle eigenen Interessen zurückbleiben.

---

[52] Verweyen, Gottes letztes Wort, 307.
[53] Vgl. Verweyen, Gottes letztes Wort, 308.
[54] Vgl. Verweyen, Botschaft, 132.

„Der Zeuge muß sich [...] als jemand erkennen lassen, der bis ins Mark seiner Existenz hinein von dem durch ihn *bezeugten* Anspruch eines Unbedingten *über*zeugt ist."[55] Damit sei ein erstes Kriterium für die Letztgültigkeit eines geschichtlichen Ereignisses erreicht, das den Glauben an Jesus Christus begründe. Ein zweites fügt Verweyen hinzu, wenn er auf den Inhalt des Zeugnisses zu sprechen kommt.[56] Vermitteln lasse sich eine letztgültige Offenbarung nur, wenn der Zeuge transparent für die geschichtlich ergangene, eschatologische Selbstzusage Gottes werde. Er müsse zeigen, dass das Wesen des Menschen als Bild des Absoluten zu verstehen sei.[57] „Wer als Träger einer letztgültigen Offenbarung angenommen werden soll, muß an sich erweisen, daß das Wesen des Menschen in seiner Durchlässigkeit für das Erscheinen Gottes in dieser Welt besteht."[58] Die Frage nach der Letztgültigkeit eines geschichtlichen Ereignisses lasse sich an der Frage entscheiden, ob ein Ereignis stattfinde, das der menschlichen Freiheit die ihr einzig angemessene Möglichkeit der Selbstrealisierung aufzeige. Zudem müsse ein Ereignis, das verantwortet als der Grund des Glaubens angenommen werden könne, zum Ausdruck bringen, wie Barrieren zerbrochen werden, die verhindern, dass die menschliche Freiheit ihre Bildwerdung realisieren könne. Denn damit werde aller Freiheit die Möglichkeit eröffnet, sich zum Bild des Absoluten zu machen, und das Bild des Absoluten könne erscheinen.

Hier ist auffällig, dass Verweyen den Inhalt der geschichtlich-eschatologischen Selbstoffenbarung Gottes mit der Bestimmung, sich zum Bild des Absoluten machen zu sollen, gleichsetzt. Damit findet sich das gleiche Problem des Offenbarungsverständnisses, das auch schon in der Fichterezeption Verweyens nachgewiesen werden konnte. Offenbarung bedeutet primär, dass dem Menschen die ihm eigene Bestimmung geoffenbart wird.

---

[55] Verweyen, Botschaft, 132.
[56] Vgl. Verweyen, Einführung, 137.
[57] Vgl. Verweyen, Gottes letztes Wort, 307f.
[58] Verweyen, Gottes letztes Wort, 308.

4.2 Die Bedeutung der Schrift

Welche Rolle kann den biblischen Texten hinsichtlich der Letztgültigkeit von Offenbarung zugesprochen werden? Verweyen leitet aus den bisherigen Ergebnissen Folgen für eine Rückfrage auf
den neutestamentlichen Schriftbefund ab. Er nimmt nur eine bedingte Notwendigkeit der Schrift an. Die schriftliche Überliefe-
rungsgestalt stelle die sekundäre gegenüber der mündlichen Form
dar. „Der für die Wahrheit letztgültiger geschichtlicher Offenbarung entscheidende Ort ist zunächst das lebendige Zeugnis, in
dem jener die menschliche Existenz treffende Blitz in mein Dasein
einfällt."[59] Ausgangspunkt der *traditio* sei die mündliche Mitteilung. Gelte die Kategorie des Zeugnisses als Vermittlung unbedingten Inhalts in der Geschichte auch für den neutestamentlichen
Text, müsse eine Verortung dieser Kategorie vorgenommen werden. Verweyen legt die biblischen Texte als Ausdruck lebendiger
traditio aus. Ziel der Suche nach dem wahren Kern sei *nicht* der
Stoff, der den tatsächlichen Äußerungen des historischen Jesus
am nächsten komme, sondern die Beschreibung einer Bekeh-
rungserfahrung. Der „Ausdruck der je persönlichen ,conversio',
der ,Umgestaltung' des Zeugen unter dem Eindruck von Jesu
Wort und Werk, wird als der ursprüngliche Ort angesehen, an
dem sich die wahre Bedeutung der Gestalt Jesu erschließt."[60] Bereits bei der Auseinandersetzung mit Balthasar weist Verweyen
darauf hin, dass sich die Rückfrage an den biblischen Text auf
den Niederschlag eines alles verändernden Staunens richten müsse. Beispiele für ein solches Staunen seien dort zu finden, wo ein
biblischer Autor mit der traditionellen Theologie bzw. ihrer traditionellen Darstellung breche, um so in neuen Formen seine Erfahrung des Neuen zum Ausdruck zu bringen.[61] Die redaktionskriti-

---

[59] Verweyen, Gottes letztes Wort, 309. „Der Blitz, den wir meinen, fällt bei
aller Radikalität nicht geschichtlich unvermittelt aus den Wolken in die
Seele ein, sondern wird nur im Fleische der Jesus kündenden Zeugen, also
in einer menschlichen Horizontale weitergetragen." Verweyen, Christologische Brennpunkte, 53.
[60] Verweyen, Gottes letztes Wort, 315.
[61] Vgl. Verweyen, Gottes letztes Wort, 308–310. Verweyen sieht sich mit
dieser Art von Rückfrage konform zum Anliegen der Evangelisten selbst.

sche Methode ermögliche es, die Theologie über die Form des Textes zu erschließen.[62] Während die traditionelle historisch-kritische Methode die Frage, ob Jesus am Kreuz gescheitert sei, nicht beantworten könne, reiche die Aussagekraft der redaktionsgeschichtlichen Methode weiter, da diese in den Kern der *traditio* hinein frage und nicht hinter diese zurück. Mit dem *Traditio*begriff lasse sich die Möglichkeit des Scheiterns Jesu am Kreuz zugunsten einer Evidenz ausschließen, die nicht mit einer Wahrscheinlichkeit verwechselt werden dürfe.

4.3 Die fundamentaltheologische Rückfrage

Verweyen sieht in der redaktionskritischen Methode eine wesentliche Chance, die Theologie und die dahinter stehende Erfahrung derer zu befragen, die die Verschriftlichungen vorgenommen haben.[63] Über den strukturellen Vergleich zwischen inner- und außerbiblischen Wundererzählungen komme man nicht an die Besonderheit der Verkündigung Jesu heran.

> „Als historisch ‚harter Kern' der neutestamentlichen Wunderberichte bleiben Exorzismen und Heilungen Jesu, die er mit anderen charismatisch begabten Persönlichkeiten gemein hat. [...] Damit sind anderseits Jesu Machtaten nun allerdings so weit re-

---

„Muß man sich vorwiegend an dem Überlieferungsmaterial orientieren, das die Evangelisten aufnahmen, oder sollten wir nicht eher ihrer Perspektive folgen, die oft einen anderen Weg weist als die ‚urchristlichen Wundergeschichten' selbst, die sie in einen neuen Verstehenshorizont gebracht haben?" Verweyen, Die historische Rückfrage nach den Wundern Jesu, in: TThZ 90 (1981) 41–58, 58. Verweyen zielt darauf, das Augenmerk darauf zu richten, an welchen Stellen und inwiefern konventionelle Begriffs- und Erzählparadigmen durchbrochen werden. Ebd. 49.

[62] Die fehlende Berücksichtigung der redaktionskritischen Methode kritisiert Verweyen auch bei Joseph Ratzinger. Vgl. Verweyen, Kanonische Exegese und Historische Kritik. Zum inhaltlichen und methodologischen Ort des Jesus-Buches, in: Jan-Heiner Tück (Hg.), Annäherungen an „Jesus von Nazareth". Das Buch des Papstes in der Diskussion, Ostfildern 2007, 104–142, 123.

[63] Vgl. Verweyen, Gottes letztes Wort, 308–310.

lativiert, daß sie nichts mehr im Hinblick auf die Frage herzugeben scheinen, was Jesus denn eigentlich von anderen charismatischen Heiltätern unterscheidet."[64]

Keinesfalls genügt Verweyen die Reichweite der Gattungs- und Formkritik, die die Unterschiede zwischen neutestamentlichen Wundergeschichten und außerbiblischen Wundererzählungen untersuche, auch wenn hier bereits gezeigt werden könne, dass markante Unterschiede zwischen den Berichten über Jesus und den Berichten über andere Wundertäter bestehen. Am Beispiel von Lk 17,11–19, der Heilung der zehn Aussätzigen, verdeutlicht Verweyen eine andere Art der Rückfrage, indem er den einen Geheilten der Zehn in den Blick nimmt, der zu Jesus zurückkehrt, Gott lobt und Jesus dankt. Verweyen geht davon aus, dass dieser Geheilte sein Erlebnis nicht direkt hätte weiter erzählen könne. „Der Zehnte – der ‚gerettete‘ Samariter – hingegen hätte wahrscheinlich dem Reporter gesagt, das, was ihm da widerfahren ist, lasse sich nicht so richtig in Worte fassen."[65] Erst zeitlich später und gegenüber einem Zuhörer, der für das Erzählte ein offenes Ohr habe, könne der Zehnte vom Erfahrenen erzählen. Diese Erzählung zeichne nach Verweyen ein historisch zutreffenderes Bild über die Macht Jesu als die Wunderberichte der neun anderen Geheilten. Mit diesen Ausführungen weist Verweyen auf die qualitativ unterschiedlichen Überlieferungen hin. Entscheidend innerhalb der biblischen Texte seien nach Verweyen nicht diejenigen, die sich im traditionellen Rahmen der Wundererzählungen bewegten. Für die Frage nach dem authentischen Bild des geschichtlichen Jesus müssten vor allem die Traditionslinien wie die des Samariters verfolgt werden. Die Auseinandersetzung mit der Verkündigung und dem Wirken Jesu gebe biblischen Autoren Impulse für die Neugestaltung und -akzentuierung der Wundergeschichten.

„Die Begegnung mit jener lebendigen Verkündigung Jesu hat es den Evangelisten ermöglicht, ihnen überkommene Wundergeschichten kritisch in den Blick zu nehmen, ihrem Ursprung

---

[64] Verweyen, Gottes letztes Wort, 319.
[65] Verweyen, Gottes letztes Wort, 321.

gemäßer zu gestalten oder die ‚Samariter-Erfahrung' eventuell auch in eine neue Geschichte zu fassen"[66].

Über die redaktionskritische Forschung als Zentrum der Rückfrage könne die ursprüngliche Erfahrung der Menschen mit Jesus erreicht werden. Hier zeige sich das Staunen, der Einfluss des Unausdenkbaren, und damit die Möglichkeit der authentischen Überlieferung, der sich in einer neuen Art der Geschichtsschreibung niederschlage. Die Form, die der Redaktor einsetze, sei der sprachliche Ausdruck der Kraft, die in der Begegnung mit Jesus erfahren werde.[67] „Nur in ihrer je besonderen theologischen Gesamtschau kommt die Tiefe der Faszination zum Ausdruck, die ursprünglich von Jesus ausging und die dann in jenen weiterleuchtet, die sich von diesem Blitz treffen ließen."[68] Die Theologie, die sich über die redaktionelle Arbeit eruieren lasse, sei der Schlüssel zur wahren Bedeutung des Handelns Jesu.[69] Für die rationale Verantwortung müsse daher zu allererst die Theologie der Redaktoren befragt werden. Untersuchungen darüber, wie vorhandenes Material eingesetzt, neu bewertet und akzentuiert werde, gäben Aufschluss über diese verändernden Erfahrungen, denn hier finde sich „der Niederschlag des Totalumbruchs der Existenz [...], den der Verfasser der jeweiligen Schrift, von der Wirkmacht jenes ‚Ein-für-allemal' getroffen, erfahren hat."[70]

---

[66] Verweyen, Gottes letztes Wort, 321.

[67] An dieser Stelle wird das Staunen, auf das Verweyen bei der Passage über Balthasar bzw. über die Möglichkeit von Unbedingtem im Sinnlich-Geschichtlichen zu sprechen kommt, für die Rückfrage aufgenommen. Verweyens erkenntnistheoretische Annahme, dass im Staunen jede Art der „subjektiv-intersubjektiven Möglichkeitsbedingung der Erkenntnis in ihrem *bedingenden* Charakter außer Kraft gesetzt werden", bleibt auch hier in Kraft. Verweyen, Gottes letztes Wort, 303.

[68] Verweyen, Gottes letztes Wort, 322. Zur Gestalt des Blitzes vgl. Anm. 219.

[69] Vgl. Verweyen, Gottes letztes Wort, 320ff.

[70] Verweyen, Gottes letztes Wort, 309.

5. Die drei Osterthesen Verweyens

In „Gottes letztes Wort" entwickelt Verweyen im Anschluss an die Frage, wie sich Unbedingtes in Geschichte wahrnehmen lasse, drei Thesen zum Ostergeschehen. Diese werden auch hier dargestellt, da die Osterthesen die systematischen Probleme zeigen, die Verweyen mit der Annahme einer grundsätzlichen Notwendigkeit von Ostererscheinungen für den Glauben gegeben sieht.

Systematische und exegetische Fragestellungen verschränken sich für Verweyen bei der Frage nach der Basis des Osterglaubens. Den exegetischen Konsens, dass faktisch das Osterbekenntnis erst nach den Erscheinungen zustande komme, übersieht Verweyen nicht. Weiter geht er davon aus, dass *de facto* die Ostererscheinungen dem Glauben zum Durchbruch verholfen haben. Damit ist die Frage nach dem Grund des Bekenntnisses für ihn aber noch nicht beantwortet, da die Ostererscheinungen auch als Anlass dafür gesehen werden können, dass eine „schon vorher hinreichend begründete [...], aber verdrängte [...] Erkenntnis zum Durchbruch"[71] komme. Die Frage, was den Grund der Letztgültigkeit von Offenbarung darstelle, ist mit dem exegetischen Konsens für Verweyen nicht erledigt.[72]

---

[71] Verweyen, Gottes letztes Wort, 342.

[72] Vgl. Verweyen, Gottes letztes Wort, 342. Verweyen weist auf die kirchliche Bedeutung der Erscheinungserzählungen. Da diese zur Legitimation der Apostel und damit der Begründung kirchlicher Autorität dienen, seien den Evangelisten stärker die Hände hinsichtlich ihrer Gestaltung gebunden gewesen. Bei Markus konstatiert Verweyen, dass Berichte über die Ostererscheinungen den Glaubensgrund verstellen. Bei Lukas finde sich die Annahme, dass der Glaube an die Erhöhung bereits am Karfreitag möglich sei. Ebenfalls lasse sich bei Matthäus und Johannes die Einheit von Kreuzigung und Auferweckung und damit die Relativierung der Erscheinungen nachweisen. Vgl. Verweyen, Die Ostererscheinungen in fundamentaltheologischer Sicht, in: ZKTh 103 (1981) 426–445, 437–443. (Zweitveröffentlichung in: ders./Gerhard Lohfink/Georg Scherer/Wilhelm Breuning (Hgg.), Ostererfahrungen. Zur Diskussion um die Erscheinungen des auferstandenen Christus, Essen 1983, 79–121.) Dieckmann stellt die These auf, dass mit dieser Interpretation Verweyens eine entscheidende Problematik gegeben sei. Verweyen interpretiere die Aussagen der Evangelien als Kritik an der urchristlichen Auferstehungsbotschaft. Wichtiger sei es,

Die erste These thematisiert die Problematik, dass Auferweckung bzw. Auferstehung ihre Sinnbedeutung verliere, wenn der entscheidende Teil der göttlichen Selbstmitteilung nach dem Tode stattfinde.[73] Ereigne sich nach dem Tod Jesu eine weitere Manifestation des Göttlichen, ergebe sich nach Verweyen ein Widerspruch im Gottesbild. Denn einerseits sei mit dem Gekreuzigten eine neue Art der Gotteserkenntnis möglich, andererseits werde diese Erkenntnis des Kreuzes bei einer erneuten Initiative Gottes mit einem Gottesbild „eines machtvoll thronenden Herrschers" verbunden.[74] Wenn mit Ostern inhaltlich mehr ausgesagt werden könne als mit dem Sterben Jesu, sei das Gottesbild uneinheitlich und die geschichtliche Offenbarung vorläufig. Verweyen geht in einer kritischen Reflexion der Frage nach, ob die Kraft und die Herrlichkeit im Sterben am Kreuz sichtbar werden oder ob es eine nachträgliche Legitimation des Kreuzestodes bedürfe.[75] Nach Verweyen ist im Rahmen dieser Frage zum einen die Unüberbietbarkeit der Hingabe des Sohnes Gottes zu diskutieren.

---

die Texte in ihrer *Verkündigungsfunktion* wahrzunehmen und in ihrer Absicht, die Geschichte Jesu nachträglich zu deuten. Die redaktionellen Eingriffe seien nach Dieckmann weniger als Kritik denn als Differenzierungen und Vertiefungen der frühen Auferstehungstradition zu lesen. Vgl. Dieckmann, Das Kreuz, 17.

[73] „Die Metapher Auferstehung wird kritisiert, weil sie dazu verführt, Gottes Heilshandeln am Kreuz zu übersehen." Dieckmann, Das Kreuz, 23.

[74] Vgl. Verweyen, Gottes letztes Wort, 342. „Für Verweyen grenzt es an Zynismus, angesichts der bis heute und jeden Tag leidenden Kreatur einen glorios auferstandenen, bereits vollendeten, damit aber auch vom gegenwärtigen Leiden entrückten Sinn-Garanten Jesus Christus zu verkünden. Der dreifaltige Gott spricht sich dort in seinem ganzen Wesen aus, wo er sich als der mit dem Leidenden solidarisch offenbart, wo er in der Tiefe seines eigenen Wesens als Liebender den Schmerzen-Riß des Leidens selbst erfährt, für alle Zeiten unüberhörbar geworden im Verlassenheitsschrei des Sohnes am Kreuz (Mk 15,34.37). Nicht der verherrlichte Christus, sondern der ‚wartende', der solange nicht vollendet sein kann, bis auch die letzte Kreatur vom Leiden befreit ist, wird für Verweyen zur charakteristischen Metapher christlichen Gottesglaubens." Engelbert Felten, Die Sicht der Kirche. Ekklesiologische Entwürfe in der Fundamentaltheologie der Gegenwart (= TThSt 59), Trier 1996, 344.

[75] Vgl. Verweyen, Gottes letztes Wort, 342f.

Wird die Lebenshingabe Jesu nur als ein Intermezzo der zweiten göttlichen Person verstanden, die die Dramatik eines menschlichen Todesschicksals niemals erreiche?

„Wer sein einziges, unwiederbringliches Leben in die Waagschale wirft, mit nichts in petto (nicht einmal einen Freifahrschein in den Himmel, der den christlichen Märtyrern, oder einer einbehaltenen Mantelhälfte, die St. Martin blieb): erweist der nicht eine vorbehaltlosere Liebe als der christliche Erlöser?"[76]

Riskiere der Mensch, der ohne eine Jenseitssicherheit, d. h. im Bewusstsein, dass dieses Leben sein einziges sei, sein Leben aufs Spiel setze nicht viel mehr? Könne nicht der Gottessohn in der Sicherheit seiner Errettung seinem Untergang als bloßes Zwischenspiel relativ gelassen entgegensehen? Verweyen fragt an, inwiefern in der Theologie das Leiden Gottes gedacht werde. Kritisch weist er auf Kreuzesdarstellungen hin, die vor allem den Sohn in seiner Herrlichkeit und nicht in seinem Leiden zeigen.[77] Zum anderen greift Verweyen Camus' Einwand gegen die Möglichkeit einer rein nachträglichen Rettung auf. „Als alles darauf ankam, an jenem furchtbaren Balken, war nichts von Gott wahrzunehmen. Wie will er uns dann klar machen, daß es *seine* Liebe ist, die alles wendet – nicht bloß seine souveräne österliche Geste, die *menschliche* Liebe belohnt?"[78] Wenn am Kreuz Gott selbst nicht wahrnehmbar sei, könne es nicht verständlich werden, dass sich in der Offenbarung Gottes Liebe zeige. Es bleibe ein Offenbarungsverständnis vorherrschend, das Offenbarung als österliches Handeln begreife, das die Liebe eines Menschen belohne. Gleichzeitig geht Verweyen davon aus, dass eine nachchristliche Position wie die von Camus einer nachträglichen Machtbezeugung Gottes nicht bedürfe, wenn nur gezeigt werden könne, „auf welcher Seite Gott während der äußersten Agonie des Menschen steht"[79].

Die zweite These schließt unmittelbar an den Gedankengang der ersten an: Passiere das entscheidende Offenbarungsereignis

---

[76] Verweyen, Gottes letztes Wort, 343.
[77] Vgl. Verweyen, Christologische Brennpunkte, 111.
[78] Verweyen, Gottes letztes Wort, 343.
[79] Verweyen, Christologische Brennpunkte, 106.

erst nach dem Tod Jesu, handele es sich nach Verweyen nicht um ein *Inkarnations*-, sondern um ein *Inspirations*modell. Warum nimmt er dies an? Verweyen erinnert daran, dass die frühe Kirche gegen jede Art der gnostischen Vorstellungen des lediglich scheinbaren Leidens Jesu auf dem Inkarnationsgedanken beharre. „Gott hat es vermocht, sein ganzes Wesen ‚im Fleisch' zu offenbaren, d. h. in jener ohnmächtigen Spanne menschlichen Lebens zwischen Empfängnis und Tod, die der Christus mit uns gemein hat."[80] Ungeklärt sei allerdings bis heute die Frage, in welchem geschichtlichen Ereignis Gott letztgültig für den Menschen erkennbar werde. In Abgrenzung zu Thomas Pröpper, der die Fraglichkeit des Kreuzesereignisses hervorhebt, indem er im Sterben Jesu am Kreuz eine Infragestellung der Verkündigung gegeben sieht und daher die Bedeutung der Ostererscheinungen für den Glauben unterstreicht, zieht Verweyen den entgegengesetzten Schluss: Wenn die Evidenz, dass sich hier letztgültige Offenbarung ereigne, erst nach dem Karfreitag gegeben sei, habe die Geschichte Jesu nur vorläufigen Charakter und sei nicht ausschlaggebend für die Gottesoffenbarung. „Wo aber überhaupt mangels umwerfender Geschichtsevidenz in den Glauben gesprungen wird, fußt dieser nicht mehr auf Gottes Offenbarung im Fleische."[81] Für Verweyen steht der Gedanke der Inkarnation mit der erkenntnistheoretischen Aussage auf dem Spiel. Habe sich Inkarnation wirklich ereignet, sei sie erkennbar – und zwar bereits im Sterben und nicht nachträglich aufgrund von Ostererscheinungen. Könne sie grundsätzlich am Kreuz nicht erkannt werden bzw. zeige sich die Göttlichkeit erst nach dem irdischen Leben in den Auferstehungserscheinungen, lasse sich der Begriff der Inkarnation nicht einholen, denn Gott werde in diesem Fall nicht im Fleisch sichtbar.[82]

---

[80] Verweyen, Gottes letztes Wort, 344.

[81] Verweyen, Christologische Brennpunkte, 43.

[82] Nach Verweyen ist es allein angemessen, von einer Offenbarung „*anläßlich* des abgeschlossenen Lebens Jesu" zu sprechen. Andere Modelle würden dem Begriff der Selbstoffenbarung Gottes in Jesus nicht gerecht. Vgl. Verweyen, Die Ostererscheinungen, 431. Ebenbauer weist darauf hin, dass aufgrund der Konzentration auf das leibliche Existieren die Bedeutung des Geistes nicht angemessen zur Geltung komme bzw. kommen dürfe, da dies

„Gewiß wurde erst im Licht der ‚Osterevidenz' das Leben und Sterben Jesu als unüberholbar erfahren. Ist diese Evidenz aber erst in einem Geschehen *nach* dem Karfreitag zugänglich geworden und war zuvor Gottes ‚Selbstidentifikation' mit Jesus grundsätzlich noch nicht voll erkennbar, dann kommt der gesamten Freiheitsgeschichte (dem ‚Fleisch') Jesu im Hinblick auf jenes Geschehen nur ein vorläufiger Stellenwert zu; sie ist nicht selbst das entscheidende Medium der Gottesoffenbarung."[83]

Die dritte These beschäftigt sich mit der Problematik der Zeugenschaft erster und zweiter Hand. Seien die Ostererscheinungen nicht nur *de facto*, sondern auch *de iure* der Grund des Glaubens, d. h. sei vor Ostern grundsätzlich keine Erkenntnis der Göttlichkeit des Gekreuzigten möglich, stelle sich die Frage, wie Menschen heute zum Glauben kämen. Den Erstzeugen sei mit den Ostererscheinungen die Bedeutung von Jesus Christus durch die eigene Wahrnehmung zugänglich. Alle anderen müssten aber ohne Erscheinungen zum Glauben kommen und seien auf Berichte mit hohem Wahrscheinlichkeitsgrad angewiesen, die nach Verweyen nicht Legitimationsgrund für eine unbedingte Glaubensentscheidung sein können. „Hatten die Augenzeugen Jesu – als letzter in der Reihe besonders der ‚ungläubige Thomas' – nicht die Gelegenheit zu einer schlechthin umwerfenden Evidenz, eine Sonderstellung, um die die Späteren sie nur noch beneiden konnten?"[84] Die Position Kierkegaards, dass die Unterscheidung zwischen Jünger erster und zweiter Hand hinfällig sei, da sinnlich-geschichtlich grundsätzlich kein hinreichender Erkenntnisgrund für unbedingte Entscheidungen anzunehmen sei, verbiete sich nach der von Verweyen er-

---

nach Verweyen das Inkarnationsdogma unterlaufe. Vgl. Ebenbauer, Fundamentaltheologie, 255.

[83] Verweyen, Gottes letztes Wort, 346. Ebenbauer problematisiert diese Position. Wenn der Blick allein auf das leibliche Existieren Jesu zwischen Empfängnis und Tod zu richten sei (auch durch die Tradition hindurch), gehe die intersubjektive Dimension des Freiheitsgeschehens verloren, das sich zeitlich nicht auf die geschichtliche Existenz Jesu beschränke. Ebenbauer führt die Relevanz des Geistes an, die mit dem alleinigen Fokus auf das leibliche Existieren nicht bedacht werde. Vgl. ders., Fundamentaltheologie, 254f.

[84] Verweyen, Christologische Brennpunkte, 29.

forderlichen Letztgültigkeit, ohne die ein verantworteter Glaube und eine freie Glaubensentscheidung nicht gedacht werden können.[85] Könne nämlich der Tod Jesu am Kreuz prinzipiell als evidenter Grund des Glaubens begriffen werden, bleibe ein sinnlich-geschichtliches Ereignis Grund des Glaubens, das gegenwärtig im Modus des Zeugnisses noch wahrgenommen werden könne. Nehme man das Karfreitagsgeschehen als Grund des Glaubens an, werde auch heute im „Zeugnis derer, die in ihrem Leben und Sterben Jesu todverschlingenden Tod gegenwärtig machen"[86] die gleiche Glaubenserfahrung möglich wie im ersten Jahrhundert. Der Unterschied zwischen dem Sterben Jesu und dem Sterben der Zeugen bestehe und komme im Zeugnis zum Ausdruck. Während Jesus seine Sendung vom Vater bezeuge, bezeuge der Märtyrer Jesus als den Gesandten. Damit seien alle Menschen vor die gleiche Entscheidung gestellt: Kann die eigene Angst vor der Hingabe an das Unbedingte durch die Lebenshingabe des Zeugen überwunden werden oder nicht?[87] Im Unterschied zu Kierkegaard finde hier nach Verweyen eine historische Verantwortung dahingehend statt, dass „in der Bereitschaft der Zeugen Jesu zur Hingabe ihres Lebens [...] die Entmachtung des Todes durch Jesus selbst transparent"[88] werde. Hier zeige sich die erkenntnistheoretische Notwendigkeit einer unbedingten Gewissheit. Letztgültigkeit sei nach Verweyen die Voraussetzung für die Glaubensentscheidung und diese bedürfe einer unbedingten Evidenz. Die These einer wahrscheinlichen Gewissheit belaste sich mit der Hypothek, „daß es sich dabei bereits nicht mehr um christliches Denken handelt"[89]. An der Frage der Erkennbarkeit macht Verweyen damit den Grundgehalt des christlichen Glaubens fest.[90]

---

[85] Vgl. Verweyen, Die Ostererscheinungen, 433.

[86] Verweyen, Gottes letztes Wort, 346.

[87] Vgl. Verweyen, Gottes letztes Wort, 347.

[88] Verweyen, Gottes letztes Wort, 347.

[89] Verweyen, Christologische Brennpunkte, 31.

[90] „Wer indessen konsequent und schlicht an dem Glauben festhält, daß Gott im menschlichen Fleische Jesu seine Identität mit diesem Menschen endgültig und für alle vernehmlich offenbart hat, der kann nicht daran vorbei, die für alle Menschen entscheidende Evidenz über das Gottsein Jesu Christi in der irdisch-geschichtlichen Realität Jesu zu suchen." Verweyen, Christologische Brennpunkte, 37f.

6. Das Markusevangelium als Referenzpunkt für Erkennbarkeit der Inkarnation

Nach Verweyen erübrige sich die Notwendigkeit der Erscheinungen, wenn gezeigt werde, „auf welcher Seite Gott während der äußersten Agonie des Menschen steht"[91]. Mit diesen systematischen Überlegungen konfrontiert er die biblischen Texte. Entscheidend für die Einordnung biblischer Texte sei, wie die erkenntnistheoretische Bedeutung der Ostererscheinungen eingeschätzt würde – und welche anderen Orte der Evidenz zu finden seien.

6.1 Die Vorrangstellung des Markustextes

Wie oben gezeigt zieht Verweyen für die Verantwortung vor der historischen Vernunft die redaktionskritische Forschung heran. Nachdem Verweyen die neutestamentlichen Texte auf den Grund des Osterglaubens befragt hat, gelangt er zu dem Schluss, dass der Textbefund sich *nicht* mit der Annahme decke, dass eine *neue* Offenbarungsinitiative nach dem Kreuzestod nötig gewesen sei. Er stützt sich auf die Arbeiten von Broer und Fiedler, für die mit dem Kreuzesereignis der Anspruch Jesu keineswegs scheitere.[92] Der Redaktion des Markusevangeliums und deren Theologie gesteht er einen vorrangigen Stellenwert zu, da im Markustext hinsichtlich des Grundes des Osterglaubens eine besondere Akzentuierung zu finden sei.[93] Während sich bei den übrigen drei Evangelientexten die Auffassung finde, dass den Jüngern eigentlich (*de iure*) bereits vor den Erschei-

---

[91] Verweyen, Christologische Brennpunkte, 106.

[92] Vgl. Verweyen, Gottes letztes Wort, 357f.

[93] Ohlig fragt diese Vorgehensweise an. Gerade die Eigenart des markinischen Zeugnisses, welches auch die Gemeindeproblematiken mitreflektiere, werfe die Frage auf, inwiefern ein sekundäres Zeugnis mehr zu bieten habe als die übrige Jesusrezeption. Zudem weist Ohlig darauf hin, dass die Begegnung mit dem geschichtlichen Jesus von der Aussage des Handelns Gottes in Jesu zu unterscheiden sei. Das Zweitgenannte müsse bereits als eine reflektierte Konsequenz dieser Erfahrung verstanden werden. Vgl. Karl-Heinz Ohlig, Gibt es den ‚garstig breiten Graben'?, in: Larcher, Hoffnung, die Gründe nennt, 205–214, 208.

nungen der Osterglaube möglich werde, diese aber *de facto* erst nach diesen zum Glauben kämen, zeige sich bei Markus eine andere Sichtweise. Er gehe davon aus, dass den Jüngern grundsätzlich *vor* den Erscheinungen die Möglichkeit zum Osterglauben offen stehe, obwohl sie *de facto* erst durch die Erscheinungen zum Glauben kämen. Mit dem Bekenntnis des römischen Hauptmanns sei faktisch das Christusbekenntnis bereits mit dem Ende des irdischen Lebens Jesu gegeben. Hinsichtlich der Einzigkeit des vollständigen Bekenntnisses im Markustext zeichne sich nach Verweyen ein Konsens im exegetischen Gespräch ab.[94] Zudem verweist Verweyen darauf, dass die gegenwärtigen theologischen Diskussion um die Osterthesen kein überzeugendes Argument gegen die von ihm vorgenommene Verortung der Osterevidenz vorzubringen habe.[95]

6.2 Zur Frage von Mk 16,1–20

Für die Belastung des Bekenntnisses des römischen Hauptmanns bleibe nach Verweyen die Frage zu klären, warum der Schluss des Textes in der vorliegenden Form komponiert bzw. verfasst worden sei und „aufgrund welcher Evidenz" der Römer sein Bekenntnis spreche.[96] Verweyen weist auf die historisch-kritische Forschung hin, die Mk 16,9–20 und damit die Erscheinungserzählungen als spätere Erweiterung des Markusevangeliums annehme.[97] Sei die sekundäre Herkunft von Mk 16,9–20 geklärt, können die Verse 16,1–8 als das Ende des Markusevangeliums betrachtet werden, deren Ziel darin bestehe, eine kreuzestheologisch motivierte Kirchenkritik zu üben. Mit diesem Ende kritisiere die Redaktion diejenigen, die noch Erscheinungen erwarten würden.[98] Seien diese Textstellen in dieser Weise interpretiert und eingeordnet, „konzentriert sich der Blick auf das Bekenntnis des Heiden angesichts des Kreuzes – und auf den Weg des Evangeliums dorthin."[99]

---

[94] Vgl. Verweyen, Gottes letztes Wort, 351f.
[95] Vgl. Verweyen, Gottes letztes Wort, 358.
[96] Vgl. Verweyen, Gottes letztes Wort, 352.
[97] Vgl. Verweyen, Gottes letztes Wort, 351f.
[98] Vgl. Verweyen, Einführung, 148f.
[99] Verweyen, Gottes letztes Wort, 352.

6.3 Der Grund des Osterglaubens

Bei Markus werde die Frage nach dem *Ort der Evidenz* des Heilsereignisses gestellt.[100] Von zentralem Interesse ist für Verweyen, worin der ausschlaggebende Grund des Bekenntnisses liegt. Er nähert sich der Frage zunächst negativ, indem er mögliche Gründe ausschließt. Als Grundlage der Erkenntnis des Gekreuzigten als Gottessohn distanziert sich Verweyen von den mirakulösen Begleitumständen seines Todes, wie der Finsternis oder dem Zerreißen des Tempelvorhangs. Denn die Annahme solcher Wunder setze voraus, dass angesichts der Ohnmacht des Sterbenden supranaturale Ereignisse die Augen des Heiden öffnen würden. Diese Wunder seien lediglich als Hilfe für den Leser gedacht.[101] Ebenso wenig stichhaltig sei es, den Gebetsschrei Jesu in Vers 34 mit dem Hinweis abzumildern, Jesus habe Psalm 22 rezitiert. Diese Interpretation könne vom Markustext her kaum begründet werden, sei außerdem systematisch unnötig, da diese Interpretation „die hier zum Ausdruck kommende Kraft der bis ins Äußerste durchgehaltenen Gottesverbundenheit Jesu"[102] abschwäche.

Mit der letztgenannten Formulierung zeigt sich, was nach Verweyen der Grund des Bekenntnisses darstelle. Er geht davon aus, dass das Sterben Jesu am Kreuz bis zuletzt eine Gottesverbundenheit sichtbar mache. Die Gottesverbundenheit bestehe genau darin, im Wissen um die vollständige Verlassenheit den Glauben an den Vater durchzuhalten. Verweyen fügt an dieser Stelle folgendes Zitat Balthasars ein:

---

[100] Vgl. Verweyen, Christologische Brennpunkte, 83.

[101] Schwager zufolge gibt Verweyen keine befriedigenden Gründe für die Annahme an, dass der Hauptmann, den Evangelien entsprechend vom Todesschrei und vom Zerreißen des Vorhangs beeindruckt, das Bekenntnis gesprochen hat. Zudem thematisiert Schwager den exegetischen Einwand, dass es sich hier um kein volles christliches Bekenntnis handelt, die Bedeutung des Hauptmanns daher keineswegs so entscheidend einzuschätzen ist, wie Verweyen dies tue. Vgl. Raymund Schwager, Auferstehung im Kontext von Erlösung und Schöpfung, in: Larcher, Hoffnung, die Gründe nennt, 215–225, 219, Anm. 13.

[102] Verweyen, Gottes letztes Wort, 351.

„Ohne Zweifel hat Jesus im vollen Bewußtsein, vom Vater verlassen worden zu sein, den ‚Glauben' an den Vater nicht verloren, den er ja als ‚Mein Gott, mein Gott' anruft, mit dem er also den einseitigen Dialog aufrechterhält und sich somit den ‚nicht mehr gefühlten Händen' des Vaters überantwortet."[103]

Daher bedürfe es keiner Abmilderung des Verzweiflungszustandes, weil der Gekreuzigte nicht verzweifle, sondern in Gottesverbundenheit sterbe, die bis in die tiefste Verlassenheit reiche. Deutlich wird an dieser Stelle der Bezug zur Kreuzestheologie Balthasars.

Verweyen weist auf den Verstehensvorsprung der Heiden gegenüber den Juden hin, der sich im Markusevangelium finde und der sich in Mk 15,34–39 widerspiegle. Daher kommt er zu dem Schluss, dass der Todesschrei von Vers 37 nicht vom lauten Gebetsruf in Vers 34 getrennt werden könne. Der Einschub der Verse 35–36 (das Elija-Missverständnis), der den Eindruck vermittele, es handle sich nicht um einen, sondern um zwei Schreie, diene dazu, den Glauben des heidnischen Hauptmanns gegenüber dem heidnischen Glauben zu kontrastieren. Die Juden, die mit den Psalmen vertraut seien, können nach Verweyen „nur bei verstopften Ohren"[104] diesen Schrei zu Gott als Ruf nach Elija verstehen.[105] Ihr Unverständnis werde in Anbetracht des Bekenntnisses des Römers, der angesichts des Verlassenheitsschreis des Gekreuzigten zur Gotteserkenntnis gelange, noch offensichtlicher.[106]

---

[103] Hans Urs von Balthasar, Ist der Gekreuzigte ‚selig'?, in: IKaZ 16 (1987) 107–109, 108.

[104] Gottes letztes Wort, 356.

[105] Verweyen reflektiert an dieser Stelle nicht, welche folgenschweren Konsequenzen diese Annahmen für das Verhältnis von Judentum und Christentum implizieren.

[106] Vgl. Verweyen, Gottes letztes Wort, 355f. „Was sah der Mann? Einen, der mit einem lauten Aufschrei endet. Aber auf genau dieser Basis legt der Hauptmann – ein Heide! – das einzige Sohn-Gottes-Bekenntnis des Markusevangeliums ab, das von Jesus – anders als das petrinische oder das von Dämonen – nicht zurückgewiesen wird. Selbstverständlich ist das markinische Konstruktion. Sie besagt: Die Gestaltwahrnehmung des Sterbens Jesu begründet das christologische Bekenntnis – und zwar voraussetzungslos: Dafür steht das Heidentum des Hauptmanns." Klaus Müller, Glauben, Fragen, Denken, Bd. 2 Weisen der Weltbeziehung, Münster 2008, 583.

6.4 Das Sterben als Ort der Evidenz

Mit Mk 15,34–39 liegt für Verweyen die relevante Textstelle für die Annahme vor, dass der geschichtliche Ort, an dem die letztgültige Bedeutung Jesu erkannt werden könne, das Sterben des Gekreuzigten sei. Dem Einwand, dass es sich dabei um eine markinische Besonderheit handle und damit die Ursprünglichkeit dieses Textes in Frage stehe, begegnet Verweyen mit dem Argument, dass dieser Text in der christlichen Tradition eine Entschärfung erfahren habe, wenn bei Lukas beispielsweise der Schrei durch ein vertrauensvolles Gebet abgemildert werde. Während die übrige Tradition erst vom Auferstehungsglauben her den Blick auf den Gekreuzigten wage und dessen Schicksal als die Erfüllung des Alten Bundes interpretiere, schlage das Markusevangelium einen anderen Weg ein, dem nach Verweyen ein besonderer Stellenwert zuzusprechen sei.

> „Markus setzt [...] neue Akzente. Er nimmt zwar nichts vom Bekenntnis zur Auferstehung Jesu zurück, bestimmt als den eigentlichen Ort für die diesem Bekenntnis zugrunde liegende Evidenz – genauer: für die Erkenntnis der Hoheit Jesu und seiner intimsten Verbindung mit Gott – aber den Schrei der Gottverlassenheit.“[107]

Markus begreife den Gang zum Kreuz als Erfüllung des göttlichen Auftrags und stehe damit in der Tradition. Den Verlassenheitsschrei entschärfe Markus im Gegensatz dazu aber nicht durch Ps 22 ab. Indem er den Schrei in seiner Abgründigkeit betone, zeige Markus, dass sich Geschichte für den, der gerecht sei, als absolut grausam erweise. Die Textpassage bei Markus sei der literarische Niederschlag einer Erfahrung, die über alles je Dagewesene hinausgehe.

---

[107] Verweyen, Gottes letztes Wort, 358. Nach Verweyen ist der Titel „Gottes Sohn“, den der Hauptmann dem Gekreuzigten zuspricht, so weit offen für die Identität des Sohnes mit dem Vater, dass die Frage nach der Wesenheit Jesu mit Gott unabdingbar werde. Vgl. Verweyen, Christologische Brennpunkte, 84.

„In dieser Geschichte der Menschen markiert Markus nun aber so etwas wie einen ‚archimedischen Punkt‘, erzählt er eine Geschichte, für die es nirgendwo sonst in der Weltliteratur eine wirkliche Parallele gibt. Man wird sie als Nacherzählung einer wirklichen Erfahrung bezeichnen müssen, weil sie von Menschen schlechthin nicht erfindbar ist.“[108]

Es sei die Erfahrung des ganz Anderen, eine Erfahrung von außen, fern ab von jeder Projektionsmöglichkeit, die im Markustext zur Sprache gebracht werde. Für Verweyen ist diese Erzählung von ihrem Inhalt her menschlich nicht ausdenkbar. Sie müsse ihren Grund in einer Erfahrung der Gottesgegenwart haben, die alles menschlich Vorstellbare überbiete. „Hier muß eine Erfahrung dahinterstehen, ohne die ein Mensch solche Gottesgegenwart nicht zu erdenken vermöchte.“[109]

Verweyen stellt eine Verbindung zwischen Markus und den Texten des Ersten Testaments her, in denen sich Gott in seiner Liebe zum Menschen radikal durch Menschen zu erkennen gebe, so wie beispielsweise in den ersten Kapiteln des Hoseabuches, in denen Jahwe bis zur Unkenntlichkeit entstellt um sein Volk werbe. Was Markus zum Ausdruck bringe, sei der Höhepunkt dieser Beziehung zwischen Mensch und Gott. Worin liege bei Markus das Einmalige des Bekenntnisses angesichts des Todesschreis des Gekreuzigten? Verweyen konstruiert eine Argumentation über das Bilderverbot von Ex 20,4. Der Jesus im Markusevangelium mache sich ein Bild vom Vater – und scheitere damit am Kreuz.[110] Das Gottesbild werde dem Gekreuzigten zerbrochen und dies unterscheide sein Sterben von allen anderen Martyrien.

„Jesus wird auch noch das letzte genommen, was denen, die für eine gerechte Sache in den Tod gehen, bleibt – selbst wenn sie

---

[108] Verweyen, Gottes letztes Wort, 359. Dieckmann fragt die Markusinterpretation Verweyens an. Vgl. Dieckmann, Das Kreuz, 17–19. Die exegetischen Begründungen hätten ihren Sachgrund in systematischen Annahmen. Gleichzeitig gesteht Dieckmann Verweyen einen präzisen Blick für die Grenzen und Problematiken einer Offenbarungstheologie zu. Ebd. 20f.
[109] Verweyen, Botschaft, 51.
[110] Vgl. Verweyen, Botschaft, 81–84.

mit keinem Jenseits rechnen –: das Ruhen in der Gewißheit der richtigen Idee, das Wissen um den inneren Einklang mit dem ‚kategorischen Imperativ‘"[111].

Im Kreuzgeschehen leide der Gekreuzigte nicht nur physische Qualen,[112] sondern die größte Pein Jesu bestehe darin, dass die enge Beziehung zum Vater in Frage stehe. Während die Propheten mit der Gewissheit in den Tod gingen, für die richtige Sache zu sterben, sei diese Gewissheit dem Sohn nicht gegeben. „Dem Sohn wird in seinem Sterben auch noch das für ihn spezifische Bild Gottes zerbrochen – und damit das, wofür er sein ganzes Leben in die Waagschale geworfen hatte. Es vollzieht sich hier ein ‚Ikonoklasmus, über den hinaus kein größerer gedacht werden kann‘."[113] Damit werde Gott selbst in nie da gewesener Weise geheiligt. „Im nackten Du, auf das hin Jesus in seinem Gebetsschrei ‚aushaucht‘, *ist* Gott so da, wie er *da* ist, propositionslos, prädikatslos, in der reinen ‚Sprachpragmatik‘ dieses letzten Schreis."[114] Trotz des Scheins der letzten Verlassenheit halte der Sohn am Bekenntnis zum Vater fest. Angesichts dieser Menschlichkeit, die alle Gewissheit verloren habe, lasse Markus den Römer das österliche Bekenntnis sprechen.[115] Verweyen betont, dass Jesus nicht wäh-

---

[111] Verweyen, Botschaft, 84.

[112] Doch diese körperlichen Qualen bleiben bei Verweyen nicht unbeachtet. Hinzuweisen ist hier darauf, dass die Bildwerdung bei Verweyen eine körperliche bzw. leibliche Dimension besitzt. Im Anschluss an Irenäus von Lyon geht Verweyen von einer körperlichen Dimension der Bildwerdung aus und kommt im Rahmen dieser auch auf die Möglichkeit von Zerfall und Zerstörung des Körpers zu sprechen. Vgl. Verweyen, Gottes letztes Wort, 168 und ders., Einführung, 26. Am Kreuz vollziehe sich in dieser Hinsicht die Bildwerdung, wenn der Gekreuzigte selbst seinen Körper zu Verfügung stelle, damit der Mensch zu der ihm eigenen Bestimmung der Bildwerdung befreit werden könne.

[113] Verweyen, Gottes letztes Wort, 359.

[114] Verweyen, Gottes letztes Wort, 359.

[115] Schwager fragt kritisch, ob ein betroffener und mitleidender Beobachter endgültig entscheiden könne, ob es sich bei diesem Sterben um den Kulminationspunkt liebender Hingabe oder doch nur die letzte Verstiegenheit einer Allmachtsutopie handle. Vgl. Schwager, Auferstehung, 218f. Winden geht im Gegensatz dazu mit Verweyen von der Eindeutigkeit der ge-

rend, sondern am Ende der Finsternis sterbe. Diese Darstellung sei ein Indiz dafür, dass der Todesschrei nicht als Schrei der Verlassenheit zu deuten sei, sondern als Ausdruck des unerschütterlichen durchgehaltenen Glaubens bis zum letzten Atemzug. „Jesus äußert weder Verzweiflung noch auch nur einen Zweifel an Gott und seiner Sendung."[116] Gleichzeitig wehrt sich Verweyen gegen eine sinnhafte Füllung des Schreis, die die Kulmination des Schreckens der Situation einebne.

„Der Schrei ist Ausdruck seines unerschütterlichen Glaubens an ‚seinen' Gott, verrät aber keine *Vertrauens*äußerung, erst recht keine Gewissheit auf Erhörung. Das ‚Warum' (genauer ‚wozu') ist kaum als Klage zu verstehen (die eine gewisse Distanz Jesu zum Tun des Vaters verraten würde). Es ist mehr: eine in der gesamten Weltgeschichte einmalige Frage."[117]

Mit dieser Textstellt macht Verweyen deutlich, dass er davon ausgeht, dass sich das Bekenntnis des Hauptmanns durch die Art des Sterbens ergebe. Denn im Sterben ereigne sich seiner Interpretation zufolge das absolute Zum-Bild-werden. Der Gekreuzigte halte in völliger Verlassenheit seine Gottesbeziehung durch ohne jegliche Sicherheit, allein im *Vertrauen* auf die Liebe des Vaters und in der gehorsamen Selbsthingabe. In diesem Vertrauen zeige sich die Liebe Gottes zum Menschen. Denn der Sohn mache sich ganz zum Bild der Liebe Gottes, wenn er sich von der Verweigerung der Sünde treffen lasse. Tobe sich die Sünde bis zum physischen Tod und dem Zustand der völligen Verlassenheitserfahrung, die der Sohn am Kreuz aushalte, aus, zeige sich nach Verweyen Gott selbst in seiner Liebe zum Menschen. Indem der Sohn diese Liebe vollständig sichtbar mache, vollziehe sich eine Einheit zwischen Vater und Sohn. Gleichzeitig seien Vater und Sohn durch den

---

schichtlichen Situation aus und moniert, dass Pesch die Mehrdeutigkeit der Verlassenheit in Mk 15,34 zu stark hervorhebe. Vgl. Hans-Willi Winden, Wie kam und wie kommt es zum Osterglauben? Darstellung, Beurteilung und Weiterführung der durch Rudolf Pesch ausgelösten Diskussion (= Disputationes theologicae 12), Frankfurt a.M. 1982, 145.

[116] Verweyen, Einführung, 150.
[117] Verweyen, Einführung, 150.

Bildbegriff unterschieden. Der letzte Schrei bringe daher eine Einheit in Differenz zum Ausdruck, die nicht größer gedacht werden könne.

Verweyen geht davon aus, dass jeder Mensch erkennen könne, dass sich am Kreuz diese Einheit in Differenz ereigne. Denn jeder Mensch sei mit einem Wissen um Einheit ausgestattet, welches er in der Welt nicht realisieren könne. Daher befinde er sich auf der Suche nach einer Möglichkeit, Einheit und Differenz sinnvoll zu vermitteln, ohne eines der beiden Elemente zu eliminieren. Das Kreuzesgeschehen zeige, wie Einheit und Differenz gemeinsam denkbar seien. Hier erfülle sich der Sinnbegriff. Der Sohn werde, indem er sich ganz vom Anderen, d. h. von der Differenz bestimmen lasse, zum absoluten Bild des Vaters. Mit dem absoluten Sich-zum-Bild-machen sei Einheit in Differenz möglich. Die Differenz sei in ihrer Sinnhaftigkeit aufgezeigt. Dieses Geschehen wird für Verweyen am Kreuz direkt sichtbar. „Hätte Thomas – vielleicht von Ferne, wie die Frauen – auch nur ein Weniges von dem Schrei gehört und dem vom Tode gezeichneten Antlitz gesehen, dem der Hauptmann gegenüber stand, er wäre nicht aus seinen Zweifel gekommen."[118]

6.5 Ein guter Gott, der leiden lässt?

Verweyen stellt sich im Anschluss an seine Interpretation des Kreuzesgeschehens die Frage, ob dieser Gott, der seinen Sohn in dieser Verlassenheit sterben lasse, unter moralischen Kategorien überhaupt als existent angenommen werden dürfe. Verweyen wirft diese Frage zwar auf, stellt jedoch sofort eine Gegenfrage: „Gäbe es einen Gott, der diese Bezeichnung verdient, wie könnten wir von ihm eine wirkliche, nicht nur vermeintliche Kenntnis erhalten?"[119] Verweyen greift auf die Ergebnisse der philosophischen Verantwortung zurück: Gott könne sich nur unbedingt in einem freien Wesen äußern, wenn sich diese Freiheit zum absoluten Bild formen lasse. Die Allmacht Gottes bestehe darin, mit unendlicher Geduld darauf zu warten, dass jedes freie Geschöpf Bild Gottes

---

[118] Verweyen, Christologische Brennpunkte, 111.
[119] Verweyen, Gottes letztes Wort, 359.

werde, damit die Einheit des Absoluten über die Bildhaftigkeit erreicht werden könne. Damit sei die Allmacht, die sich als unendliches Warten auf den Entschluss der Freiheit, sich zum Bild des Absoluten zu machen, bestimmen lasse, identisch mit der göttlichen Liebe.[120] Liebe bedeute, sich von dem Geliebten abhängig zu machen. Damit sei gleichzeitig die Möglichkeit des Leidens gegeben, wenn die Liebe nicht erwidert werde. Verweyen parallelisiert die Liebe mit dem Einheitsstreben der Vernunft. „Als ein auf unbedingte Einheit nur angelegtes Wesen bin ich immer schon in anderes, in Differenz hineingeworfen, und mein Lieben entspringt anfänglich zumeist auch dem Verlangen, über diese Differenz hinwegzukommen."[121] Die Entscheidung, einen anderen Menschen zu lieben, bedeute durch die eigene Freiheit eine Differenz zu setzen, die nur über die Liebe des Gegenübers überwunden werden könne. Gott setze in seiner Äußerung aus freiem Entschluss eine Differenz. An dieser Liebe bzw. an dieser Freiheit leide Gott solange, bis jedes Geschöpf seine Liebe erwidere, d. h. sich als Bild Gottes versteht.[122] „Er leidet Gottverlassenheit, weil er nur über die andere Freiheit in seine eigene, göttlich-unbeding-

---

[120] Nach Platzbecker ist der so gefasste Allmachtsbegriff die Voraussetzung für die Erkennbarkeit der Selbstoffenbarung Gottes. „Verweyens Insistieren, dass sich der Allmachtsbegriff – über jegliche Vertröstung hinausführend – *allein* […] aus dem, was das fleischgewordene ‚Wort und Bild‘ von seinem Gott zu erkennen gebe, entwickeln lässt, setzt voraus, dass dieser sich in die geschichtliche Immanenz hinein der menschlichen Freiheit so mitteilen kann, dass sie angesichts des Kreuzes dennoch an ihrer Entschiedenheit festzuhalten vermag." Ders., Autonomie, 326.

[121] Verweyen, Gottes letztes Wort, 360.

[122] Verweyen weist hier nicht auf Balthasar hin, jedoch findet sich das Motiv, dass Gott an der verweigerten Freiheit des Menschen leidet, auch in der Theologie Balthasars. Leiden entstehe, „wenn die Vorsichtslosigkeit, mit der der Vater sich (und *alles* Seinige) weggibt" (Hans Urs von Balthasar, Theodramatik III. Die Handlung, Einsiedeln 1980, 305), auf eine Freiheit treffe, die diese unbegrenzte Liebeshingabe nicht erwidere und sich davon nicht beanspruchen lasse, sondern sich gegenüber dieser Liebe verschließe, um die Autonomie zu wahren. Allerdings finden sich bei Balthasar Formulierungen, mit denen sich ein interpersonales Offenbarungsgeschehen denken lässt und weniger die Frage nach der Einheit Gottes im Vordergrund steht: „Gott hat *nur* einmal, von Ewigkeit her, gerade das Eine und nur

te Einheit zurückfinden kann."[123] Da Gott sich unter der Bedingung der sich verweigernden Freiheit zum Bild des Absoluten formen lasse, müsse dieses Bild nicht nur zeigen, wie der Leidende von allen Menschen verlassen werde, sondern auch die Gottesverlassenheit des sündigen Menschen ausdrücken.

Die Frage, ob solch ein Gott unter moralischen Gesichtspunkten angenommen werden dürfe, beantwortet Verweyen mit dem Hinweis darauf, dass sich gerade im Leiden die Liebe Gottes zu den Menschen zeige. Denn das Leiden als absolutes Sich-zum-Bild-machen sei notwendig, damit alle Menschen Bild Gottes werden können und so die Einheit Gottes wieder möglich sei. Auf die Sinnlosigkeit des Leidens kommt Verweyen hier nicht zu sprechen, denn das Leiden des Gekreuzigten ist seiner Ansicht nach die Voraussetzung für das Sich-zum-Bild-machen menschlicher Freiheit und damit die Voraussetzung, die Äußerung Gottes zu denken, ohne dessen Einheit zu zerstören. Hinsichtlich der Bestimmung aller Menschen, sich zum Bild des Absoluten zu machen, sei es zudem soteriologisch relevant.

Der Protest gegen einen solchen Gott richte sich nach Verweyen nicht gegen die grundsätzliche Annahme der Existenz Gottes. Denn gerade der Protest gegen das Leiden sei der angemessene Ort für die Frage nach Gott, für die Frage, „auf welcher Seite Gott während der äußersten Agonie des Menschen"[124] stehe. Problematisch sei lediglich, einen Gott anzunehmen, der sich durch Herrlichkeitsprädikate und nicht durch Solidarität auszeichne. Das Leiden Gottes selbst ist für ihn die Lösung der Theodizeefrage.

Ausdrücklich distanziert sich Verweyen davon, aufgrund der Solidarität mit den Opfern einen rettenden und auferweckenden Gott anzunehmen, wie es in der gegenwärtigen Theologie im Anschluss an Helmut Peukert üblich sei. „Aus der ‚anamnetischen

---

das Eine gewollt: dem Menschen seine Liebe erschließen. Dazu hat er die Welt geschaffen." Balthasar, Karl Barth, 312.
[123] Verweyen, Gottes letztes Wort, 360. Auf die problematische Stellung, die die menschliche Freiheit in Bezug auf die göttliche Einheit und die Bedeutung der Einheitsfrage erhält, wird hier nur hingewiesen.
[124] Verweyen, Christologische Brennpunkte, 106. „Mir scheint, daß jede Annahme Gottes, die außerhalb dieses Protests ansetzt, immer schon zu spät kommt." Ders., Der Glaube, 78.

Solidarität' auch mit den unschuldigen Opfern der Geschichte schließt Peukert auf die notwendige Annahme eines aus dem Tode rettenden, auferweckenden Gottes. Diese Annahme [...] ändert nichts am Schrei der unschuldig zu Tode Gebrachten, der mit der Güte und Weisheit eines allmächtigen Gottes nicht vereinbar ist."[125] Verweyen stuft die Bedeutung des Kreuzesgeschehens entsprechend hoch ein. Hier zeige sich die Solidarität Gottes mit dem Leiden der Unschuldigen, das müsse es nach Verweyen auch, solle die Gottesrede nicht als verloren gelten.

6.6 Die soteriologische Bedeutung: Evidenz und deren Ermöglichung

Dem erstphilosophisch ermittelten Sinnbegriff entsprechend konzentriert Verweyen die Erlösungsbedeutung auf die Bildwerdungslogik. Nach Peter Knauer, auf den sich Verweyen hier bezieht,[126] bestehe die Göttlichkeit des Menschgewordenen darin, sich nicht von der Angst um sich selbst lähmen zu lassen und mit dieser von Angst befreiten Haltung andere Menschen von ihrer Angst, die der Selbsthingabe und damit der vollständigen Wahrnehmung der Evidenz entgegenstehe, zu erlösen. Verweyen geht davon aus, dass der Tod am Kreuz die „Befreiung von unserer Philosophie des Habens, vom Glauben, an uns selbst festhalten zu müssen"[127], bedeute. Verweyen verweist hier auf die Nähe seiner Ausführungen zu

---

[125] Verweyen, Der Glaube, 79. Verweyen bezieht sich hier auf Helmut Peukert, Wissenschaftstheorie – Handlungstheorie – Fundamentale Theologie. Analysen zu Ansatz und Status theologischer Theoriebildung, Neuauflage Frankfurt a.M. 1978, 342. Für Verweyen ist (im Anschluss an Camus) der Sprung in eine jenseitige Hoffnung philosophischer Selbstmord. Der Absurdität des Daseins werde damit ausgewichen, das Leben zugunsten des Todes beschnitten. Doch erst gerade durch die Absurdität des Daseins komme der Mensch zu seiner wirklichen Freiheit. Der Jenseitsglaube verstelle diesen Zugang zur Freiheit des Menschen. Vgl. Verweyen, Zeitgenössische philosophische Aussagen, 26.

[126] Vgl. Verweyen, Gottes letztes Wort, 360f. Im Verweis auf Peter Knauer, Der Glaube kommt vom Hören. Ökumenische Fundamentaltheologie, Freiburg ⁶1991, 141.

[127] Verweyen, Gottes letztes Wort, 361.

Gedanken von Drewermann. Drewermann nehme an, dass die bis in den Tod durchgehaltene, vollendete Freiheit den Sieg über den Tod erkennen lasse. Die Angst, die den Menschen von seiner wahren Bestimmung entfremde, müsse nach Drewermann bis zum Ende durchgestanden werden. Wenn hier die Bitte nach einem Ausweg an Gott ergehe, werde die Angst ein weiteres Mal übermächtig. Der Tod Jesu verleihe nach Drewermann dem Menschen die Kraft gegen Angst und Ohnmacht zu bestehen, derentwegen der Mensch moralisch böse handele.[128] Mit diesen Überlegungen lässt sich nach Verweyen verdeutlichen, warum der geschichtliche Ort der Osterevidenz im Aushauchen gegeben sein müsse. Nicht nur widerspreche es dem biblischen Text, den geschichtlichen Ort der Evidenz *nach* dem Tode zu lokalisieren, es „verführt auch dazu, den eigentlichen Halt für menschliche Existenz außerhalb jenes Tun zu suchen, das uns von der Verhaftetheit an uns selbst befreit hat: Jesu völlige Selbsthingabe für unsere Befreiung in untrennbarer Einheit mit dem Willen des Vaters."[129]

Bei der Frage der Evidenz wurde deutlich, dass Verweyen davon ausgeht, dass diese der geschichtlich ergangenen Liebe nur dem oder der einleuchte, der oder die sich von sich selbst losreißen könne. Ansonsten werde die Evidenz herabgedeutet. Im Kreuzesgeschehen werde erkenntnistheoretisch ein Doppeltes deutlich: Zum einen ergebe sich die Evidenz geschichtlich ergangener Liebe, zum anderen sei hier eine Liebe am Werk, die aufgrund ihrer eigenen Angstlosigkeit die Menschen dazu befreie, diese Evidenz wahrzunehmen und die ursprüngliche Sollensbestimmung zu realisieren. Die Möglichkeit der letztgültigen Erkennbarkeit sei damit aufgezeigt.[130] Soteriologisch entscheidend ist für Verweyen das

---

[128] Verweyen verweist auf Eugen Drewermann, Das Markusevangelium II. Markus 9,14 bis 16,20, Olten 1988, 635.

[129] Verweyen, Gottes letztes Wort, 361.

[130] Diese doppelte Bedeutung der Erlösung findet sich in ähnlicher Form bei Balthasar, wenn dieser die menschliche Verfasstheit als in zweifacher Hinsicht agonal bezeichnet. Zum einen verstellt sich der Mensch durch eine Fixierung auf sich selbst seine Erkenntnismöglichkeiten. Der Mensch stehe sich selbst im Wege und bedürfe damit der Gnade zur eigenen Selbstüberwindung. Zum anderen sei die menschliche Verfasstheit agonal aufgrund der Gestalt der Selbstmitteilung Gottes, die keinen Zugang zu Gott

Kreuz, weil hier der Mensch von seiner Angst befreit werde. Allein das Bild des Gekreuzigten, der sich durch nichts von seinem Auftrag abbringen lasse, rette den Menschen in seiner Verzweiflung. Eine Haltung, die nach dem Kreuzestod Jesu noch etwas anderes erwarte, lenke von der Erlösungstat ab, die im durchgehaltenen Glauben des Gekreuzigten an Gott bestehe.[131] Die Erscheinungen führen zwar faktisch zum Osterglauben, der Grund des Glaubens liege jedoch im Kreuzesgeschehen, so dass *de iure* bereits angesichts Jesu Sterben das Bekenntnis gesprochen werden könne. Angst oder Trägheit der Zeugen hätten die ursprüngliche Kraft, die in den Konversionsbegegnungen bereits erfahren worden sei, unterdrückt.

„Es kann dann Stunden, Tage, manchmal Jahre dauern, bis sich ein solches Ereignis schließlich doch in einem Erleben Bahn bricht, das wie der Einschlag eines Blitzes erfahren wird. Bei der Begegnung mit Jesus ging (und geht) es um den Entscheidungskampf mit der Sorge um uns selbst, die uns die Augen für das, was Gottes Leben bedeutet, verschließt."[132]

Im Kreuzesereignis werde die Sorge des Menschen um sich selbst durch die Evidenz, dass mit dem Sterben des Sohnes für alle Menschen der Tod vernichtet sei, besiegt.[133]

---

mehr kenne als ein Sterben der selbstverdankenden Autonomie mit Jesus Christus. Vgl. Balthasar, Theodramatik III, 174f.

[131] „Der christliche Glaube muß daran festhalten, daß die Erhöhung Jesu menschlichen Augen mit nicht geringerer sinnlich-geschichtlicher Evidenz offenbar wurde als seine Erniedrigung." Verweyen, Christologische Brennpunkte, 109.

[132] Verweyen, Gottes letztes Wort, 362. Hier ist noch einmal der Offenbarungsbegriff anzufragen: Wenn Offenbarung als Begegnung zwischen Mensch und Gott gedacht werden soll, steht in dieser Begegnung die Frage im Mittelpunkt, ob der Mensch von der Sorge um sich selbst bestimmt ist oder nicht. Wird im Offenbarungsgeschehen nicht die Hoffnung auf ein unbedingtes Anerkanntsein und Gerettetwerden erfahren? Pröpper moniert, dass bei Verweyen „Jesu vollmächtiger Zuspruch der zuvorkommenden Liebe Gottes kaum in den Blick kommt." Pröpper, Sollensevidenz, 40.

[133] Vgl. Verweyen, Gottes letztes Wort, 360–362. Ohlig führt gegen diese Annahme das Argument an, dass Leid immer negativ ist und bleibt und da-

„Blickt man von hierher auf die durch keinen der Evangelisten gedeckte Behauptung [...], zur Erkenntnis der vollen Identität Jesu mit Gott seien *Erscheinungen* des Auferstandenen *nötig* gewesen, so verwundert vor allem die Ansicht, auch die Jünger Jesu hätten den Gekreuzigten nur als *gescheitert* ansehen können. Sie selbst, nicht Jesus, waren gescheitert. [...] Hätten sie nicht Jesu Entschiedenheit wahrgenommen, im bedingungslosen Gehorsam gegenüber seinem Vater schon jetzt das Heil und den Frieden als Gaben des unmittelbar bevorstehenden Reichs in Realität umzusetzen, so wäre nicht zu verstehen, daß sie im Auferstandenen den irdischen Jesus wiedererkannten. [...] Sie konnten, aber wollten nicht wahrhaben, daß nichts Jesus seinem Leben aus Gott entreißen vermochte. Wie ein Blitz traf sie nun die Erkenntnis, daß ihre Blindheit die Folge ihrer eigenen Furcht vor dem Tode war."[134]

Die Ursache des Nichterkennens liege nach Verweyen nicht im Dargebotenen, sondern im Scheitern, d. h. im moralischen Hinter-sich-zurück-Bleiben der Jünger.[135] Der Gekreuzigte habe im To-

---

mit jeder Sinnstiftung entgegen steht, es sei denn, sie eröffne eine Perspektive der Hoffnung. Diese Hoffnungsperspektive lasse sich aber nicht in der Negativität des Kreuzes begründen, sondern brauche einen positiven Grund, auf den die Selbsthingabe des Sohnes verweise. Damit könne die empirische Aussichtslosigkeit des Leidens auf eine eschatologische Dimension hoffen. Wer jedoch keinen Sinn des Menschseins erlebt und erfahren habe, könne am Leiden nur verzweifeln. Lediglich gelungene Momente des Lebens ermöglichen es nach Ohlig, angesichts der völligen Negativität im Kreuzestod die Hoffnung nicht zu verlieren. Vgl. Ohlig, Gibt es, 206f. Ebenso die Kritik von Dieckmann: „Leiden ist nicht das entscheidende Kriterium für den Ernst der Liebe. Sie hat vielmehr ihre eigenen, positiven Zeichen, an denen sie erkannt werden kann." Dieckmann, Das Kreuz, 42.
[134] Verweyen, Einführung, 155f. Interessant ist in diesem Zusammenhang, dass Verweyen neben dem römischen Hauptmann auch Maria und dem „Jünger, den Jesus liebte" die Gotteserkenntnis angesichts des Sterbens zugesteht. Vgl. Verweyen, Christologische Brennpunkte, 113. Die besondere gnoseologische Position von Maria findet sich auch in ders., Licht aus einer anderen Welt. Meditationen zum Hitda-Evangeliar, Freiburg 2000, 48.
[135] „Bei der ursprünglichen Ostererfahrung kommt hinzu, daß Scham und Reue der Jünger hinsichtlich ihres eigenen Verhaltens zumindest *ein* Mo-

desschrei die Einheit der Differenz gelebt, die Einheit als erreichbar aufgezeigt. Er habe die Verbundenheit mit dem Vater ohne jede Gewissheit bis zuletzt durchgehalten und befreie damit den Menschen von seiner Sorge um sich selbst durch die Evidenz, dass er selbst mit seinem Sterben den Tod besiegt habe. Deshalb dürfe der Schrei nicht als Klage interpretiert werden, denn damit sei die Einheit in Frage gestellt. Von einem Scheitern Jesu könne in diesem Ansatz nicht gesprochen werden.[136] Voraussetzung der Erkenntnis sei allein die Vernunftbestimmung des Menschen. Seine Suche nach einer Wirklichkeit, die Einheit und Differenz vermittelbar zeige, bilde das Vorverständnis für die Gotteserkenntnis. Ereigne sich diese Einheit in Differenz, könne der Mensch dies als Äußerung des unbedingten Prinzips erkennen, das er in seinem Wissen um Einheit immer schon voraussetzen müsse. Die Furcht der Jünger vor dem Tode verstelle diese Erkenntnis.[137] Und diese

---

ment dieser plötzlich aufleuchtenden Evidenz vom Leben Jesu trotz seiner Hinrichtung ausgemacht haben müssen." Verweyen, Auferstehung, 126. Verweyen wendet sich hier ausdrücklich gegen Oberlinner, der die Ursache des Nichterkennens *nicht* in der Schuld oder im Versagen der Jünger lokalisiert. Vgl. Lorenz Oberlinner, „Gott aber hat ihn auferweckt" – Der Anspruch eines frühchristlichen Gottesbekenntnisses, in: H. Verweyen (Hg.), Osterglaube ohne Auferstehung?, 65–79, 75. Platzbeckers Interpretation ist hier vollständig identisch mit der Aussage Verweyens: „Ist der Anspruch Jesu jedoch bereits in seinem Leben und seinem Sterben als *legitimiert erkennbar*, dann bedeutete, ihm nicht zu folgen, nach Verweyen letztlich *‚schuldig'* zu werden." Platzbecker, Autonomie, 334. Vgl. Verweyen, Christologische Brennpunkte, 139.

[136] Hier liegt nach Platzbecker auch der Unterschied zwischen den Ansätzen von Pröpper und Verweyen. „Während die Jünger bei Verweyen schon im irdischen Leben bzw. spätestens unter dem Kreuz zur Christusevidenz hätten kommen können, konnten sie das nach Pröpper (und Kessler) gerade nicht." Ders., Autonomie, 327.

[137] Kessler sieht in dieser Position eine Verharmlosung. „Vielmehr war *der von Anfang an strittige, legitimationsbedürftige [...] Anspruch Jesu auf göttliche Vollmacht* durch seine Hinrichtung am Kreuz zusätzlich und in einer dem flüchtigen Rückblick kaum vorstellbaren Weise radikal in Frage gestellt [...]. Die tiefgreifende Erschütterung des Jüngerglaubens an Karfreitag bloß auf ihre Angst und Herzensträgheit zurückzuführen verharmlost die Situation." Hans Kessler, Sucht den Lebenden nicht bei den Toten. Die Auferstehung Jesu Christi in biblischer, fundamentaltheologischer

Furcht bedürfe der Erscheinungen.[138] Hinreichende Evidenz für die Letztgültigkeit der Offenbarung sei mit dem Ende des irdischen Lebens Jesu durch „seine unzerstörbare Geborgenheit im Leben Gottes"[139] gegeben.[140] Denn hier ereigne sich, worauf der Mensch angelegt sei: sich zum Bild des Absoluten machen zu sollen. Ohne die Bestimmung, sich als Bild des Absoluten zu verstehen und diese Bestimmung zu realisieren, drohe dem Menschen der philosophische Suizid.

7. Anfragen

Nach Verweyens eigener Einschätzung ergaben die Diskussionen um die Osterthesen keine Argumente, die überzeugend gegen den von ihm angenommenen Ort der Osterevidenz gesprochen hätten. An dieser Stelle sollen zwei Kontroversen aufgenommen werden, die um die Frage der Verantwortung vor der historischen Vernunft kreisen. Diskussionspartner sind Hans Kessler und Thomas Pröpper.

---

und systematischer Sicht. Neuausgabe mit ausführlicher Erörterung der aktuellen Fragen, Würzburg 1995, 451f.

[138] „Kein nachträglicher Akt Gottes könnte ein göttliches ‚Mehr' am Menschen Jesus aufzeigen, sondern höchstens für uns Menschen auseinanderfalten, was wir aufgrund der Schwäche unserer Liebe im Blick auf das letzte Grauen nicht durchzuhalten vermögen." Verweyen, Christologische Brennpunkte, 105.

[139] Verweyen, Gottes letztes Wort, 362.

[140] Arens fragt an, wie angesichts einer Gewissheit, die sich aus der im Staunen wahrgenommenen Offenbarung des Unbedingten ergebe, bei Verweyen von einem Wagnis der Freiheit und von der Hingabe des Glaubens gesprochen werden könne. Edmund Arens, Läßt sich Glauben letztbegründen?, in: Larcher, Hoffnung, die Gründe nennt, 112–126, 122f. Grundlegend für den Glauben ist für Arens weniger der Rekurs auf eine unbedingte Gewissheit als ein Handeln, das auf eine befreiende und rettende Wirklichkeit setzt und diese Wirklichkeit im Handeln selbst bezeugt. Auch wenn Arens eine Letztbegründung nicht für möglich hält, will er sich von der rationalen Verantwortung des Glaubens nicht verabschieden. Ders., Läßt sich, 125.

7.1 Die Diskussion mit Hans Kessler

Die Diskussion zwischen Kessler und Verweyen beginnt bei der Frage, ob das Kreuzesgeschehen den Selbstanspruch des Gekreuzigten in Frage stellt oder nicht. Kessler nimmt an, dass das Kreuz die vorausgehende Verkündigung und Botschaft in Zweifel ziehe.

„[E]ben jenes ‚Gott war in Christus' (2 Kor 5, 19) war ja auch durch den Kreuztod (als Scheitern und als Gottesfluch) zutiefst fraglich geworden. Daß *Gott* in dem gekreuzigten Jesus ist, ist ja in der Erniedrigung und Vernichtung Jesu unter dem geradezu grauenvollen Gegenteil verborgen und für alle Augen unsichtbar."[141]

In diesem Punkt unterscheidet sich Kesslers Position grundlegend von derjenigen Verweyens. Während Verweyen die Erkenntnis grundsätzlich für möglich hält, dass in der Ohnmacht am Kreuz der Sieg Gottes selbst sichtbar werde, geht nach Kessler der Osterglaube dieser Erkenntnis *voraus*. Erst vom Osterglauben her eröffne sich die Möglichkeit, bereits im Kreuzesgeschehen den Sieg Gottes zu erkennen.[142] Kessler setzt wie Verweyen voraus, dass Jesus der Grund des Glaubens sei. *Wahrnehmbar* werde dies allerdings nur aufgrund der Ostergeschehnisse.[143] Verweyen nimmt ausführlich auf die Einwände Kesslers Bezug, da dieser die gründlichste Auseinandersetzung mit dem Osterverständnis Verweyens vorgenommen habe und viele Kritiker der Osterthesen sich auf Kessler berufen.[144] Für Verweyen steht fest: Die Erfahrung von Ostern könne nur die Entfaltung davon sein, was sich im Kreuzesgeschehen, genauer im „Hingang Jesu bis in seinen letzten Schrei hinein" ereignet habe.[145] Der grundlegende Unterschied zwischen Kessler und Verweyen findet sich hinsichtlich der Frage, ob das

---

[141] Kessler, Sucht, 320.
[142] Vgl. Hans Kessler, Irdischer Jesus, Kreuztod und Osterglaube. Zu Rezensionen von A. Schmied und H. Verweyen, in: ThG 32 (1989) 219–229, 222f., Anm. 16.
[143] Vgl. Kessler, Irdischer Jesus, 228. Ders., Sucht, 239, Anm. 5.
[144] Vgl. Verweyen, Botschaft, 172, Anm. 17.
[145] Vgl. Verweyen, Gottes letztes Wort, 343.

Zentrum des christlichen Glaubens „im Vollbringen jener Liebe sichtbar [wird – E.S.], die stärker ist als der Tod"[146] oder ob im Anschluss daran noch weitere Zeichen nötig seien, die zeigen, „daß solcher Hingang ‚bei Gott angekommen‘ ist"[147]. Kessler ist nach Verweyen ein Vertreter der Position, die eine neue Offenbarungsinitiative nach Ostern annehme, um die Widersprüchlichkeit zwischen dem Kreuzestod Jesu und seinem Vollmachtsanspruch zu tilgen.[148] „Wie soll aber durch die Offenbarung eines Handelns Gottes erst *am toten* Jesus deutlich werden, daß Gott mitten *im Sterben* Jesu, wo er am allertiefsten verborgen war, dennoch präsent war?"[149] Verweyen setzt die grundsätzliche Möglichkeit der Gotteserkenntnis angesichts von Jesu Sterben am Kreuz voraus. Im Hintergrund dieser gnoseologischen Frage stehe eine ontologische. Kessler lege zugrunde, „daß Gott selbst *am toten* Jesus etwas tut, was dieser während seines irdischen Lebens nicht zu vollbringen vermochte: den Tod zu entmachten."[150] Dagegen nimmt Verweyen an, „daß bereits der ‚irdische Jesus‘ während dieses seines Erdenlebens Gottes Leben so in sich trug, daß der Tod keine Macht über ihn hatte."[151] Der endgültige Sieg über den Tod, so Verweyen, sei durch das Sterben errungen, bereits der Gekreuzigte habe den Tod entmachtet.[152] Den Grund der Argumentation bilde die Theodizeefrage. Gehe man mit Kessler davon aus, dass erst nachträglich die Identität Gottes mit dem Gekreuzigten deutlich werde, bleibe nach Verweyen die Frage offen, ob Gott wirklich gelitten habe oder ob vielmehr eine nachträgliche Identifikation mit dem Gekreuzigten stattfinde.[153]

Warum ist es für Verweyen so entscheidend, dass im Kreuzesgeschehen nicht nur der Mensch sondern auch Gott leide? Camus' Texte sind für Verweyen der literarische Ort, an dem sich die gegenwärtige Gottes- und Glaubensproblematik zeige.

---

[146] Verweyen, Gottes letztes Wort, 343.
[147] Verweyen, Gottes letztes Wort, 343.
[148] Vgl. Verweyen, Gottes letztes Wort, 340f.
[149] Verweyen, Botschaft, 67.
[150] Verweyen, Botschaft, 60.
[151] Verweyen, Botschaft, 60.
[152] Vgl. Verweyen, Botschaft, 60.
[153] Vgl. Verweyen, Botschaft, 67.

„Wenn vom Himmel bis zur Erde alles ausnahmslos dem Schmerz ausgeliefert ist, dann ist ein befremdliches Glück[154] möglich. Doch vom Augenblick an, da das Christentum am Ende seines Triumphes der Kritik der Vernunft unterworfen wurde, wurde im gleichen Maß, wie die Göttlichkeit Christi geleugnet wurde, der Schmerz aufs neue zum Los der Menschen."[155]

Nach Verweyen ist die Lösung der Theodizee abhängig von der Frage nach dem Leiden Gottes. Nur wenn es eine göttliche Solidarität im Leiden gebe, d. h. Gott selbst leide, und Leiden nicht nur ein menschliches, sondern auch ein göttliches Schicksal sei, löse das die Theodizeeproblematik. Leiden bedeutet nach Verweyen, sich durch die Differenz bestimmen zu lassen und Bild des Absoluten zu werden. Damit sei es in seiner Sinnhaftigkeit aufgewiesen. Die Solidarität im Leiden könne als Ansatzpunkt für die Frage nach Gott betrachtet werden. Was sich nach dem Tode ereigne, sei nicht gleichermaßen bedeutsam. Aus gnoseologischer Perspektive formuliert: Es dürfe sich nicht mehr ereignen, als am Kreuz geschehen und auch von dort her erkennbar sei. Im Leiden des Gekreuzigten werde das solidarische Leiden Gottes erkennbar.[156]

Kessler betrachtet diese Argumentation kritisch: „Was ändert es am Leid des zerfleischten Kindes, wenn man ihm sagt, daß Gott mitleide?"[157] Die Theodizeefrage dürfe seiner Meinung nach nicht allein über das Leiden Gottes, sondern auch über die Hoffnung auf eine Möglichkeit der Versöhnung beantwortet werden. Kessler verweist zudem auf Simone Weil, der zufolge sich eine Projektion göttlichen Leidens ins Menschliche verbiete.[158]

---

[154] Verweyen übersetzt hier „étrange bonheur" als „fremdartiges Glück".

[155] Camus, Der Mensch in der Revolte, 40.

[156] In diesem Sinne interpretiert auch Menke: „Die unbedingte Solidarität des Gottesknechtes dreht den Spieß nicht um; er vernichtet nicht die, die ihn vernichten wollten; er ersetzt sie nicht, sondern er vertritt sie. Seine unbedingte Solidarität ist Stellvertretung; denn Stellvertretung ist das Gegenteil von Ersatz." Karl-Heinz Menke, Der Gott, der jetzt schon Zukunft schenkt. Ein Plädoyer für eine christologische Theodizee, in: Wagner (Hg.), Mit Gott streiten, 90–130, 113.

[157] Kessler, Sucht, 444.

[158] Vgl. Kessler, Sucht, 444.

Eine grundlegende Analyse der Kontroverse zwischen Kessler und Verweyen hat Karl-Heinz Menke in seiner Christologie vorgenommen.[159] Die Differenz zwischen den beiden Ansätzen bestehe seiner Ansicht nach nur vordergründig im Erkenntnisgrund. Vielmehr gehe es um die Frage, was inhaltlich mit Auferweckung bzw. Auferstehung gemeint sei und welche Bedeutung dem Menschen im Kreuzesgeschehen zukomme. Nach Verweyen geschehe das Wesentliche durch den Menschen, genauer durch das Handeln des menschgewordenen Gottes. Das Handeln von Mensch und Gott sei im Sohn untrennbar verbunden. Verweyen wolle den Begriff der Selbstmitteilung ernst nehmen und lege zugrunde, dass Gott selbst nicht anders handle oder sei, als es in der Geschichte Jesu erfahrbar werde. Würden Gott über die Inkarnation hinaus noch andere Möglichkeiten zugestanden, sich selbst zu offenbaren, könne der Begriff der Menschwerdung nicht als Selbstmitteilung Gottes gedacht werden. Gott leide als Mensch am Kreuz. Bei Kessler dagegen handle Gott zu dem Zeitpunkt, in dem der Mensch sich am meisten auf Gott verlasse. Im Kreuzesgeschehen vollziehe sich das Handeln Gottes bei Kessler nicht *durch* den Menschen wie in der Fundamentaltheologie Verweyens, sondern *am* Menschen. „Nicht Jesu Liebe, sondern nur Gottes Liebe ist aus Kesslers Sicht stärker als der Tod."[160] Die hypostatische Union ende bei Kessler in Folge dieser Aussagen am Kreuz. Menke belegt dies damit, dass Jesus nur noch Objekt und nicht mehr Subjekt göttlichen Handelns sei. Der eigentliche Sachgrund der Kontroverse liege seiner Ansicht nach in der Theologie Kesslers begründet, die vier Arten des göttlichen Handelns unterscheide. Für die hier verhandelte Fragestellung seien vor allem die beiden letzten relevant: Kessler nehme ein durch Menschen „vermitteltes besonderes (innovatorisches) Handeln Gottes"[161] an. Darin werde dem Handeln Jesu eine besondere Bedeutung zugeschrieben, er handle unüberbietbar und endgültig, so dass sein Handeln als Menschwerdung Gottes begriffen werden könne.[162] Davon unterscheide Kess-

---

[159] Vgl. Karl-Heinz Menke, Jesus ist Gott der Sohn. Denkformen und Brennpunkte der Christologie, Regensburg 2008, 50–56.
[160] Menke, Jesus, 54.
[161] Kessler, Sucht, 294.
[162] Vgl. Kessler, Sucht, 294–296.

ler das „radikal innovatorische [...] Auferweckungs- und Vollendungshandeln Gottes"[163], das nicht durch Menschen vermittelt werde. Nicht Jesus besiege den Tod, sondern Gott Vater. „Die Auferstehung ist nicht die Tat Jesu, sondern die reine, freie Gnadentat des Vaters durch seinen Geist am Sohn."[164] Die Annahme einer hypostatischen Union könne mit dieser Aussage kaum mehr vorausgesetzt werden. Damit sei der problematische Punkt bei Kessler benannt. Wenn die Auferstehung nicht als Tat des Sohnes, sondern im Sinne eines aufweckenden Handelns des Vaters verstanden werde, führe dies zu problematischen Konsequenzen. Verweyen ziele darauf, das aktive Moment Jesu am Sieg über den Tod zu akzentuieren, um damit Gottes Handeln und das Handeln Jesu in Identität zu verstehen.[165] Der Sachgrund der Kontroverse liege nach Menke darin, dass Kessler Ostern als ein neues Offenbarungshandeln des Vaters an Jesus ohne die Beteiligung des Sohnes verstehe, während Verweyen das Sterben als die durchgehaltene Beziehung zum Vater interpretiere, die den endgültigen Sieg davon trage.[166] Kessler lege nach Menke zugrunde, dass sich im Sterben kein Bundeshandeln zwischen Jesus und dem Vater mehr ereigne, da im Tod die Möglichkeit für die Beziehung zum Vater erloschen sei.[167]

In dieser Auseinandersetzung zeigt sich aber noch einmal deutlich, wie für Verweyen die Evidenz zustande kommt: Sie habe ihren Grund in der ontologischen Aussage des Gott-Mensch-Seins. Einer Gotteserkenntnis allein durch das Ostergeschehen stellt er die grundsätzliche Möglichkeit der Gotteserkenntnis am Kreuz entgegen. Diese Erkenntnis ergebe sich für ihn nicht aus der Erkenntnisleistung des Subjekts. „Die andere von Kessler skizzierte Position – diese Erkenntnis ist ‚als reine Erkenntnisleistung der Jünger aufgrund des abgeschlossen vorliegenden Lebens und Sterbens Jesu' zu verstehen [...] – wird *von mir nicht* vertreten"[168]. Gotteserkenntnis sei evident aus der Kreuzessituation selbst, müs-

---

[163] Kessler, Sucht, 296.
[164] Kessler, Sucht, 299.
[165] Vgl. Verweyen, Botschaft, 61.
[166] Vgl. Menke, Jesus, 54.
[167] Vgl. Menke, Jesus, 55.
[168] Verweyen, Botschaft, 173f., Anm. 56.

se es sein um den Begriff der Selbstmitteilung und der Menschwerdung zu denken.

7.2 Die Diskussion mit Thomas Pröpper

Thomas Pröpper wendet gegen die Verantwortung vor der historischen Vernunft, wie sie bei Verweyen vorgenommen wird, ein, dass der Grund der Evidenz im Sinnaufweis Verweyens liege. Verweyen lege als Ausgangspunkt seiner Argumentation zugrunde, dass sich ein unbedingtes Sein offenbare. Die Offenbarung werde daher als ergangene angenommen und die Problematik der Fraglichkeit des Ergangenseins der Offenbarung darüber in den Hintergrund gerückt. Bereits die philosophische Argumentation Verweyens gehe davon aus, dass Offenbarung stattgefunden habe. Zudem macht Pröpper darauf aufmerksam, dass Verweyen als den Ort der Offenbarung das unbedingte Sollen bestimme und damit die faktische Sollenserfahrung bereits als Offenbarungserfahrung angenommen werde. Für Verweyen stehe mit diesen beiden Annahmen fest, „daß es *Gott* ist, der in jeder menschlichen Hingabe an das Sollen erscheint."[169] Der Übergang vom menschlichen Sinnbegriff zum Begriff letztgültiger Offenbarung erfolge, indem apriori die größtmögliche menschliche Lebenshingabe mit dem unbedingten Sollensanspruch verbunden werde. Verweyen schließe nach Pröpper vom Sinnaufweis auf den Begriff letztgültiger Offenbarung. Die Verantwortung vor der historischen Vernunft weise im Anschluss daran den geschichtlichen Ort auf, an dem sich diese äußerste Lebenshingabe, die als Sollensanspruch verstanden wird, ereigne. „Es ist genau diese adaequatio des geschichtlichen Ereignisses zum Begriff letztgültiger Offenbarung, was die Behauptung des Ein-für-allemal in der fundamentaltheologisch gefor-

---

[169] Pröpper, Erstphilosophischer Begriff, 284. Striet spricht sich wie Pröpper *dagegen* aus, eine Gleichsetzung von Lebenshingabe und Offenbarungshandeln anzunehmen. „Denn philosophisch spricht nichts dagegen, dass das Selbstopfer [...] ausschließlich die radikalste Möglichkeit der unbedingten Entschiedenheit eines Menschen für einen anderen darstellt." Magnus Striet, Anweisung zum seligen Leben? Ein nüchterner Blick (nicht nur) auf Harry Potter, in: ThGl 92 (2002) 338–352, 351.

derten Weise verantwortbar macht."[170] Hier zeige sich nach Pröpper der Grund, warum der Begriff der *traditio* als Mitte des *philosophisch* rekonstruierten Sinns mit seiner Bedeutung der Selbstauslieferung Jesu unverzichtbar sei. Pröpper konstatiert, dass es bei Verweyen lediglich um die Realisierung des Begriffs eines letztgültigen Sinns gehe, dessen Wahrheitsgehalt sich nach dem geschichtlich ergangenen Offenbarungsereignis *philosophisch* erreichen lasse. Habe das geschichtliche Offenbarungsereignis stattgefunden, könne nach Verweyen mit Hilfe des Sinnbegriffs eine philosophische Gewissheit ermittelt werden, die mit Sicherheit dieses Ereignis als Handeln Gottes bestimme.[171]

Diese philosophische Gewissheit der Fundamentaltheologie Verweyens reiche nach Pröpper zu weit. An drei Themen weist er die Problematik der Fundamentaltheologie Verweyens auf. Hinsichtlich der historischen Rückfrage nehme Verweyen das geschichtlich vermittelte Offenbarungsgeschehen als Ort der Evidenz an, um den Graben Lessings zu vermeiden. Das Ereignis der Offenbarung müsse bei Verweyen der Grund der Zustimmung sein. Gegen die historisch-kritische Rückfrage, die diese Art der Evidenz nicht erreichen könne, etabliere Verweyen die Vermittlung als *Traditio*geschehen. Als ursprüngliche Textgestalt identifiziere Verweyen den literarischen Ausdruck einer Konversionserfahrung. Dieses Verfahren hält Pröpper zwar für in sich stimmig, jedoch steht und fällt seiner Meinung nach die Berechtigung dieser Annahme mit der inhaltlichen Affirmation des Offenbarungsgeschehens. Vorausgesetzt für diese Vorgehensweise sei bei Verweyen die Annahme, dass Gott sich am Beginn der Zeugenkette offenbart habe.

Nach Pröpper übersehe Verweyen die Bedeutung der Geschichtlichkeit des Offenbarungsverhältnisses. Zwar stimmt Pröpper ihm hinsichtlich der Bewertung der Praxis des Glaubens für die Vermittlung und Überlieferung zu. Nur im interpersonalen Geschehen könne der Offenbarungsinhalt vermittelt werden. Allerdings kritisiert Pröpper, dass Verweyen nicht mehr zwischen dem Bekenntnis der Zeugen und der Erinnerung an den dieses Bekenntnis ermöglichenden Grund unterscheide. Damit entfällt

---

[170] Pröpper, Erstphilosophischer Begriff, 284.
[171] Vgl. Pröpper, Erstphilosophischer Begriff, 284f.

Pröpper zufolge die Möglichkeit, das historisch erreichbare Wissen über die Geschichte Jesu als Korrektiv zum Zeugnis der Tradition aufrechtzuerhalten.[172]

Ein zweites Themenfeld, an dem nach Pröpper die Problematik der Fundamentaltheologie Verweyens deutlich wird, stelle die Auferstehungsfrage dar. Hier weist Pröpper abermals darauf hin, dass der philosophische Sinnaufweis wesentliche Fragen ausschließe. Verweyen gehe davon aus, dass menschliche Hingabe und Offenbarung Gottes verbunden seien. Durch den Sinnaufweis könne laut Pröpper die äußerste Selbsthingabe als Ort der Offenbarungsevidenz in den Blick kommen. Aufgrund dieser Vorgehensweise Verweyens werde z. B. die Vollmachtsfrage überhaupt nie virulent. Sei eine philosophische Gottesgewissheit anders als bei Verweyen *nicht* vorausgesetzt, stelle sich die Frage nach der Erkennbarkeit anders. Pröpper nimmt an, dass Geschichte unter anderen Vorzeichen in den Blick kommt, wenn Offenbarung als freie Selbstmitteilung Gottes in Geschichte gedeutet wird. Zum einen werde, wenn keine philosophische Gottesgewissheit angenommen und Offenbarung als freier, geschichtlicher Selbsterweis Gottes verstanden werde, der Mensch, der von sich selbst behaupte, an Gottes Stelle zu handeln, legitimationsbedürftig. Die Katastrophe des Karfreitages fällt damit nach Pröpper erkenntnistheoretisch ins Gewicht. Der Glaube an Gott brauche nach dem Kreuzestod eine erneute Ermutigung. Gott selbst müsse sich mit dem Gekreuzigten identifizieren, so wie sich der Gekreuzigte mit Gott identifiziert habe.[173] Gehe man nicht von einer philosophischen Gottesgewissheit aus, „dann haben die Bekundungen des Auferweckten einen glaubenskonstitutiveren Status, als daß man sie als bloß faktische Zugeständnisse an die Schwäche der Sünde einstufen könnte."[174] Eine Entwertung der Inkarnation ergibt sich für Pröpper damit nicht. Tod und Auferweckung müssen lediglich in ihrem Zusammenhang betrachtet werden, der als Einheit der Selbstoffenbarung zu verstehen sei. Die Isolierung von Auferweckung oder Kreuz ist für Pröpper nicht hinnehmbar. „Ohne ihre menschliche Gestalt in Jesu Leben und Sterben hätte Gottes Liebe nicht ihre unwiderruf-

---

[172] Vgl. Pröpper, Erstphilosophischer Begriff, 285.
[173] Vgl. Pröpper, Erstphilosophischer Begriff, 285f. Ders., „Daß nichts, 44f.
[174] Pröpper, Erstphilosophischer Begriff, 286.

liche Bestimmtheit für uns gewonnen, ohne seine offenbare Auferweckung wäre diese bis zuletzt erwiesene Liebe vielleicht eben doch nur der Erweis des Äußersten, was *Menschen* möglich ist."[175] Ein Gegensatz zwischen dem thronenden und dem betreffbaren Gottesbild durch die Ostererscheinung entstehe nach Pröpper nicht. Er hält die Möglichkeit offen, dass Gott über das hinaus, was ein *Mensch* vollbringen kann, Handlungsmöglichkeiten zur Verfügung stehen. Die Auferweckung vom Tode versteht er als die tatsächliche Erfüllung des intendierten Sein-Sollens, das jeder affirmierten Freiheit implizit sei. Dadurch ergibt sich für Pröpper weder eine Relativierung der Inkarnation noch eine Uneinheitlichkeit im Gottesbild durch die Auferweckung. Denn die Rettungsmöglichkeit liegt im Allmachtsprädikat, das für ihn unverzichtbar ist.

Zudem fragt Pröpper an, welche Evidenz die These besitze, dass kein Gott zu einem größeren Tun imstande sei, als auf diese brutale Art zu sterben und damit die Angst der Menschen zu entmachten. Weder erschließe sich diese Annahme nach Pröpper von selbst, noch ergebe sich ihre Einsichtigkeit mit dem Tod Jesu. Ihre Aussage bestehe allein darin, zu zeigen, dass die Angst vor dem Tod Jesu nicht von seiner Hingabe abgehalten habe. Die Annahme, dass die Angst um den eigenen Tod getilgt werde, ist Pröpper zufolge bereits ein Erweis des Glaubens und geht dem Glauben nicht voraus. Wenn kein Gott existiere, und die Entscheidung über diese Frage ist gemäß Pröpper nur im Glauben zu treffen, bleibe die Rede von Jesu Sieg über den Tod absurd. Nur innerhalb des Glaubens, der die Voraussetzung darstelle, dass ein Gott existiert, könne dem Sterben des Gekreuzigten eine offenbarungstheologische und damit soteriologische Bedeutung zugesprochen werden. Angesichts der philosophisch nicht zu entscheidenden Möglichkeit, ob ein Gott existiert, bleibe die Möglichkeit offen, dass das Sterben absurd sein könnte.[176]

Verweyen wendet sich gegen den Vorwurf, dass er eine *philosophische* Gewissheit der Existenz Gottes annehme. Er besteht darauf, dass er erstphilosophisch nur von einem hypothetischen Schluss auf die Existenz Gottes ausgehe. Einen Schritt in die Me-

---

[175] Pröpper, Erstphilosophischer Begriff, 286.
[176] Vgl. Pröpper, Erstphilosophischer Begriff, 284–286.

taphysik durch die philosophisch vorausgesetzte Gewissheit der Wirklichkeit Gottes unternehme er nach eigener Einschätzung nicht, ebenso wenig verlasse er philosophisch den Rahmen des Sisyphos. Es bleibe in seinem Denken in philosophischer Hinsicht fraglich, ob die Forderungen des Sinnbegriffs eingelöst werden könne. Gleichzeitig weist Verweyen darauf hin, dass Einheit in Differenz prinzipiell nur über die interpersonale Anerkennung möglich sei. Da dieses Geschehen auch die Möglichkeit der sich verweigernden Freiheit berücksichtigen müsse, könne der Schrei Jesu erstphilosophisch als das vollkommene Bild des absoluten Seins verstanden werden.[177] Verweyen hält es jedoch für ein Missverständnis Pröppers, wenn dieser annehme, dass er „mit philosophischen Mitteln die feste metaphysische Basis für eine Gotteserkenntnis" erreichen wolle.[178]

Verweyen distanziert sich auch von dem Verständnis der Erscheinungen als Legitimationszeichen. Mit dem geschichtlichen Ereignis des Kreuzestodes sei alles Inhaltliche gegeben und auch erkennbar. Einmalig zeige sich hier, wie die Inanspruchnahme durch den Nächsten die eigene Sorge um sich selbst vernichte. Im *menschlichen Handeln* werde die Liebe Gottes geoffenbart. Die Annahme eines Auferweckungshandelns als neues Offenbarungsgeschehen *Gottes* schmälere seiner Ansicht die Aussage des Kreuzesereignisses. Die Einheit der Geschichte Jesu sei mit einem solchen Auferweckungshandeln zerrissen, denn die Eintragung einer erkenntnistheoretischen Zäsur zwischen Kreuz und Auferweckung stehe einem Verstehenszusammenhang entgegen. Jede Position, die Auferstehung als Handeln Gottes annehme, gerate in die Gefahr des Ostergrabens, da sie den irdischen Jesus allein als Mensch betrachte, dessen Göttlichkeit sich erst mit Ostern erweise.[179]

Auch Pröpper geht davon aus, dass das geschichtliche Handeln die Liebe Gottes offenbart. Allerdings gibt Pröpper zu bedenken, dass das geschichtliche Handeln immer die antinomische Verfassung der Freiheit zu berücksichtigen habe. Zwar könne sich die Freiheit einen unbedingten Gehalt geben, gleichzeitig bleibe die Freiheit in der Möglichkeit sich selbst zu realisieren immer hinter

---

[177] Vgl. Verweyen, Glaubensverantwortung heute, 290–292.
[178] Vgl. Verweyen, Glaubensverantwortung heute, 295.
[179] Vgl. Verweyen, Glaubensverantwortung, 296–299.

ihrer Intention zurück und könne lediglich bedingt und kontingent ihre unbedingte Intention abbilden.[180] Pröpper nimmt im Anschluss an Krings eine transzendentale Analytik der Freiheit vor. Freiheit bestimmt er als „unbedingtes Sichverhalten, grenzenloses Sichöffnen und ursprüngliches Sichentschließen: als Fähigkeit der Selbstbestimmung, bei der sie 1. das durch sich Bestimmbare, 2. das (durch die Affirmation eines Inhaltes) sich Bestimmende und 3. in ihrer formalen Unbedingtheit der Maßstab wirklicher Autonomie ist."[181] Indem sich die Freiheit auf den ihr angemessenen Gehalt, den sie als die andere Freiheit erfahren habe, verpflichte, verbürge sie ihre Autonomie. Aufgabe und Maß der Freiheit sei die Freiheit selbst, der oberste ethische Grundsatz die unbedingte Anerkennung anderer Freiheit. Die Freiheit erfahre sich jedoch begrenzt hinsichtlich ihrer Möglichkeit der Realisierung. Für die inkarnierte Liebe Gottes bedeutet dies laut Pröpper: wenn Gott Mensch wird, kann er als Mensch nur symbolisch, begrenzt und bedingt zur Darstellung bringen, was er intendiert: die unbedingte Anerkennung und Liebe Gottes. Die Offenbarung Gottes vollziehe sich unter den Bedingungen der Kontingenz und daraus folge erkenntnistheoretisch die Ambivalenz geschichtlicher Ereignisse.[182]

Deutlich lässt sich die Annahme der bleibenden Ambivalenz von geschichtlichen Zeichen zeigen, wenn sich Pröpper mit der Wunderthematik beschäftigt.[183] Bei der Frage nach der Möglichkeit und Erkennbarkeit von Wundern geht Pröpper davon aus, dass zunächst einmal jede geschichtliche Wirklichkeit als Wunder interpretiert werden könne. Die Voraussetzung für die Feststellung eines Wunders sei durch eine vorausgehende, geschichtliche Erfahrung des Subjekts gegeben. „Denn die Erfahrung der Kontingenz für sich allein bliebe ambivalent und – je nach Umständen – für widersprüchliche Deutungen offen."[184] Allerdings kann der Mensch nach Pröpper in der Natur, im Bereich der Kausalge-

---

[180] Vgl. Pröpper, Sollensevidenz, 38.
[181] Pröpper, Sollensevidenz, 31.
[182] Vgl. Pröpper, Sollensevidenz, 31f.
[183] Vgl. Thomas Pröpper, Thesen zum Wunderverständnis, in: Gisbert Greshake/Gerhard Lohfink (Hgg.), Bittgebet. Testfall des Glaubens, Mainz 1978, 71–91.
[184] Pröpper, Thesen zum Wunderverständnis, 83.

setze, keinen ihm, dem freien Wesen, entsprechenden Sinn finden.[185] Dieser Sinn begegne dem Menschen nur in der Form einer anderen Freiheit, die sich selbst zur Liebe des Gegenübers entschlossen habe. „Der Begriff *absoluten* Sinnes erscheint [...] erst, wenn man die Bezogenheit endlicher Freiheit auf andere Freiheit beachtet."[186] Nur wenn der Mensch sich durch andere Freiheit als anerkannt erfahre, könne die Frage nach dem Warum des Daseins einen Halt finden.

> „Solche Geschehnisse, die konkret auch einen Menschen eingehen und dabei ihn selber erreichen, die ihn zu seiner Bestimmung rufen und sie schon realisieren, [...] Zutrauen zur Hoffnung wecken, Selbstverschlossenheit lösen, Entfremdung überwinden und zu Selbstvertrauen aufrichten, [...] sollen *Wunder* genannt werden."[187]

Doch auch für diese Wunder gilt bei Pröpper der Grundsatz der bleibenden Ambivalenz. Gerade weil diese Art der Wunder die Freiheit des Gegenübers bewahre, habe sie keinen zwingenden Charakter. Sie ermögliche der Freiheit, diese Geschehnisse positiv anzunehmen, sie als Wunder zu interpretieren oder eben auch nicht.[188] Gleiches gelte für das Beziehungsgeschehen, das sich zwischen Mensch und Gott ereigne:

> „Indem er [Gott – E.S.] sich zur geschichtlichen Realität seiner Liebe bestimmte und ihr so verbindliche Eindeutigkeit gab, nahm er zugleich die Zweideutigkeit alles Sichtbaren auf sich. Weil es ihm ernst war mit dieser Liebe, band er sich an die Freiheit der Menschen und nahm es auf sich, daß sie ihre Augen verschließen, ihre Herzen verstocken und ihn zur Rolle des Schwachen verurteilen können."[189]

---

[185] Vgl. Pröpper, Thesen zum Wunderverständnis, 83.
[186] Pröpper, Thesen zum Wunderverständnis, 84.
[187] Pröpper, Thesen zum Wunderverständnis, 86.
[188] Vgl. Pröpper, Thesen zum Wunderverständnis, 86f.
[189] Pröpper, Thesen zum Wunderverständnis, 87.

Das Wahrgenommene müsse interpretiert werden und dies sei auf verschiedene Weise möglich. Diese Notwendigkeit kommt im Ansatz Pröppers aber nicht problematisch im Sinne eines Mangels an Evidenz in den Blick,[190] sondern als Möglichkeit, die Freiheit des Menschen in ihrer Unbedingtheit anzuerkennen. Das geschichtliche Ereignis wird im Denken Pröppers als der Ort beschrieben, an dem Gott und Mensch sich begegnen können. Damit bleibt für Pröpper auch die Möglichkeit offen, dass je nach Interpretation des Menschen, die durch die entsprechende Lebensgeschichte bedingt ist, er auch zum Schluss gelangen kann, dass *für ihn* hier kein Offenbarungsgeschehen deutlich wird.[191]

Wie kann nach Pröpper unter Berücksichtigung der Ambivalenz der Geschichte aufgrund der lediglich symbolischen und kontingenten Ausdrucksmöglichkeiten menschlicher Freiheit die unbedingte Liebe Gottes erkannt werden?

„Nicht anders allerdings, ist zu antworten, als auch sonst die unbedingte Intention eines Menschen erkannt werden kann: nämlich immer nur als die Bedeutung des realen Geschehens, in dem sie ihren Ausdruck findet. Sie ist also niemals objektiv beweisbar, wohl aber wahrnehmbar und diese Wahrnehmung dann in künftigen Erfahrungen auch durchaus zu bewähren."[192]

Jesus könne Gottes Liebe nur auf menschliche, d. h. endliche und symbolische Weise darstellen. Dies impliziere, dass die Fraglichkeit und Strittigkeit seiner Botschaft angenommen werden müsse. Jeder Mensch stehe vor der Frage, inwiefern sich ein Mensch überhaupt als Gott ausgeben dürfe. Das Kreuz verstärke diese Fraglichkeit noch einmal, denn der Kreuzestod scheint diesen Anspruch als Hybris deutlich zu machen. „Nicht nur für die jüdische Obrigkeit und Öffentlichkeit war Jesu Gottesbotschaft erledigt, auch für die Jünger mußte sein schmähliches Ende eine kaum zu

---

[190] Kim macht darauf aufmerksam, dass Verweyen bei Blondel die fehlende Möglichkeit von sinnlicher Gewissheit moniere. Vgl. ders., Auf der Suche, 43–45. Vgl. Verweyen, Einleitung zu Maurice Blondel, 54.

[191] Auf die kontingenten Faktoren des Zum-Glauben-Kommens macht Magnus Striet aufmerksam. Vgl. Striet, Offenbarungsglaube, 100f.

[192] Pröpper, „Daß nichts, 48.

überschätzende Katastrophe bedeuten."[193] Weil das geschichtliche Wirken ambivalent wahrnehmbar ist und das Kreuz diese Ambivalenz nicht zu entscheiden mag, es sei denn als Widerlegung des Anspruches, sind für Pröpper ermutigende Zeichen nötig, um den Glauben an den geschichtlich handelnden Gott zu ermöglichen.[194]

7.3 Konsequenzen der Verantwortung vor der historischen Vernunft

In der Auseinandersetzung mit Kessler und Pröpper wird deutlich, worin das Spezifikum der historischen Verantwortung der Fundamentaltheologie Verweyens liegt. Anders als diese beiden Denker geht Verweyen davon aus, dass das geschichtliche Ereignis des Kreuzes als Selbstmitteilung Gottes *de iure* ohne Ostererscheinungen erkennbar werde. Nach Menke lasse sich bei Kessler eine ontologische Unklarheit konstatieren, wenn eine neue Handlungsinitiative für die Auferweckung angenommen werde, die der Vater ohne den Sohn vollbringe. Verweyens Intention liegt darin, das aktive Moment Jesu am Sieg über den Tod zu akzentuieren,[195] damit so Gottes Handeln und das Handeln Jesu in Identität verstanden und das Sterben als die durchgehaltene Beziehung des Sohnes zum Vater interpretiert werden könne, das den endgültigen Sieg davontrage.[196] Pröpper geht von der Fraglichkeit des geschichtlichen Ereignisses aus und schreibt damit den Auferstehungserscheinungen eine grundlegende Bedeutung für den Glauben zu. Verweyen zeigt sich unzufrieden über die letzte Unklarheit und Fraglichkeit, die sich bei Pröpper hinsichtlich des geschichtlichen Ereignisses ergibt. Die soteriologische Bedeutung besteht für Verweyen gerade in ihrer Eindeutigkeit und in der durch das Offenbarungsgeschehen eröffneten Möglichkeit, diese Evidenz wahrzunehmen. Ohne die Annahme einer Letztgültigkeit des geschichtlichen Ereignisses sei der christliche Glaube nicht erreicht. Die objektive Evidenz ermögliche diese Letztgültigkeit. Die Bedeutung der interpersonalen Dimen-

---

[193] Pröpper, „Daß nichts, 44.
[194] Vgl. Pröpper, „Daß nichts, 43–45.
[195] Vgl. Verweyen, Botschaft, 61.
[196] Vgl. Menke, Jesus, 54.

sion, das Wagnis des Glaubens wird zwar auch bei Verweyen als Teil des Glaubensaktes gedacht, jedoch fordere die Evidenz dieses Wagnis. Diese Deutlichkeit ergebe sich nach den erkenntnistheoretischen Möglichkeiten Verweyens nicht erst mit der Selbsthingabe des Erkennenden, sondern bestehe bereits davor aufgrund des Einheitswissens der theoretischen Vernunft. Die Angst des Menschen um sich selbst, d. h. seine sündige Verfasstheit, verstelle dieses Wissen. Hinsichtlich der Objektivität der Offenbarung bekräftigt Verweyen Hans Urs von Balthasars Überlegungen. Im geschichtlichen Geschehen werde objektiv evident, dass sich hier Gott zeige. Feststellen lasse sich daher, dass die Verantwortung vor der historischen Vernunft letztlich dazu diene, vor dem Forum der Vernunft die ergangene Evidenz mit Hilfe des philosophisch ermittelten Sinnbegriffs zu legitimieren. Als Grund des Glaubens nimmt Verweyen nicht das existentielle Wagnis des Menschen an, sondern einzig die Initiative Gottes zur Inkarnation.

„Die theol[ogische] Frage nach den ‚praeambula fidei‘, d. h. nach dem, ‚was dem Glauben (im log[ischen], nicht im chronolog[ischen] Sinn) vorausgeht‘, richtet sich auf die Möglichkeit u[nd] Verpflichtung des Menschen, seinen Glauben an die freie Selbstmitteilung Gottes vor sich selbst als vernünftige Tat seiner Freiheit zu verantworten. Da der Mensch nur über Akte der Kommunikation zu sich selbst findet, ist diese Verantwortung nie monologisch, sondern prinzipiell immer zugleich als Rechenschaft vor dem Forum der allg[emeinen] Vernunft zu verstehen. Dabei geht es nicht um Glaubens*begründung*: Der alleinige Grund zu glauben liegt darin, daß Gott sich zu erkennen u[nd] zu lieben gibt.“[197]

Hier wird die Problematik unübersehbar, die sich aufgrund der objektiven Evidenz bei Verweyen ergibt: Zwar gelingt es dem Fundamentaltheologen eine Glaubensverantwortung zu leisten, die die Fraglichkeit der Geschichte überwindet, doch um welchen Preis? Der Glaubensgrund wird mit der Annahme einer objektiven Evidenz von der Instanz der menschlichen Freiheit in die objektive Evidenz des geschichtlichen Kreuzesereignisses verlagert, dem der Mensch aufgrund seiner Einsicht der Vernunft folgen

---

[197] Verweyen, Praeambula fidei, in: LThK³ 8 (1999) Sp. 478–482, 478f.

muss. An dieser Stelle zeigen sich die Folgen davon, dass Verweyen die transzendentale Freiheit nicht eigens thematisiert und in Folge dessen unzureichend beachtet.[198] Denn Verweyen setzt zwar die Freiheit des Menschen hinsichtlich seiner Glaubensentscheidung voraus, diese Freiheit vollziehe sich aber nur dann angemessen, wenn sie sich zu den geoffenbarten Inhalten affirmativ verhalte. Pröpper legt zugrunde, dass die Wahrheit des Glaubens immer nur als eine dem Menschen geschenkte und als solche verstandene vorkommt. Der Inhalt des Glaubens erschließt sich demnach erst durch die Bedeutung des Inhaltes für den Menschen, daher gehört das Verstehen wesentlich zur Wahrheit des Glaubens. Diese Voraussetzung dispensiert den Menschen keineswegs vor der Verantwortung des Glaubens, d. h. vor der Forderung einsichtig zu machen, dass das Geglaubte in sich konsistent ist.[199] Wenn Pröpper hervorhebt, dass das Wirken des Geistes keinesfalls die endliche Freiheit übergeht oder ersetzt, sondern lediglich die menschliche „Verschlossenheit öffnet, uns für seine in Jesus begegnete Wahrheit empfänglich macht, ihre Wahrnehmung leitet, uns ihrer gewiß werden lässt"[200] klingt an, dass Freiheit hier in anderem Maße relevant wird. Signifikant zeigt sich der Unterschied, wenn Pröpper die Freiheitserfahrung als Grund für die Annahme Gottes auslegt: „Nicht obwohl, sondern *weil* er [der Mensch – E.S] frei ist, ist der Mensch auf Gott hingeordnet und kann dies eben im Maße des Bewußtsein seiner Freiheit erfahren."[201] Pröpper weist die Freiheit des Menschen als den Ort auf, der die Gottesrede ermöglicht.[202] Die Bedeutung des geschichtlichen Handelns Gottes wird damit nicht gemindert. „Transzendentalphilosophie verbürgt die Wirklichkeit nicht, deren Möglichkeit und Sinn sie prüft und erschließt."[203] Aus der Reflexion auf die menschliche

---

[198] Vgl. Pröpper, Erstphilosophischer Begriff, 282. Vgl. Krings, System und Freiheit, 172f.

[199] Vgl. Pröpper, Freiheit, 173.

[200] Thomas Pröpper, Zur vielfältigen Rede von der Gegenwart Gottes und Jesu Christi. Versuch einer systematischen Erschließung, in: Ders., Evangelium und freie Vernunft, 245–265, 255.

[201] Pröpper, Freiheit, 186.

[202] Vgl. Pröpper, Freiheit, 171–192.

[203] Pröpper, Freiheit, 186.

Freiheit und ihre bedingte Ausdrucksmöglichkeit ergibt sich nach Pröpper die Ambivalenz des geschichtlichen Geschehens.

Wenn Offenbarung als freies Geschehen zwischen Mensch und Gott verstanden werden soll, muss die menschliche Freiheit in ihrer Unbedingtheit anerkannt werden, was bedeutet, dass angesichts der philosophischen Strittigkeit der Existenz Gottes die Entscheidung für oder gegen Gott zu würdigen ist und nicht der Verweigerung eines Anspruchs zugeschrieben werden darf. „Nichts berechtigt dazu, aus der Idee Gottes, so möglich und sinnvoll sie ist, auch schon auf seine Wirklichkeit zu schließen. Und erst recht können wir über sein freies Verhältnis zu uns nicht entscheiden."[204] Soll Offenbarung als ein freies Beziehungsgeschehen gedacht werden, muss die Unbedingtheit der Freiheit gewürdigt werden – auf menschlicher und göttlicher Seite. „Dieser Glaube hat aber eben zwei Elemente: die Freiheit, die dieser Gott uns läßt – selbst ihm gegenüber, selbst in seinem bloßen Erkennen; und die von Jesus von Nazareth radikal vollzogene Identifikation von Gottes- und Nächstenliebe."[205] Die Offenbarung des freien Gottes ist die eine Seite des Glaubensgeschehens, aus sich heraus kann der Mensch vom Begriff Gottes nicht auf sein Dasein schließen. Die philosophische Strittigkeit der Existenz Gottes verbietet es, die negative Entscheidung des Menschen zum Gnadenangebot abzuwerten (aus diesem Grunde ist auch eine eschatologische Möglichkeit anzunehmen, die dem Menschen nach seinem Leben erneut die Möglichkeit eröffnet, sich für die zu Lebzeiten durch kontingente Faktoren verschlossene Möglichkeit des Gnadenangebotes zu entscheiden). Damit ist aber die Frage der Gewissheit der Freiheit selbst zugeschrieben. Bei Verweyen gibt es lediglich die Alternative von Inspiration oder Letztgültigkeit des geschichtlichen Ereignisses als objektive Evidenz. „Kann ein gesch[ichtliches] Geschehen an sich (sei es damals od[er] heute) Gott überhaupt transparent machen, od[er] entscheidet letztlich erst eine innersubj[ektive] (gnadengeleitete) Einsicht über den wahren Stellenwert eines den Sinnen präsenten Faktums?"[206] Eine Mehrdeutig-

---

[204] Pröpper, „Wenn alles, 31.

[205] Rainer Bucher, Theologie zwischen den Fronten. Universität, Kirche und Gesellschaft in: StZ 228 (2010) 315–326, 325.

[206] Verweyen, Praeambula fidei, 481.

keit des Kreuzesgeschehens anzunehmen komme nach Verweyen einer Inspirationstheologie gleich. „Die Evangelien stellen uns einen als legitimiert erkennbaren Anspruch Jesu vor, dem nicht Folge zu leisten Schuld bedeutet."[207] Die Evidenz ergebe sich nach Verweyen aus dem Kreuzesgeschehen, das mittels des Einheitswissens der Vernunft die menschliche Sinnfrage beantworte. Wer den von dort ergehenden Anspruch nicht vollziehe, deute die Evidenz um. Wie lässt sich unter diesen Annahmen ein freies Geschehen denken, wenn eine objektive Evidenz besteht, der der Mensch nur noch zustimmen kann? Und wie kann erkenntnistheoretisch eine Mehrdeutigkeit der geschichtlichen Situation und damit die menschliche Interpretationsleistung ausgeschlossen werden, *ohne* bereits die Glaubensentscheidung vorauszusetzen?

Hier zeigt sich, wie das Verhältnis von Offenbarung und Vernunft bei Verweyen bestimmt wird. Angenommen wird, dass die Offenbarung einen Inhalt vorgebe. Ihr Ergangensein wird von Verweyen als Ausgangspunkt bereits *vorausgesetzt*. Der menschlichen Vernunft bleibe, dieses Ergangensein einzusehen bzw. der Theologie, das Ergangensein einsehbar zu machen und in eins damit erkenne sie, dass sie immer bereits den Anspruch, sich zum Bild des Absoluten zu machen, in sich vorfinde. Die Frage der philosophischen Strittigkeit wird zwar gestellt, gleichzeitig steht jedoch für Verweyen fest, dass sich am Kreuz Gott geoffenbart habe. Der Grund der Argumentation liegt im Einheitswissen des Subjekts. Eine objektive Evidenz des Kreuzesereignisses lässt sich aussagen, weil die Vernunft rein philosophisch den einzigen Begriff letztgültigen Sinns rekonstruieren könne. Faktisch bleibe der Vernunft in diesem Entwurf aufgrund der Sünde ihre eigene Bestimmung verborgen. Dieser Zugang werde erneut durch das Offenbarungsgeschehen am Kreuz eröffnet. Der Grund für die Annahme der objektiven Evidenz in der Fundamentaltheologie Verweyens ist das in der menschlichen Vernunft grundgelegte Wissen um Einheit, das über das scheinbar unerreichbare Streben philosophisch zum Begriff der Äußerung führt, der in der geschichtlichen Offenbarung verifiziert werden kann und muss.

---

[207] Verweyen, Botschaft, 57.

Zweiter Teil
Hans Urs von Balthasars Theologie und
die Fundamentaltheologie Hansjürgen
Verweyens

Zu Beginn der Arbeit wurde die Frage gestellt, ob die Annahme der objektiven Evidenz der Christusgestalt Verweyens mit den erkenntnistheoretischen Vorgaben der neuzeitlichen Subjektivität kollidiere. Ist mit der Aussage der objektiven Wahrnehmbarkeit der Göttlichkeit am Kreuz in der Fundamentaltheologie Verweyens die begriffliche Ebene überschritten und bereits die Existenz Gottes vorausgesetzt? Wie lässt sich in einem Denken, das für sich beansprucht, keinen Schritt in die Metaphysik hinein zu unternehmen,[1] eine Objektivität jenseits der empirischen Kausalitäten feststellen?

Die Beantwortung der Frage wird innerhalb dieser Arbeit über eine Untersuchung der Relationen zwischen dem Denken Hansjürgen Verweyens und Hans Urs von Balthasars vorgenommen. Anlass für die Fragestellung bieten die Hinweise Verweyens auf das Denken Balthasars in „Gottes letztes Wort", zudem seine Veröffentlichung aus dem Jahre 2006, in der er die Bedeutung Balthasars für die Fundamentaltheologie explizit heraushebt, sowie die 2008 erschienene „Einführung in die Fundamentaltheologie" von Verweyen. Während in „Gottes letztes Wort" das Denken Balthasars lediglich auf drei Seiten explizit dargestellt wird, die übrigen Verweise auf Balthasar ohne das Personenregister des Buches kaum auffindbar sind und im Inhaltsverzeichnis jegliche Erwähnung Balthasars fehlt, wird die Theologie Balthasars in der „Einführung" stärker hervorgehoben. Verweyen geht bezüglich der Frage der Glaubensverantwortung auf Rahner und überraschenderweise auch auf Balthasar ein. Beiden Ansätzen schreibt er zu, über das II. Vatikanum hinaus wirksam geblieben zu sein. Ohne diese beiden Denker seien nach Verweyen die gegenwärtige Theologie und die Lage der Kirche kaum verständlich. Verweyen stellt Balthasar damit ausdrücklich neben Rahner.[2] An einem anderen Ort wägt Verweyen Rahner und Balthasar gegeneinander ab und empfiehlt der Fundamentaltheologie, sich nicht nur am Werk Rahners, sondern auch am Denken Balthasars zu orientieren.[3]

Um die Bedeutung der Theologie Balthasars für Verweyen zu erfassen, erfolgt eine Darstellung des Denkens Balthasars. Auf-

---

[1] Vgl. Verweyen, Glaubensverantwortung heute, 290.
[2] Vgl. Verweyen, Einführung, 73f.
[3] Vgl. Verweyen, Die Bedeutung, 400.

grund des Umfangs dieser Arbeit kann diese jedoch nur in aller Kürze geschehen. Rekonstruiert wird im Wesentlichen die erkenntnistheoretische Perspektive, die das Denken Hans Urs von Balthasars prägt, da diese als Voraussetzung für das Verständnis der objektiven Evidenz unverzichtbar ist. Als Textgrundlage für die erkenntnistheoretischen Grundlagen Balthasars wurde der ersten Band der „Theologik" gewählt. Weitere Texte Balthasars werden auszugsweise berücksichtigt. Weitgehend wird dem Argumentationsgang gefolgt, den Balthasar in den entsprechenden Textpassagen vorgibt, selten wird auf Ergänzungen oder Modifikationen, die sich an anderen Stellen zur gleichen Thematik ergeben, hingewiesen, da dies den Rahmen der Fragestellung sprengen würde.

Die Überlegungen zur Wahrnehmbarkeit der Christusgestalt betreffen nicht nur die Erkenntnistheorie Balthasars, sondern auch die Theologie des Kreuzesgeschehens. Die objektive Evidenz Balthasars bleibt unverständlich, wenn nicht zuvor darauf eingegangen wird, *was* sich seinem Verständnis nach am Kreuz ereignet. Als Grundlage dieser Darstellung werden vor allem die Texte berücksichtigt, auf die sich Verweyen bezieht: die „Theodramatik" II/1, III und IV, „Herrlichkeit" I und „Glaubhaft ist nur Liebe". Nach der inhaltlichen Bestimmung der Kreuzesszene wird die erkenntnistheoretische Fragestellung wieder aufgenommen. Wie wird bei Balthasar die Erkenntnis am Kreuz gedacht? Abschließend kommt das Verhältnis von Schuld und fehlender Gotteserkenntnis in den Blick. Ziel der Arbeit ist es, die Bezüge zwischen Verweyen und Balthasar durch eine Darstellung der Motive Balthasars, die von Verweyen aufgenommen werden, zu verdeutlichen.

Im darauf folgenden Arbeitsschritt wird die Frage nach den inhaltlichen Übereinstimmungen zwischen der Fundamentaltheologie Verweyens und der Theologie Balthasars im Zentrum stehen. Hier werden die Verweise Verweyens auf Balthasar näher untersucht.

IV. Erkenntnistheorie und Kreuzestheologie bei Hans Urs von Balthasar

1. Der Wahrheitsbegriff

Zu Beginn der Darstellung wird die grundlegende Unterschiedenheit im philosophischen Denken zwischen Balthasar und einem neuzeitlich nach-kantischen Denken deutlich gemacht. Während sich Verweyens Fundamentaltheologie der transzendentalen Vorgehensweise verschreibt und nach eigenen Aussagen lediglich eine Bestimmung des Gottes*begriffs* vornimmt und damit nicht die Existenz Gottes aussagt, positioniert sich Balthasar in Abgrenzung zu der sich seit dem Beginn des 20. Jahrhunderts ausbreitenden transzendentalphilosophischen bzw. transzendentaltheologischen Methode.

„Es fällt auf, daß das Denken Balthasars schon von Anfang an sich der transzendentalphilosophisch-theologischen Richtung nicht anschließt. Der Kenner des Balthasarschen Oeuvre gewinnt eher den Eindruck, daß es oft in begleitendem, ja gegensteuerndem Kontrapunkt zur dominanten ‚transzendentalen‘ Richtung gewachsen ist."[1]

Balthasar liefert im ersten Band der Theologik das philosophische Fundament für die folgende Trilogie. Bereits bei der philosophischen Grundlegung zeigt sich, dass Balthasar dem ontologischen Seinsdenken verpflichtet ist. Unübersehbar ist dies bei der Wahrheitsfrage. Denn Balthasar zielt nicht auf eine kritische Erkenntnistheorie, die sich Kant anschließt und die aufgrund einer Reflexion auf die Voraussetzungen der menschlichen Erkenntnis die Möglichkeiten der Gottesrede in der theoretischen Vernunft ausschließt und diese Gottesrede nur im Bereich der praktischen Vernunft akzeptiert. Balthasar verfolgt vielmehr eine ontologische

---

[1] Manfred Lochbrunner, Analogia Caritatis. Darstellung und Deutung der Theologie Hans Urs von Balthasars (= FThSt 120), Freiburg 1981, 81.

Bestimmung der Wahrheit. Die Wahrheitsthematik bewegt sich im metaphysischen Raum, auch wenn Balthasar keine umfassende Metaphysik entwickelt. Er intendiert, mit seiner Theologie eine Verbindung von Wahrem, Gutem und Schönem zu entwerfen.[2] Mit diesen philosophischen Prämissen verbindet sich eine Einschränkung der Anwendbarkeit des Denkens. Denn Balthasars Intention besteht darin, gegen Kant ein ontologisches Weltverständnis zu etablieren, das die Engführung des neuzeitlichen Wirklichkeits- und Wahrheitsbegriffs aufsprenge.

> „Wir dürfen also von ‚Wahrheit‘ [d. h. Theologik I – E.S.] keinen expliziten Beitrag zur Lösung der vertrackten Problematik einer ‚nach-metaphysischen‘ Epoche erwarten, wie sie seit dem von Kant gegen die Metaphysik erhobenen Einwand das Philosophieren wesentlich beschäftigt hat, bis hin zur Dekonstruktion jeder Metaphysik. [...] ‚Wahrheit‘ weiß sich der großen abendländischen Denktradition verpflichtet. Dadurch wird wieder eine *Basis* gewonnen, auf der das *enggeführte, eindimensionale Wirklichkeitsverständnis* (Sein ist Geist) *der Neuzeit aufgebrochen werden kann.*“[3]

Balthasar strebt weder eine transzendentale Theologie an, noch kann sein Denken unmittelbar für nachmetaphysische Fragestellungen herangezogen werden. Vielmehr beabsichtigt er ein Wirklichkeitsverständnis stark zu machen, das sich nicht nur im Begrifflichen aufhält. Daher verwahrt er sich gegen eine Beschränkung objektiver Inhalte auf ihre Rückbindung an das menschliche Denkvermögen. Auch außerhalb des Denkens des Menschen haben die Dinge der Welt ihren Bestand.[4] Er vertritt die Auffassung, dass in den Erscheinungen der Welt das Sein wahrnehmbar sei. Im

---

[2] Vgl. Lochbrunner, Analogia, 83f. Zur Metaphysik Balthasars vgl. Jörg Disse, Metaphysik der Singularität. Eine Hinführung am Leitfaden der Philosophie Hans Urs von Balthasars (= Philosophische Theologie 7), Wien 1996.

[3] Lochbrunner, Analogia, 84. Zum Ressentiment Balthasars gegenüber der Aufklärung vgl. Eicher, Offenbarung, 301–306. 339.

[4] Vgl. Hans Urs von Balthasar, Theologik I, Wahrheit der Welt, Einsiedeln 1985, 48.

Vorgang der menschlichen Wahrnehmung finde keine Interpretation des Menschen statt. Erkenntnis sei ein Vorgang infolgedessen die Wahrheit des absoluten Seins, welches sich durch die Objekte der Welt zeige, wahrnehmbar werde. Balthasar setzt Wahrheit mit der Erschlossenheit und der Unverborgenheit des absoluten Seins gleich. Die Gültigkeit und Gewissheit der Erkenntnis folge aus der Wahrheit der Erscheinung selbst, die sich im Erkenntnisvorgang dem Subjekt mitteile.[5] „Die Erkenntnis ist echt, weil das Erkannte selbst echt ist."[6] Die Wahrheit führe durch ihre Erkennbarkeit zu einer Sicherheit bezüglich des Erkannten, zu einer Evidenz.[7]

Balthasar wendet sich ausdrücklich gegen die anthropologische Reduktion, die sich ihm zufolge im kantischen Denken vollende, da hier das Wissbare auf die Synthese von Begriff und sinnlicher Anschauung bezogen werde.[8] Das Wirklichkeitsverständnis, das vom kantischen Denken geprägt sei, bezeichnet Balthasar als verengt und reduktionistisch. Er positioniert sich jedoch nicht unbegründet gegen den kantischen Wahrheitsbegriff. Mit seiner Ausführung im ersten Band der Theologik strebt Balthasar an, das eindimensionale Wahrheitsverständnis des nach-metaphysischen Denkens auf einen Wahrheitsbegriff hin zu öffnen, der die Verbindung von Wahrheit, Gutsein und Schönheit ermögliche. Balthasar legt das ontologische Denken zugrunde, weil die ontologische Struktur der Welt die theologische Erkenntnis ermögliche. Das ontologische Denken stehe im Dienste der theologischen Erkenntnislehre. Balthasar definiert als Intention der gesamten Theologik, zu ermitteln, „was im Ereignis der Offenbarung Gottes durch die Menschwerdung des Logos und die Ausgießung des Heiligen Geistes ‚Wahrheit' besagt."[9] Die von Balthasar vorausgesetzte Wahrheit wird in ihrer Bezogenheit zum christlichen Offen-

---

[5] Vgl. Balthasar, Theologik I, 28f.

[6] Balthasar, Theologik I, 29.

[7] Vgl. Balthasar, Theologik I, 30.

[8] Vgl. Balthasar, Glaubhaft, 19–21. Kim bezeichnet Balthasars Theologie daher als theozentrisch. Vgl. Son-Tae Kim, Christliche Denkform: Theozentrik oder Anthropozentrik? Die Frage nach dem Subjekt der Geschichte bei Hans Urs von Balthasar und Johann Baptist Metz (= FZPhTh), Fribourg 1999, 523.

[9] Balthasar, Theologik I, VII.

barungsgeschehen gedacht bzw. ergibt sich von dort. In der Theologik widmet sich der Denker der Frage, wie sich göttliche Wahrheit innerhalb des Geschöpflichen darstellen könne.[10] Mit diesem Vorgehen zeigt sich, wie Balthasar das Verhältnis von Theologie und Philosophie versteht. Er lehnt eine strenge Trennung dieser beiden Disziplinen ab. Philosophische Aussagen müssten immer für ihren theologischen Gehalt hin offen sein. Die Philosophie könne nur in abstrakter Hinsicht die übernatürliche Grundstruktur der Welt ausblenden, je mehr sie jedoch ihre Abstraktion verlasse und konkreter werde, entwickle sie sich zur Theologie. Balthasar beschreibt das Verhältnis von Philosophie und Theologie mit dem Begriff der Integration. Beide Disziplinen müssten in ihrer gegenseitigen Verwiesenheit angenommen werden. Eine Philosophie, die sich auf Innerweltliches beschränke, entziehe der Theologie den Boden und lasse die Frage unbeantwortet, was Wahrheit für den Menschen meine.[11] Ohne eine Philosophie, die sich als offen für die übernatürlichen Gehalte verstehe, verliere die Theologie ihre Verortung und damit die Aussagemöglichkeit über die Bedeutung der Wahrheit in Jesus Christus. Eine angemessene Philosophie setze das Verständnis der Transzendentalien als Bestimmungen des Seins selbst voraus, allerdings nicht etwa wie bei Kant als Kategorien der endlichen Vernunft.[12] Balthasar vertritt die Auffassung, dass ein Zugang zur Wirklichkeit ohne Berücksichtigung der darin vorkommenden Transzendenz undenkbar sei.[13] Seine Perspektive zeichnet sich dadurch aus, dass die Welt in ihrer philosophischen Dimension beschrieben werde, so dass ihre Offenheit für die theologische Deutung aufgezeigt werden kann. Balthasar unternimmt es, „die Wahrheit der Welt in ihrer präva-

---

[10] Vgl. Balthasar, Theologik I, VII.

[11] „Die Philosophie, wie von Balthasar sie darlegt, ist und bleibt aus sich unvollendbar, verweist aber gerade darin auf eine Vollendung, die sich dann als Theologie darstellt, deren Möglichkeit und deren Inhaltlichkeit sich jedoch aus Gottes freier Offenbarung und Selbstmitteilung ergeben." Werner Löser, Der herrliche Gott. Hans Urs von Balthasars „theologische Ästhetik", in: Rainer Kampling (Hg.), Herrlichkeit. Zur Deutung einer theologischen Kategorie, Paderborn 2008, 269–293, 275f.

[12] Vgl. Balthasar, Theologik I, XIVf.

[13] Vgl. Balthasar, Theologik I, VII–XI.

lenten Welthaftigkeit zu beschreiben, ohne jedoch die Möglichkeit auszuschließen, daß die so beschriebene Wahrheit Elemente in sich schließt, die unmittelbar göttlicher, übernatürlicher Herkunft sind."[14] Alles Erscheinende müsse so erfasst werden, dass vorherrschend die weltliche Wahrheit zur Sprache komme. Gleichzeitig dürfe jedoch die Möglichkeit nicht ausgeschlossen werden, dass die weltliche Wahrheit Momente göttlicher Herkunft in sich trage. Um diese Perspektive zu erreichen, geht Balthasar von Wahrheiten aus, „die wahrhaft zur geschöpflichen Natur gehörig dennoch erst ins Licht des Bewußtseins treten, wenn sie von einem übernatürlichen Strahl erhellt werden."[15] Die Welt müsse in ihrer vorherrschenden Welthaftigkeit betrachtet werden, ohne die Möglichkeit auszuschließen, dass die welthafte Wahrheit Momente des Übernatürlichen umfasse. Ob diese Art der Wahrheit sich durch das natürliche oder übernatürliche Licht vernehmen lasse, will Balthasar nicht entscheiden. Inhaltlich zieht Balthasar zwar eine Trennlinie zwischen der philosophischen Wahrheit der Welt und der theologischen Wahrheit der Selbstoffenbarung Gottes. Die Reichweite der philosophischen Wahrheit beziehe sich jedoch nicht auf die theologische Wahrheit der Selbstoffenbarung Gottes. In welchem Licht die philosophische Wahrheit wahrgenommen werde, lasse sich nach Balthasar nicht klären.[16]

---

[14] Balthasar, Theologik I, XII.

[15] Balthasar, Theologik I, XII. Bereits hier lassen sich Strukturparallelen zu Verweyen aufzeigen. Auch Verweyen geht davon aus, dass die im Glauben freigesetzte Vernunft eine Vernünftigkeit aller Vernunft vor dem Glauben enthülle, auch wenn diese Vernünftigkeit der nichtgläubigen Vernunft selbst verborgen bleibe. Vgl. Verweyen, Gottes letztes Wort, 45. Interessanterweise bescheinigt Ohlig Verweyen, einen dritten Weg zwischen zwei Wahrheitsvorstellungen zu suchen. Dieser Weg liege zwischen der Position, die eine radikale Unmöglichkeit von religiösen Inhalten annehme, und dem Standpunkt, der einen metaphysischen und metahistorischen Wirklichkeitsbereich voraussetze. Verweyen wolle mit seiner Fundamentaltheologie diese beiden Positionen verbinden. Vgl. Karl-Heinz Ohlig, Gibt es, in: Larcher, Hoffnung, die Gründe nennt, 205–214, 209f. Treffen sich Verweyen und Balthasar in ihrer Ablehnung der heidnisch-metaphysischen und kantisch-transzendentalen Position?

[16] Vgl. Balthasar, Theologik I, XIIf.

Balthasar vertritt die Auffassung, dass der Mensch aufgrund seiner Freiheit die Möglichkeit besitze, den Transzendenzbezug der Welt zu ignorieren. Diese Haltung bestimmt Balthasar als Unglauben.

> „Erstlich gilt, daß die Welt, so wie sie konkret existiert, eine Welt ist, die je schon positiv oder negativ in einem Verhältnis zum Gott der Gnade und der übernatürlichen Offenbarung steht, und daß es in diesem Verhältnis keine neutralen Punkte und Flächen gibt. Die Welt, als Gegenstand der Erkenntnis, ist immer schon in diese übernatürliche Sphäre eingebettet, und so steht auch entsprechend das Erkenntnisvermögen des Menschen immer schon unter dem positiven Vorzeichen des Glaubens oder dem negativen des Unglaubens."[17]

Nur vor dem Horizont Gottes werde die erscheinende Welt angemessen interpretiert. Neutralität der Erscheinungen im Sinne eines Daseins, das allein aus sich selbst ohne den übernatürlichen Interpretationsrahmen erfasst werden könne, gibt es bei Balthasar nur als Folge der Verkehrung der Perspektive. Die gesamte Welt müsse in ihrer Bezogenheit auf die Gnade betrachtet werden. Allein dem Ungläubigen, der am Horizont der Erscheinungen vorbei sehe, könne diese Bezogenheit entgehen. Eine erkenntnistheoretische Position, die die Transzendenz und damit die Unfassbarkeit des Wahrgenommenen in menschlichen Kategorien ausblende, gründe in der moralischen Verfehlung menschlicher Freiheit. „Alle der menschlichen Freiheit möglichen Perversionen des Seins und seiner Bestimmungen streben immer nach einer Aufhebung seiner Tiefendimension, die es auch und gerade in seiner Enthüllung ein Geheimnis sein läßt."[18] Um eine angemessene erkenntnistheoretische Position zu erreichen, müsse der Bezug jedes Objekts zur Transzendenz berücksichtigt werden. Werde Wahrheit auf die Evidenz im Bereich der theoretischen Vernunft reduziert, stehe dies der Universalität und damit dem Wesen von Wahrheit ent-

---

[17] Balthasar, Theologik I, XI.
[18] Balthasar, Theologik I, XVI. Gibellini bezeichnet das Denken Balthasars als Theologie der Transzendentalien. Vgl. Rosino Gibellini, Handbuch der Theologie im 20. Jahrhundert, Regensburg 1995, 243.

gegen. Wahrheit, Gutsein und Schönheit als transzendentale Eigenschaften des Seins durchdringen sich und müssen auch so wahrgenommen werden. Trenne man die Frage nach der Wahrheit von der Frage des Guten oder des Schönen, habe dies eine Bedeutungseinschränkung für alle drei Bereiche zur Folge. Nur in der gegenseitigen Verwiesenheit und Bezogenheit des Guten, Wahren und Schönen könne ein Denken erreicht werden, das die theologische Erkenntnis ermögliche.[19] Im modernen Rationalismus liege die Gefahr, die Wahrheitsfrage auf den Bereich des Theoretischen einzuschränken, wodurch das Schöne und das Gute seine Wahrheitsbedeutung verlieren und der Subjektivität anheim gegeben würden. „Damit ist das Bild des Seins, die einheitliche Anschauung der Welt zerrissen und so jedes wirkliche Gespräch über die Wahrheit verunmöglicht."[20]

Da Wahrheit und Gutsein keinesfalls getrennt werden können, enthalte die Frage nach der Wahrheit immer ein Entscheidungsmoment. Werde dieses Entscheidungsmoment nicht bedacht, führe das zum Verlust des Wahrheitsanspruches. „Wenn die Wahrheit entscheidungslos ist, dann ist die persönliche, weltanschauliche Entscheidung wahrheitslos."[21] Wahrheitslose Entscheidung setzt Balthasar mit der Vernichtung der Wahrheit selbst gleich. Christliche Philosophie müsse sich seiner Ansicht nach vom Rationalismus, der eine Trennung von theoretischer Evidenz und Moralität voraussetze, distanzieren und sich stattdessen Denkmodellen zuwenden, die die Einheit von Wahrem, Gutem und Schönem dächten.[22] Denn nur mit solch einer Philosophie lassen sich theologische Aussagen treffen. Allein indem die Theologie eine angemessene philosophische Vorarbeit leiste, die eine „ursprünglich schauende Phänomenologie der weltlichen Wahrheit und des welt-

---

[19] Vgl. Balthasar, Theologik I, 18.
[20] Balthasar, Theologik I, 19.
[21] Balthasar, Theologik I, 19.
[22] Vgl. Balthasar, Theologik I, 19f. Balthasar betrachtet es daher als Aufgabe des Christen, das Erbe des metaphysischen Denkens fruchtbar zu machen. Vgl. Lorenz Gadient, Wahrheit als Anruf der Freiheit. Hans Urs von Balthasars theodramatischer Erkenntnisbegriff in vergleichender Auseinandersetzung mit der transzendentalphilosophischen Erkenntniskritik Reinhard Lauths, St. Ottilien 1999, 38.

lichen Seins"[23] ermögliche, könne ihre Aussagefähigkeit gewahrt bleiben.[24]

2. Subjekt und Objekt der philosophischen Wahrheit

2.1 Das Subjekt in erkenntnistheoretischer Perspektive

2.1.1 Selbstbewusstsein als Ort der Erschlossenheit des Seins

In den bisherigen Ausführungen wurde bereits deutlich, dass sich Balthasar nicht von der Frage beunruhigen lässt, ob Wahrheit existiere. Für ihn steht fest, dass ein Wissen um die Realität von Wahrheit jedem Menschen mit der Konstitution seines Bewusstseins gegeben sei.

> „Jeder Mensch, der zum Bewußtsein erwacht ist, kennt nicht nur den Begriff der Wahrheit und versteht ihn, sondern weiß auch, daß diese Wahrheit in Wirklichkeit vorkommt. Wahrheit hat den gleichen Grad der Evidenz wie das Dasein und Sosein selbst, wie Einheit, Gutheit und Schönheit."[25]

Wie kommt Balthasar zu dieser Aussage? Er beginnt seinen Argumentationsgang mit dem Phänomen des Zweifels. Jede der Wirklichkeiten von Wahrheit, Einheit, Gutsein und Schönheit lasse sich bezweifeln. Jedoch werde durch die Erfahrung der Wirklichkeit selbst die Position des Zweifels brüchig. Balthasar vertritt die Auffassung, dass angesichts der Erfahrung einer selbstlosen Tat eines Mitmenschen die Position des Zweiflers ins Wanken gerate. Denn hier ereigne sich eine direkte Begegnung mit dem Guten und damit mit der Wahrheit selbst.[26] Die gleiche Evidenz wie in der Erfahrung des Gu-

---

[23] Balthasar, Theologik I, 23.
[24] Vgl. Balthasar, Theologik I, 22f.
[25] Balthasar, Theologik I, 25.
[26] Bereits hier darf darauf hingewiesen werden, dass sich bei Verweyen eine ähnliche Verbindung von Gutem und Offenbarungsereignis findet. „Wo immer also wahres, auf seinen adäquaten Gehalt offenes Sollen erfahren wird, drängt (ohne daß dies bewußt sein müßte) das Unbedingte selbst zur Erscheinung; ja es beginnt damit tatsächlich bereits zu erscheinen – mit anderen Worten: es offenbart sich." Verweyen, Gottes letztes Wort, 187.

ten erfahre der Mensch in der Reflexion auf seine Denkakte. Jeder Denkakt setze zumindest eine Gewissheit seines Denkaktes voraus. Jeder Vernunftvollzug, selbst das Denken, das den Zweifel an der Wahrheit thematisiere, erhebe einen Anspruch auf Gewissheit. „Der Zweifel an der Existenz der Wahrheit steht im Zweifelnden unmittelbar neben dem primären Wissen um die Wahrheit, das als solches die notwendige Voraussetzung seines Zweifels ist."[27] Da Balthasar die Möglichkeit ausschließt, Wahrheit allein als Entsprechung von Erscheinung und Begriff anzunehmen, und er davon ausgeht, dass Wahrheit immer auf das Sein selbst ziele, sei mit dieser Gewissheit des Zweiflers die Erschlossenheit von Wahrheit gegeben. Wer Wahrheit beansprucht, bezieht sich nach Balthasars Wahrheitsbegriff auf die Wahrheit in ihrem transzendentalen Sinne, d. h. er weiß um ihre Existenz. Das Sein sei jedem Denken erschlossen, jeder Vernunftvollzug beanspruche demnach Wahrheit. In der Reflexion auf die Vernunftvollzüge eröffne sich dem Menschen der Zugang zur Wahrheit, zum Sein. Im Erkenntnisvorgang begreife sich das Subjekt als wirklich. „Das Subjekt, das denkt, ist jeweils ein seiendes Subjekt."[28] Mit dieser Erfahrung erschließe sich dem Subjekt das Sein selbst. Mit dem Bewusstsein erfasse der Mensch unmittelbar das Sein.

2.1.2 Die Rezeptivität des Subjekts

Aus der Bestimmung der Wahrheit als Erschlossenheit des Seins folgt im Denken Balthasars erkenntnistheoretisch, dass das Sein wahrnehmbar sei. Damit drängt sich die Frage auf, für wen das Sein als wahrnehmbar gedacht werde. Der Begriff der Wahrheit beinhaltet nach Balthasar die Relation zwischen Sein und Subjekt.[29] Wie bestimmt Balthasar das Subjekt in erkenntnistheoretischer Hinsicht? Er denkt das Subjekt rezeptiv und versteht diese Rezeptivität als die Möglichkeit für Wahrheit offen zu sein. „Rezeptivität bedeutet Ansprechbarsein durch fremdes Sein, Offenstehen für etwas anderes als für den eigenen subjektiven Innenraum, Fenster haben für alles, was seiend und wahr ist."[30] In der

---

[27] Balthasar, Theologik I, 26.
[28] Balthasar, Theologik I, 27.
[29] Vgl. Balthasar, Theologik I, 28f.
[30] Balthasar, Theologik I, 36. Eicher sieht in der Annahme der Rezeptivität des Subjekts die grundlegende Differenz in der Erkenntnistheorie zu Karl

Rezeptivität liege die Fähigkeit des Subjekts das Gute, das Sein und das Wahre zu erfassen, den subjektiven Erkenntnishorizont zu überschreiten und das Absolute selbst zu erkennen.[31] Die Rezeptivität des Subjekts stelle die Fähigkeit dar, die Wahrheit des Seienden mitgeteilt zu bekommen und gelte als Voraussetzung sowohl für die Kommunikation als auch die Erkenntnis der Wahrheit der Welt. Die Offenheit für Wahrheit ermögliche dem Subjekt, von der Wahrheit selbst angesprochen und überwältigt zu werden. Die Rezeptivität des Subjekts eröffne die Möglichkeit, dass sich im Erkenntnisvorgang die Wahrheit des Seins mitteilen könne, die das Subjekt um ein unendliches übersteige. Die unbegrenzte, unendliche Wahrheit teile sich dem Subjekt aufgrund seiner Rezeptivität mit. In der Rezeptivität des Subjekts liege die Möglichkeit, objektive Wahrheit zu empfangen.[32]

Mit einem Wahrheitsbegriff, der Wahrheit als seiend und wahrnehmbar ansieht und das Subjekt rezeptiv bestimmt, ergebe sich die grundlegende Angewiesenheit des Subjekts auf seine Umwelt. Allein durch die Erscheinung des Seins im Seienden erfasse das Subjekt die Wahrheit.[33]

Rahner. Im transzendentalen Dynamismus Rahners sehe Balthasar nach Eicher zum einen die Gefahr, dass das objektive Phänomen aufgrund der subjektiven Bedingungen der Erkenntnis verfälscht werde. Zum anderen fürchte Balthasar die Abwertung der historischen Gestalt als Zeichen ähnlich wie Bultmann. Vgl. Eicher, Offenbarung, 313f. Auf beide Punkte wird bei der Frage nach den Bezügen zwischen Verweyen und Balthasar zurückzukommen sein.

[31] „Dem objektiven Erschlossensein dessen, was wahr und deshalb gut und deshalb schön ist, entspricht einzig die subjektive Aufgeschlossenheit dafür in einer (theologisch-ästhetisch-ethischen) Grundhaltung der bejahenden und zustimmenden Annahme des als Wirklichkeit Erkannten [...]." Gadient, Wahrheit, 58.

[32] Vgl. Balthasar, Theologik I, 46f. Schumacher macht die Verbindungslinie zwischen der Rezeptivität des Subjekts und dem ontischen Verständnis deutlich: „Das Verdanktsein von Wirklichkeit überhaupt begründet Rezeptivität als Grundform." Thomas Schumacher, Perichorein. Zur Konvergenz von Pneumatologik und Christologik in Hans Urs von Balthasars theodramatischem Entwurf einer Theologik (= Wortmeldungen 7), München 2007, 128.

[33] Vgl. Balthasar, Theologik I, 46–49.

„Es gibt keine andere Gotteserkenntnis als die durch die Kontingenz der Welt hindurch vermittelte, aber es gibt auch keine, die unmittelbarer zu Gott führen würde, als diese. Wäre die Transzendenz Gottes uns nicht als das ursprünglichste Fundament unseres Daseins bekannt, so würden wir den Schluss von der Welt auf Gott niemals zu ziehen vermögen."[34]

Eine unmittelbare Gotteserkenntnis schließt Balthasar aus, unmittelbar sehe das Subjekt lediglich seine eigene Kontingenz und Herkunft vom Absoluten ein. In der Kontingenz erkenne es jedoch das Absolute als Voraussetzung aller Wirklichkeit.[35]

Die Verwiesenheit des Subjekts auf das Objekt zeige die Gottähnlichkeit des Menschen. Die Gottähnlichkeit bestehe in der Rezeptivität, der Bereitschaft für die Wahrheit des Anderen. Diese Fähigkeit besitze der Mensch nicht aus sich heraus, sondern sei das Ergebnis der Gnadenmitteilung Gottes. Balthasar versteht Rezeptivität als Vollkommenheitsprädikat. Geistiges Erkennen ohne die Berücksichtigung der rezeptiven Fähigkeit des Subjekts verfehle nach Balthasar die Beschreibung der menschlichen Wahrnehmung, da sie das Vollkommenheitsprädikat der menschlichen Konstitution übersehe. Je größer die Selbstbestimmung eines Subjekts, desto höher sei seine Fähigkeit, sich durch andere Wahrheit beschenken zu lassen.[36] Bedenke das Subjekt seine Erkenntnismöglichkeit, komme ihm zu Bewusstsein, dass das Licht der Wahrheit, mit dem Erkenntnis möglich werde, seinen Grund nicht im Subjekt habe, sondern dieses Licht durch die Teilnahme an einem objektiven, absoluten Maßstab leuchte. Ohne die Gnadenmitteilung eröffne sich dem Subjekt keine Möglichkeit zur wahren Erkenntnis, einzig das Gnadenlicht ermögliche diese.[37]

---

[34] Balthasar, Theologik I, 46.
[35] Vgl. Balthasar, Theologik I, 45f. „Wenn man so will, so führt von Balthasar einen Gotteserweis. Er zeigt, dass sich das Subjekt selbst erkennt und auch das Sein des Objekts vom Sein des Ganzen zu unterscheiden vermag." Stephan Plettscher, Die Selbstevidenz des Christusereignisses in der Geschichte. Die offenbarungstheologische Dimension der trinitarischen Aussagen bei Hans Urs von Balthasar (= BDS 45), Würzburg 2009, 230.
[36] Vgl. Balthasar, Theologik I, 40.
[37] Vgl. Balthasar, Theologik I, 44f.

„Sein Licht ist begrenzte Teilnahme an einem unendlichen Licht. Sein Denken ist eingebettet in ein unendliches Denken des Seins, und kann nur darum als Maßstab dienen, weil es selbst von einem nicht mehr messbaren, sondern alles messenden, unendlichen Maß gemessen wird."[38]

Dem Subjekt werde seine Rezeptivität bewusst, wenn es auf seine Erkenntnisvoraussetzungen reflektiere und sich selbst in seinem Erkenntnisprozess hinsichtlich seiner Herkunft vom Absoluten her begreife. Innerhalb dieser Reflexion erkenne das Subjekt Gott als die Voraussetzung der Erkenntnismöglichkeit und der Erkenntnis.[39] Das Subjekt werde die Offenheit des Erkennens, in dem auch seine Gottähnlichkeit liege, als Geschenk Gottes, das als Schöpfungsgnade an den Menschen ergeht, zuteil.

2.2 Das Objekt der Erkenntnis

Für die angemessene Perspektive auf das Objekt setzt Balthasar voraus, dass die Bedingungen der Erkennbarkeit des Objekts nicht identisch mit den Bedingungen der Erkenntnis seien. Balthasar wendet sich gegen die Vorstellung, dass die Erkenntnismöglichkeiten des Subjekts die Bestimmungen des Objekts darstellen. Eine Perspektive, dass ein Objekt nur unter den Bestimmungen menschlicher Erkenntnis denke, verkürze das Objekt in seinem Wahrheitsgehalt und stehe einer angemessenen Wahrnehmung entgegen. Ontologie stehe nach Balthasar keinesfalls unter dem Verdacht der Projektion der Erkenntnisstruktur. Das Sein existiere und bestimme sich unabhängig von der menschlichen Erkenntnis durch eigene Gesetze.[40] Jedes Objekt besitze ein Selbstsein, und dieses Selbstsein, Balthasar bezeichnet es auch als Innerlichkeit des Objekts, garantiere seine Einmaligkeit und seinen Sinn. Dieses Selbstsein gewähre, dass das Objekt nicht als reines Erkenntnisobjekt vom Subjekt her definiert und in seiner Bestimmt-

---

[38] Balthasar, Theologik I, 45.
[39] Vgl. Steffen Lösel, Kreuzwege. Ein ökumenisches Gespräch mit Hans Urs von Balthasar. Paderborn 2001, 52.
[40] Vgl. Balthasar, Theologik I, 49f.

heit, die es nicht aus dem Subjekt beziehe, deutlich werde. Die Voraussetzung der Erkennbarkeit des Objekts liege nach Balthasar in dem Erkanntsein des Objekts durch Gott. Ohne dieses Erkanntsein sei die Wahrnehmung nicht möglich, da nach Balthasar das Objekt ohne das Erkanntsein durch Gott nicht existiere. Balthasar legt dar, dass jedes Objekt sein Sein und seine Wahrheit von Gott erhalte. Daher reiche die Wahrheit des Objekts immer weiter als ihre empirische Wahrnehmbarkeit. Mit diesem transzendenten Wahrheitsanspruch des Objekts zeige sich das Seiende als offen für Gott. „Nie ist ein Ding bloß eine Tatsache."[41] Die Erscheinungen der Welt sind demnach immer offen zur Transzendenz.[42] Für Balthasar gibt es kein Seiendes, das ohne diese Dimension der Innerlichkeit existiere. Alles Seiende verweise in seiner Innerlichkeit auf eine andere Dimension, d. h. auf den Schöpfergott. Gerade die Innerlichkeit der Objekte bewahre diese vor einem reduktionistischen Verständnis.

> „Die Dimension der Innerlichkeit ist es, die es verhindert, daß es bloße Fakten und Tatsachen gibt, die als solche in ihrer Faktizität sich erschöpften, keine Beziehung zu einem tiefern [sic!], dahinterliegenden Sinn verrieten, keine andere ‚Bedeutung' hätten, als eine oberflächlich einsehbare, überhaupt in ihrer reinen, flachen Tatsächlichkeit für sich und abgelöst überblickbar wären."[43]

In der Innerlichkeit überschritten die Dinge ihre faktische Existenz, ohne dass sich die Innerlichkeit von der Erscheinung trennen ließe.

2.3 Der Freiheitsraum des Subjekts im Erkenntnisvorgang

Balthasar bestimmt das Subjekt über den Begriff der Rezeptivität, d. h. durch seine Möglichkeit Wahrheit zu erhalten. Dem Objekt schreibt er mit dem Begriff der Innerlichkeit die Fähigkeit zu, Wahrheit mitzuteilen. Balthasar weist darauf hin, dass die Erkennt-

---

[41] Balthasar, Theologik I, 54.
[42] Vgl. Balthasar, Theologik I, 51–54.
[43] Balthasar, Theologik I, 107f.

nis der Wahrheit in ihrem Ereignischarakter bedacht werden müsse. Wahrheit ereigne sich zwischen Subjekt und Objekt unvorhersehbar und überraschend. Denn im Erkenntnisvorgang offenbare sich das Objekt dem Subjekt und das Subjekt dem Objekt. Gleichzeitig gelangen Subjekt und Objekt erst durch das Ereignis der Erkenntnis zu ihrer eigenen Wahrheit. Doch was ereignet sich im Erkenntnisprozess? Das Objekt sei für seine eigene Wahrheit auf den subjektiven Raum angewiesen. Erst im schöpferischen Licht, das im Erkenntnisraum des Subjekts leuchte, könne das Objekt seine Wahrheit entfalten. Die höchste Möglichkeit des Selbstseins des Objekts liege darin, dass es seine Wahrheit im subjektiven Raum entfalte.[44] Das Objekt bedürfe der dienenden Haltung des Subjekts, welche es über sein rein materielles Sein erhebe und seine Transzendenz und damit seine Wahrheit zur Sprache bringe. Dies bedeute jedoch nicht, dass sich die Wahrheit des Objekts durch die Interpretation des Subjekts ergebe.[45] Im Erkenntnisvorgang verfüge das Subjekt nicht über das Objekt, es biete der Wahrheit des Objekts nur einen Raum zur Entfaltung an. Das Subjekt müsse sich im Erkenntnisvorgang völlig von der Wahrheit des Objekts bestimmen lassen, die es ihm mitteile. Seine Aufgabe im Ereignis der Wahrheit bestehe darin, die Wahrheit des Objekts zu empfangen.[46]

„Die erste Lektion, die das Dasein dem Subjekt erteilt, ist die der Hingabe, nicht der interessierten Bemächtigung, und die zweite folgt dieser ersten: dass Hingabe dem Subjekt mehr Welt eröffnet und mehr Wahrheit einbringt, als jede interessierte Haltung, in der man doch nur das vernimmt, was man selber gerne hört, und nicht das, was an sich ist und wahr ist."[47]

Vom Objekt erfahre das Subjekt seine Ausrichtung auf die Rezeptivität. In dieser Ausrichtung liege die Aufgabe, die das Subjekt anschließend selbst vollziehen solle. Die Objekterkenntnis mache dem Subjekt seine Verwiesenheit auf die von außen ergehende Wahrheit deutlich.

---

[44] Vgl. Balthasar, Theologik I, 57–59.
[45] Vgl. Balthasar, Theologik I, 61f.
[46] Vgl. Balthasar, Theologik I, 68.
[47] Balthasar, Theologik I, 68f.

Erkenntnismäßig sei der Beitrag des Subjekts zum Erkennen auf die Rezeptivität eingeschränkt. Das Subjekt interpretiere oder konstruiere seine wahrgenommene Welt nicht. Seine Rolle im Erkenntnisvorgang bestehe darin, zur Sprache zu bringen, was tatsächlich vorhanden sei. Die Aktivität des Subjekts beziehe sich auf seine rezeptive Bereitschaft. Nur wenn diese vorhanden sei, werde die Erkenntnis der Wahrheit bzw. die Wahrheit der Erkenntnis als objektive möglich. Verbleibe das Subjekt bei sich selbst und verweigere die dienende Hingabe, mache dies eine objektive Erkenntnis unmöglich. Objektivität setze die vollkommene Rezeptivität des Subjekts voraus. Balthasar beschreibt den Wahrnehmungsvorgang auch in den interpersonalen Kategorien von Liebe und Anerkennung und stellt damit den freiheitlichen Entschluss des Subjekts heraus. Das Subjekt bejahe das Objekt der Erkenntnis. Die rezeptive Haltung des Subjekts werde damit nach Balthasar nicht erzwungen, sondern gehe aus der Freiheit des Subjekts hervor, die sich zur Liebe gegenüber dem Objekt entscheide.[48] Allerdings ergebe sich die Möglichkeit der objektiven und damit wahren Erkenntnis allein über die Hingabe des Subjekts an das Objekt.

Daher muss auch an das Denken Balthasars die Frage gestellt werden, ob dem Subjekt, will es nicht im Schein der Wahrheit verharren, wirklich eine andere Möglichkeit der Entscheidung bleibt oder ob die Wahl lediglich zwischen der angemessenen Haltung der Hingabe und deren Verweigerung besteht. Denn die Tat der Freiheit finde nach Balthasar ihre wahre Bestimmung darin, zu verwirklichen, worauf der Mensch naturhaft angelegt sei. Balthasar vertritt die Auffassung, dass die Natur des Menschen darin bestehe, Geist zu sein, d. h. er geht davon aus, dass der Mensch bereits von Natur aus an der Transzendenz teilnehme. Naturhaft besitze er eine Offenheit für die Welt, welche es in Freiheit zu bejahen gelte.[49] Balthasar leitet aus der Rezeptivität des Subjekts den Anspruch ab, dieses Vermögen zu vollziehen. Der Wille müsse sich entschließen, die Offenheit des Subjekts, sein Geistsein, zur Selbsterschließung zu nutzen und damit das eigene Erschlossensein als sinnvoll zu verstehen.[50] Die tatsächliche Erkenntnis der

---

[48] Vgl. Balthasar, Theologik I, 75f.
[49] Vgl. Balthasar, Theologik I, 79f.
[50] Vgl. Balthasar, Theologik I, 117f.

Wahrheit basiere nicht auf den eigenen Möglichkeiten des Subjekts, denn das Subjekt erkenne das Objekt nicht aus sich selbst heraus, sondern aufgrund seiner Teilnahme am schöpferischen Licht. Die Rezeptivität des Subjekts und das schöpferische Licht der Erkenntnis bezeichnet Balthasar als Ereignisse der Gnade. Im Erkenntnisvorgang nehme das Subjekt teil am schöpferischen Erkennen Gottes. Die Freiheit des Menschen bestehe darin, diese gnadenhaften Bestimmungen zu bejahen und zu vollziehen. Deutlich wird hier, dass das Subjekt im Erkennen auf seine dienende, rezeptive Haltung festgelegt wird. Balthasar definiert als Aufgabe des Subjekts, sich der Wahrheit zu öffnen. Die Objektivität der Wahrheit ist nur möglich durch ein Subjekt, das sich rezeptiv-empfangend zum Erkenntnisobjekt verhält.

3. Die Unentschuldbarkeit des Nichtanerkennens Gottes

Für Balthasar ist eine Perspektive, in der die Welt nicht in ihrer Beziehung zur Transzendenz betrachtet wird, nicht denkbar. Deutlich zeigt sich dies, wenn Balthasar den Menschen bereits aufgrund der natürlichen Offenbarung als unentschuldbar bestimmt, sofern er Gott nicht anerkennt Als natürliche Offenbarung nimmt Balthasar eine Offenbarung an, die sich im Medium der geschaffenen Objekte ereigne. Der Begriff „natürlich" bezieht sich auf das Medium der geschaffenen Natur als Ort der Offenbarung. Diese natürliche Offenbarung beschreibt Balthasar hinsichtlich ihres Inhaltes als übernatürlich, da sie auf Gott und den Schöpfungsakt verweise. Balthasar denkt die natürliche Offenbarung als einen Vorraum, innerhalb dessen die Wortoffenbarung erscheinen könne. Die natürliche Offenbarung sieht er als Vorbereitung für die Selbstmitteilung Gottes an. Denn die Schöpfung offenbare als Geschaffenes seiner Natur nach notwendig den Schöpfer und in seiner Zufälligkeit und Nichtnotwendigkeit die Freiheit des Schöpfers. Diese Offenbarungsdimension lasse sich nicht nur von den Objekten aussagen, sondern auch von dem geschaffenen menschlichen Geist hinsichtlich seiner Fähigkeit zur Reflexion.[51] Formal erkenne der Mensch sein eigenes Geschaffensein und damit die

---

[51] Vgl. Balthasar, Karl Barth, 321f.

Idee des Schöpfers. Der Mensch besitze „ein Gespür für sein Entlassenwordensein aus der Hand Gottes, für seine Herkunft aus dem ewigen Schoß"[52]. Dieses Denken, das in die Erkenntnis des Schöpfers münde, rechnet Balthasar nicht der Fähigkeit des Subjekts zu. Vielmehr sei es als Ereignis der Gnade zu betrachten. „Gott selbst ist es ja, der diesen Weg offenbarend offen hält und das Geschöpf in seiner Natur einladet, ihn zu beschreiten."[53]

Als ursprüngliche Daseinserfahrung, aus welcher sich ein Zugang zur Wirklichkeit Gottes ergebe, analysiert Balthasar die Beziehung zwischen Mutter und Kind. Durch die positive Beziehung der Mutter zum Kind erwache dieses zum Selbstbewusstsein. Mit der liebevollen Anrede werde das Ich zu sich selbst aufgefordert und die Antwort des Kindes erfolge unmittelbar auf die Liebe der Mutter. Indem dem Kind Anerkennung zugesprochen werde, entdecke es sich selbst als Subjekt.[54] In diesem Vorgang erschließe sich dem Kind gleichzeitig zur eigenen Subjektwerdung ein Zugang zu einer umfassenden Wahrheit. Balthasar versteht die Subjektwerdung als Ereignis der Gnade. Durch die Gnadenmitteilung, die sich in der Subjektwerdung ereigne, werde dem Menschen die Möglichkeit eröffnet, die Welt so zu sehen, wie sie sei und ein Zugang zu Gott grundgelegt. „[V]on diesem Blitz des Ursprungs her [ist – E.S.] alles angestrahlt – Ich und Du und Welt – mit einem so hellen und heilen Strahl, daß er auch eine Eröffnung Gottes miteinschließt."[55] Ein erstes Aufleuchten der Gegenwart Gottes im Erwachen des Selbstbewusstseins erhelle sowohl Dasein als auch mitmenschliche Beziehung mit dem übernatürlichen Licht und schaffe so die Ahnung eines Gottseins.

In der sich frei ereignenden Beziehung zwischen Mutter und Kind, die das Geistsein des Kindes hervorbringt, wird für Balthasar die Ungeschuldetheit jeder Subjektwerdung deutlich. Balthasar reflektiert darauf, dass das Ich in sich selbst nicht den Grund für seine Subjektwerdung und seine Existenz finden könne: „nicht von Gnaden des Ich gibt es Raum und Welt, sondern von Gnaden

---

[52] Hans Urs von Balthasar, Der Zugang zur Wirklichkeit Gottes, in: MySal II (1967) 15–45, 26.
[53] Balthasar, Karl Barth, 322.
[54] Vgl. Balthasar, Der Zugang, 16.
[55] Balthasar, Der Zugang, 16.

des Du."[56] Die Verwiesenheit des Menschen auf Ansprache von außen bewegt sich bei Balthasar aber nicht im rein zwischenmenschlichen Bereich. Balthasar legt hier nicht (allein) die intersubjektiven Voraussetzungen für die Subjektwerdung zugrunde, sondern führt die Linie weiter zu Gott selbst. Weder der Mensch selbst noch die Menschheit als Ganze könne als Wirkursache des Selbstbewusstseins angenommen werden. Dem menschlichen Bewusstsein sei die Urerfahrung der Verwiesenheit auf einen äußeren Anruf zu eigen. Aufgrund seines Selbstbewusstseins wisse der Mensch um seine Bedürftigkeit hinsichtlich des Angerufenseins. Er schreibe sich die Subjektwerdung nicht selbst zu, sondern erkenne sich als auf eine äußere Anrede angewiesen.[57] In der Analyse der Genese des Geistseins findet Balthasar einen „Zugang zur Wirklichkeit Gottes"[58]. Was in der Subjektwerdung geschehe, befähige den Menschen zur Frage nach dem christlichen Gott.

„Er [der Mensch – E.S.] würde Gott als Naturwesen im unendlichen Kosmos nicht suchen können, wenn er ihn nicht je schon als Geistwesen gefunden hätte: als seinen Ursprung in der Liebe, deren Amnesie nie völlig verschüttbar ist und die der geheime oder offene Horizont bleibt, nach welchem er alles Welthafte messen muß."[59]

In seinem Subjektsein finde der Mensch eine Verheißung nach einer endgültigen Begegnung mit der Liebe vor. Aufgrund der Mutter-Kind-Beziehung, die die Voraussetzung für die Subjektwerdung darstelle, wisse der Mensch von einer Verheißung der vollkommenen Gnade. „Im Ursprung des Menschenlebens lag eine Liebesverheißung, die absolut schien."[60] Diese Verheißung absoluter Gna-

---

[56] Balthasar, Der Zugang, 16.
[57] Vgl. Balthasar, Der Zugang, 18f.
[58] So lautet die Überschrift eines Beitrags Balthasars, in welchem er die Hinordnung des Menschen auf die Liebe Gottes beschreibt. Vgl. Der Zugang, 15.
[59] Balthasar, Der Zugang, 19. Vgl. Plettscher, Selbstevidenz, 42f.
[60] Balthasar, Der Zugang, 20. „Die im Anschauen der mütterlichen Gestalt erwirkte kindliche Liebesfähigkeit macht dem Kind – zunächst unbewußt, aber mit fortschreitendem Lebensalter immer deutlicher bewußt – ein-

de verdunkle sich jedoch im Laufe des Lebens wieder „Das Urwissen, das der Mensch mitbekommt, ist jedoch nur wie ein Blitz: ihm folgt Dämmerung und vielleicht immer tieferes Einnachten [...]."[61] Die Kontingenz, die in der Welt erfahren werde, widerspreche dem ersten Eindruck. Die Bedingtheit der Welt schiebe sich vor die unmittelbare Intuition der unbedingten Liebe. Das Subjekt erfahre nach der liebenden Beziehung der Mutter die Welt in ihrer Kontingenz und Begrenztheit. Und doch weise diese Kontingenz auf das Bedürfnis einer unbedingten Liebe hin. Denn die ursprüngliche Anerkennung, die Erfahrung des Seindürfens, reibe sich mit der Erfahrung der Welt. Gerade im Ungenügen der Welt für die absolute Anerkennung gehe dem Subjekt die Notwendigkeit einer absoluten Liebe auf.[62]

Erkennbar bleiben dem Menschen nur die Verheißung dieser Liebe und die Wahrheit, auf die die weltlichen Erscheinungen verweisen.[63] Ohne das Ereignis der übernatürlichen Offenbarung vollende sich die Gottesidee der Menschheit nicht. Formal erkenne der Geist sein Geschaffensein und damit den Schöpfer, doch materiell sei ihm die Gotteserkenntnis verstellt.[64] Allein die freie Zuwendung des Absoluten könne dieses Heil eröffnen. Aus dem Bewusstsein, dass das menschliche Geistsein nur im Absoluten begründet sein könne, ergebe sich jedoch die Verheißung, dass „diese freie Erfüllung aller Welt- und Existenzsuche (‚Eros') nach

---

sichtig, daß das Leben als Ganzes etwas Wunderbares ist, ein Geschenk, das grundsätzlich ein Ausdruck der Güte, der Liebe ist [...]." Michael Hartmann, Ästhetik als ein Grundbegriff fundamentaler Theologie. Eine Untersuchung zu Hans Urs von Balthasar (= Theologische Reihe 5), St. Ottilien 1985, 140. Lösel moniert die enge Verbindung dieser ursprünglichen Erfahrung mit dem Christlichen. Vgl. Lösel, Kreuzwege, 104.

[61] Balthasar, Der Zugang 27.

[62] Vgl. Balthasar, Der Zugang, 27.

[63] Vgl. Balthasar, Der Zugang, 28.

[64] Vgl. Balthasar, Der Zugang, 23f. Reikerstorfer und Waldenfels weisen mit Blick auf Herrlichkeit III und „Glaubhaft ist nur Liebe" darauf hin, dass das Vorverständnis der personalen Liebe nur ein Hinweis sei, welches einer radikalen Umkehr Platz machen müsse. Vgl. Reickerstorfer, Fundamentaltheologische Modelle, 260f. Vgl. Hans Waldenfels, Offenbarung. Das Zweite Vatikanische Konzil auf dem Hintergrund der neueren Theologie, München 1969, 148–150.

der endgültigen Begegnung mit der Liebe, kurz, das Heil, einmalig Ereignis werden wird."[65]

Da der Mensch als Geschöpf immer als begnadeter und nicht als rein natürlicher Mensch existiere, und aufgrund seiner Geschöpflichkeit ein Gespür für seine Herkunft von Gott besitze, sei eine natürliche Gotteserkenntnis möglich, auch wenn sie nicht in dem Maße sicher und irrtumslos sei, wie die übernatürliche. Formell wisse der Mensch um sein Geschaffensein und damit um die Idee des Schöpfers, materiell könne der Horizont der Gottesrede verstellt sein.[66] Denn die nach-paradiesische Welt verdunkle das ursprüngliche Wissen des Menschen, das ihm als Gnadenereignis zuteilwurde. Balthasar betont, dass es trotz der Verdunkelung ein bleibendes Vermögen des Menschen gebe, Gott zu erkennen.[67] Es könne nicht davon gesprochen werden, dass der Mensch aufgrund des Sündenfalls nicht mehr im Zustand der Gnade existiere. Aufgrund des Sündenfalls vertiefe sich lediglich die Distanz zwischen Schöpfer und Geschöpf, die bereits im paradiesischen Zustand vorhanden sei.[68] Im Sündenfall liege der Grund für die persönlichen Sünden, sowie für die Unfähigkeit des Menschen, aus eigener Kraft erfolgreich sein übernatürliches Ziel *anzustreben*. Die Möglichkeit der Erkenntnis Gottes bleibe jedoch erhalten.[69] Damit vertritt Balthasar die Auffassung, dass der Mensch bereits hinsichtlich der natürlichen Gotteserkenntnis unentschuldbar sei, da er formal um das eigene Geschaffensein und damit um die Ursache seines Seins wisse. Seine Schuld bestehe darin, seine natürlichen Fähigkeiten, die Leistungen des natürlichen Verstandes als schlussfolgerndes Denken, nicht in den Dienst des Glaubens zu stellen, sondern diese zu verabsolutieren. Der Mensch spreche sich selbst, seiner eigenen Kraft, das zu, was er gnadenhaft erhalten habe.[70]

---

[65] Balthasar, Der Zugang, 20.
[66] Vgl. Balthasar, Der Zugang, 30.
[67] Vgl. Balthasar, Karl Barth, 331.
[68] Vgl. Balthasar, Karl Barth, 331.
[69] Vgl. Balthasar, Theodramatik III, 168.
[70] Vgl. Balthasar, Karl Barth, 326f.

„So allein wird verständlich, daß der Mensch auch im Unglauben und Götzendienst es immer mit diesem Gott zu tun hat. Es ist der Gott, der auch im Versuch seiner Negierung nicht negierbar ist, weil er schon von der Naturbeziehung zum Geschöpf her formal in jedem geschöpflichen Denkakt impliziert ist und als Gott der Offenbarung immer schon Ursprung, Ziel und Grenze des konkreten Menschen ist."[71]

Indem sich der Mensch der Bedingtheit seines Denkens bewusst werde, stoße er an den übernatürlichen Gehalt der Geschöpflichkeit und stehe damit in der Entscheidungssituation, Gott zu bejahen oder zu verneinen.

„Die ganze Vernunftordnung ist theologisch eingebettet in die Ordnung der Gnade, wie die Schöpfungsordnung eingebettet liegt in die Ordnung der Gnade [der Ursprungs- wie der Erlösungsgnade]. Mit dem Gott *dieser* Schöpfung in eine personale Beziehung der Erkenntnis und des Willens treten, heißt vor den Gott Jesu Christi und vor keinen anderen gestellt sein."[72]

Der Wille, seine natürlichen Fähigkeiten nicht der Gotteserkenntnis unterzuordnen, habe die Ablehnung Gottes zur Konsequenz und umgekehrt. Eine „natürlich-übernatürliche Berührung des geschaffenen Geistes mit dem wahren Gott" werde für jeden Menschen angenommen und daraus folge, dass der Sünder leugne, „was er faktisch einschlußweise erkennt [...], und was er auf Grund dieser einschlußweisen Erkenntnis auch ausdrücklich und diskursiv-logisch erkennen *könnte*, falls er sich gegen diese Erkenntnis nicht zur Wehr setzen würde."[73] Die Reichweite der natürlichen Vernunft sei durch die Gefallenheit der Natur so weit eingeschränkt, dass der Sünder ihre Evidenz hinterfragen und ablehnen könne. Der Wille habe daher die Macht, die natürliche Erkenntnis zu verdunkeln. Aber auch für den Sünder sei es unmöglich, Gott von Natur aus nicht zu erkennen.[74]

---

[71] Balthasar, Karl Barth, 330.
[72] Balthasar, Karl Barth, 335.
[73] Balthasar, Karl Barth, 333.
[74] Vgl. Balthasar, Karl Barth, 333f.

4. Die Ungeschuldetheit der Offenbarung

In der Monographie über Karl Barth geht Balthasar auf das Problem ein, mit diesem Denken in die Gefahr einer geschuldeten Gotteserkenntnis zu geraten. Balthasar grenzt sich hier gegen die menschliche Forderung eines Gnadenereignisses ab. Er greift auf Thomas von Aquin zurück, der eine Einheit von Natur- und Gnadenordnung annehme. Der Mensch sei bei Thomas naturhaft auf Gott hin geordnet. Thomas bestimme für den geschaffenen Menschen der Naturordnung ein alleiniges, übernatürliches Ziel. Aus dieser Einheit von Natur- und Gnadenordung sowie der alleinigen Hinordnung des Menschen auf Gott leite Baius ein Recht auf Gnade ab. Als Konsequenz dieser Forderung könne die Ungeschuldetheit von Offenbarung nicht mehr gedacht werden. Gott müsse sich offenbaren, da der Mensch ein Recht darauf besitze. Diese Position fordere auf kirchlicher Seite Widerstand heraus. Um die Ungeschuldetheit der Gnade zu wahren und damit die nicht zwingende Verbindung zwischen Schöpfung und Bund als denkbar offen zu halten, formuliere man, dass auch „eine Naturordnung ohne Gnade von Gott aus möglich und darum sinnvoll sein"[75] könne. Infolgedessen entwickele sich nach Balthasar im Kontext der Theologie der Begriff der *natura pura* und damit die natürlichen Theologie.[76] Ziel dieses Begriffs sei es, die Ungeschuldetheit von Gnade und die Freiheit Gottes gegenüber den natürlichen Möglichkeiten des Menschen zu wahren.[77] Balthasar entfaltet seinerseits einen Naturbegriff, der die Ungeschuldetheit der Offenbarung wahren solle. Nach ihm lässt sich aus philosophischer Perspektive der Naturbegriff nicht konstruieren und so macht er sich auf die Suche nach einem theologischen Begriff, der diesen ersetzen könne.[78] Balthasar setzt für diesen theologischen Begriff der Natur die Offenbarung voraus. Nur aufgrund der geoffenbarten

---

[75] Balthasar, Karl Barth, 281.
[76] Zu dem von Balthasar entwickelten Naturbegriff in der Monographie Karl Barths vgl. Helmut Dieser, Der gottähnliche Mensch und die Gottlosigkeit der Sünde. Zur Theologie des Descensus Christi bei Hans Urs von Balthasar (= TThSt 62), Trier 1998, 156–189.
[77] Vgl. Balthasar, Karl Barth, 279–281.
[78] Vgl. Balthasar, Karl Barth, 284–287.

Wahrheit lasse sich formulieren, was die Natur des Menschen jenseits der Gnadenmitteilung umfasse. Einzig die Offenbarung eröffne die Perspektive, aus der der Naturbegriff fassbar werde.[79] In Auseinandersetzung mit Joseph Maréchal, Henri de Lubac und Karl Rahner kommt Balthasar zu einer für die hier verfolgte Frage entscheidenden Bestimmung von Natur. Er definiert Natur als jenen Teil der Welt, der auch ohne Gnade eine *gewisse* Eigenständigkeit besitze. Dem natürlichen Menschen werde ein „relative[r] Eigen-sinn" zugesprochen, der im Bereich der Kultur oder der intersubjektiven Beziehungen zu verorten sei. Hier könne „eine Sphäre von vorläufigem, nicht unmittelbar aus der Gnade abzulesendem, der Gnade vielmehr als Voraussetzung dienendem Sinn"[80] angenommen werden. Der Sinngehalt der Natur müsse jedoch nicht so weit gedacht werden, dass er für die Offenbarung Gottes ausreiche. Natur umfasse die Voraussetzung für das Gnadenereignis. Die Freiheit der Offenbarung bleibe erhalten, weil der Naturbegriff zeige, „daß es ‚auch anders gegangen wäre'"[81]. So werde Natur zum einen als Voraussetzung für die Offenbarung gedacht, zum anderen werde der Versuch unternommen, den Naturbegriff von jeder Forderung nach Offenbarung frei zu halten. Balthasar geht von einer strikten Unableitbarkeit des Übernatürlichen aus der Natur aus. Der Naturbegriff ziele darauf, die Möglichkeit offen zu halten, dass sich Offenbarung auch völlig anders hätte ereignen können.

Dieser Naturbegriff finde sich faktisch nicht in der bestehenden Welt. Jeder Mensch existiere immer bereits im begnadeten Zustand. Für die Frage nach der Erkenntnis Gottes folge, dass die natürliche Gotteserkenntnis nur aufgrund der Schöpfungsgnade möglich sei. Mit dem Geistsein des Menschen als Ereignis der Gnade besitze der Mensch ein Apriori, das die Voraussetzung für die Mitteilung des übernatürlichen Gnadenereignisses darstelle. Diese Hinordnung auf Gott ergebe sich jedoch nicht aufgrund der Natur, sondern durch die Gnade.[82] Balthasar kann damit eine

---

[79] Vgl. Balthasar, Karl Barth, 290.
[80] Balthasar, Karl Barth, 311.
[81] Balthasar, Karl Barth, 312.
[82] Vgl. Balthasar, Karl Barth, 294f. Eine ausführliche Darstellung des Naturbegriffs, wie er von Balthasar in der Monographie über Karl Barth ver-

Unentschuldbarkeit des Menschen, der die Anerkennung Gottes verweigert, aufweisen, ohne in die Gefahr der Geschuldetheit von Offenbarung zu geraten.

5. Der Inhalt des Kreuzesgeschehens

Die theologische Ästhetik Balthasars ist von der Theodramatik her entworfen und auf diese hin strukturiert.[83] Infolgedessen muss in aller Kürze auf das theodramatische Geschehen, wie es von Balthasar gedacht wird, eingegangen werden.[84] Durch die Kreuzestheologie wird deutlich, welcher Inhalt nach Balthasar in der übernatürlichen Gotteserkenntnis dem Menschen mitgeteilt werde. Methodisch wird an dieser Stelle die erkenntnistheoretische Perspektive unterbrochen, um den objektiven Inhalt, der die Gotteserkenntnis bestimmt, zu erläutern. Zudem erweist sich ein Blick in die Kreuzestheologie Balthasars als hilfreich, weil auch die Kreuzeserkenntnis bei Verweyen inhaltlich durch diese Überlegungen beeinflusst ist. Verweyen weist selbst darauf hin: „Man darf die Kreuzesszene bei Markus nicht losgelöst von der ‚Theodramatik' lesen"[85].

---

folgt wird, findet sich bei Dieser, Der gottähnliche Mensch, 154–169. „Der Schöpfer erschafft in absoluter Freiheit, doch die aus dieser unendlichen göttlichen Freiheit geschaffenen Geschöpfe stehen in ihrer Geschöpflichkeit selbst als formale Natur in einem ‚logischen Zusammenhang' mit dem ‚Wesen' des Schöpfers, [...]." Ebd., 168. Dieser weist außerdem noch darauf hin, dass die Differenz zwischen Mensch und Gott innertrinitarisch in der Distanz zwischen Vater und Sohn gründet. Vgl. ebd., 169.

[83] Vgl. Lorenz Gadient, Hans Urs von Balthasar. Offenbarung als Drama, in: Peter Neuner/Gunther Wenz (Hgg.), Theologen des 20. Jahrhunderts. Eine Einführung, Darmstadt 2002, 191–203, 201.

[84] Umfassend untersucht Stinglhammer die Erlösungslehre im dritten Band der Theodramatik. Vgl. Hermann Stinglhammer, Freiheit in der Hingabe. Trinitarische Freiheitslehre bei Hans Urs von Balthasar. Ein Beitrag zur Rezeption der Theodramatik (= BDS 24), Würzburg 1997, 226–315.

[85] Verweyen, Botschaft, 85

5.1 Die Vorgaben: Kreuzesgeschehen als Substitution und Solidarität

Die Kreuzestheologie Balthasars ist bestimmt durch fünf Motive, die sich in den neutestamentlichen Schriften finden lassen. Als erstes Motiv nennt Balthasar die Hingabe des Sohnes durch den Vater. Durch die Hingabe werde der Sohn zum einen passiv als Opfer bestimmt, da er dargebracht werde, zum anderen aktiv, da er sich selbst darbringe, wenn er seine Hingabe bejahe. Sein freiwilliger Entschluss der Hingabe gehe der geschichtlichen Auslieferung durch die Menschen voraus. Mit seinem neuen Opfer werde das bisherige rituelle Opfer überholt. Den zweiten Aspekt sieht Balthasar im Platztausch gegeben. Indem sich der Sohn für uns hingebe, werde das Heil für den Menschen möglich. Der Sohn sterbe für die Sünden der Menschen, er nehme sie auf sich und damit werde der Mensch mit Gott versöhnt. Das dritte Motiv erläutert, dass der Mensch als Folge dieses Platztausches von der Sünde befreit werde, denn er sei durch die Lebenshingabe aus der Macht der Sünde losgekauft. Die Freisetzung beschränke sich nicht auf die Befreiung von der Sünde. Sie versetze den Menschen nicht nur in den Zustand zurück, in dem die natürliche Gotteserkenntnis wieder möglich sei, es ereigne sich mit der Freisetzung auch die übernatürliche Offenbarung, die den Menschen zur Teilhabe am göttlichen Leben durch den Heiligen Geist befähige (viertes Motiv). Als fünften Punkt weist Balthasar auf die göttliche Liebe als Grund dieses Geschehens hin. Das gesamte Versöhnungsgeschehen finde statt, weil Gott sich aufgrund seiner Liebe zur Erlösung der Menschheit entschließe. Ursprung aller Erlösung sei die Liebe Gottes zum Menschen.[86]

Alle fünf Aspekte müssen nach Balthasar für eine angemessene Kreuzestheologie gleichermaßen berücksichtigt werden. Die Spannung zwischen den unterschiedlichen Motiven dürfe dabei nicht aufgelöst werden. Balthasar betrachtet unterschiedliche theologiegeschichtliche Modelle unter dem Gesichtspunkt, ob hier alle fünf Motive angemessen zur Sprache kommen. Als zentrales Motiv der Vätertheologie erkennt er den Platztausch (der Sohn wird Mensch, damit der Mensch zum göttlichen Leben ge-

---

[86] Vgl. Balthasar, Theodramatik III, 221–223.

langt), in welches die anderen vier Motive eingepasst werden. Balthasar stellt jedoch in Frage, ob damit bereits das gesamte Potential des theodramatischen Ereignisses entfaltet werde.[87] Die Theologie Anselms schaffe es nach Balthasar erstmals, die Dramatik des soteriologischen Handelns auszudrücken. Anselm verbinde alle fünf Motive zu einem System. Sein Denken zeichne sich dadurch aus, dass die Notwendigkeit des freien Handelns als Postulat der dramatischen Handlung reflektiert werde. Als Mangel konstatiert Balthasar bei Anselm die fehlende Verbindung von Trinität und Heilsgeschichte. Ungeklärt sei, wie sich die Bestimmungen der Trinität mit dem heilsgeschichtlichen Denken vermitteln ließen. Die innertrinitarische und die heilsgeschichtliche Sendung des Sohnes blieben unverbunden. Ebenso werde die „organische" Verbindung von Mensch und Jesus Christus als Solidarität Gottes mit dem Sünder unterbelichtet. Gedacht werden müsse, dass der unschuldig Sterbende als Sündloser sterbe, damit sich die Heilsrelevanz ergebe.[88] Der Aspekt, dass der menschgewordene Gott die Sünden der Welt trage und so mit dem Sünder solidarisch werde, gehe verloren, wenn sich die Erlösung durch die Sündlosigkeit ereigne.[89]

In der Neuzeit bestimmen nach Balthasar zwei Strömungen das Verständnis des Erlösungsgeschehens: Zum einen werde ein Vorstoß unternommen, biblisch-antike Begriffe wie Opfer oder Lösepreis durch gegenwärtig verständliche Begriffe zu ersetzen. Jesus werde hier in seiner Solidarität mit den Menschen gedacht. Dadurch werde vorwiegend die menschliche Seite der Inkarnation betont. Zum anderen zeige sich eine starke Konzentration hin-

---

[87] Vgl. Balthasar, Theodramatik III, 224–226. Zu den fünf Motiven und ihrer Gewichtung in den verschiedenen Epochen theologiegeschichtlichen Denkens vgl. Lösel, Kreuzwege, 183–193.

[88] O'Donnell schreibt Balthasar die Bedeutung zu, unter den zeitgenössischen Theologen einer der wenigen zu sein, die sich auf die Frage konzentrierten, welche Konsequenz sich aus der Identifikation Gottes mit der sündigen Menschheit für Jesus ergeben. Diese Folge sei für Balthasar die Gottesverlassenheit und die völlige Passivität des Gekreuzigten. Vgl. John O'Donnell, Hans Urs von Balthasar. Gestalt seiner Theologie, in: IKaZ 18 (1989) 318–332, 322f.

[89] Vgl. Balthasar, Theodramatik, III, 235–241.

sichtlich des Substitutionsgedankens. Hier werde vor allem die Göttlichkeit der Inkarnation als soteriologisch relevant hervorgehoben. Balthasars eigene Intention ist es, die beiden Motive Solidarität und Substitution zu verbinden und damit dem biblischen Befund gerecht zu werden. Jesus solle in seiner Solidarität mit dem Menschen in den Blick kommen. Zudem müsse die Erlösungsbedeutung dieser Solidarität bedacht werden. Gerade durch die Solidarität vollziehe sich die Substitution.[90]

5.2 Selbsthingabe als Grund der Immanenz und Heilsgeschichte

Balthasar setzt für die angemessene Beschreibung des Kreuzesgeschehens die Reflexion auf die trinitarischen Vorgaben voraus. Das erste Motiv der Dahingabe des Sohns durch den Vater und das fünfte, das die Liebe Gottes als Grund des Versöhnungsgeschehens annimmt, fordere dies. Balthasar moniert bei Anselm, dass Heilsgeschichte und Trinität unverbunden blieben. Doch wie ist eine Vermittlung möglich? Balthasar greift für die Beantwortung dieser Frage auf sein trinitarisches Denkmodell zurück. Er intendiert, die Immanenz als Grund der Selbstoffenbarung Gottes zu denken. Als Ausgangspunkt bestimmt er den trinitarischen Vorgang der Zeugung des Sohnes durch den Vater. Der Vater übergebe sich selbst dem Sohn, teile ihm seine gesamte Gottheit mit. Indem der Vater sich selbst hingebe, werde die Göttlichkeit des Sohnes ermöglicht. Denn der Vater halte nichts zurück und ermögliche dem Sohn, selbst Gott zu sein. Der Vater verzichte mit seiner Selbsthingabe darauf, allein Gott zu sein. Die Antwort des Sohnes auf diese sich selbst verschenkende Liebe, die die Göttlichkeit des Sohnes ermögliche, bestehe in der ewigen Danksagung, die ebenso unbegrenzt und bedingungslos sei wie die Hingabe des Vaters. Der Geist gehe aus beiden hervor und halte die Distanz offen. Die Trennung Gottes von sich selbst in der Hingabe an den Sohn sei so unendlich groß, dass sie von keiner Distanz übertroffen werden könne. In der Hingabe des Vaters, die das „unendlich Andere seiner selbst" hervorbringe, ist für Balthasar alles, was an Distanz und Leiden möglich sei, ewig überholt. Mit dieser Hingabe seiner Gottheit als Voraus-

---

[90] Vgl. Balthasar, Theodramatik III, 245f.

setzung der Gottheit des Sohnes sei eine unüberbietbare Distanz vorhanden. Indem der Vater sich hingebe und den Sohn zeuge, ereigne sich die Voraussetzung und Überholung jeder Differenz innerhalb der Welt. Positiv gewendet ermögliche diese Hingabe die Begegnung zwischen Unterschiedenen in gegenseitiger Liebe, negativ resultiere aus der Hingabe der Liebe der Schmerz, wenn diese Liebe, die die Distanz ermögliche, nicht erwidert werde. Das innertrinitarische Verhältnis sei deshalb nicht einfach nur als Voraussetzung für eine mögliche Geschichte Gottes zu verstehen. Die Hingabe des Vaters zur Zeugung des gleichwesentlichen Sohns bedeute eine unüberbietbare Trennung. Innerweltlich lasse sich keine Entzweiung denken, die größer sei und damit müsse jede innerweltliche Distanz innerhalb der göttlichen angesiedelt werden.[91] Um die Teilnahme Gottes am Erlösungsgeschehen zu denken, setzt Balthasar innertrinitarisch ein Geschehen voraus, das Gott nicht nur als Ermöglichungsgrund, sondern als Teilnehmer der Dramatik versteht. Balthasar bestimmt das Wesen Gottes als völlige Selbsthingabe. Darin zeige sich die Macht und Ohnmacht Gottes: Macht, da die Selbsthingabe einen gleichwesentlichen Sohn zeuge, Ohnmacht, weil sich das Gottsein auf diese trinitarische Kenose festlege, und somit Entäußerung bedeute. Dramatisch vollziehe sich das Geschehen in Gott unabhängig vom Weltgeschehen, denn die größtmögliche Trennung ereigne sich innertrinitarisch, wenn sich der Vater an den Sohn weggebe. Balthasar sieht in der Annahme, dass erst mit der Verweigerung der geschöpflichen Freiheit das göttliche Drama beginne, eine hybride Selbstüberschätzung des Menschen. Bereits die Hingabe des Vaters an den Sohn umgreife jedes mögliche Drama zwischen Gott und Mensch. Der Vater gehe nach Balthasar nicht erst ein Risiko ein, wenn er den Sohn ans Kreuz gehen lasse, sondern bereits bei dessen Zeugung. Denn er gebe sich an das Andere preis und erlebe damit die Ohnmacht, sich ganz vom anderen bestimmen zulassen.[92]

Während innertrinitarisch die Möglichkeit für das Leiden grundgelegt sei, realisiere sich diese Möglichkeit in der menschlichen Freiheit. Gott ermögliche dem Menschen die Freiheit. Der sündige Mensch verdanke sich jedoch nicht wie der Sohn vollkom-

---

[91] Vgl. Balthasar, Theodramatik III, 300–303.
[92] Vgl. Balthasar, Theodramatik III, 303–305.

men dem Vater, sondern verschließe sich möglicherweise dem Anspruch der Liebe. Dies verhindere die Liebesbeziehung zwischen Gott und Mensch. Diese Verweigerung treffe Gott selbst. Denn in seiner Liebe binde er sich an den Menschen. Werde seine Liebe nicht erwidert, scheitere sein Heilswille, der die Mitteilung der Liebe zum Ziel habe. In der Hingabe Gottes liege der Ansatzpunkt für das Leiden. Leiden entstehe, „wenn die Vorsichtslosigkeit, mit der der Vater sich (und *alles* Seinige) weggibt"[93] auf eine Freiheit treffe, die diese unbegrenzte Liebeshingabe nicht erwidere und sich davon nicht beanspruchen lasse, sondern sich gegen diese Liebe verschließe, um die Autonomie zu wahren. Mit der innertrinitarischen Bestimmung der Hingabe des Vaters an den Sohn verbinde sich Gott mit der Welt, so dass das Leiden Gottes aufgrund dieser Bestimmung denkbar werde. Die Kenose des Vaters bilde die Grundlage der trinitarischen wie auch der ökonomischen Theologie. Durch seine Hingabe an das Andere mache sich Gott betreffbar, trinitarisch wie heilsgeschichtlich.[94]

5.3 Die Verweigerung menschlicher Freiheit und das Offenbarungshandeln in Jesus Christus

In der Schöpfung ereigne sich eine neue Kenose Gottes, denn hier geschehe die „Mitteilung einer Freiheit, die sich aus nichts anderem als aus sich selbst der göttlichen entgegenstellen kann."[95] Analog zum Empfang des Sohnes empfange der Mensch seine Freiheit von Gott. Auf dieses Ereignis der Liebe Gottes könne nur eine angemessene Antwort des Geschöpfs folgen: die Selbsthingabe an Gott. Doch die endliche Freiheit besitze auch die Möglichkeit, ihre Herkunft zu übersehen, indem sie sich als ihre eigene Ursache annehme. Nicht mehr Gott werde als derjenige anerkannt, dem man alles verdanke, sondern der Mensch setze sich selbst zum Maßstab. Damit verstoße die Freiheit gegen ihren Abbildcharakter.[96] Erst die Verdankung mache menschliche Freiheit „zu einem

---

93 Balthasar, Theodramatik III, 305.
94 Vgl. Balthasar, Theodramatik III, 304f.
95 Balthasar, Theodramatik III, 305.
96 „Diese Entäußerung des Vaters eröffne einen gleichsam unendlichen

realen Bild und Gleichnis der absoluten Freiheit"[97]. Indem der Mensch um sein eigenes Nichtabsolutsein wisse, verstehe er sich als Bild des Absoluten und erkenne damit seine Hinordnung auf Gott.[98]

Die verfehlte Selbstbeschreibung des Subjekts, die sich weigere, sich Gott zu verdanken, habe eine Entfernung von Gott in dreifacher Hinsicht zur Folge. Zum einen bestimme sich die scheinbar autonome Freiheit nach ihrem eigenen Maßstab und verfehle damit das Gute. „Autonome Freiheit, absolut gesetzt, kann sich nur selber als die Norm des Guten verstehen."[99] Autonomie, die sich nicht als geschenkte verstehe, subsumiere das Gute unter die Bestimmungen des Subjekts. Dieses Selbstverständnis führe zu einem Widerspruch, da nach dem Wahrheitsverständnis Balthasars das Gute mit dem Absoluten selbst identisch sei. Die endliche Freiheit könne nicht gedacht werden als eine, die das Gute selbst hervorbringe. Der Mensch übersehe seine eigene Endlichkeit, wenn er sich selbst als Quelle des Guten verstehe. Zum zweiten müsse, um die Identität bleibend zu wahren, das Subjekt den erzeugten Widerspruch ständig verhüllen. Balthasar greift hier auf die Rede von der Unentschuldbarkeit im Römerbrief zurück. Die Unentschuldbarkeit des Nichtanerkennens Gottes lasse sich nur annehmen, wenn ein Erkennen Gottes möglich sei, dieses Erkennen jedoch aufgrund der menschlichen Schuld nicht in die Haltung der Anerkennung Gottes bzw. in den Glauben an Gott münde. Mit dieser Argumentation verdeutlicht Balthasar die zweite Folge der

---

‚Raum' in Gott, in dem die Welt mit ihrer Freiheit und damit auch mit der Möglichkeit zur Abwendung von Gott ihren Platz finde. Daher erfolge auch die Schöpfung im Zeichen der Entäußerung Gottes, der sich zwar nicht zurückziehe, aber in sich der Schöpfung und dem Menschen freien Raum gebe." Silvia Cichon-Brandmaier, Ökonomische und immanente Trinität. Ein Vergleich der Konzeptionen Karl Rahners und Hans Urs von Balthasars, Regensburg 2008, 219.

[97] Balthasar, Theodramatik III, 149.

[98] Vgl. Balthasar, Theodramatik III, 151. Bemerkenswert ist, dass hier die begriffliche Übereinstimmung in Bezug auf die Bestimmung des Menschseins als Bild des Absoluten zu Verweyen gegeben ist.

[99] Balthasar, Theodramatik III, 149. Vgl. Dieser, Der gottähnliche Mensch, 379f.

verfehlten Selbstbestimmung. Der Mensch besitze ein primäres Bewusstsein für seine ursprüngliche Wahrheit als Geschöpf. Dieses ursprüngliche Wissen müsse, wenn sich das Subjekt selbst als absolut autonom verstehe, ständig verborgen werden, d. h. der Mensch sei ständig damit beschäftigt, sein Wissen um seine Herkunft von Gott zu verdecken, um seine Eigenständigkeit wahren zu können. Als dritte Konsequenz folge, dass es für die schuldhafte Selbstbestimmung keinen Zugang mehr zur Wahrheit gebe. Denn das Subjekt trenne sich in seiner schuldhaften Selbstbeschreibung von Gott. Durch diese verfehlte Selbstbeschreibung verschließe sich der Mensch in einem solchen Ausmaß der Gnade Gottes, dass er ohne eine göttliche Erlösungstat sein ursprüngliches Geschöpfsein nicht erkennen könne.[100] Der Mensch werde durch die ihm zur „Transzendenz geschenkte Mächtigkeit übermächtig und in sich ‚hinein gekrümmt‘"[101]. Aus der Hybris des Menschen folge demnach ein Dreifaches: Zum einen verstehe sich das Subjekt selbst als die Norm des Guten und übersehe seine Pflicht zur Verdankung. Zweitens werde der Widerspruch, der sich mit dieser Deutung im Subjekt ergebe, bewusst verborgen und drittens bringe sich das Subjekt durch diese Lüge in eine Situation, aus der es sich selbst nicht mehr befreien könne. Es gerate in die Fänge der Macht und werde radikal erlösungsbedürftig.[102]

Balthasar bezeichnet aufgrund dieser Ausführungen die menschliche Verfasstheit als in zweifacher Hinsicht agonal: Zum einen aufgrund der ständigen Gefahr des Menschen, sich selbst zu verschließen und die ihn transzendierende Selbstverdankung unvollzogen zu lassen. Diese Gefahr bestehe aufgrund der Erbsünde, die das natürliche Streben der Verdankung abschwäche. Der Mensch sei neben seinem Wissen um sein Geschöpfsein durch ein „negativ-begierliches Für-sich-sein-Wollen"[103] geprägt. Diese beiden kontradiktorischen Prinzipien, Hinordnung auf Gott und Selbstverschließung, bestimmen den nach-paradiesischen Menschen. Er schwebe immer in der Gefahr, die ursprüngliche Bestimmung des Menschseins nicht zu realisieren. Zum anderen sei die

---

[100] Vgl. Balthasar, Theodramatik III, 149–151.
[101] Balthasar, Theodramatik III, 151.
[102] Vgl. Dieser, Der gottähnliche Mensch, 380–383.
[103] Balthasar, Theodramatik III, 174.

menschliche Verfasstheit agonal aufgrund der Gestalt der Selbstmitteilung Gottes. Denn die Selbstverschließung des Sünders habe Einfluss auf die Art des Erlösungsgeschehens. Dieses ereigne sich nun nicht mehr aufgrund der Schöpfungsmittlerschaft des Sohns, sondern in der Gestalt am Kreuz, die die Weltschuld trage. Zwar sei auch der paradiesische Mensch auf die Gnade Gottes angewiesen. Aufgrund der Selbstverschließung finde sich der Mensch von Gott abgewandt vor und das Ergreifen der Gnade erschwere sich damit. Die göttliche Liebe lasse nichts unversucht, um dem Menschen Anteil an der göttlichen Liebe zu geben. Der erbsündige Mensch müsse sich zu Gott bekehren, indem er sich selbst entzogen werde. Gott selbst nehme am Kreuz in Solidarität mit dem Sünder die Konsequenz der Sünde und damit die Bekehrung auf sich, die für die schuldige Freiheit notwendig werde, und zeige so die unbegrenzte Liebe Gottes. Aufgrund der schuldhaften Selbstverschließung menschlicher Vernunft sei keine andere Art des Zugangs zu Gott möglich, als durch eine Offenbarung, in den Gott die Umkehr des Menschen auf sich nehme.[104]

5.4 Die soteriologische Relevanz des Kreuzesgeschehens

Das Ziel der Christologie Balthasars besteht darin, die beiden Motive Substitution und Solidarität zu verbinden. Paradigmatisch für diese Synthese verfolgt Balthasar die Frage, ob Gott am Leiden beteiligt sei. Er setzt für den „Platztausch", d. h. für die Solidarität des Sohnes mit dem Sünder, die die Teilnahme des Menschen am göttlichen Leben ermögliche, eine immanente Trinität voraus, die „nicht gleichsam ‚unbehelligt' oberhalb des Kreuzesgeschehens" verharre.[105] Die innertrinitarische Hingabe des Vaters legt Balthasar für die Hingabe zugrunde, die sich am Kreuz ereigne. Als Be-

---

[104] Vgl. Balthasar, Theodramatik III, 174–175. Zur agonalen Verfasstheit des Menschen vgl. Dieser, Der gottähnliche Mensch, 403–410.

[105] Vgl. Balthasar, Theodramatik III, 309f. „Eine Passiologie, wie Balthasar sie entwickelt, versucht [...], eine Reduktion des Leids auf die heilsökonomische Seite Gottes zu vermeiden." Vgl. Jan-Heiner Tück, Das Äußerste. Zu Möglichkeiten und Grenzen trinitarischer Kreuzestheologie, in: IKaZ 32 (2003) 465–482, 469.

dingung der Möglichkeit der Verlassenheit des Sohnes am Kreuz nimmt er die innertrinitarische Distanz zwischen dem Vater, der sich vollkommen weggebe, um den gleichwesentlichen Sohn zu zeugen, und dem Sohn, der sich ohne Einschränkungen dem Vater verdanke, an. Die Differenz der Immanenz ermögliche auch die Schöpfung und damit die Verweigerung der Freiheit und die daraus folgende schuldhafte Distanz zu Gott. Daher könne die Verweigerung der Freiheit auch nur innerhalb der Hypostasen ihre Lösung finden. Balthasar geht davon aus, dass der Sohn für sein soteriologisches Handeln nicht den Ort wechseln müsse. Sein Ort in der Differenz sei mit dem Anderen gegeben. Eine wirksame Erlösung fordere die Fähigkeit und den Willen des Sohnes. Diese Fähigkeit erhalte der Sohn aufgrund seiner Sendung, die im Hervorgang des Vaters gründe, d. h. aus seiner geschenkten Göttlichkeit, der der Sohn sich verdanke. Da auch die Todesstunde zur Sendung des Sohnes gehöre, werde sie bereits im Voraus von ihm bejaht. Sie werde dem Sohn nicht durch den Menschen aufgezwungen. Jedoch übersteige sie alles zuvor Geschehene, da sie eine *„innere* Übernahme des Un- und Widergöttlichen fordert, eine Identifikation mit jener gottfernen Finsternis, in die der Sünder durch sein Sein gelangt"[106]. Der Auftrag des Sohnes bestehe darin, mit der Sünde selbst solidarisch zu werden. Der Sohn, der innertrinitarisch die vollkommene Verdankung vollziehe, identifiziere sich heilsgeschichtlich mit einer Gottferne, die durch die menschliche Verweigerung der Verdankung entstehe. Der Sohn zeige sich solidarisch damit, was ihm wesensmäßig entgegen gesetzt sei: die Verweigerung, sich als Gott verdankt anzuerkennen. Balthasar bezeichnet die Übernahme der gottfernen Finsternis durch den Sohn als die Erfahrung der absoluten Überforderung. Denn der Sohn, der sich wesenhaft in der Verdankung mit dem Vater verbunden wisse, könne es nicht als seinen Willen begreifen, mit der Verweigerung der gesamten Welt vor dem Vater zu erscheinen. Hier liege die Unüberbietbarkeit und die Überforderung im Kreuzesgeschehen zugleich: dass der Sohn das Widergöttliche innerlich übernehme, das seinem eigenen Wesen bis ins Letzte widerspreche. Der Sohn könne diese Übernahme nur noch als Wille

---

[106] Balthasar, Theodramatik III, 311.

des Vaters, den er bedingungslos liebe, bejahen und dessen Sendung bis zuletzt treu bleiben.[107]

Balthasar verwahrt sich gegen den Vorwurf, der Vater lade dem Sohn die Sünde auf. Vielmehr handele es sich um die mit der Göttlichkeit verbundene Ohnmacht, die sich am Kreuz zeige und zu der sich der Sohn selbst angeboten habe.

„[D]as Auferlegtwerden des am Ölberg unerträglich Scheinenden und im nackten Gehorsam Übernommenen geht schließlich zurück auf einen trinitarischen Heilsbeschluß, an dem der jetzt gehorsame Sohn ebenso aktiv beteiligt war und bleibt wie Vater und Geist, sogar in bestimmtem Sinn am aktivsten, da im dreieinigen Ratschluß ein Selbstangebot, eine ‚Initiative' von ihm ausgegangen sein muß."[108]

In jenem Akt der Übernahme der gottfernen Finsternis verleihe der Vater dem Sohn keine Übermacht, sondern es zeige sich gerade in der Ohnmacht die Göttlichkeit des Sohnes, der sich an den Vater und dessen Auftrag hingebe und damit durch die göttliche Ohnmacht der Liebe alle Mächte der Welt übertreffe.[109] Den Höhepunkt erreiche das Drama zwischen Mensch und Gott, wenn die verweigernde Freiheit ihre Schuld Gott auflade und Gott sich nicht nur in der Menschheit, sondern in der trinitarischen Sendung vollständig davon treffen lasse. Hier geschehe Stellvertretung, indem der Sohn die Finsternis des sündigen Menschen selbst erfahre, und zwar in einer Weise, die jede Entfremdung des Menschen aufgrund der Sünde von Gott überbiete. Der Mensch nehme am Kreuz die absolute Verlassenheit Jesu wahr, die im Todesschrei kulminiere. Tatsächlich ereigne sich die Erlösungshandlung durch die Distanz zwischen Vater und Sohn, die sich als Ohnmacht der Liebe Gottes zeige.[110]

---

[107] Vgl. Balthasar, Theodramatik III, 310f.
[108] Balthasar, Theodramatik III, 465f.
[109] Vgl. Balthasar, Theodramatik III, 312.
[110] Vgl. Balthasar, Theodramatik III, 309–313. „Christus steht dort, wohin jeder Mensch durch die Macht der Sünde getrieben wird: unendlich weit weg von Gott. In seinem Tod erleidet er Gottverlassenheit, die Kennzeichen bzw. Folge der Sünde ist. Hier nun wandelt sich durch die Doxa seiner

Der Begriff des Zorns mache die Stellvertretung durch Solidarität deutlich. Nach Balthasar muss am Zorn Gottes zwingend festgehalten werden. Denn dieser belege den absoluten Widerstand Gottes gegenüber allem, was die göttliche Liebe verletze.[111] Balthasar geht davon aus, dass sich der Zorn Gottes am Karfreitag über dem Sohn selbst entlade. Daher erleide der Gekreuzigte den Konflikt zwischen Mensch und Gott doppelt. Zum einen als Gott, der durch die Menschen beleidigt und abgelehnt werde, zum anderen als Mensch, der vor dem Gericht Gottes mit dem Tode bedroht und dem Tode verfallen sei. Am Kreuz offenbare sich der Zorn Gottes über die Gottlosen, d. h. über die Menschen, die aus der Schöpfung eine wirkliche Erkenntnis Gottes besitzen und diese negieren. Gleichzeitig werde dieser Zorn vom Sohn übernommen.[112] Der Zorn und die Liebe Gottes treffen sich, da der Sohn selbst die Gottlosigkeit übernehme. Wenn sich der Sohn solidarisch mit den Sündern freiwillig in absoluter Treue zu seiner Sendung vom göttlichen Zorn treffen lasse, begebe er sich in die Gottlosigkeit, die aus der Sünde folge. Die menschliche Freiheit entferne sich von Gott, sofern sie ihre Selbstverdankung nicht vollziehe. Gleichzeitig sei innertrinitarisch bereits die größtmögliche Distanz zwischen Gott vorhanden. Die Distanz der Hypostasen unterscheide sich von der Entfernung zwischen Mensch und Gott nicht nur in ihrem Umfang, sondern auch dadurch, dass anders als in der Immanenz die menschliche Freiheit die Verdankung nicht vollziehe. Dadurch erzeuge die menschliche Freiheit scheinbar einen Widerspruch in Gott. Doch dieser Schein trüge. Denn durch den Widerspruch zeige sich, dass das trinitarische Verhältnis durch die Distanz in Gott bestimmt sei. Wenn der Vater den Sohn die Gottesverlassenheit erlei-

---

Göttlichkeit ‚richtungweisend' die innere Dynamik seiner *Stellvertretung.* Hat Christus bis zum Abstieg in die Unterwelt alles auf sich laden lassen, was der Menschheit in diesem Dasein schwer ankommt, so gibt er ihr nun – wieder auf ihr Gesamt bezogen – die Fülle seines Lebens; er schenkt ihr die Nähe zu Gott, die in ihm von Ewigkeit her anwest, zurück. So geschieht Heil, so ereignet sich Erlösung." Achim Schütz, Phänomenologie der Glaubensgenese. Philosophisch-theologische Neufassung von Gang und Grund der analysis fidei (= BDS 35), Würzburg 2003, 289.

[111] Vgl. Balthasar, Theodramatik III, 317.
[112] Vgl. Balthasar, Theodramatik III, 322.

den lasse und der Sohn im Leiden nach dem Vater schreie, zeigen sich Vater und Sohn gleichzeitig in ihrer Trennung und in ihrer Einheit der Liebe. Denn der Sohn ertrage im Sterben, was die Sünde verursacht habe: die Gottferne. „Der Sohn trägt die Sünder in sich mitsamt der hoffnungslosen Undurchlässigkeit ihrer Sünden für das göttliche Liebeslicht."[113] Der Sohn übernehme die Sünden der menschlichen Freiheit und deren Konsequenz, die Unfähigkeit, die göttliche Wahrheit zu empfangen. Er erfahre menschlich die gesamte Hoffnungslosigkeit, die aus dem Widerstand gegen Gott folge, und göttlich das göttliche Nein gegen diese menschliche Verweigerung. „Der Sohn, der sich ganz auf den Vater verlassen hat (bis zur Identifikation mit den Brüdern in ihrer Verlorenheit), muß gerade jetzt vom Vater verlassen sein. Er, der sich vom Vater ganz hat vergeben lassen, muß jetzt fühlen, dass es ‚vergebens' war."[114] Indem die Verweigerung der Menschen innertrinitarisch aufgenommen werde, erfolge eine Verwandlung, die Verweigerung und ihre Gottesferne werden umgriffen vom freiwilligen Gehorsam des Sohnes. Der Zorn Gottes treffe auf die göttliche Liebe im Sohn, die den Zorn gegenstandslos mache.[115]

---

[113] Balthasar, Theodramatik III, 325.

[114] Balthasar, Theodramatik III, 325. „Die Gottverlassenheit Jesu bekommt als inkarnatorische Bewegung eines innertrinitarischen Geschehens ein ganz besonders [sic!] theologisches Gewicht. Sie ist eine Folge des radikalen Gehorsams Jesu, der sich ganz dem Willen des Vaters überlässt." Peter Blättler, Pneumatologia crucis. Das Kreuz in der Logik von Wahrheit und Freiheit. Ein phänomenologischer Der Zugang zur Theologik Hans Urs von Balthasars (= BDS 38), Würzburg 2004, 286. Cichon-Brandmaier fragt an, ob der Ausspruch am Kreuz als Gottverlassenheit gedeutet werden müsse und weist auf die exegetisch unterschiedlich ausfallenden Antworten hin. Interessanterweise führt sie gerade das dem Ruf folgende Bekenntnis des Hauptmanns im Markusevangelium als Argument gegen die objektive Verlassenheit an. Gerade das subjektive Bekenntnis stehe einer objektiven Deutung als dogmatische Aussage, die die Verlassenheit nicht nur als subjektiv empfundene annehme, entgegen. Vgl. Cichon-Brandmaier, Trinität, 248f.

[115] Vgl. Balthasar, Theodramatik III, 322–326. Balthasar weist jedoch auch darauf hin, dass in den neutestamentlichen Schriften die Möglichkeit offen gehalten werde, mit einer geschöpflichen Freiheit zu rechnen, die im direkten Erkennen Gottes das Gnadenangebot für immer ausschlage. Zu der

6. Kreuzeserkenntnis

Die bisherigen Untersuchungen ergaben, dass die menschliche Freiheit bei Balthasar als geschöpfliche die Möglichkeit besitze, Gott zu erkennen. Gleichzeitig schwäche die Ursünde das Streben des Menschen zu Gott, so dass die Evidenz der natürlichen Offenbarung durch den Menschen selbst umgedeutet werden könne. Balthasar unterscheidet zwischen einer natürlichen Gotteserkenntnis, die dem Menschen durch sein Geschaffensein zukomme und der übernatürlichen Erkenntnis Gottes aufgrund der heilsgeschichtlichen Offenbarung. Als Mitte des übernatürlichen Offenbarungsgeschehens lokalisiert Balthasar Jesus Christus.[116] Diese formgebende Bedeutung komme dem Menschensohn zu, da er selbst der Inhalt der Offenbarung sei. Daher fordert er die Verständlichkeit Christi, da diese Einsichtigkeit Kirche und Christentum begründet. Wie gelangt er zu dieser Einsichtigkeit?

6.1 Schönheit als transzendentale Eigenschaft

Wie eingangs erwähnt, intendiert Balthasar eine Verbindung von Wahrem, Gutem und Schönem. Nur ein solcher Wahrheitsbegriff ermögliche der Theologie die ihr angemessene Rede. Zu Beginn des ersten Bandes der „Herrlichkeit" kommt Balthasar explizit auf die Bedeutung der Schönheit zu sprechen, die die Absichtslosigkeit des Seins zeige. Die Religion der Neuzeit vernachlässige die Bedeutung der Schönheit und korrumpiere sich damit selbst, wenn sie die Schönheit nur in ihrer ästhetischen und nicht mehr in ihrem transzendentalen Charakter bedenke. Denn mit dieser Trennung komme die Welt und ihre Erscheinungen nur noch als

---

Frage der Hoffnung auf Allerlösung vgl. Michael Greiner, Für alle hoffen? Systematische Überlegungen zu Hans Urs von Balthasars eschatologischem Vorstoß, in: Magnus Striet/Jan-Heiner Tück (Hgg.), Die Kunst Gottes verstehen. Hans Urs von Balthasars theologische Provokationen, Freiburg 2005, 228–260. O'Donnell, Hans Urs von Balthasar, 324. Menke, Balthasars „Theologie der drei Tage". Jesu Gang zum Kreuz, zu den Toten, zum Vater, in: IKaZ 39 (2010) 5–22, 18f.
[116] Vgl. Balthasar, Herrlichkeit I, 414f.

Schein in den Blick, die Bedeutung des Körperlichen gehe verloren. Zurück bleibe eine Materie, die ihre Offenheit für die
Transzendenz eingebüßt habe.[117] Die fehlende Berücksichtigung
der Schönheit schmälere die Einsichtigkeit des Guten. „Das Zeugnis des Seins wird dem unglaubhaft, der das Schöne nicht mehr zu
lesen versteht."[118] Die Schönheit könne über das Geheimnis der
Gestalt ausgesagt werden.[119]

Balthasar vertritt die Auffassung, dass gegenüber der verbreite-
ten Unsicherheit hinsichtlich letzter Fragen nach dem Weltgrund,
der Begriff der Schönheit bei vielen Menschen auf eine Erfah-
rungsbasis treffe. Erfahrung weltlicher Schönheit in Natur, Kunst
oder Lebensentwürfen begründeten den Begriff von Schönheit.
„Das Schöne führt eine Evidenz mit sich, die unmittelbar einleuchtet."[120]

6.2 Gestalt und Schönheit als Form der Gotteserkenntnis

Erkennbar werde die Schönheit mittels der Gestalt. Balthasar intendiert, geschichtliches Zeichen und Gnadenlicht als gleichermaßen relevant für den christlichen Glauben aufzuweisen. Bei den
bisherigen Denkmodellen der Theologiegeschichte ergebe sich
die Gefahr einer zweifachen Verengung. Zum einen werde die Offenbarung in ihrer Gesamtheit nur als „die geschichtlichen Zeichen und Erscheinungsweisen des handelnden Gottes"[121] verstanden, die auf Gott hinweisen und den Glauben fordern. Geglaubt
werde, worauf die Zeichen hindeuten: eine unsichtbare göttliche
Welt. „So verstanden, ruht die Rationalität des Glaubens ganz
auf dem einsichtigen, die Vernunft überzeugenden Charakter der
Erscheinungszeichen: sowohl die Glaubwürdigkeit der Zeugen ist
verifizierbar, wie die Forderung, einem glaubwürdigen Zeugen zu
glauben."[122] Die Rationalität des Glaubens folge in diesem Modell

---

[117] Vgl. Balthasar, Herrlichkeit I, 15–17.
[118] Balthasar, Herrlichkeit I, 17.
[119] Vgl. Balthasar, Herrlichkeit I, 18.
[120] Balthasar, Herrlichkeit I, 34.
[121] Balthasar, Herrlichkeit I, 139.
[122] Balthasar, Herrlichkeit I, 140.

aus den eindeutigen Erscheinungszeichen, deren Göttlichkeit übersehen werde. Die Offenbarung werde zu einem Zeichen unter vielen anderen, die göttliche Qualität dieser historischen Ereignisse bleibe nicht sichtbar.[123]

Die zweite Perspektive, die nach Balthasar mit den Alexandrinern und Augustin beginne und zu Blondel und Maréchal führe, betone dagegen vor allem das subjektive Moment und das übernatürliche Licht. Erkenntnismäßig entscheidend sei hier die Erkenntnisdynamik des Subjekts und die Erleuchtung des Menschen durch das absolute Sein: „das Sein ist Licht, dies (!) Licht ist sein dem Geist einstrahlendes Wort (Logos), das schon für den natürlichen geschöpflichen Verstand als eine Art Gnade und Offenbarung empfangen wird"[124]. Philosophische Erkenntnistheorie werde christlich adaptiert, das Charakteristikum des Christlichen durch die Überhöhung des philosophisch Gültigen erfasst. Das Sein selbst teile dem natürlichen Verstand die Offenbarung mit, philosophische Erkenntnis müsse lediglich in den theologischen Kontext transferiert und in Bezug zu Jesus Christus gesetzt werden. Eine direkte Verbindung von der geschöpflichen zur heilsgeschichtlichen Gnade wird von Balthasar angenommen, denn die Verfasstheit des Menschen weise die Vernünftigkeit von Offenbarung aus. Der Vorteil dieses Modells bestehe darin, den Vorwurf der Äußerlichkeit entkräften. Gleichzeitig werde die objektive Seite von Offenbarung völlig in einen Erkenntnisdynamismus zwischen Gott und Mensch aufgelöst.[125]

Balthasar distanziert sich von beiden Wegen. Die erste Perspektive übersehe die Bedeutung des Gnadenlichts für den Glauben, in

---

[123] Vgl. Balthasar, Herrlichkeit I, 139f.

[124] Balthasar, Herrlichkeit I, 141.

[125] Vgl. Balthasar, Herrlichkeit I, 140–142 „Das Zeichen ist dabei lediglich Auslöser einer inneren Gnadenwirkung, einer übernatürlichen Wirklichkeit in dem, der das Zeichen betrachtet. Für Balthasar macht diese Beschreibung aber nicht genügend deutlich, dass die übernatürliche Wirklichkeit eine Beschaffenheit des Gegenstandes selbst ist, an dem sie sich zeigt." Jörg Disse, Glaube und Glaubenserkenntnis. Eine Studie aus bibeltheologischer und systematischer Sicht (= FHSS 48), Frankfurt a.M. 2006, 198. Balthasar wende sich mit seinem Gestaltdenken gegen die extrinsezistische wie gegen die intrinsezistische Gnadenlehre. Vgl. Lösel, Kreuzwege, 54.

dem die historischen Ereignisse zu deuten seien. „Denn wäre es in den Zeichen selbst an sich sichtbar, so wäre der Glaube aufgehoben."[126] Die zweite Perspektive nehme eine Unmittelbarkeit der Gotteserkenntnis durch das zuvor ergangene Gnadenlicht an. Aufhebbar sei dieser Dualismus zwischen Historischem und Gnadenlicht nur durch die Kategorie des Schönen. Das Schöne beschreibt Balthasar als Gestalt.[127] Entscheidend für die Gestalt sei, dass sie eine Verbindung von Zeichen und Licht ermögliche, weil das Licht nicht von außen auf die Gestalt falle, sondern aus dem Inneren der Gestalt selbst hervorbreche. Weil das Licht aus der Gestalt selbst stamme, verweise die Gestalt nicht auf eine andere Wirklichkeit wie ein Zeichen, sondern sei selbst die Erscheinung dieser absoluten Wirklichkeit.[128] „Der Gehalt liegt nicht hinter der Gestalt, sondern in ihr."[129] Die sichtbare Gestalt verweise nicht auf das Absolute, sondern sei dessen Erscheinung. Wahrgenommen werden könne das Absolute nur über die Gestalthaf-

---

[126] Balthasar, Herrlichkeit I, 143. Auf die Bedeutung des kirchlichen Glaubens für die Erkenntnis der Glaubensgestalt weist Eicher hin. Die Offenbarungsgestalt werde nicht als historische Gestalt verstanden, die von außen in den kirchlichen Glauben hineinführt, sondern in ihrer Offenbarungsdimension erst im kirchlichen Kontext deutlich. Vgl. Eicher, Offenbarung, 295. Zur Gestalt der Kirche bzw. zur Gestalthaftigkeit der Kirche vgl. Johannes Schmid, Im Ausstrahl der Schönheit Gottes. Die Bedeutung der Analogie in „Herrlichkeit" bei Hans Urs von Balthasar (= Münsterschwarzacher Studien 35), Münsterschwarzach 1982, 105–124.

[127] Vgl. Balthasar, Herrlichkeit I, 142–144.Wie Balthasar wendet sich Verweyen gegen jede Art von Inspirationstheologie. Dies widerspreche nach Verweyen dem christlichen Glauben. Verweyen geht es wie Balthasar darum, das geschichtliche Ereignis an sich stark zu machen.

[128] Vgl. Balthasar, Herrlichkeit I, 143. „Balthasars Aussagen zielen darauf, dass erst die Perspektive des Schönen die *Objektivität* des Erkannten gewährleistet. Ohne das ästhetische Moment betrachten wir den Gegenstand aus einer letztlich subjektiven Perspektive, entweder indem wir ihn auf das durch die Kategorien unseres Verstandes Erkennbare reduzieren, oder indem wir nur das von ihm wahrnehmen, was unseren eigenen Bedürfnissen entspricht." Disse, Glaube, 208f. Körner weist darauf hin, dass Balthasar kaum Überlegungen zum methodologischen Gebrauch des Begriffs „Gestalt" anstelle. Vgl. Bernhard Körner, Fundamentaltheologie bei Hans Urs von Balthasar, in: ZKTh 109 (1987) 129–152, 138.

[129] Balthasar, Herrlichkeit I, 144.

tigkeit von Offenbarung, in der sich Innerlichkeit und Erscheinung decken. In der Identität von Inhalt und Erscheinung liege das Schöne begründet. Die Gestalt besitze „ein erscheinendes Aussen und eine inwendige Tiefe, die aber beide an der Gestalt nicht trennbar sind"[130].

Die Schönheit der wahrgenommenen Gestalt liege darin, dass diese die Innerlichkeit mitteile, die sie zugemessen bekomme. Sie stelle sich ganz in den Dienst für die Mitteilung des ihr Mitgeteilten.[131] „Erscheinende Gestalt ist nur schön, weil das Wohlgefallen, das sie erregt, im Sich-zeigen und Sich-schenken der Tiefenwahrheit und Tiefengutheit der Wirklichkeit selbst gründet, das sich uns als ein unendlich und unausschöpfbar Wertvolles und Faszinierendes offenbart."[132] Das Schöne im Offenbarungsprozess sei nicht dem Bedürfnis des Subjekts geschuldet. Die Schönheit zeige gerade die Interesselosigkeit und Absichtslosigkeit der Offenbarung. Es ergehe

„die Evidenz, dass hier eine Wesenstiefe in die Erscheinung emportaucht, *mir* erscheint, und dass ich diese erscheinende Gestalt weder theoretisch in ein Faktum oder in ein beherrschendes Gesetz auflösen und sie damit bewältigen, noch sie durch mein Streben in meinen Gebrauch nehmen kann. In der Lichtgestalt des Schönen wird das Sein des Seienden wie nirgends sonst ansichtig; deshalb muss aller geistigen Erkenntnis wie allem geistigen Streben ein Moment des Ästhetischen beigesellt sein."[133]

Die Schönheit der Gestalt ermögliche es, die Offenbarung des Absoluten in einem geschichtlich Erscheinenden auszusagen, ohne Offenbarung durch das Sinnbedürfnis des Menschen einzuschränken.

---

[130] Balthasar, Herrlichkeit I, 144. Schütz bezeichnet die Gestalt als Bindeglied zwischen der sinnenfälligen Welt und ihrem Grund. Vgl. Schütz, Phänomenologie, 280.

[131] Vgl. Balthasar, Herrlichkeit I, 111.

[132] Balthasar, Herrlichkeit I, 111. „Scharf und kompromißlos trennt sich daher von Balthasar von jeder Theologie, die nicht aus dieser Schau der Offenbarungsgestalt heraus spricht oder nicht in diese hineinführen will." Eicher, Offenbarung, 300.

[133] Balthasar, Herrlichkeit, 145.

6.3 Jesus Christus als Gestalt

Als die Gestalt schlechthin nimmt Balthasar Jesus Christus an: „In der Endlichkeit Jesu und all dessen, was mit seiner Gestalt gegeben ist und zusammenhängt, halten wir das Unendliche"[134]. In der Gestalt von Jesus Christus lasse sich keine Trennung von Mensch und Gott, von Innerlichkeit und Mitteilung dieser Innerlichkeit, vornehmen. In dieser Gestalt, und hier verwahrt sich Balthasar gegen jede Art der Platonisierung, zeige sich Gott selbst. Der Mensch Jesus sei kein Mittel der Offenbarung, sondern die Mitte der Ausdrucksgestalt Gottes.[135] Trotz ihrer Modalität, die die Gestalt durch die Sünde der Welt erhalten habe, bleibe der Offenbarungscharakter beibehalten: „bis in die Trümmer des Bildes ewigen Lebens am Kreuz ist es, in allem Paradox und über alles Paradox hinweg: Offenbarung, ja gesteigerte, höchste Offenbarung, höchster Selbstausdruck dieses ewigen Lebens."[136] In dieser Art der Offenbarung gebe sich Gott nicht nur als Liebe zu erkennen, sondern offenbare seinen unbegrenzten Einsatz für das Leben der Welt.[137]

6.4 Die Christusgestalt als objektiv evident

Nach Balthasar ergehe von der Gestalt Jesu Christi eine objektive Evidenz.[138] „Die geschichtlich begegnende Gestalt ist an sich selbst überzeugend, weil das Licht, wodurch sie einleuchtet, von ihr selbst ausstrahlt und sich evidentermaßen als ein solches, von der

---

[134] Balthasar, Herrlichkeit I, 147. Auf eine ähnliche Argumentation stößt man bei Verweyen: Er kommt über die formale Frage nach Einheit zum Bildbegriff. Diesen philosophischen Befund konfrontiert er mit der geschichtlichen Offenbarung in Jesus Christus. Damit wird für Verweyen die Gottmenschlichkeit des Gekreuzigten erkennbar.

[135] Vgl. Balthasar, Herrlichkeit I, 421f. „Allein aus der Gestalt Jesu Christi leuchtet sein Glanz ungebrochen und unverfälscht auf." Schütz, Phänomenologie, 301.

[136] Balthasar, Herrlichkeit I, 423.

[137] Vgl. Balthasar, Herrlichkeit I, 423.

[138] „Wenn es eine unhintergehbare ‚Objektivität' gibt, ist diese mit der Gestalt Jesu gegeben." Hans Waldenfels, Einführung in die Theologie der Offenbarung, Darmstadt 1996, 131.

Sache her leuchtendes erweist."[139] Die objektive Evidenz übergehe die subjektiven Voraussetzungen nicht, erst die existentiellen Voraussetzungen wie die Bereitschaft zur Hingabe ermöglichen die Evidenz. Doch Balthasar schränkt die Bedeutung der Subjektivität ein. Menschliche Erkenntnisbedingungen dürfen nicht per se die Bedingungen der Wahrnehmung der objektiven Gestalt bestimmen. „Jede noch so existentielle Form von Kantianismus in der Theologie muss das Phänomen verfälschen."[140] Im Licht der Gestalt, das dem Subjekt aus dem Objekt entgegenstrahle, werde die Offenbarungsgestalt erfassbar. Balthasar stellt heraus, dass er eine „Wendung ins Objektive"[141] durchführe. Die Offenbarungsgestalt sei aus sich heraus einsichtig. Der Glaube des Menschen gründe im Offenbarungshandeln Gottes und nicht im subjektiven Glaubensakt.[142] Als Verstehensvoraussetzung der Gestalt fordert Balthasar die „Hinnahme des Gegebenen, so wie es sich gibt."[143] Die Aufgabe des Menschen bestehe darin, sich dieser objektiven Offenbarungsgestalt hinzugeben, d. h. die Gestalt in ihrer Gesamtheit von Menschwerdung, Tod und Auferstehung wahrzunehmen.

„Sofern er Mensch war, gehört sein Tod und damit das Aufhören seiner sinnlichen Kundgabe notwendig zur Wahrheit seines Menschseins. Sofern er aber in seinem Sterben der Überwinder

---

[139] Balthasar, Herrlichkeit I, 446. „ Hans Urs von Balthasar […] zeigt, dass man sich das Glaubenslicht und die Glaubensgnade nicht als etwas vorzustellen braucht, was unabhängig vom Glaubensinhalt oder neben dem Glaubensinhalt ‚senkrecht von oben' in den Glaubenden einfließt und ihn erleuchtet. Vielmehr bringt der Glaubensgegenstand, konkret: Jesus Christus, das Licht und den Geist, in dem er glaubend erkannt werden kann, mit sich." Walter Kasper, Das Evangelium Jesu Christi (= Gesammelte Schriften 5), Freiburg 2009, 213.

[140] Balthasar, Herrlichkeit I, 447.

[141] Balthasar, Herrlichkeit I, 123.

[142] Vgl. Balthasar, Herrlichkeit I, 123.

[143] Balthasar, Herrlichkeit I, 448f. Darin liegt für Hartmann der entscheidende Punkt: „der Glaubende muß sich vom Maß des liebenden Gottes richten lassen, sich an ihm ausrichten, will er wirklich zu diesem ‚Glaubensgegenstand' gelangen. Glaube verlangt dann eine grundsätzliche Bereitschaft, alle vorgefassten Gottesbilder, alle Vernünfteleien fallen zu lassen". Hartmann, Ästhetik, 136.

des Todes und darin der Offenbarer der ‚gewaltigen Macht Gottes' ist (Eph 1,20), wurde er für immer leiblich auferweckt, denn seine erscheinende Leiblichkeit war für die Menschen wesenhaftes Werkzeug seiner Offenbarung Gottes gewesen."[144]

Nur wenn die Einheit von Gott und Mensch, von Immanenz und Heilsgeschichte berücksichtigt werde, sei die Objektivität der Glaubensgestalt gegeben. Ohne trinitarischen Bezug bleibe die Gestalt unverständlich.[145] „Die trinitarische Liebe Gottes erscheint als Glaubensgrund und Glaubwürdigkeitsmotiv in der unableitbaren geschichtlichen Offenbarungsgestalt mit objektiver Evidenz"[146].

6.5 Die Einmaligkeit der Christusgestalt

Die Einmaligkeit von Christus lasse sich nur aufgrund der Gnade erkennen, daher existiere außerhalb von Gott kein Kriterium, anhand dessen die Bedeutung der Gestalt deutlich werde. Inhaltlich beschreibbar sei die Einzigkeit durch den Begriff der Übereinstimmung von Auftrag und Existenz, die darin ihren Grund habe, dass Christus im Gehorsam dem Willen seines Vaters folge und dafür seine ganze Existenz zur Verfügung stelle. „Der Auftrag ist also göttlich, die Ausführung menschlich, und die zwischen beiden

---

[144] Hans Urs von Balthasar, Epilog, Einsiedeln 1987, 71.

[145] Vgl. Balthasar, Herrlichkeit I, 445–449. „Erkenntnis der geschichtlichen Offenbarung als wirkliche Erkenntnis, Erkenntnis also des Jesus der Geschichte als Epiphanie Gottes, ist nur möglich, indem diese Erkenntnis durch göttliche Einwirkung (lumen fidei) ermöglicht wird, dieses göttliche Licht aber nicht ‚hinter' der geschichtlichen Offenbarung aufleuchtet und der geschichtliche Jesus sich zum ‚Christus des Glaubens' verflüchtigt, sondern aus der Offenbarungsgestalt stammend diese verständlich (einleuchtend) macht: als Erscheinung der unergründlichen göttlichen Tiefe." Volker Spannenberg, Herrlichkeit des Neuen Bundes. Die Bestimmung des biblischen Begriffs der ‚Herrlichkeit' bei Hans Urs von Balthasar (= WUNT II 55), Tübingen 1993, 10f. Eicher geht von der Identität zwischen Verifikations- und Wahrnehmungsprozess aus. Vgl. ders., Offenbarung, 329.

[146] Erhard Kunz, Glaubwürdigkeitserkenntnis und Glaube (analysis fidei), in: HFTh² 4, 301–330, 314. Im Original kursiv.

herrschende Proportion vollkommenen ‚Stimmens' ist gott-menschlich."[147] Als Mensch sei Jesus identisch mit dem Auftrag des Vaters. Menschlich vollbringe er, was ihm göttlich aufgetragen wurde. Allein damit leiste er noch nicht mehr als ein Prophet. Entscheidend sei seine Identität als Mensch mit der Gesamtheit des göttlichen Auftrags, der alle bisherigen prophetischen Aufträge übertreffe und umgreife. Sein Leben ziele auf den Tod, wo seine Sendung kulminiere. Die Misserfolge der Verkündigung, die zunehmende Vereinsamung und Ablehnung zeigen den Sinn dieses Lebens. Balthasar geht davon aus, dass das gesamte Leben und die Verkündigung Jesu stringent auf den Tod zulaufe. Diese Finalität des Lebens auf den Tod nimmt er keineswegs als nachösterliche Konstruktion an, denn als Konstruktion wäre dies schlechthin undenkbar. Auch mit Hilfe einer Inspirationstheologie könne diese Vorstellung der nachträglichen Konstruktion nur gedacht werden, wenn sich die Stringenz geschichtlich ereignet habe.[148]

Die soteriologische Bedeutung ergebe sich durch die Identität von göttlicher Forderung und menschlicher Erfüllung. In Jesus Christus ereigne sich nicht nur die Identität von Existenz und Sendung, de iure sei er selbst die Identität.[149] Der Sohn folge seiner Sendung bis zur letzten Gottverlorenheit. „Im äussersten menschlichen Versagen versagt er vor Gott nicht, sondern sagt aufs Haar genau, was Gott von ihm hören will. Diesen Dialog kann kein falscher Ton trüben, alles Gesagte und Getane ist angemessen, sitzt wie angegossen."[150] Eine nachträgliche Interpretation der Identität von Auftrag und Erfüllung schließt Balthasar aus, denn dem Menschen fehle schlicht die Möglichkeit dies zu denken. Verherrlichung und Kenose vollzögen sich in einem Bild. Im Abstieg ans Kreuz verherrliche der Sohn den Vater. Balthasar geht nicht davon aus, dass die Auferstehung damit überflüssig werde. Die Verherr-

---

[147] Balthasar, Herrlichkeit I, 451.
[148] Hier zeigen sich Übereinstimmungen mit dem Denken Verweyens. Auch Verweyen geht davon aus, dass die Erfahrung, die dem Verfasser des Textes über das Bekenntnis des römischen Hauptmanns zugrunde liege, eine unausdenkbare sei. Ebenso wie Balthasar wendet sich Verweyen gegen eine inspirationstheologische Vorstellung.
[149] Vgl. Balthasar, Herrlichkeit I, 450–454.
[150] Balthasar, Herrlichkeit I, 457.

lichung des Sohnes durch den Vater liege begründet in der Verherrlichung des Vaters durch die Hingabe des Sohns. Objektiv evident werde in der Gestalt die Selbsthingabe des Sohnes und damit die Herrlichkeit Gottes.[151]

6.6 Die subjektive Evidenz

Wenn Balthasar von Glauben spricht, steht damit weniger der subjektive Glaubensakt, sondern vielmehr der Inhalt, auf den sich der Glaubensakt richtet, im Vordergrund. Von diesem Inhalt her werde der Glaubensakt verständlich. Diesen Perspektivenwechsel nennt Balthasar die „Wendung ins Objektive"[152]. Damit betont er, dass eine Glaubensentscheidung nicht als Leistung des Subjekts anzusehen sei. Als Ausgangspunkt für den Glauben legt er das Offen-

---

[151] Vgl. Balthasar, Herrlichkeit I, 457f. „Denn hier wird die Gestalt des absolut gehorsamen Sohnes zur reinsten Selbstdarstellung der trinitarischen Liebe Gottes; hier entspricht der menschliche *Gehorsam* Jesu vollkommen der göttlichen *Liebe* zwischen Vater und Sohn [...]." Medard Kehl, Kirche als Institution. Zur theologischen Begründung des institutionellen Charakters der Kirche in der neueren deutschsprachigen katholischen Ekklesiologie (= FTS 22), Frankfurt a.M. 1976, 272f. Dass der Sohn vollständig den Vater abbilde, ist ein Motiv, das von Verweyen aufgenommen wird.

[152] Balthasar, Herrlichkeit I, 123. Meuffels setzt sich kritisch mit der These der objektiven Evidenz bzw. dem Gestaltdenken auseinander. Wenn sich die objektive Evidenz aus der Gestalt heraus ergebe und der Mensch sich nur dieser Gestalt hingeben müsse, bestehe damit nicht die Gefahr, dass sich der Mensch im Glauben aus seinen konkreten geschichtlichen Umständen verabschiede? Verschärft trete die Problematik auf, wenn es um den Gestaltbegriff gehe. Meuffels schließt daraus, dass in der anthropologisch ausgerichteten Gegenwart ein Gestaltsehen, wie es von Balthasar gedacht werde, nur schwierig vermittelt werden könne. Vgl. Hans Otmar Meuffels, Einbergung des Menschen in das Mysterium der dreieinigen Liebe. Eine trinitarische Anthropologie nach Hans Urs von Balthasar (BDS 11), Würzburg 1991, 244f. Guerriero weist darauf hin, dass die objektive Evidenz die weitaus entscheidendere sei: „sie leuchtet, reißt hin und bringt gerade so die subjektiv Evidenz hervor." Trotzdem folge er in seiner Darstellung der Reihenfolge Balthasars von subjektiver und objektiver Evidenz, da die Fülle und Tiefe der Gestalt abstrakt, d. h. ohne das Subjekt, unfassbar und unsichtbar bleibe. Vgl. Elio Guerriero, Hans Urs von Balthasar. Eine Monographie, Einsiedeln 1993, 286f.

barungshandeln Gottes zugrunde. Die Gewissheit der Offenbarung ergebe sich keinesfalls aus der subjektiv gewonnenen Evidenz des menschlichen Verstandes, sondern aus der geoffenbarten Evidenz der Wahrheit Gottes. Nicht im „Erfasst-haben, sondern im Erfasst-worden-sein" liege die Evidenz begründet.[153] Balthasar bezeichnet den Glauben als das Licht Gottes, das im Menschen aufleuchte und durch das der Mensch zur Teilnahme am göttlichen Leben befähigt werde. Er wendet sich gegen die Vorstellung, der Geist selbst schließe aus sich heraus logisch auf die Wirklichkeit Gottes. Der Glauben fordere die Hingabe an die Objektivität des Geoffenbarten. Wahrhafte Wahrnehmung finde statt, wenn der Mensch mit Hilfe des Glaubenslichtes sein Denken dem Denken Gottes angleiche.[154] „Je gehorsamer er denkt, desto richtiger wird er sehen."[155] Das Gnadenlicht bleibe auf die Gestalt verwiesen, allein durch die geschichtliche Offenbarung in Jesus Christus erfolge die Verifikation des Gnadenlichts.

---

[153] Vgl. Balthasar, Herrlichkeit I, 126. Gadient stellt auch eine dramatische Dimension der Wahrnehmung von Offenbarung fest, da ästhetische Wahrnehmung eine distanzierte Beobachtung ausschließe und das Sehen von Offenbarung Ergebnis des Beteiligt-werdens des Menschen durch Gott sei. Vgl. Gadient, Hans Urs von Balthasar, 201. Gadient macht ausführlich auf die Beteiligung des Subjekts hinsichtlich des Erkenntnisvorgangs aufmerksam. Leider fehlt bei ihm die kritische Reflexion darüber, ob ein Erkenntnisvorgang, der das Subjekt als grundsätzlich passiv-anerkennend bestimme bzw. die Spontaneität, die ihr Ziel in der Rezeptivität habe, wirklich die Bezeichnung eines beidseitigen dramatischen Geschehen verdiene. Vgl. Gadient, Wahrheit, 124–128. Müsste dafür nicht die kreativ-konstruktive Bedeutung des Subjekts stärker berücksichtigt werden? Plettscher argumentiert, dass die Rezeptivität keine rein passive Haltung, sondern die Bereitschaft und Freiheit des Menschen meine. Vgl. Plettscher, Selbstevidenz, 226. Doch gerade damit werde deutlich, dass sich ein enger Konnex von Freiheit und Empfänglichkeit ergebe und andere Dimensionen der Freiheit im Erkenntnisprozess nicht ausreichend zur Sprache kommen. „[D]ie Wahrheit, die vom Subjekt erkannt wird, [ist – E.S.] gebunden an das strenge Maß der Objektivität." Aufgabe des Subjekts ist es einzig, „die Wahrheit hervorkommen zu lassen." Plettscher, Selbstevidenz, 243.

[154] Vgl. Balthasar, Herrlichkeit I, 157f.

[155] Balthasar, Herrlichkeit I, 158.

„In der hingestellten Gestalt Christi begegnet das innere Gna-
den- und Glaubenslicht seiner einzig gültigen Verifikation, insofern hier und nur hier eine Gestalt sichtbar wird, an der für das
schauende Licht alles stimmt, aber offensichtlich nur von Gott
her zum Stimmen gebracht werden konnte und deshalb auch
nur vom Glaubenslicht als stimmend festgestellt werden kann."[156]

Gleichzeitig ermögliche nur das Gnadenlicht die volle Erfassbar-
keit der Gestalt. Die Vernunft, die sich nicht auf Gott hin ausrich-
te, verfehle dieselbe. „[D]as Gotteslicht des Glaubens aber *sieht*
die Gestalt wie sie ist, und zwar nachweisbar so, dass die Evidenz
der Richtigkeit der Sache an der Sache selbst und von ihr her aufleuchtet."[157] Das Gnadenlicht ermögliche die Evidenz der Gestalt.
In diesem Licht zeige sich, dass jeder Projektionsverdacht haltlos
sei. Durch die Identität des Zeugnisses des Sohns für den Vater
und des Vaters für den Sohn werde die Gestalt im Gnadenlicht
als die Offenbarung Gottes erkennbar. Für die subjektive Evidenz
sei entscheidend, „dass die Evidenz des Glaubenslichtes am Glaubensgegenstand als objektive Evidenz aufleuchtet."[158] Weder aufgrund des inneren Lichtes, das die historische Gestalt interpretiere, noch aufgrund der affirmativen Beziehung des Menschen zu
Gott, sondern allein aus der Gestalt selbst, die die menschlich un-
erfindliche Liebe Gottes zeige, ergehe die Evidenz.[159]

---

[156] Balthasar, Herrlichkeit I, 164f. „Ihre [bezogen auf die Gestalt – E.S.]
‚hinreichende' Evidenz und Überzeugungskraft (biblisch: ‚Herrlichkeit')
liegt [...] ganz auf Gottes Seite [...]." Gadient, Hans Urs von Balthasar,
200. „Der trinitarische Gott als Objekt theologischen Erkennens bringt
also in seiner Offenbarung selbst das Licht ‚objektiver Evidenz' [...] mit
sich. [...] So wird der trinitarische Gott bei Balthasar zum Subjekt der Gotteserkenntnis und der Theologie, insofern die Rede von Gott nur durch
Gott möglich wird." Kim, Christliche Denkform, 532.
[157] Balthasar, Herrlichkeit I, 165. „Jedes Verstehen der Offenbarung erfolgt immer von oben, d. h. von der trinitarisch erfüllten Liebe Gottes her
absteigend: Gott der Vater offenbart sich aus freier Liebe in seinem Sohn,
der immer bereit ist, alles zu sagen und zu tun, was der Vater will. Diese
Offenbarung kann der Mensch nur in dem Licht sehen, das gerade aus dieser Offenbarungsgestalt hervorbricht, nämlich im Heiligen Geist." Kim,
Christliche Denkform, 535.
[158] Balthasar, Herrlichkeit I, 166.

Für die Fundamentaltheologie bleibe die Frage nach der Wahrnehmung der Gestalt der Offenbarung zu klären. Eine Theologie, die unter dem Einfluss des rationalistischen Wissenschaftsbegriffs stehe, vernachlässige die Bedeutung der Gestalt und ersetze sie durch die Frage, wie der äußere Anspruch der Offenbarung seine Begründung vor der Vernunft finden könne. Mit dieser Stoßrichtung sei jedoch das Dilemma gegeben, entweder aus Vernunftgewissheit zu glauben und damit den christlichen Glauben zu verfehlen, oder auf die Vernunftgewissheit zu verzichten und seine Glaubensentscheidungen von Wahrscheinlichkeiten abhängig zu machen, was die Vernünftigkeit des Glaubens verabschiede. Beide Möglichkeiten übersähen die Gestalthaftigkeit der Offenbarung und verständen Christus lediglich als ein Zeichen Gottes. Balthasar konstatiert in der Theologie eine „Unfähigkeit zum Gestaltlesen"[160]. Positiv bezieht er sich auf Pierre Rousselot, der mit den ‚Augen des Glaubens' eine Möglichkeit entfalte, die Offenbarung nicht durch die Vernunft, sondern durch die mitgeteilte Gnade zu erkennen. Allerdings moniert Balthasar, dass Rousselot dem kantischen Denken verhaftet bleibe. Er spreche lediglich von Zeichen statt von der Gestalt. Zu stark berücksichtige Rousselot die subjektive Dimension, zu wenig nehme er wahr, dass die objektive Evidenz von der Offenbarungsgestalt her ergehe. Bei Rousselot fehle die Reflexion darauf, dass die Kraft, die den Glauben ermögliche, nicht im Menschen selbst liege, sondern in der Offenbarung Gottes. In der Hinwendung zu Christus zeige sich nach Balthasar nicht das Vermögen des Menschen, diese Zeichen als Ausdruck Gottes zu interpretieren, sondern die Macht Christi, den Menschen am göttlichen Leben teilhaben zu lassen.[161] „Denn die synthetische Kraft des aktiven Glaubens-,Vermögens' […] liegt primär gar nicht im Glaubenden selbst, sondern in Gott, der sich offenbarend ihm einwohnt, und an dessen Licht und Akt der Glaubende teilbekommt"[162]. Damit sei die objektive Struktur des Glaubens aufgedeckt: Nur Gott ermögliche die Glaubenserkenntnis.[163]

---

[159] Vgl. Balthasar, Herrlichkeit I, 165

[160] Balthasar, Herrlichkeit I, 167.

[161] Vgl. Balthasar, Herrlichkeit I, 166–174.

[162] Balthasar, Herrlichkeit I, 172.

[163] Vgl. Balthasar, Herrlichkeit I, 171–173.

Im Unterschied zur Wahrnehmung der natürlichen Offenbarung findet bei Balthasar hinsichtlich des Glaubens eine christologische Konzentration statt. Nur durch die Gestalt am Kreuz, die gleichzeitig historisches Ereignis sei und aus der das Gnadenlicht strahle, werde der Gottesglaube möglich. „Das Licht des Glaubens stammt aus dem Objekt, das sich dem Subjekt offenbart und es über sich hinaus (sonst wäre es ja nicht Glaube) in die Sphäre des Objekts hineinzieht."[164] Dabei überzeuge gerade die geschichtliche, d. h. äußerliche Erscheinung Gottes den Menschen von dieser Objektivität. Gott offenbare sich nicht nur im Inneren des Menschen, sondern auch im Medium der Geschichte, was die Objektivität des Glaubens verbürge. Historischer Jesus und Christus des Glaubens ließen sich nicht trennen, die Gestalthaftigkeit der Offenbarung verbiete jede Art der Zäsur von Inhalt der Offenbarung und Offenbarungsakt.[165] Im Glauben werde daher Gott selbst in der Gestalt sichtbar: „die zentrale Evidenzform, an der alles übrige hängt, ist die Wahrnehmung der objektiven Gottesgestalt Jesu Christi, die nicht ‚geglaubt', sondern ‚gesehen' wird [...]; an dieser Gestalt leuchtet die objektive Herrlichkeit Gottes auf"[166].

6.7 Die faktische Verborgenheit der Glaubensgestalt

Weil die geschichtliche Gestalt eine objektive sei und von dieser Objektivität der Glaube ergehe, ist für Balthasar ein Übersehen oder Nichtglaubenkönnen der Gestalt ohne eine individuelle oder kollektive Schuld nicht zu denken.[167] Das, was gesehen werden

---

[164] Balthasar, Herrlichkeit I, 174.

[165] Vgl. Balthasar, Herrlichkeit I, 174f.

[166] Balthasar, Herrlichkeit I, 196. Lösel stellt im Anschluss an die subjektive Evidenz die Frage, ob Glaube als Wirkung des Heiligen Geistes oder als freier Akt des Menschen gedacht werde und kommt zu dem Ergebnis, dass die Freiheit des Menschen bei Balthasar nur darin bestehe, der göttlichen Offenbarung zuzustimmen und sich passiv dem Wirken des Geistes hinzugeben oder schuldhaft im Unglauben zu verweilen. Vgl. Lösel, Kreuzwege, 63f.

[167] Balthasar geht davon aus, dass es auch außer der eigenen Schuld Gründe geben kann, weswegen die Gestalt nicht erkannt werde, z. B. wenn ein Mensch lediglich einem verzerrten Bild der Gestalt begegnet sei. Vgl. Balthasar, Herrlichkeit I, 490.

könnte, werde aufgrund der falschen Haltung des Subjekts übersehen. „Es ist das furchtbare Nichtsehen dessen, was unbedingt – nach allen Vorbereitungen des Alten Bundes bis auf den Täufer – gesehen werden müsste"[168]. Eine Unerkennbarkeit der Glaubensgestalt nimmt er nicht an. Wer im subjektiven Vorurteil verhaftet bleibe und der göttlichen Mitteilung in ihrer Unausdenkbarkeit keinen Platz einräume, sei schuldhaft für sein Nichterkennen verantwortlich. Im Falle von Jesus Christus bestehe die Schuld darin, ihn mit den zeitgenössischen Messiasvorstellungen beurteilt zu haben und somit die subjektive Meinung gegen die objektive Evidenz zu setzen. Menschliche Vorurteile, Maßstäbe und Kategorien müssen aufgegeben werden, damit der Mensch die Objektivität der Offenbarung erfassen könne.[169]

> „So ist nur folgerichtig und hat eine innere logische Evidenz, dass diese Herrlichkeit des Sohnes nur sehen kann, wer glaubt, das heisst nicht die eigene Ehre sucht […], und dass der, dem sie sichtbar wird, gerade in der Verborgenheit des Sohnes die Evidenz seiner göttlichen Sendung aufleuchten sieht."[170]

Nach Balthasar sei die Gestalt der Offenbarung nur für den Menschen wahrnehmbar, der bereits glaube.[171]

Balthasar nimmt zudem an, dass die menschliche Sünde eine Verborgenheit der Gestalt bewirkt habe. Die Schuld des Menschen bedinge die Verborgenheit der Gestalt. „Und erst die Schuld der Menschen zwingt den Sohn, sich der Welt im Modus der Verborgenheit zu offenbaren."[172] Denn unter der Bedingung der sündigen Welt werde die Offenbarung des freien Gottes von einer Gegenkraft betroffen, die das göttliche Handeln in Leiden verwandle und damit ver-

---

[168] Balthasar, Herrlichkeit I, 491.
[169] Vgl. Herrlichkeit, 492f.
[170] Balthasar, Herrlichkeit I, 501.
[171] Auf die damit gegebene Einschränkung der objektiven Evidenz macht Striet aufmerksam. Vgl. Magnus Striet, Wahrnehmung der Offenbarungsgestalt. Annäherungen an die Ästhetik Hans Urs von Balthasars, in: ders./ Jan-Heiner Tück (Hgg.), Die Kunst Gottes verstehen. Hans Urs von Balthasars theologische Provokationen, Freiburg 2005, 54–8, 72.
[172] Balthasar, Herrlichkeit I, 502.

berge. „Gott kann gleichsam nicht mehr tun, was er will, weil sein Gutestun die Sünde hervorreizt, handelnd muss er sich selbst Gewalt antun, um anders handelnd als er möchte, dennoch göttlich zu handeln."[173] Denn der Sohn nehme den Widerspruch der Sünde auf sich. Vom Vater werde der Sohn in die Kreuzesverlassenheit hineingeben. Der Sohn gebe sich selbst hin bis zur völligen Ungeschütztheit, er lasse sich ganz von der Verweigerung der menschlichen Freiheit betreffen. Gerade durch dieses Sich-Betreffen-lassen bis zur Unkenntlichkeit offenbare sich die Liebe Gottes zu den Menschen.[174] Aufgrund der Schuld des Menschen ereigne sich die Offenbarung auf diese Weise und so bringe die Offenbarungsgestalt selbst den objektiven Beweis für die Schuld des Sünders. Da die verweigerte Freiheit ihre eigene, vollständige Objektivierung jedoch nicht ertragen könne, wende sie sich erneut ab von der Selbstmitteilung Gottes. Denn an der Verborgenheit der Gestalt, an ihrer durch die Sünde bedingten Erscheinung, erkenne die sündige Freiheit ihre eigene Existenz, die ebenfalls durch die Sünde bestimmt sei. „Das Letzte, was die Schuld anerkennen könnte, ist, dass gerade dieses Bild die vollkommene Objektivierung ihrer selbst ist, ein Selbstportrait, dessen Ähnlichkeit, ja Identität den vorurteilslosen Beschauer sogleich bestürzen muss und, je länger es betrachtet wird, desto mehr."[175] Selbsterkenntnis und Gotteserkenntnis seien in der Gestalt wahrnehmbar. Doch beides lehne die verweigerte Freiheit ab, ihre eigene Selbstverborgenheit und ihr Erkanntsein in Gott. Die Voraussetzung für die Erkenntnis der Gestalt stelle die Abkehr vom eigenen Selbstverständnis und die Hinwendung zum absoluten Bild Gottes dar. Ohne die Umkehr könne die objektive Gestalt nicht wahrgenommen werden. Die Sünde bedinge die Verborgenheit, doch die Objektivität der Gestalt schmälere sich damit nicht. „Es ist unmöglich, ihn [Jesus Christus – E.S.] Aug in Auge zu betrachten und zu behaupten, man sähe ihn nicht."[176]

---

[173] Balthasar, Herrlichkeit I, 499.

[174] Vgl. Balthasar, Herrlichkeit I, 499f.

[175] Balthasar, Herrlichkeit I, 502.

[176] Balthasar, Herrlichkeit I, 494. „‚Liebe' gewinnt ihre Plausibilität und Logik allein von der objektiven Evidenz der konkreten Gestalt her, in der sie tatsächlich und faktisch inkarniert ist [...]." Blättler, Pneumatologia, 317.

V. Verweyens Verweise auf die Theologie Balthasars

Im folgenden Teil der Arbeit wende ich mich der Frage zu, inwiefern die Theologie Hans Urs von Balthasars die Fundamentaltheologie Verweyens prägt und beeinflusst. Angeregt wurde die Fragestellung zum einen durch die neueren Veröffentlichungen, in denen Verweyen die Bedeutung Balthasars für seinen Entwurf hervorhebt, zum anderen durch frühe Texte, in denen Verweyen auf das Denken Balthasars zurückgreift. Schon in seiner Dissertation nimmt er in einem Exkurs zur Frage des Natur- und Kunstschönen auf die Ästhetik Balthasars Bezug.[1] 1977 fordert Verweyen einen theologischen Gesamtentwurf im Anschluss an Jürgen Moltmanns Schrift „Der gekreuzigte Gott"[2] und an Hans Urs von Balthasars „Mysterium Paschale"[3]. Nach Verweyen bedarf es, um die Frage nach dem Tod und der Zukunft des Menschen angemessen zur Sprache zu bringen, einer Konzentration auf den Kern der Theologie, der für ihn im Kreuzesleiden Gottes liegt. Allein „aus dem Zentrum der christlichen Theologie – dem Leiden Gottes am Kreuz"[4] könne ein Sinn für das menschliche Existieren ermittelt werden. Aus der Perspektive Verweyens bietet sich die Theologie Jürgen Moltmanns und das Denken Hans Urs von Balthasars an, um die Frage nach dem Tod und der Zukunft des Menschen zu beantworten.[5] Immer wieder verweist Verweyen auf Hans Urs von Balthasar. So erwähnt er an verschiedenen Stellen sowohl eine persönliche Verbundenheit als auch die Verwandtschaft seines Denkens zu demjenigen Balthasars. Beispielsweise ist die zweite Auflage der „Christologischen Brennpunkte" Hans Urs von Balthasar gewidmet, und sowohl in „Gottes letztes Wort" als auch in

---

[1] Vgl. Verweyen, Ontologische Voraussetzungen, 177–181.

[2] Jürgen Moltmann, Der gekreuzigte Gott. Das Kreuz Christi als Grund und Kritik christlicher Theologie, München 1972.

[3] Hans Urs von Balthasar, Mysterium Paschale, in: MySal III/2 (1969) 133–319.

[4] Verweyen, Zeitgenössische philosophische Aussagen, 32.

[5] Vgl. Verweyen, Zeitgenössische philosophische Aussagen, 32, Anm. 53.

der Festschrift für Kardinal Lehmann kommt Verweyen auf seinen persönlichen Briefwechsel mit Balthasar zu sprechen. Inhaltlich schließt er sich in Bezug auf die Eschatologie und hinsichtlich der Christologie Balthasar an.

Während die Bezüge zwischen Rahner und Verweyen bereits untersucht sind,[6] steht die Frage nach der Balthasarrezeption Verweyens im Schatten dieser Arbeiten.[7] Interessanterweise erschien 2009 ein Aufsatz von Karl-Heinz Menke, der die Kreuzestheologie Balthasars anhand von „Mysterium Paschale" nachzeichnet.[8] Diesen Text gibt Verweyen 1977 als einen Text an, von dem her er seinen Neuentwurf der Theologie wagen will. Während Menke auf die Konvergenz zwischen der Trinitätslehre Pannenbergs und Balthasars hinweist, findet sich keine Bezugnahme auf die Relevanz der Kreuzestheologie Balthasars für die Fundamentaltheologie Verweyens – ein Indikator für eine einseitige Rezeption der Fundamentaltheologie Verweyens? Der Anspruch der folgenden Kapitel besteht darin, die bisher wenig beachtete Nähe zwischen Verweyen und Balthasar deutlich zu machen. Deshalb werden im Folgenden die Textstellen in „Gottes letztes Wort" untersucht, in denen Verweyen auf die Theologie Balthasars hinweist. Zudem werden die neueren Veröffentlichungen hinsichtlich ihrer Balthasarbezüge berücksichtigt.

---

[6] Vgl. Ebenbauer, Fundamentaltheologie, 182–215. Fößel, Gott. Licht, Karl Rahners Theorie. Raffelt, Pluralismus, 127–138.

[7] Dieckmann geht davon aus, dass in der Kreuzestheologie „geradezu eine Arbeitsgemeinschaft zwischen Verweyen und H.U.v. Balthasar" bestehe. Ders., Das Kreuz, 59f. Verweyen sei gerade in Bezug auf den Sühnegedanken und hinsichtlich der theologischen Erkenntnislehre sowie der Eschatologie von Balthasars Theologie bestimmt. Vgl. ders., Das Kreuz, 60, Anm. 118.

[8] Menke, Balthasars Theologie, 9.

1. Die Hinweise auf die Theologie Hans Urs von Balthasars in „Gottes letztes Wort"

1.1 Der *Traditio*begriff

Verweyen fokussiert als Mitte des christlichen Glaubens die Eucharistie, wobei er diese nicht liturgisch-sakramental verengt, sondern in einem umfassenden Sinn denken will. Hinsichtlich dieses umfassenden Verständnisses verweist Verweyen auf das Verhältnis von Eucharistie, Zeugnis und *traditio*, das sich bei Hans Urs von Balthasar finde.[9] Damit ist bereits ein erster Hinweis auf die gemeinsamen christologischen Annahmen von Balthasar und Verweyen gegeben.

1.2 Legitimation der Hermeneutik mit dem trinitarischen Denken Balthasars

Im dritten Kapitel begründet Verweyen die Unabschließbarkeit der Hermeneutik bis in die Eschatologie mit der Trinitätstheologie Balthasars. „Selbst die Kommunikation zwischen den innertrinitarischen Personen ist, wie Hans Urs von Balthasar im Einklang mit Adrienne von Speyr betont, nicht ‚vor Überraschungen gefeit'."[10] Als Referenzpunkt dieser Aussage gibt Verweyen drei Textstellen im vierten Band der „Theodramatik" an, die die Freiheit der trinitarischen Personen beschreiben. Diese drei Textstellen zeigen Verweyen zufolge die Konsequenz der Freiheit der trinitarischen Personen für die Immanenz, die Heilsgeschichte und die Eschatologie.[11]

---

[9] Vgl. Verweyen, Gottes letztes Wort, 54. Verweyen macht auf die Arbeit von Marcello Neri aufmerksam, La Testimonianza in H. U. von Balthasar. Evento originario di Dio e mediazione storica della fede (= Nuovi saggi teologici 51), Bologna 2001, die sich ausführlich dem Begriff von *traditio* in der Theologie Balthasars widmet.
[10] Verweyen, Gottes letztes Wort, 65.
[11] Vgl. Verweyen, Gottes letztes Wort, 65. Hans Urs von Balthasar, Theodramatik IV. Das Endspiel, Einsiedeln 1983, 69. 234. 367–369.

1.3 Übereinstimmende Kritik am Denken Kants

Im vierten Kapitel von „Gottes letztes Wort" verweist Verweyen lediglich auf seine Kantkritik, die er im Anschluss an Hans Urs von Balthasar in „Ontologische Voraussetzungen des Glaubensaktes" vorgenommen habe.[12] Die Kritik selbst wird erst durch einen Blick in den Referenztext deutlich. Problematisch an Kant sei nach diesem frühen Text die fehlende Vermittlung der Bewunderung des Naturschönen und des subjektiv verengten Erkenntnisbegriffs. Verweyen greift hier die Kritik Hans Urs von Balthasars auf. Balthasar moniere am Denken Kants, dass der Begriff des theoretischen Erkennens verengt sei und diese Verengung es verunmögliche, ästhetische Phänomene angemessen zu erfassen.[13] Interessant ist, dass Verweyen diese 1969 vorgebrachte Kritik des kantischen Erkenntnisbegriffs auch in neueren Veröffentlichungen wiederholt, wenn er das Denken Hans Urs von Balthasars stark macht.[14]

1.4 Das Staunen als Erfahrung ursprünglicher Einheit

Im fünften Kapitel von „Gottes letztes Wort" kritisiert Verweyen den Versuch Karl Rahners, in „Hörer des Wortes" durch die transzendentale Analyse des Fragens bzw. Urteilens als Vollzug der Vernunft eine erstphilosophische Verwiesenheit des Menschen auf das geschichtliche Offenbarungsereignis aufzuzeigen.[15] Eine Offenheit des Menschen auf Inkarnation als „letztgültige[s] Erscheinen Gottes in *sinnlicher Gewißheit*"[16] ergebe sich nach Verweyen durch die transzendentale Analyse des Fragens bzw. Urteilens nicht. Zwar gehe die Maréchalschule auf die Struktur der Vernunftvollzüge zurück. Unbeachtet bleibe jedoch bei diesem Rückgang, dass das Fragen und Urteilen seine Wahrheit aus einer

---

[12] Vgl. Verweyen, Gottes letztes Wort, 77f.
[13] Vgl. Verweyen, Ontologische Voraussetzungen, 174f.
[14] Vgl. Verweyen, Die Bedeutung, 389.
[15] Vgl. Verweyen, Gottes letztes Wort, 119–122.
[16] Verweyen, Gottes letztes Wort, 119. Zur Auseinandersetzung mit Rahner hinsichtlich der Frage der kategorialen Offenbarung vgl. Verweyen, Christologische Brennpunkte, 32–35, sowie ders., Die Bedeutung, 397f.

„ursprünglicheren Weise des Gegebenseins von Seiendem"[17] erhalte. Die ursprüngliche Weise des Gegebenseins werde durch das fragende bzw. argumentierende Urteil verdeckt. Dagegen stellt er seine eigenen Überlegungen, die sich theologisch an Hans Urs von Balthasar und philosophisch an Gustav Siewerth orientieren. Die Maréchalschule übersehe, dass sich Fragen und Urteile als vom Staunen „als dem ursprünglichsten Vollzug menschlicher Vernunft"[18] abkünftig erweisen. Der *Frage* nach dem Absoluten gehe nach Verweyen die *Erfahrung* der ursprünglichen Einheit von Subjekt und Objekt im Staunen voraus. Erst wenn diese ursprüngliche Einheit von Objekt und Subjekt durch die Kontingenz des Seienden zerbreche, folge daraus die Frage nach dem Grund. Den ursprünglichen Akt des Staunens verortet Verweyen im Kindesalter, konkret im Lächeln der Mutter, wenn das Kind die Welt als etwas begreife, „das ihm den völligen Einklang mit sich selbst in einem anderen ermöglicht"[19]. Die Erfahrung des Lächelns der Mutter versteht Verweyen als eine Einheitserfahrung. Objekt und Subjekt fänden sich hier noch ungeschieden. Diese Erfahrung zwischen Mutter und Kind stellt für Verweyen den ursprünglichen Ort des Staunens dar, der jedem Fragen vorausgehe. Im Fragen und Urteilen beherrsche das Subjekt bereits den Gegenstand. Subjekt und Objekt seien gegenseitig voneinander abgegrenzt und das Objekt komme nur unter den Kategorien menschlicher Erkenntnisbedingungen in den Blick. Das Subjekt erinnere sich jedoch an „die ursprüngliche Zusammengehörigkeit des begegnenden Seienden mit seinem Grund"[20], d. h. an seine Erfahrung der Einheit im Staunen, und diese Erinnerung zeige sich im Fragen und Urteilen als Vorgriff auf den unbedingten Grund. Werde die Objektivität allein durch die Vernunftvollzüge und nicht durch das vorausgehende Staunen garantiert, verstelle dies den Zugang zur Offenbarung. „Denn im Fragen und Behaupten bestimmt das *Subjekt*, innerhalb welcher Koordinaten Seiendes zu erscheinen hat"[21]. Kann mit dieser Perspektive Verweyens

---

[17] Verweyen, Gottes letztes Wort, 120.

[18] Verweyen, Gottes letztes Wort, 120.

[19] Verweyen, Gottes letztes Wort, 120, Anm. 39. Vgl. auch ebd. 189f.

[20] Verweyen, Gottes letztes Wort, 120.

[21] Verweyen, Gottes letztes Wort, 120.

Offenbarung als frei geschenkte noch in den Blick kommen? Laut Verweyen garantiere das Staunen als ursprüngliche Verbundenheit mit dem Sein selbst, das er phänomenologisch in der Mutter-Kind-Beziehung ansetzt, die Möglichkeit der Ungeschuldetheit. Alle anderen Vernunftvollzüge nähmen diese ursprüngliche Erfahrung zwar indirekt an, reflektierten jedoch nicht ihre Bedeutung für die Objektivität.[22] Verweyen vertritt die These, dass das Staunen, das sich sowohl bei Siewerth als auch bei Balthasar finde, die Grundlage für das Offenbarungsgeschehen sei.[23]

1.5 Kritik am Naturbegriff Rahners

Verweyen unterzieht im fünften Kapitel von „Gottes letztes Wort" in Anlehnung an Balthasar nicht nur das erstphilosophische Unternehmen der Maréchalschule einer Kritik. Auch hinsichtlich der Bewertung des Naturbegriffs, den Rahner im Zusammenhang mit seiner These des übernatürlichen Existentials annehme,[24] schließt sich Verweyen der Kritik Balthasars an. Im Zentrum der Diskussion steht die Position Rahners, die Ungeschuldetheit der Gnade könne mit der Annahme, dass jeder Mensch auf die jüdisch-christliche Offenbarung hin angelegt sei, nicht aufrechterhalten werden. Rahner fordere, dass das übernatürliche Existential als *theologische* Ausstattung des Menschen für die Offenbarung Gottes angenommen werden müsse, die dem Menschen nicht aufgrund der Schöpfungsordnung, sondern aufgrund der Erlösungsordnung zukomme. Das Gnadenlicht, das die natürliche Vernunft erleuchte, sei allen Menschen von Beginn ihres Menschseins gnadenhaft mitgeteilt. Der faktisch existierenden Menschennatur könne damit ein Heilsverlan-

---

[22] Vgl. Verweyen, Gottes letztes Wort, 120f.
[23] Vgl. Verweyen, Gottes letztes Wort, 303.
[24] Vgl. Verweyen, Gottes letztes Wort, 122–125. Ders., Wie wird ein Existential, 125–128. Verweyen weist darauf hin, dass die Grundzüge des übernatürlichen Existentials bereits vor der Auseinandersetzung der Nouvelle Théologie mit Pius XII. in Rahners Denken zu finden und nicht aus jenem Disput hervorgegangen seien, sondern 1950 zur Entschärfung der Diskussion um das *desiderium naturale* geführt hätten. Vgl. ders., Wie wird ein Existential, 120–123.

gen eingeschrieben werden. Hypothetisch halte Rahner, um die Ungeschuldetheit der Offenbarung zu wahren, die Möglichkeit einer *natura pura* offen, d. h. er nehme ein Vernunftwesen an, das ohne die Verwiesenheit auf das Wort der Gnade existiere. Verweyen und Balthasar problematisieren an der von Rahner angenommenen Restnatur, dass es Rahner nicht gelinge, diese hypothetisch gedachte Restnatur als in sich sinnvolle verständlich zu machen. Denn diese Restnatur bleibe asymptotisch auf Gott ausgerichtet, könne damit ihr eigenes Ziel nicht erreichen.[25] Verweyen schließt sich der Kritik Balthasars an, die diese von Rahner angenommene Restnatur als grausam und sinnlos bestimmt, weil es ihr verwehrt sei, ihr Ziel in Gott zu erreichen. Interessant ist die Parallele in der Argumentation von Verweyen und Balthasar. Verweyen geht davon aus, dass die Annahme einer Restnatur nicht vernünftig nachvollzogen werden könne. Als ersten Einwand formuliert Verweyen, dass der Restnatur eine Sinnmöglichkeit eingeräumt werden müsse, was mit dem Denken Rahners nicht zu leisten sei. Das zweite Argument gegen Rahner ergebe sich aus dem Gottesbegriff, den Verweyen an dieser Stelle von Anselm aufnimmt.[26]

„Außer dem einen Gott kann nur etwas sein, was diese Einheit nicht aufhebt: sein Wort und Bild. Denn das wirkliche Bild geht darin auf, nichts als der bloße Ausdruck des Dargestellten zu sein. [...] ‚Außerhalb Gottes' kann Dasein nur einem solchen Seienden zukommen, dessen Ziel und Vollendung einzig darin liegt, dem ungeschaffenen Wort und Bilde Gottes gleichzuwerden. Denn sonst fiele es aus der Einheit und Absolutheit Gottes heraus."[27]

---

[25] Hier liegt der Unterschied zu Balthasar. Dieser nimmt einen Naturbegriff an, der davon ausgeht, dass Offenbarung auch anders hätte stattfinden können, und greift für die Wahrung der Ungeschuldetheit der Gnade die biblische Unterscheidung von Bund und Schöpfung auf. Balthasar stellt dem absoluten „Eigen-sinn" Rahners einen relativen „Eigen-sinn" entgegen. Balthasar geht von einer eigenständigen „Sinnsphäre innerhalb der Gesamtschöpfung" aus, die der Gnadenmitteilung als Voraussetzung dient. Diese Sinnsphäre lokalisiert er beispielsweise in den kulturellen Vollzügen der Menschheit. Vgl. Balthasar, Karl Barth, 310–312.

[26] Vgl. Verweyen, Wie wird ein Existential, 127f.

[27] Verweyen, Wie wird ein Existential, 128.

Verweyen kritisiert den Begriff der Restnatur vom Bildbegriff her. Eine Restnatur, wie Rahner sie entfalte, die nicht auf Gott selbst hin angelegt sei als sein Bild, sei nach Verweyen mit der Vorstellung der Einheit Gottes unvereinbar. Ähnlich argumentiert Balthasar. Er wirft die Frage auf, ob es möglich und sinnvoll sei, den Sinn der Schöpfung damit zu belegen, dass Gott seine Gnade mitteilen wolle, „und doch allen Ernstes den Versuch zu machen, gerade von diesem Letzt-sinngebenden zu abstrahieren"[28]. Balthasar würdigt den Versuch der Wahrung der Ungeschuldetheit, hält jedoch die Lösung Rahners für unangemessen aufgrund der Schöpfungsintention: „Gott hat nun einmal, von Ewigkeit her, gerade das Eine und *nur* das Eine gewollt: dem Menschen seine Liebe erschließen. Dazu hat er die Welt geschaffen."[29]

Während Verweyen und Balthasar die Annahme teilen, dass eine Existenz, die grundsätzlich nicht an ihr Ziel gelangen kann, dem Heilswillen Gottes entgegenstehe, trennen sich die Wege der beiden Theologen hinsichtlich der Begründung. Während Balthasar die Gnadenmitteilung als einziges Ziel der Schöpfung anführt, argumentiert Verweyen über die Bildlogik, die die Einheitsfrage zwischen Gott und Welt denkmöglich macht.

1.6 Fichte und Balthasar

Während die bisherigen Verweise Verweyens auf Balthasar positiv waren und Verweyen Balthasar gegen Kant und Rahner ins Feld führte, kritisiert Verweyen seine Fichteinterpretation.[30] Der Anlass hierfür findet sich im dritten Band der „Herrlichkeit". Dort führt Balthasar gegen Fichte an, dass der unbedingte Wert des einzelnen Subjekts philosophisch nicht erreicht werden könne und schließt die Möglichkeit philosophischer Rede für die spezifisch christlichen Inhalte aus. Beide Vorwürfe träfen nach Verweyen für das Denken Fichtes nicht zu. Der Glaube an den Wert des Individuums begründe nach Verweyen die Möglichkeit, „die Unendlichkeit des endlichen Geistes philosophisch zu den-

---

[28] Balthasar, Karl Barth, 310f.
[29] Balthasar, Karl Barth, 312.
[30] Vgl. Verweyen, Gottes letztes Wort, 192, Anm. 14.

ken."[31] Wenn das Individuum nur vom theologischen Standpunkt als unersetzbar in den Blick komme, bedeute dies nach Verweyen, dass allein durch die Berufung auf eine außerhalb menschlicher Eigenständigkeit liegende Instanz die Unbedingtheit des Menschen aussagbar sei. Damit werde zum einen das Zentrum des christlichen Glaubens, die Entäußerung Gottes in den endlichen Menschen, nicht ernst genommen. Zum anderen erfolge mit dieser Argumentation eine binnentheologische Einschränkung der Geltungsbedeutung der Unbedingtheit des Menschen. Dies untergrabe die Vernünftigkeit des Anspruchs. Balthasar handle sich nach Verweyen mit dieser Argumentation den Vorwurf ein, den Glauben an die Unbedingtheit des einzelnen Subjekts nicht radikal durchzuhalten.[32] Entgegen Balthasar hält Verweyen das philosophische Bemühen für unverzichtbar, da es vom Inhalt des Glaubens selbst vorgegeben sei. Mit dem Denken Fichtes lasse sich die formale Priorität der Philosophie mit der realen der Offenbarung verbinden.[33] Dieses Verhältnis der formalen Priorität der Philosophie bei realer Priorität der Offenbarung führt Verweyen in seinem eigenen Ansatz durch, wenn er philosophisch die formale Hinordnung des Menschen auf das Eine bzw. Unbedingte bei dessen gleichzeitiger Unerreichbarkeit aufweist und offenbarungstheologisch zeigt, dass diese philosophische Struktur im Offenbarungsereignis als sinnvoll erkennbar werde.

---

[31] Verweyen, Recht und Sittlichkeit, 258f., Anm. 23.

[32] Die Problematik der theologischen bzw. kirchlichen Besetzung des Würdegedankens reflektiert Friedrich Wilhelm Graf. „Aber die Geltungskraft der ‚Menschenwürde' bedrohen nicht die, die sie prägnant, eng und in strikter Bindung ans geschriebene Gesetz auslegen, sondern die vielen Wertereiter des immer neuen sittlichen Draufsattelns." Ders., Missbrauchte Götter. Zum Menschenbilderstreit in der Moderne, München 2009, 182.

[33] Vgl. Verweyen, Gottes letztes Wort, 303f., Anm. 49. Ders., Recht und Sittlichkeit, 258f., Anm. 23. An beiden Stellen kritisiert Verweyen Balthasars Denken hinsichtlich des Ausfalls der philosophischen Substruktur.

1.7 Eine Erweiterung des Denken Anselms mit der Kreuzestheologie Balthasars

Im achten Kapitel von „Gottes letztes Wort" kommt Verweyen auf die Problematik der sich verweigernden Freiheit zu sprechen. Wie könne das unbedingte Sein erscheinen, wenn eine einzige Freiheit sich weigere, ihr Bildsein zu realisieren? Wie könne die Verweigerung wieder getilgt werden, wenn doch alles, was Freiheit leisten könne, Gott geschuldet sei? Verweyen weist darauf hin, dass diese Frage bei Fichte nicht bedacht werde und kommt auf die Antwort Anselms zu sprechen, dass nur Gott selbst durch den frei übernommenen Tod die Verweigerung beseitigen könne. Anselm betrachte den Tod als Folge sündig gewordener Freiheit. Gott selbst sei nicht schuldig geworden. Die Sühne ergebe sich aus der freiwilligen Übernahme des Ungeforderten. Verweyen greift auf Anselm zurück, verweist aber auch auf die Einwände Balthasars hinsichtlich des Denkens Anselms, die Balthasar an zwei Stellen des dritten Bandes der „Theodramatik" äußere.[34] Auf welche Kritik Balthasars am Denken Anselms bezieht sich Verweyen? Im ersten angegebenen Text kritisiere Balthasar, nachdem er zuvor das Denken Anselms ausdrücklich würdigt, dass Anselm den Gedanken des Platztausches vernachlässige, d. h. den Gedanken, dass „ein Gottmensch [...] in der Tat den Platz des Menschen einnehmen [muss – E.S.], um diesen, der durch die Sünde insolvent geworden ist, zu entlasten."[35] Anselm betone nach Balthasar das Motiv des Loskaufens zu stark, was zur Folge habe, dass eine Distanz zwischen Sünder und Sündlosem aufbreche. Der Tod Christi müsse bei Anselm die Sünde der Welt aufwiegen, seine Sündlosigkeit werde daher als vorherrschendes Merkmal hervorgehoben. Die Vorstellung, dass er die Sünde trage, trete dagegen zurück. Anselm betrachte das Leiden in seiner Vorbildfunktion, nicht in sühnender Hinsicht.[36]

Die zweite Textstelle der „Theodramatik", an der sich nach Verweyen eine zutreffende Anselmkritik Balthasars finde, befasst sich mit der Qualität des Sühnetodes. Anselm vergleiche den äu-

---

[34] Vgl. Verweyen, Gottes letztes Wort, 197.
[35] Balthasar, Theodramatik III, 236.
[36] Vgl. Balthasar, Theodramatik III, 240f.

ßeren Wert des Todes eines Sünders und eines Sündlosen. Balthasar betont dagegen die innere Qualität des Sühnetodes Jesu als Gehorsam. Für die Sühnebedeutung müsse nach Balthasar ein „Mehr" an Tödlichkeit gegeben sein. „[D]ie Verlassenheit zwischen Vater und gekreuzigtem Sohn ist tiefer, tödlicher als jede mögliche, zeitliche oder ewige Verlassenheit eines Geschöpfes von Gott."[37] Nicht durch eine rein äußere Übernahme, sondern durch eine innerste Betroffenheit, die bis zur tiefsten Verlassenheit des Sohnes führt, ereigne sich Erlösung. Dies werde bei Anselm unzureichend berücksichtigt.

Verweyen führt zwei Textstellen an, in denen die Ergänzungen Balthasars, die dieser bei Anselm vornehme, deutlich werden. Im ersten Text hebt Balthasar die Betreffbarkeit Gottes durch die Sünde hervor, die auch die Fundamentaltheologie Verweyens bestimmt. Die zweite Textstelle endet mit dem Motiv, dass in der Verlassenheit des Sohnes die Erlösungsbedeutung begründet liege: ein Motiv, dass sich auch bei Verweyens Kreuzestheologie finden lässt, wenn er von dem vollkommenen Ikonoklasmus spricht, der zum einen das vollkommene Sich-zum-Bild-machen darstelle und zum anderen den Weg für jede Freiheit eröffne, sich trotz ihrer Verweigerung als Bild Gottes zu erkennen.[38] Insgesamt wird sowohl von Balthasar wie auch von Verweyen das Satisfaktionsdenken Anselms übernommen, auch wenn an den oben genannten Punkten Korrekturbedarf angemeldet wird. Übereinstimmend kann auch das Motiv nachgewiesen werden, dass sich in der Verlassenheit des Sohnes die Erlösung ereigne, womit der bei Anselm nicht ausreichend berücksichtige Gedanke des Platztausches („ein Gottmensch muß in der Tat den Platz des Menschen einnehmen, um diesen, der durch die Sünde insolvent geworden ist, zu entlasten"[39]) ins Zentrum gestellt wird.

---

[37] Balthasar, Theodramatik III, 461.
[38] Vgl. Verweyen, Gottes letztes Wort, 205f.
[39] Balthasar, Theodramatik III, 236.

1.8 Der Gedanke der Wiedergutmachung mit dem Verweis auf das Denken Balthasars

Im Anschluss an die Auseinandersetzung mit Anselm bespricht Verweyen den Gedanken der Sühne. Das Sühnedenken folge nach Verweyen nicht aus dem Gottesbegriff, sondern aus der Erfahrung der Reue. Mit der Reue und der Umkehr angesichts des Heilsangebotes Gottes verbinde sich auch der Wille des Menschen zur Wiedergutmachung.[40] Der Mensch verfüge jedoch nicht über die Möglichkeit, seine Verfehlung aufwiegen zu können. Der Gekreuzigte vertrete den Sünder. Denn nur aufgrund des göttlichen Entschlusses, sich von der menschlichen Freiheit treffen zu lassen, könne die sündige Freiheit Gott leiden lassen. Die unendliche Liebe Gottes habe bis ins Letzte erlitten und ausgehalten, was ihr geschöpfliche Freiheit in ihrer Verweigerung anzutun vermöge. Dem Sünder bleibe einzig die Aufgabe, sich in diesen Raum des Leidens einzuführen und sich „in ein neues Menschenwesen umschmelzen zu lassen"[41]. An dieser Stelle verweist Verweyen auf die Aussagen Balthasars zum ‚purgatorium', die Verweyen in einem anderen Kontext ausführlich bespricht.[42] Dort entfaltet Verweyen unter Bezug auf Hans Urs von Balthasar, wie sich in der Begegnung mit dem Gekreuzigten das Gericht des Menschen vollziehe. Im Gericht stehe der Mensch dem Gekreuzigten gegenüber und erkenne in dessen Angesicht seine eigene Schuld. Indem die geschöpfliche Freiheit sich selbst in ihrer Verweigerung der göttlichen Liebe erfasse, nehme sie auch die Bedeutung des stellvertretenden Leidens wahr. Begreife der Mensch sich in seiner Schuld, gehe ihm die Größe der göttlichen Gnade auf. Die Erkenntnis des eigenen Schuldigseins und der Besinnung auf die göttliche Gnade bilde die Voraussetzung für die Teilnahme an der ewigen Seligkeit. Festhalten lässt sich: Wenn Verweyen auf das im Tod Christi angenommene Erlösungsgeschehen zu sprechen

---

[40] Vgl. Verweyen, Gottes letztes Wort, 202.

[41] Verweyen, Gottes letztes Wort, 203.

[42] Vgl. Verweyen, Zum gegenwärtigen Diskussionsstand der Eschatologie, in: Wilhelm Breuning (Hg.), Seele. Problembegriff christlicher Eschatologie, Freiburg 1986, 15–30, 28.Verweyen bezieht sich hier vor allem auf die Theodramatik IV, 329–337.

kommt, findet dies im Hinblick auf die Theologie Hans Urs von Balthasars statt. Eine Nähe hinsichtlich der soteriologischen Annahmen zwischen Verweyen und Balthasar lässt sich eindeutig zeigen. Zudem beansprucht Verweyen den Gekreuzigten in seiner erkenntnistheoretischen Bedeutung. Angesichts des Gekreuzigten erkenne der Mensch seine eigene Schuld. Diese in erkenntnistheoretischer Hinsicht bedeutsame soteriologische Relevanz findet sich auch im Denken Balthasars.

1.9 Erläuterungen zu Balthasars Position zur Zustimmungslehre Newmans

Im Zusammenhang mit der Frage der unbedingten Gewissheit, die sich durch sinnlich-geschichtliche Wahrnehmung des Offenbarungsgeschehens aussagen lasse, beschäftigt sich Verweyen mit der Zustimmungslehre von J. H. Newman, genauer mit der dort angenommenen Evidenz des geschichtlichen Ereignisses. Die Frage nach der Möglichkeit der Wahrnehmung von Unbedingtem in der Kontingenz könne nach Verweyen nicht im Rückgriff auf Newman geschehen. Newman gehe von einer Evidenz eines geschichtlichen Objekts als hoher Wahrscheinlichkeit aus. Die Unbedingtheit einer Erfahrung ergebe sich bei Newman allein durch das Moment *konvergierender Wahrscheinlichkeiten* vieler Einzelaussagen, jedoch nicht durch eine objektive Evidenz.[43]

Verweyen geht an dieser Stelle auf die Rezeption dieses Arguments durch Balthasar ein und macht deutlich, dass sich das Konvergenzargument bei Balthasar *nicht* hinsichtlich der Begründungsmöglichkeit des Glaubens in einem geschichtlichen Ereignis finde. Sich auf einen persönlichen Briefwechsel mit Balthasar beziehend betont Verweyen, dass Balthasar das Konvergenzargument lediglich für die *Glaubensgestalt* annehme, d. h. für das Kreuzesereignis, welches zugleich Gott offenbare und aufgrund der Art und Weise der Offenbarung, Gott auch verberge.

Ein Blick in die entsprechenden Textpassagen der Theodramatik, in denen sich Balthasar mit Newman beschäftigt, zeigt, dass Balthasar den Indiziencharakter der Glaubensgestalt mit dem

---

[43] Vgl. Verweyen, Gottes letztes Wort, 294f.

Hinweis rechtfertigt, dass zwingende Beweise die Freiheit des Glaubensaktes rationalistisch auflösen würden.[44] Für Balthasar eröffne der Indiziencharakter der Glaubensgestalt einen Freiheitsraum und damit die Möglichkeit der Ansprechbarkeit des Menschen für die Offenbarung der Liebe Gottes. Nach Balthasar lasse sich mit der Annahme der konvergierenden Wahrscheinlichkeit die Freiheit denken, die die Wahrnehmung der Gestalt ermögliche, d. h. auch er denkt das geschichtliche Ereignis in seiner Verborgenheit. Erst das Gnadenlicht, das die geschichtliche Gestalt ausstrahle, ermögliche die Sichtbarkeit der Glaubensgestalt und nicht nur eine hohe Wahrscheinlichkeit.[45]

An dieser Stelle zeigt sich eine Divergenz zwischen Verweyen und Balthasar. Während Verweyen das Konvergenzargument kritisiert, da es der Letztgültigkeit im Wege stehe, vertritt Balthasar die Auffassung, dass dieses Argument hinsichtlich der geschichtlichen Gestalt einen Freiheitsraum eröffne. Verweyen betont seine Übereinstimmung mit Balthasar hinsichtlich der Inadäquatheit des Konvergenzargumentes für die *Glaubensbegründung*, zeigt sich jedoch unbeeindruckt von den Argumenten, aufgrund derer Balthasar dem Konvergenzargument in Bezug auf die geschichtliche Gestalt seinen Platz einräumt. „Die positive Würdigung des Newmanschen Konvergenzarguments bei H. U. v. Balthasar [...] ist *nicht* im Zusammenhang der Frage nach der hinreichenden Begründetheit des Glaubens in einem Geschichtsfaktum zu verstehen."[46] Verweyen hebt ausdrücklich hervor, dass Balthasar das Konvergenzargument nur für die Glaubensgestalt und nicht für die Begründung des Glaubens durch ein geschichtliches Ereignis annehme.

---

[44] Vgl. Hans Urs von Balthasar, Theodramatik II/1. Der Mensch in Gott, Einsiedeln 1976, 116.

[45] Vgl. Verweyen, Gottes letztes Wort, 294, Anm. 8. Balthasar schreibt in einem privaten Briefwechsel mit Verweyen, aus dem Verweyen hier zitiert: „Die Beziehung der ‚Konvergenz‘ Newmans ist erfolgt für die Glaubens-Gestalt (nicht für die rationalen Grundevidenzen), für mich ist es ein Ausdruck für die Freiheit des *Sehenkönnens*". Balthasar, Brief vom 9. Juni 1977, zitiert nach Verweyen, Gottes letztes Wort, 294, Anm. 8.

[46] Verweyen, Gottes letztes Wort, 294, Anm. 8.

1.10 Die objektive Evidenz Balthasars

Die rationale Verantwortung einer letztgültigen Offenbarung stehe nach Verweyen vor der Aufgabe folgende drei Elemente zu vermitteln: Evidenz eines geschichtlichen Ereignisses als Selbstmitteilung Gottes, Ungeschuldetheit dieser Evidenz und die existentielle Entscheidung als Voraussetzung für die Evidenz.[47] Innerhalb der Theologie gebe es zahlreiche Versuche, die zugunsten der letztgenannten Elemente den ersten Punkt, die Evidenz eines geschichtlichen Ereignisses, vernachlässigen. Im Denken Hans Urs von Balthasars finde sich eine Lösung, die auch die Evidenz eines geschichtlichen Ereignisses als Selbstmitteilung Gottes angemessen berücksichtige. Verweyen leistet hier eine Zusammenschau der wesentlichen erkenntnistheoretischen Elemente, die er von der Theologie Balthasars übernimmt und die zuvor bereits einzeln in unterschiedlichen Kontexten zur Sprache kamen. Zum einen werde bei Balthasar eine Objektivität der geschichtlichen Offenbarung angenommen. Der Kern der theologischen Ästhetik Balthasars bestehe darin, dass hier der Frage nachgegangen werde, wie trotz der subjektiven Erkenntnisbedingungen die Unbedingtheit der geschichtlichen Offenbarung wahrgenommen werden könne. Balthasar gehe von einer objektiven Evidenz als Grundlage der Glaubenserkenntnis aus. Ermöglicht werde diese objektive Einsichtigkeit nicht nur durch die sinnliche Gestalt des Gekreuzigten, sondern auch durch das Gnadenlicht, das diese Gestalt ausstrahle. Balthasar vertrete die Auffassung, dass hinsichtlich der Glaubenserkenntnis nicht die transzendentalen Erkenntnismöglichkeiten des Menschen primär zu befragen seien, auch wenn diese nicht übersehen werden dürfen. Entscheidend sei der Vorrang der Offenbarung, d. h. der Christusgestalt selbst. Balthasar nehme eine unbedingte Priorität der Objektivität der geschichtlichen Selbstmitteilung Gottes an. Gleichzeitig gehe er davon aus, dass die Wahrnehmung der Glaubensgestalt nur aufgrund des Gnadenlichtes möglich sei, das von der Gestalt selbst ausstrahle. Anders als Rousselot gewichte Balthasar die Evidenz der Kreuzesgestalt deutlich höher als die subjektive Leistung des Glaubenden: „Im Evangelium ist die Glaubenskraft der Jünger ganz

---

[47] Vgl. im Folgenden: Verweyen, Gottes letztes Wort, 298–303.

getragen und erwirkt von der offenbarenden Person Jesu."[48] Die aktiv-konstruierende Kraft des Subjekts dürfe nach Balthasar keinesfalls *über* die Bedeutung der sich im geschichtlichen Ereignis ausdrückenden Kraft Gottes eingeordnet werden.

Verweyen weist darauf hin, dass Balthasar die Art und Weise des Einwirkens des Glaubenslichtes mit einem Vergleich zum Mutter-Kind-Verhältnis beschreibe: Das Lächeln der Mutter erwecke das Kind zum Ich. Ebenso lege Gott dem Menschen die Möglichkeit ins Herz, die absolute Liebe wahrzunehmen. Zur Erinnerung: auch Verweyen erwähnt die Mutter-Kind-Beziehung. Er geht von einer ursprünglichen Einheitserfahrung in der Mutter-Kind-Beziehung als einem ursprünglichen Staunen aus, welche dem Subjekt die Erinnerung an seine Verbundenheit mit dem absoluten Sein selbst gewähre und als Voraussetzung aller weiteren Vernunftvollzüge gelte. Verweyen versteht die Mutter-Kind-Beziehung als ein Verhältnis, das dem Subjekt die Möglichkeit seiner Gottesbeziehung aufdeckt. Obwohl Verweyen hier nur eine Textstelle Balthasars anführt, die die Einwirkung des Gnadenlichts mit der Mutter-Kind-Beziehung *vergleicht*, lässt sich an anderer Stelle zeigen, dass es auch Balthasars Intention ist, die ursprüngliche Daseinserfahrung als Voraussetzung für die Gottesbeziehung aufzuweisen.[49] Hinsichtlich der Bewertung der Mutter-Kind-Beziehung als ein Verhältnis, das dem Subjekt die Möglichkeit seiner Gottesbeziehung aufdecke, findet sich daher eine Übereinstimmung zwischen Verweyen und Balthasar.

Zur Beantwortung der Frage, ob Balthasar nicht die subjektiven Bedingungen der Erkenntnis zu sehr außer Acht lasse, weist Verweyen auf die Verwandtschaft zwischen Siewerth und Balthasar in Bezug auf das Staunen hin.[50] Jede Art des Kantianismus führe nach Balthasar zu einer Verfälschung der Wahrnehmung. Im Staunen werden jedoch die bedingenden Faktoren der subjektiv-intersubjektiven menschlichen Wahrnehmung außer Kraft gesetzt.

---

[48] Balthasar, Herrlichkeit I, 170. Verweyen führt in Gottes letztes Wort, 302 diese Passage Balthasars an. Fößel spricht von der unbedingten Priorität des Evidenzgeschehens gegenüber dem subjektiven Anteil. Vgl. ders., Gott, 308.

[49] Vgl. Balthasar, Der Zugang, 15.

[50] Vgl. Verweyen, Gottes letztes Wort, 303.

Verweyen greift hier auf das von Balthasar angenommene Verhältnis von Erblickung und Entrückung zurück.[51] Balthasar gehe davon aus, dass die Wahrnehmung von Wahrhaftem einen Anspruch an den Wahrnehmenden erhebe. Diese Wahrnehmung habe ihren Grund nicht im Subjekt, sondern das Subjekt werde nach Balthasar von etwas getroffen, ihm widerfahre etwas. Diese Art des Angesprochen-werdens nenne Balthasar Erwählung. Gott werde sichtbar, indem das Subjekt zu ihm entrückt werde. Gleichzeitig ergebe sich aus dem Sehen Gottes die Sendung: „Wo ein Schönes wirklich auf seinen Grund hin gesehen wird, da ist auch die Freiheit bis zum Grund geöffnet, und so findet Entscheidung statt."[52] Die Offenbarung ermögliche der Freiheit, ihre Hingabe an Gott zu realisieren.[53] Die Vorrangstellung des Denkens Balthasars ergibt sich für Verweyen aufgrund der Beantwortung der Frage, wie trotz der subjektiven Wahrnehmungsbedingungen die Offenbarung Gottes als unbedingte in den Blick kommen kann. Staunen als Erwählungsgeschehen und objektive Evidenz, die sich für Balthasar gegen Rousselot primär aus der Glaubensgestalt ergeben, sind die Annahmen, die diese Frage lösbar machen.

1.11 Kritik an Balthasar im Rahmen der zweiten Osterthese

In der zweiten Osterthese thematisiert Verweyen die Frage, ob der entscheidende Offenbarungsakt im Kreuzestod oder danach passiere. Hintergrund dieser Diskussion ist die von Verweyen angenommene Gefahr der Unterhöhlung des Inkarnationsglaubens zugunsten eines Inspirationsglaubens, wenn nach dem Sterben am Kreuz eine weitere Offenbarungsinitiative Gottes folge. Verweyen konstatiert, dass die fundamentaltheologische Frage, in welchem geschichtlichen Ereignis die Letztgültigkeit der Offenbarung erkannt werden könne, noch ungeklärt sei. Symptomatisch zeige sich dies, wenn der Kreuzestod als die Vollendung der Offenbarung bezeichnet werde, die Auferweckung jedoch den Status

---

[51] Vgl. Verweyen, Gottes letztes Wort, 303, Anm. 48.
[52] Balthasar, Theodramatik II/1, 29. Interessanterweise bezieht sich hier Balthasar auf Verweyen.
[53] Vgl. Balthasar, Theodramatik II/1, 28f.

der Legitimation erhalte. Auch das Denken Balthasars biete für die Frage nach dem Ort, an dem die Letztgültigkeit der Offenbarung erkennbar sei, keine befriedigende Lösung. Verweyen weist auf mehrere Textstellen hin, die belegen, dass Balthasar unentschieden bleibe hinsichtlich der Frage, in welchem Ereignis ein letztgültiges Erkennen möglich sei.[54]

1.12 Der Grund des Osterglaubens in der Theologie Balthasars

Bei der Frage nach der Basis des Osterglaubens geht Verweyen auf den römischen Hauptmann im Markusevangelium und dessen Bekenntnis ein: „Zentrale Bedeutung kommt der Frage zu, was in der Perspektive des Markus der ausschlaggebende Grund für das Bekenntnis des römischen Hauptmanns ist."[55] Verweyen lehnt es ab, die Gotteserkenntnis auf die äußeren Umstände der Kreuzigung zurückzuführen. Auch die Deutung des letzten Schreis durch Ps 22 schließt er aus. Diese Interpretation schwäche „die hier zum Ausdruck kommende Kraft der bis ins Äußerste durchgehaltenen Gottesverbundenheit"[56] ab. Deutlich wird mit dieser Annahme Verweyens, dass er davon ausgeht, dass Jesus nicht in der Verzweiflung, sondern in der bis ins Letzte durchgehaltenen Gottesverbundenheit starb. Diese Gottesrelation, die der Sterbende nach Verweyen bis zum Ende durchgehalten habe und die den Grund für das Bekenntnis darstelle, verdeutlicht er mit einem Zitat Balthasars.

> „Ohne Zweifel hat Jesus im vollen Bewusstsein, vom Vater verlassen worden zu sein, den ‚Glauben' an den Vater nicht verloren, den er ja als ‚Mein Gott, mein Gott' anruft, mit dem er also den einseitigen Dialog aufrechterhält und sich somit den ‚nicht mehr gefühlten Händen' des Vaters überantwortet."[57]

---

[54] Vgl. Verweyen, Gottes letztes Wort, 344f. Verweyen verweist hier auf Balthasar, Epilog, 71. 83. 85.

[55] Verweyen, Gottes letztes Wort, 352.

[56] Verweyen, Gottes letztes Wort, 353.

[57] Balthasar, Ist der Gekreuzigte, 108. Von Verweyen zitiert in Gottes letztes Wort, 353.

Für Verweyen liegt der Ort der Erkenntnis im Sterben bzw. in der größten Verlassenheit des Sohnes vom Vater. Das Motiv, dass sich am Kreuz die größte Verlassenheit und damit – in den Worten Verweyens – der vollkommene Ikonoklasmus ereigne, übernimmt er von Hans Urs von Balthasar.[58]

2. Rezeption der Theologie Balthasars in den neueren Schriften Verweyens

Nachdem die Verweise auf Balthasar in „Gottes letztes Wort" aufgezeigt wurden, werden ergänzend neuere Veröffentlichungen von Verweyen auf die Balthasarrezeption hin untersucht. Während in „Gottes letztes Wort" Balthasars Denken nur an einigen Punkten angeführt wurde, setzt sich Verweyen in neueren Veröffentlichungen gezielt mit seiner Theologie auseinander. Im Vorwort der „Einführung in die Fundamentaltheologie" stellt er Balthasar und Rahner nebeneinander als zwei Denker, die entscheidend für die Neuerungen der Theologie im 20. Jahrhundert seien.[59] Zudem gelangt man über das Inhaltsverzeichnis der „Einführung", anders als in „Gottes letztes Wort" direkt zur Auseinandersetzung Verweyens mit der Theologie Balthasars: Nachdem Verweyen zum Denken Rahners Stellung genommen hat, führt er die Bedeutung des Ansatzes Balthasars für den Fortgang der Theologie aus.[60] Weiter werden hier, anders als z.T. in „Gottes letztes Wort", die Aspekte, die Verweyen von Balthasar aufnimmt, in ihrem Zusammenhang deutlicher hervorgehoben.

2.1 Berücksichtigung der geschichtlichen Offenbarung

Inhaltlich kontrastiert Verweyen sowohl in der „Einführung" wie auch in dem Artikel „Die Bedeutung Hans Urs von Balthasars für die Erneuerung der Fundamentaltheologie" das Denken Balthasars gegenüber der Position Kants und Rahners. Verweyen

---

[58] Vgl. Verweyen, Gottes letztes Wort, 353.
[59] Vgl. Verweyen, Einführung, 9.
[60] Vgl. Verweyen, Einführung, 6.

weist darauf hin, dass sich Balthasar *gegen* die erkenntnistheoretischen Annahmen Kants wende. Kant gehe laut Balthasar davon aus, dass das „Ding an sich" der menschlichen Erkenntnis verschlossen und der Wahrnehmung nur mittels der apriorischen Verstandesbegriffe möglich sei. Der theoretischen Vernunft sei nach Kant die Möglichkeit verstellt, die Wirklichkeit der Gottesidee zu erkennen.[61] Diese Wirklichkeit könne nur über die praktische Vernunft und den unbedingten Anspruch des Guten erschlossen werden. Verweyen schließt sich der Kritik Balthasars an der kantischen Gottesrede an. Der Gott Kants erschließe sich *einzig* im Rahmen einer Freiheit, die sich unter dem Sollensanspruch wisse. Seine Wirksamkeit in der Geschichte lasse sich nicht erkennen, die Frage der Letztgültigkeit sei unbeantwortet. Mit dem Denken Kants komme die Welt lediglich als gottleere in den Blick.

„Kants vom freien, sittlichen Handeln her gewonnener Begriff von Gott ist angemessener als die Gottesvorstellung, die dem Versuch zugrunde liegt, seine Wirklichkeit im Ausgang von weltlichen Objekten als deren höchste Ursache zu beweisen. Aber dieser Gott kann sich nach Kant eben nur im Inneren der vom Sollen beanspruchten Freiheit erschließen, niemals als in der Geschichte wirkend erkannt werden. Die gottleere Welt der Erscheinungen und die Welt der Freiheit sind bei Kant durch eine unüberwindbare Kluft getrennt. Auch seine tiefen Ausführungen über das Schöne und Erhabene in der ‚Kritik der Urteilskraft' vermögen diese Kluft nicht wirklich zu überbrücken."[62]

Verweyen moniert an Kant, dass die Geschichte nicht als Ort der Offenbarung gedacht werde. Bereits in seiner Dissertation problematisiert Verweyen am kantischen Denken, dass hier keine Vermittlung zwischen der ästhetischen Erkenntnis und dem subjektiv verengten Erkenntnisbegriff möglich sei und verweist auf die Ästhetik Balthasars. Dieser setze sich kritisch von der kantischen Philosophie bzw. den Vermittlungsversuchen zwischen kantischem und christlichem Denken ab.[63] Er gehe im Gegensatz zu Rahner

---

[61] Vgl. Verweyen, Die Bedeutung, 388f.

[62] Verweyen, Die Bedeutung, 389.

[63] Vgl. Verweyen, Die Bedeutung, 388f.

davon aus, dass die Erkenntnisphilosophie Kants das eigentlich Wirkliche verdränge und die Möglichkeit von Offenbarung gerade nicht erschließe, sondern verstelle. Die Wahrnehmung eines geschichtlichen Ereignisses werde durch die Kategorien Kants unmöglich gemacht, da sie ein Netz darstellen, mit dem das menschlich Objektive erkennbar gemacht werde.[64] Die menschlichen Kategorien und Denkformen verhindern nach Balthasar jedoch eine angemessene Wahrnehmung des Anderen. Alles, was der Mensch aus sich heraus erfasse, werde aufgrund der menschlichen Wahrnehmung immer in den eigenen Kategorien wahrgenommen und von dort her interpretiert. Das Subjekt könne mittels der menschlichen Denkformen nichts Neues bezüglich der Offenbarung erfahren, da alles bereits durch das menschliche Kategoriennetz gefiltert sei. Gleichzeitig schwächen die anthropologischen Kategorien den unbedingten Anspruch der Botschaft ab, da die subjektiven Erkenntnisbedingungen die Aussage der Offenbarung verstellen. Die menschliche Wahrnehmung, die sich durch die Kategorien bestimme, sei eine den Inhalt der Offenbarung verstellende Komponente.[65]

Diese erkenntnistheoretischen Annahmen Balthasars macht Verweyen stark, wenn er für die Frage nach der Möglichkeit der geschichtlichen Erkenntnis auf das Denken Balthasars zurückgreift.

„Demgegenüber geht von Balthasar von dem ‚Augenblick' aus, in dem *uns* etwas *einfängt*, noch bevor wir dazugekommen sind, es als Objekt vor uns hinzustellen, oder aber von dem überraschend neuen Strahl, mit dem uns dieses ‚etwas' trifft, nachdem wir es bereits auf Objektivität, auf ‚Gegenständlichkeit für uns' zu reduzieren versucht haben."[66]

Verweyen führt das Motiv des Schönen bei Balthasar als eine Wirklichkeit an, die den Menschen unmittelbar anspreche. Die Spannbreite des Motivs erstrecke sich bei Balthasar von dem positiv Schönen bis zur Kreuzesgestalt. Bei Balthasar werde für das Verständnis von Offenbarung die ästhetische Wahrnehmung ein-

---

[64] Vgl. Verweyen, Einführung, 78.
[65] Vgl. Verweyen, Die Bedeutung, 394.
[66] Verweyen, Einführung, 78.

bezogen und nicht ein Akt der theoretischen oder praktischen Vernunft vorausgesetzt. Balthasar gehe davon aus, dass jede Art von Schönheit den Menschen mit seiner gesamten Existenz konfrontiere und nicht nur einen Teilbereich der menschlichen Vernunft anspreche. Verweyen zitiert hier Balthasar hinsichtlich der Relevanz des Schönen: „Das Schöne ist für das Gemeine, Allgemeine eine Zu-mutung."[67] Da für Balthasar die Schönheit die Kraft besitze, die Freiheit des Menschen anzusprechen ohne diese zu übergehen, greift Verweyen auf die Kategorie der Schönheit im Denken Balthasars für die Erkenntnis des Kreuzesgeschehens zurück. Balthasar erreiche mit diesem Gedanken eine Möglichkeit, ein generelles Angesprochenseins des Menschen durch die geschichtliche Offenbarung zu denken.[68]

Erneut nimmt Verweyen ein Zitat Balthasars in seinen Argumentationsgang auf: „[A]ngesichts dieser Gestalt und ihres siegreichen Zerbrechens kann keiner, der sie erblickt, ungerührt oder auch gerührt auf seinem Zuschauersitz verharren: er wird von der Gestalt angeregt, sich selbst auf die Bühne zu verfügen."[69] Balthasar gehe auch von der Berücksichtigung der subjektiven Bedingungen der Möglichkeit von Erkenntnis aus, aber „die subjektive Bedingung der Möglichkeit des Ansichtigwerdens [...] darf nie und nimmer in die Konstitution der objektiven Evidenz des Gegenstandes miteingreifen oder diese einfach bedingen und damit ersetzen."[70]

Balthasars Theologie sei es zu verdanken, dass der neuralgische Punkt im Denken Rahners modifiziert werden könne. Denn Balthasar weise als Ort der Offenbarung das kategorial Gegebene auf. „In der sinnenfälligen Gestalt selbst, und nicht erst kraft des menschlichen Geistes, der diese Gestalt kausal aus seinem letzten Grund erklärt oder sie final auf diesen Grund hin ‚dynamisiert', leuchtet der letzte Grund aller Dinge auf."[71] Das Phänomen der schönen Gestalt, das Verweyen mit dem Blühen einer Blume deutlich macht, stelle die Frage nach der Bedingtheit und seiner Ur-

---

[67] Balthasar, Theodramatik II/1, 23. Vgl. Verweyen, Einführung, 78.
[68] Vgl. Verweyen, Einführung, 78.
[69] Balthasar, Theodramatik II/1, 30. Vgl. Verweyen, Einführung, 78f.
[70] Balthasar, Herrlichkeit I, 447. Vgl. Verweyen, Einführung, 79.
[71] Vgl. Verweyen, Die Bedeutung, 395.

sache zurück und offenbare zugleich in ihrem Blühen den wahren Grund ihres Daseins. Im absichtslosen Blühen der Blume komme der Grund selbst zum Vorschein. Die hier aufbrechende Schönheit bestehe unabhängig davon, ob sie wahrgenommen werde oder nicht. Doch wenn der Blick des Subjekts auf sie falle, könne an ihrem Anspruch nicht vorbeigesehen werden. „Der Schein, den die auch noch so unscheinbare Gestalt des Schönen auf uns wirft, enthält einen Anspruch, in dem sich bereits etwas von der ‚Geiselnahme' durch das Antlitz des Anderen zu erkennen gibt, von der Emmanuel Levinas spricht."[72] Balthasar ziele nach Verweyen darauf, die Nähe zwischen dem Anspruch des Schönen und der Ohnmacht am Kreuz deutlich zu machen. Balthasar betone immer wieder, dass Inkarnation nur angesichts des Gekreuzigten begriffen werden könne.

> „Diese Erkenntnis [der Herrlichkeit Gottes – E.S.] wird dem Menschen nicht etwa durch eine innere Erleuchtung zuteil, die ihm den Sinn einer so, aber auch anders deutbaren Gestalt enthüllt. Allein die ‚Objektivität' der sinnenfälligen Gestalt des bis ans Kreuz Gegangenen selbst, nicht die durch ein übernatürliches Licht aufgehellte Subjektivität, ermöglicht dieses wahre Sehen des Glaubens."[73]

Nur die Objektivität der sinnlichen Gestalt und nicht etwa ein inneres Glaubenslicht, das von menschlicher Seite her die Kreuzesgestalt erleuchte, ermögliche ein wahres Sehen des Glaubens. In dieser Annahme liege das Zentrum der Theologie Balthasars, und gleichzeitig die unüberbrückbare Trennung zwischen Balthasar und Rahner.[74]

Wie in „Gottes letztes Wort" geht Verweyen auch in der „Einführung" auf die Bedeutung des Gnadenlichts ein, problematisiert diese jedoch stärker als zum früheren Zeitpunkt. *„Zureichende* Möglichkeitsbedingung für die Erkenntnis der Offenbarungsgestalt, d. h. letztlich der sich selbst entäußernden göttlichen Liebe, kann auch für von Balthasar kein Apriori der *natürlichen* Ver-

---

[72] Verweyen, Die Bedeutung, 396.
[73] Verweyen, Die Bedeutung, 396f.
[74] Vgl. Verweyen, Die Bedeutung, 395–397.

nunft, sondern nur ein dieser mitgeteiltes *Gnadenlicht* sein."[75] Anders als Rahner gehe Balthasar davon aus, dass dieses Gnadenlicht dem Menschen nicht immer schon mitgegeben sei, sondern ihm erst im Laufe des Lebens, vermittelt durch die Mutter-Kind-Beziehung, von Gott als Gnade mitgeteilt werde. Als Denkmöglichkeit der Mitteilung der Gnade führt Verweyen hier (wie in „Gottes letztes Wort") das Zitat aus „Herrlichkeit I" an, das die Mutter-Kind-Beziehung ins Verhältnis mit der göttlichen Gnadenmitteilung setzt.[76] Während in „Gottes letztes Wort" die Bedeutung der Gnadenvermittlung zu Beginn des Lebens im Denken Balthasars von Verweyen nicht problematisiert wurde, gibt er sich hier kritisch gegenüber dieses Gedankengangs. Er wirft die Frage auf, ob Balthasar in eine andere, jedoch ähnlich folgenreiche Problematik gerate wie Rahner. Während Rahner und Blondel von einem unhinterfragbaren Apriori der menschlichen Vernunft ausgehen, das *gnadenhaft* jedem Menschen gegeben sei, nehme Balthasar ein „aposteriorisches Apriori"[77] an. Bei Balthasar erfolge die Gnadenmitteilung erst geschichtlich. Verweyen verweist hier auf die Problematik der zirkulären Argumentation in der Theologie Baltha-

---

[75] Verweyen, Einführung, 79. In „Gottes letztes Wort" spricht Verweyen das Problem an, dass bei Balthasar hinsichtlich der Frage nach der Vernunftstruktur, die nach Verweyen für die Erschließung der Sinnfrage vorausgesetzt werden muss, eine mangelnde Sensibilität zu verzeichnen sei. Vgl. ebd. 303f., Anm. 49.

[76] „Wenn die Mutter viele Tage und Wochen das Kind angelächelt hat, erhält sie einmal das Lächeln des Kindes zur Antwort. Sie hat im Herzen des Kindes die Liebe geweckt, und indem das Kind zur Liebe erwacht, erwacht es zur Erkenntnis: die leeren Sinneseindrücke sammeln sich sinnvoll um den Kern des Du. Erkenntnis (mit ihrem ganzen Apparat von Anschauung und Begriff) beginnt zu spielen, weil das Spiel der Liebe, von der Mutter her, vom Transzendenten her, vorgängig begonnen hat. So legt sich Gott als Liebe vor dem Menschen aus: von Gott her leuchtet die Liebe auf und stiftet dem Menschenherzen das Liebeslicht ein, das gerade diese – die absolute – Liebe zu sehen vermag [...]. [...] wie kein Kind ohne Geliebtwerden zur Liebe erwacht, so kein Menschenherz zum Verstehen Gottes ohne die freie Zuwendung seiner Gnade – im Bild seines Sohnes". Balthasar, Glaubhaft, 49f. Die Auslassungen entsprechen denen Verweyens, Einführung, 79.

[77] Verweyen, Einführung, 79.

sars. Wenn eine geschichtlich bedingte Prägung den Menschen auf Gott hin ordne, ist für Verweyen der hermeneutische Zirkel nicht mehr zu vermeiden. Die Transzendentalität des Menschen, die die Voraussetzung für das Erfassen der Offenbarungsgestalt darstelle, sei bei Balthasar geschichtlich vermittelt und damit nicht unbedingt. Eine rational-kritische Verantwortung des Glaubens sei auf der Basis einer geschichtlich ergangenen Prägung nach Verweyen nicht möglich.

Zwar hält Verweyen an dem Phänomen der Beziehung von Mutter und Kind fest, wenn er darauf hinweist, dass „die Mutter mit ihrem Lächeln immer schon an eine im Herzen des Kindes bereits bestehende Offenheit menschlicher Vernunft anknüpft"[78]. Doch Verweyen nimmt ein „apriorisches Apriori"[79] an, das Balthasar nicht berücksichtige, und das sich anders als bei Rahner nicht durch Gnade, sondern durch die Vernunft des Menschen ergebe. Dieses Apriori, das *keinesfalls* durch die geschichtliche Kontingenz zustande komme, sondern bei Verweyen ein ursprüngliches Einheitswissen meine, werde durch das Mutter-Kind-Geschehen erweckt.[80] Verweyen distanziert sich von der Annahme Balthasars, dass sich die Offenheit für Gott durch geschichtliche Einflüsse erst ergebe. Er geht von einem Wissen um Einheit aus, das im interpersonalen Geschehen der Kindheit aktualisiert werde. In diesem Zusammenhang weist Verweyen auf das fehlende Problembewusstsein hinsichtlich der Vorstellung der Persönlichkeitsentwicklung bei Balthasar hin: „Oft genug beginnt mit dieser ersten Zuwendung doch auch die Internalisierung eines Über-Ichs, das geradezu unfähig zur Liebe macht."[81] Die psycho-

---

[78] Verweyen, Einführung, 79.

[79] Verweyen, Einführung, 79.

[80] Vgl. auch die Ausführungen dazu an anderer Stelle: „Zum richtigen Verständnis der interpersonalen Konstituierung des Selbstbewußtseins ist es nun jedoch wichtig zu beachten, daß auf seiten des zu konstituierenden Selbstbewußtseins bereits jene ursprüngliche Vertrautheit eines Ichs mit sich selbst und seiner elementaren Strukturiertheit besteht, die überhaupt Voraussetzung dafür ist, daß ich anderes *als* anders erkenne. [...] Ein Entwicklungsprozeß, in dem nicht von Anfang an ein Ich auf der Suche nach seinem Selbst steckt, kann sich nie als zu einem ‚Selbst' gehörig entpuppen." Verweyen, Gottes letztes Wort, 190f.

[81] Verweyen, Einführung, 79.

analytische Forschung habe jedoch Möglichkeiten gezeigt, diese Selbstverfremdung zumindest teilweise reversibel zu machen und damit darauf hingewiesen, dass die „ursprüngliche Offenheit des Menschen, in der er noch unreflektiert mit seinem je individuellen Wesen vertraut ist"[82], der geschichtlichen Prägung voraus liege. Diese ursprüngliche Vertrautheit mit sich selbst ist für Verweyen ein Argument *gegen* die Vorstellung Balthasars, dass die geschichtliche Prägung den Menschen auf Gott hinordne.[83]

Um die Theologie Balthasars fundamentaltheologisch fruchtbar zu machen, fordert Verweyen ein Zweifaches. Zum einen müsse geklärt werden, was den Menschen ansprechbar für Gott mache. Balthasar verdeutliche die Möglichkeitsbedingungen für die Erkenntnis Gottes durch die in der Mutter-Kind-Beziehung vermittelte Gottesliebe. Verweyen fordert, diese Aussage in zweifacher Hinsicht abzusichern. Zum einen müsse *philosophisch* gezeigt werden, inwiefern das *transzendentale* Apriori als Offenheit auf Liebe zu verstehen sei. Fehle dieser philosophische Aufweis, verbleibe die Rede vom geschöpflichen Keim der Liebe, der im Menschen schlummere und durch den der Mensch die Offenbarung erkennen könne, eine *theologische* Behauptung ohne Argument. Zum anderen müsse deutlich werden, wie weit die Parallele von Mutterliebe und christlicher Gottesliebe reiche. Die Fundamentaltheologie könne sich zwar Balthasar anschließen, der in der Mutter-Kind-Beziehung eine Zugangsweise zur Offenbarung annehme, jedoch sei es geboten, Kriterien zu erarbeiten, „wie die ursprüngliche Freiheit des Ich durch intersubjektive Anerkennung so zu *sich selbst,* zur Offenheit für die *Welt* und schließlich für die ‚*göttlichen Dinge'* gebracht werden kann, daß eine wirkliche Freisetzung und nicht Verstellung von Freiheit geschieht."[84]

Überraschend ist, dass für Verweyen mit diesen beiden Punkten die Kritik am Denken Balthasars abgeschlossen ist. Verweyen geht es einzig darum, die theologische Behauptung, dass der Mensch in sich das Gottesbild trage, philosophisch nachzuweisen. Mit diesem

---

[82] Verweyen, Einführung, 80.
[83] Vgl. Verweyen, Einführung 79f.
[84] Verweyen, Die Bedeutung, 400. Hier zeigt sich die von Ebenbauer festgestellte Bestimmung der Offenbarung, die Vernunft freizusetzen. Vgl. Ebenbauer, Fundamentaltheologie, 36.

Aufweis ist seiner Ansicht nach die Frage nach der Ansprechbarkeit des Menschen für Gott geklärt, d. h. den Möglichkeitsbedingungen für die Erkenntnis der Gestalt Jesu Christi Genüge getan. Verweyen moniert in der „Einführung" wie auch im hier besprochenen Text, dass bei Balthasar die Verantwortung vor der philosophischen Vernunft nicht stattfinde. Er vermisst bei Balthasar die Annahme einer Bestimmung innerhalb der Vernunft, die sich philosophisch ermitteln lasse und nicht nur theologisch behauptet bzw. durch geschichtliche Vermittlung geprägt werde. Der „Zugang zur Wirklichkeit Gottes" findet bei Verweyen über das ursprüngliche Wissen um Einheit statt. Mit diesem Wissen als Apriori der Vernunft ist für Verweyen, anders als bei Balthasar, der das Apriori als ein gnadenhaftes versteht, eine Hinordnung des Menschen auf Gott gegeben.

2.2 Annäherungen hinsichtlich der Kreuzeserfahrung

Äußerst aufschlussreich für die Frage, wie sich das Verhältnis der theologischen Ansätze von Verweyen und Balthasar bestimmen lässt, ist ein Passus innerhalb eines neueren Textes, in dem Verweyen auf seinen persönlichen Kontakt und seinen theologischen Austausch mit Hans Urs von Balthasar zu sprechen kommt.[85] 1967 kommt es zu einer ersten Begegnung zwischen Balthasar und Verweyen, in der Verweyen Anfragen an die „martyrologisch überspitzte [...] Kreuzestheologie von Balthasars"[86] äußert. Anschließend an diese persönliche Begegnung erfolgt ein langjähriger Briefwechsel zwischen beiden Theologen. Im ersten Brief problematisiert Verweyen den Begriff der „Einsamkeit" und die fehlende Dialogstruktur des Leidens am Kreuz.[87] Nach Verweyen verdecke die Kreuzestheologie Balthasars zwei Aspekte der Kreu-

---

[85] Vgl. zum Folgenden: Verweyen, Die Bedeutung, 390–392.

[86] Verweyen, Die Bedeutung, 390.

[87] Vgl. Brief von Verweyen vom 7. März 1976, Privatkorrespondenz Verweyen – Balthasar, 2. Freundlicherweise ermöglichte mir Hansjürgen Verweyen, seinen Brief an Balthasar vom 7. März 1967, der den langjährigen Briefwechsel mit Balthasar eröffnete, sowie den Antwortbrief von Hans Urs von Balthasar vom 10. März 1967 im gesamten Umfang einzusehen.

zeserfahrung. Zum einen bleibe mit dem Begriff der Einsamkeit der Aspekt unberücksichtigt, dass der Sohn aus eigenem Willen nicht an diesen Ort des Kreuzes gehen wolle. Der Begriff der Einsamkeit erwecke innerhalb der Theologie Balthasars den Anschein, dass es sich hier um ein freigewähltes Martyrium handele. Am Kreuz vollziehe sich dagegen laut Verweyen eine „Entmächtigung der menschlichen Natur"[88]. Der Gekreuzigte finde sich in einer Situation wieder, in die er sich aus eigenem Willen nicht begeben habe. Statt „Einsamkeit" bezeichne nach Verweyen „Verlassenheit" besser die Situation am Kreuz, da damit der bleibende dialogische Charakter zwischen Vater und Sohn in der Erfahrung des Sohnes am Kreuz ausgedrückt werde. „Die Furchtbarkeit der Todesnacht Christi scheint mir gerade in der größtmöglichen[!] Einheit von Verlassenheit und Dialog zu liegen. Im menschlichen Fleisch durchleidet Jesus die tiefste Verlassenheit der von Gott entfremdeten Natur. Als Logos durchleidet er diese Verlassenheit im bleibenden Bewußtsein der trinitarischen Bestimmtheit seines Wesens".[89] Damit ist der zweite Kritikpunkt Verweyens an der Kreuzestheologie Balthasars angesprochen. Der Schrecken des Kreuzesgeschehens bestehe gerade in der Einheit von Verlassenheit und Dialog. Die überlieferten Worte des Gekreuzigten zeigen nach Verweyen am deutlichsten den Dialog zwischen Vater und Sohn.

Drei Tage später antwortet Balthasar auf die Anfragen Verweyens und stimmt ihm im Wesentlichen zu. Er gesteht eine einseitig mystische Interpretation seiner Kreuzesgestalt ein und gibt Verweyen hinsichtlich der völligen Entmächtigung des Gekreuzigten Recht. „[A]lles ‚Können' ist restlos entzogen"[90]. Auch der Intention Verweyens, die dialogische Struktur am Kreuz herauszustellen, pflichtet Balthasar bei.[91]

Balthasar und Verweyen kommen hinsichtlich der dialogischen Deutung des Kreuzesgeschehens überein. Verweyen bezeichnet

---

Passagen des Briefwechsels sind abgedruckt in: Verweyen, Die Bedeutung, 391f.

[88] Verweyen, Brief vom 7. März 1967, 3.

[89] Verweyen, Brief vom 7. März 1967, 3.

[90] Balthasar, Brief vom 10. März 1967, 2.

[91] Vgl. Balthasar, Brief vom 10. März 1967, 1f.

die Suche nach der angemessenen Formulierung des Zentrums der Theologie Balthasars als den Kern des Briefwechsels. „Ist eine dialogischere Interpretation des alleingelassenen Christus möglich, der bis in den tiefsten Schlund der Hölle steigt, um dem verstockten Sünder nicht nur nicht ‚von oben herab‘, vielmehr ‚ganz von unten her‘, aus einer noch tieferen ‚Niederung‘ von Existenz zu begegnen und damit schließlich die Hölle ‚leerzulieben‘?"[92]

Verweyen und Balthasar verbindet ein inhaltlicher Diskurs hinsichtlich der Frage, wie das Kreuz zu deuten sei. Verweyen macht Balthasar auf zwei Aspekte aufmerksam: auf das Entzogensein des Gekreuzigten und die bleibende dialogische Struktur trotz der Verlassenheit. Balthasar gibt Verweyen in beiden Punkten Recht.[93]

---

[92] Verweyen, Die Bedeutung, 392.
[93] Vgl. Verweyen, Die Bedeutung, 391f.

VI. Ergebnisse

Nach einem Durchgang durch die Fundamentaltheologie Verweyens und durch Teile der Theologie Balthasars werden nun die Parallelen und Divergenzen zusammengefasst. Ein kurzer Rückblick vergegenwärtigt die erkenntnistheoretischen Annahmen Balthasars. Der nachfolgende Abschnitt zielt darauf, die Bezüge zwischen Verweyen und Balthasar hinsichtlich der Interpretation des Kreuzesgeschehens darzulegen, sowie die Modifizierungen, die Verweyen an der Theologie Balthasars vornimmt, aufzuzeigen. Im dritten Abschnitt wird die Kritik Verweyens am Ausfall der philosophischen Bemühungen Balthasars thematisiert und das philosophische Denken dargestellt, mit dem Verweyen die rationale Verantwortung der Offenbarung für möglich hält. Im nachfolgenden Abschnitt werden die Konsequenzen, die sich aus der Verbindung der Theologie Balthasars mit dem philosophischen Denkens Fichtes ergeben, durch Verweyen aufgezeigt. Anschließend findet eine Kritik der erkenntnistheoretischen Annahmen der Fundamentaltheologie Verweyens statt, indem gefragt wird, ob diese Erkenntnistheorie einem Offenbarungsverständnis gerecht wird, das Offenbarung als personales Geschehen zwischen Mensch und Gott denkt. Zudem wird auf die Frage eingegangen, ob mit der in der Fundamentaltheologie Verweyens angenommenen Erkenntnistheorie die Fraglichkeit des geschichtlichen Offenbarungsereignisses sowie die philosophische Strittigkeit der Existenz Gottes annehmbar bleiben.

1. Die erkenntnistheoretischen Annahmen Balthasars

Balthasar nimmt einen Wahrheitsbegriff an, der die von Kant vorgenommene Engführung des neuzeitlichen Wirklichkeits- und Wahrheitsbegriffs aufsprengen will. Die theologische Erkenntnismöglichkeit ergibt sich nach Balthasar durch die ontologische Struktur des Seins. Infolgedessen geht er davon aus, dass die Welt in philosophischer Perspektive in ihrer Offenheit für die Offenbarung betrachtet werden müsse. Eine Ablehnung der Transzendenz der erscheinenden Welt sei nur möglich, wenn sich die menschliche Freiheit pervertiere und sich gegen das stelle, was sie immer schon wisse: dass das absolute Sein existiere und nicht nur begrifflich gegeben sei. „[D]ieses Sein ist dem Denkenden, auch dem zweifelnd Denkenden in seinem Bewußtsein je schon bekannt und erschlossen. Und dieses Bekanntsein des Seins ist das innerste Wesen der Wahrheit."[1] Grundgelegt wird, dass die Bedingungen der Erkennbarkeit des Objekts *nicht* mit den Erkenntnismöglichkeiten des Subjekts gleichzusetzen seien. Das Objekt kommt als Vermittlungsinstanz der absoluten Wahrheit in den Blick. Die Erkenntnisfähigkeit des Subjekts sei daher nicht deckungsgleich mit den Bestimmungen des Objekts. Erkenntnis erlange das Subjekt durch seine Fähigkeit, sich durch andere Wahrheit beschenken zu lassen. Wahrhafte Erkenntnis ereigne sich, indem das Subjekt gnadenhaft Anteil am unendlichen Licht erhalte und so das Objekt wahrhaft erkenne. Durch seine Rezeptivität erfahre das Subjekt seine eigene Kontingenz und Verwiesenheit auf Gott, gleichzeitig aber auch seine Gottähnlichkeit, die darin bestehe, Wahrheit empfangen zu können. In der Annahme einer Wahrheit, die außerhalb des Geschöpfes zu verorten sei, sei die grundlegende Verwiesenheit des Subjekts auf seine Umwelt und auf seine Mitmenschen gegeben. Denn ein unmittelbarer Zugang zur absoluten Wahrheit sei nicht möglich, allein durch die Erscheinung der Welt könne das Wahre und Gute erkannt werden. Das Objekt der Erkenntnis bestimmt Balthasar von seiner Innerlichkeit her. Die Innerlichkeit verhindere, dass Objekte nur als Erkenntnisobjekte, bestimmt durch die subjektiven Erkenntnisbedingungen des Erkennenden, gesehen werden. „So sind die Dinge jeweils mehr als sie selbst sind, und diese sich stets überwachsende Transzendenz ist zuletzt offen zu einer Idee, die nicht sie selber sind, sondern die Gott ist und ihr Maß in Gott."[2] Grundsätzlich nimmt Balthasar an, dass die Innerlichkeit des Objekts und die Fähigkeit des Subjekts, Wahrheit zu empfangen, ihren Grund in der Schöpfungsgnade Gottes haben.

Balthasar geht von einem Apriori für die übernatürliche Offenbarung aus, das sich im Mutter-Kind-Geschehen vermittle und ein

---

[1] Balthasar, Theologik I, 27.
[2] Balthasar, Theologik I, 54.

gnadenhaftes Ereignis darstelle. Mit diesem Gnadenblitz werde der Mensch befähigt, nach dem christlichen Gott zu fragen. Dieses Vermögen bleibe jedoch aus sich heraus unvollendbar und finde seine Erfüllung erst in der übernatürlichen Offenbarung. Um die Ungeschuldetheit der Gnade zu wahren, nimmt Balthasar einen hypothetischen Naturbegriff an, der zwar als die Voraussetzung für Offenbarung gedacht werden könne, jedoch die Freiheit Gottes wahre, da dieser Naturbegriff so offen angelegt sei, dass sich Offenbarung auch auf andere Art und Weise hätte vollziehen können als im Kreuzesgeschehen. Aufgrund des Aprioris, das in der Mutter-Kind-Erfahrung gnadenhaft vermittelt werde, bleibe der Mensch jedoch hinsichtlich der Gotteserkenntnis unentschuldbar. Der Mensch als Geschöpf wisse immer um seine Herkunft von Gott. Der Sünder leugne, „was er faktisch einschlußweise *erkennt* [...], und was er auf Grund dieser einschlußweisen Erkenntnis auch ausdrücken und diskursiv-logisch erkennen *könnte*, falls er sich gegen diese Erkenntnis nicht zur Wehr setzen würde."[3]

Hinsichtlich der Erkenntnis der übernatürlichen Offenbarung weist Balthasar der Schönheit eine zentrale Bedeutung zu, da die Schönheit die Ungeschuldetheit der Offenbarung gegen die subjektive Bedürfnisbefriedigung des Subjekts wahre und die Evidenz des Objektes garantiere. Die Erkenntnis übernatürlicher Offenbarung in ihrer Objektivität ergibt sich bei Balthasar durch das geschichtliche Ereignis und durch das göttliche Licht, das die Kreuzesgestalt selbst ausstrahle. Die Evidenz, die Balthasar als objektive annimmt, ergehe aus der Gestalt, die in ihrem eigenen Licht objektiv evident werde. Historische Gestalt und Gnadenlicht dürfen in Bezug auf die Evidenz nach Balthasar nicht getrennt werden. Die Offenbarung Gottes ermögliche den Glauben durch die objektive Gestalt. Objektiv werde hier für den Gläubigen deutlich, wie der Widerspruch zwischen Gott und Welt aufgehoben werde. Göttliche Forderung und menschliche Erfüllung werden in der Gottverlorenheit des Sohnes objektiv evident. Im Licht des Glaubens sei die Aussage der Göttlichkeit über jeden Projektionsverdacht erhaben.

Faktisch sei – wie Balthasar ausführt – die Gestalt offenbar und verborgen zugleich. Die menschliche Schuld bedinge die Verbor-

---

[3] Balthasar, Karl Barth, 333.

genheit der Gestalt. Nur wer glaube, könne die Herrlichkeit Gottes sehen, d. h. die Erkenntnis setze die subjektive Hingabe an das objektiv gegebene Offenbarungsereignis voraus. Der Mensch könne sich der objektiven Evidenz entziehen, indem er an seinen subjektiven Vorurteilen festhalte und auf der Grenze des menschlich möglichen Erkennens beharre. Das Übersehen der Gestalt könne ohne Schuld nicht gedacht werden: zu überdeutlich sei ihre Evidenz.

Wegweisend ist für Balthasars Theologie die Forderung einer „Wendung ins Objektive". Jeder Erkenntnisvorgang werde dadurch bestimmt, dass sich das Subjekt der objektiven Wahrheit hingebe. Alle Erkenntnis – ob natürlich oder übernatürlich – verstehe sich letztlich als Ereignis der Gnade. Während sich die natürliche Offenbarung im Medium der Natur vollziehe und nur deren Inhalt auf das Übernatürliche ziele, decke sich bei der Selbstoffenbarung Gottes das Medium mit dem Inhalt.

2. Konvergenzen zwischen der Theologie Balthasars und der Fundamentaltheologie Verweyens

2.1 Die Betreffbarkeit Gottes

„Man darf die Kreuzesszene nach Markus nicht losgelöst von der ,Theodramatik' lesen"[4], lautet Verweyens Hinweis an den Leser seines fundamentaltheologischen Entwurfes. Warum legt er die Theodramatik seinem eigenen Entwurf zugrunde? Balthasar selbst geht es in der Theodramatik darum, eine dramatische Soteriologie zu denken. Das Kreuz solle als der Höhepunkt der Bundesgeschichte zwischen Mensch und Gott in den Blick kommen und so verstanden werden, dass nicht nur die Welt ihren, sondern auch Gott hier seinen höchsten Einsatz leiste.[5] Die Frage nach der Betreffbarkeit Gottes durch die Heilsgeschichte, näher durch das Kreuzesgeschehen, lässt sich für Balthasar nur in Zusammen-

---

[4] Verweyen, Botschaft, 85. „Verweyen möchte die markinische Kreuzesszene im Kontext einer Theodramatik [...] lesen, die sich in der totalen (aktivisch verstandenen) Auslieferung des Gerechten vollendet (traditio 3)." Fößel, Gott, 487.

[5] Vgl. Balthasar, Theodramatik III, 295f.

hang mit den innertrinitarischen Vollzügen Gottes lösen. Mit dem Hinweis auf die innertrinitarische Zeugung macht Balthasar deutlich, dass bereits das trinitarische Geschehen als dramatisches zu verstehen sei. Balthasar geht davon aus, dass die Trinität die Voraussetzung dafür darstelle, dass im Kreuzesgeschehen Gott nicht unbeteiligt bleibe. Hinsichtlich der Intention, die Betreffbarkeit Gottes auszusagen, findet sich daher eine Übereinstimmung zwischen Balthasar und Verweyen. Letztgenannter problematisiert im Rahmen der Osterthesen eine Perspektive, aus der das Kreuzesereignis für den thronenden Gott lediglich ein Zwischenspiel sei, d. h. Gott nicht wirklich vom Leiden betroffen sei.[6] Auch wenn Verweyen auf das Leiden des Sohnes zu sprechen kommt, nimmt er wie Balthasar an, dass die Möglichkeit des Leidens Gottes im Entschluss Gottes selbst liege: „das Wesen dieses Leidens [verdankt – E.S.] sich allein der Aktivität der Liebe."[7] An anderer Stelle reflektiert Verweyen auf die göttlichen Voraussetzungen menschlicher Freiheit, wenn er kritisiert, dass in der gegenwärtigen Sühnethematik einseitig die soteriologische Bedeutung im Mittelpunkt stehe. Die theologische Bedeutung der Sühne, d. h. die Tat in ihrem Verhältnis zum Vater, der von der Sünde betroffen sei, werde über der Frage, was die Sühne für den Menschen bedeute, vernachlässigt.[8] Verweyen weist immer wieder auf die trinitarische Beziehung innerhalb des Kreuzesgeschehens hin. Damit zielt er darauf, die Betreffbarkeit Gottes aufgrund der Theodizeefrage zu akzentuieren. „Wenn vom Himmel bis zur Erde alles ausnahmslos dem Schmerz ausgeliefert ist, dann ist ein befremdliches Glück möglich."[9] Folglich lässt sich sowohl bei Verweyen als auch bei Balthasar die Annahme beobachten, dass die Immanenz als Möglichkeitsbedingung für die Betreffbarkeit Gottes selbst gedacht wird. Daher kann hinsichtlich der Frage nach der Betreffbarkeit Gottes eine Übereinstimmung zwischen Verweyen und Balthasar festgestellt werden. Beide treibt die Frage um, inwiefern Gott selbst und nicht nur der Mensch am Kreuz leidet. Die Kritik

---

[6] Vgl. Verweyen, Der Glaube, 72f. Ders., Gottes letztes Wort, 343. Vgl. Dieckmann, Das Kreuz, 9.

[7] Verweyen, Gottes letztes Wort, 206.

[8] Vgl. Verweyen, Offene Fragen, 142.

[9] Camus, Der Mensch in der Revolte, 40.

an der Vorstellung eines Gottes, der „gleichsam ‚unbehelligt' oberhalb des Kreuzesgeschehens"[10] schwebt, eines Gottes, dessen letztes Wort am Kreuz seine Gleichgültigkeit der Welt gegenüber angesichts der eigenen Auferstehung ausdrückt[11], wird ihnen zum
leitenden Motiv der Theologie. „Wo das Leiden des Menschen Jesus nicht durch kritische Verdrehungen aus dem Sein Gottes selbst
herausgehalten wird, ließe sich wieder von Gott reden, und zwar
so, daß man zugleich neuen Mut für die tiefste, vom heutigen Menschen verdrängte Frage nach dem Sinn des Leidens schöpfen
könnte."[12] Gerade die Hinwendung zu einer Gottesrede, die das
Leiden thematisiert, eröffne nach Verweyen den gegenwärtigen
Erschließungscharakter des Glaubens.[13]

2.2 Liebe Gottes als Voraussetzung der Freiheit des Menschen

Balthasar sieht im innertrinitarischen Zeugungs- und Hingabeakt
die Voraussetzung für die menschliche Freiheit und die damit gegebene Möglichkeit der Verweigerung des göttlichen Angebots,
die für Gott zum Leiden wird. Gott leide an der Liebe, die nicht
erwidert werde. Auch Verweyen geht davon aus, dass Gottes Liebe die Voraussetzung für die menschliche Freiheit sei. Liebe bestimmt er näher durch das Wagnis, sich zu verlieren. „Gott scheint
die ‚riskanteste' Form dieses Wagnisses einzugehen; denn damit
seine vollkommene Einheit in der von ihm gesetzten Differenz gewahrt bleibt, muß die ihm gegenübergestellte Freiheit sich selbst
zum Bild Gottes machen."[14] Die Liebe Gottes wird von beiden
Theologen als Ermöglichung der Freiheit angenommen, bei Verweyen wird der Begriff der Einheit tragend, was bei Balthasar
nicht der Fall ist. Denn für Verweyen steht die Sinnfrage im Vordergrund: Wie kann der Mensch seine paradoxe Struktur als „Götterruf" erfahren und damit der Gefahr des perennierenden Sollens
entgehen?

---

[10] Balthasar, Theodramatik III, 310.
[11] Vgl. Verweyen, Botschaft, 51.
[12] Verweyen, Christologische Brennpunkte, 69.
[13] Vgl. auch Verweyen, Zeitgenössische philosophische Aussagen, 32.
[14] Verweyen, Einführung, 154.

„Erst wenn Sisyphos seine Aufgabe als wenigstens prinzipiell lösbar zu erkennen vermöchte, würde er hinter dem, was sich wie der Fluch eines allmächtigen Tyrannen ausnimmt, vielleicht einen Anruf Gottes wahrnehmen können. Solange ihm seine Aufgabe als grundsätzlich unlösbar erscheint, kommt es ihm hingegen wie vergeudete Zeit vor, über Götter nachzudenken."[15]

Um einem unendlichen Streben zu entkommen, muss sich nach Verweyen die Struktur des Ichs so erschließen, dass diese Struktur nicht als Götterfluch, sondern als Möglichkeitsvoraussetzung für Sinn aufgezeigt werden könne. Auch bei der Kritik am Naturbegriff Rahners lässt sich die unterschiedliche Akzentuierung zwischen Verweyen und Balthasar aufzeigen. Während Balthasar gegen den Naturbegriff Rahners die Absicht Gottes, dem Menschen seine Liebe mitzuteilen, ins Feld führt, kritisiert Verweyen Rahner dahingehend, dass die Einheit des Gottesbegriffs mit der von Rahner angenommenen Restnatur nicht mehr erreichbar sei. Es mag den philosophischen Vorgaben, von denen Verweyen ausgeht, geschuldet sein, dass die Einheitsthematik der Mitteilung der Liebe Gottes vorgeordnet wird.

2.3 Solidarität Gottes als Voraussetzung der Erlösung

Balthasars Kreuzestheologie steht unter dem Anspruch, Solidarität und Substitution im Kreuzesgeschehen zu denken. Die Christologie solle dem Anspruch gerecht werden, Erlösungshandeln unter dem Motiv der Solidarität zu zeigen. Das solidarische Handeln spielt auch bei Verweyen eine wichtige Rolle. Zum einen stellt die Erfahrung der Solidarität für Verweyen der Ort der Gotteserfahrung dar. Zum anderen kann für Verweyen Solidarität letztlich nur angesichts einer „Hoffnung auf Sinn"[16], die darum wisse, dass Gott selbst gelitten habe, durchgehalten werden.[17] Eine Ein-

---

[15] Verweyen, Gottes letztes Wort, 146.
[16] Verweyen, Gottes letztes Wort, 106.
[17] „In solcher Evidenz einer unbedingten Solidarität wird dieses Größere [bezogen auf den Anselmschen Gottesbegriff – E.S.] vielmehr auch *erfahren* – bei den zitierten Denkern [Verweyen bezieht sich hier auf Camus,

sichtigkeit des Glaubens ergebe sich nur von der Solidarität Gottes mit dem menschlichen Leiden.

Solidarisch werde Gott mit dem Menschen, wenn er sich im Kreuzesgeschehen von der Sünde, d. h. von der Verweigerung der Freiheit treffen lasse. Während die Sünde ihre eigene Distanz von Gott nicht bis zum Ende aushalte, erfahre der Gekreuzigte, was es bedeute, sich von Gott entfernt zu haben.

> „Nur der zur Sünde gemachte Gottessohn konnte diese Gottes-ferne bis zum Äußersten erfahren, weil nur ihn das innergött-liche Wesen band, das sich menschlich im bedingungslosen Ge-horsam und der Anbetung Gottes bis in den letzten Schrei der Gottverlassenheit hinein auswirkte."[18]

Soteriologisch relevant werde die Solidarität, die die äußerste Distanz zwischen Sohn und Vater zur Folge habe, durch die Göttlich-keit des Solidarischen. Daher lässt sich feststellen, dass Verweyen wie Balthasar davon ausgeht, dass sich Gott im Kreuzesgeschehen mit dem Menschen solidarisch zeige und dass in dieser Solidarität die Erlösungsbedeutung liege.

2.4 Kreuzesgeschehen als Erkenntnis- und Sühnegeschehen

Noch deutlicher zeigt sich die Nähe zwischen der Theologie Ver-weyens und Balthasars, wenn die Sühnebedeutung des Kreuzes-geschehens untersucht wird. Mit dem Kreuzesgeschehen ereigne sich Erlösung. Balthasar und Verweyen bestimmen das Erlösungs-handeln vor allem über die Kategorie der Sünde. Balthasar geht davon aus, dass die Verweigerung der Freiheit darin bestehe, sich selbst an die Stelle zu setzen, die Gott zustehe. In der Möglichkeit, sich selbst als maßgebende Instanz des Guten zu verstehen und das Gute unter die eigene Macht zu subordinieren, liege die „Ur-versuchung" des Menschen, die Hybris der Autonomie.[19] Die wah-

---

Adorno, Benjamin und Horkheimer – E.S.] nur eben nicht als *Gott*." Ver-weyen, Gottes letztes Wort, 105.

[18] Verweyen, Christologische Brennpunkte, 104f.

[19] Vgl. Balthasar, Theodramatik III, 138f.

re Autonomie ist für Balthasar nur denkbar in der Dynamik von Herkunft und Ziel in Gott. Erst wenn der Mensch sich von seiner Herkunft von Gott und seinem Ziel in Gott verstehe, mache er sich „zu einem realen Bild und Gleichnis der absoluten Freiheit".[20] Jeder Mensch wisse nach Balthasar aufgrund seiner faktisch immer schon begnadeten Natur um seine Endlichkeit. Dieses Wissen werde von der sündigen Freiheit bewusst verdeckt, damit die Freiheit ihre scheinbare Autonomie wahren könne. Die Selbstverschließung endlicher Freiheit aufgrund der verweigerten Verdankung habe zur Konsequenz, dass der Sünder sich nicht selbst aus dieser Lage befreien könne.[21] Erlösung vollziehe sich, wenn sich der Sohn solidarisch mit den Sündern freiwillig in absoluter Treue zu seiner Sendung vom göttlichen Zorn treffen lasse. Die Verweigerung und damit alle Gottferne seien in die trinitarische Beziehung aufgenommen durch die absolute Solidarität des Sohnes mit den gottlosen Menschen. Der Sohn übernehme die Konsequenz der Sünde, indem er selbst die Gottferne als die Konsequenz der Sünde erfahre. Er durchleide die gesamte Hoffnungslosigkeit, die sich aus dem Widerstand gegen Gott ergebe. Indem die Verweigerung der Menschen innertrinitarisch aufgenommen werde, erfolge eine Verwandlung. Die Verweigerung und ihre Gottesferne werden umgriffen vom freiwilligen Gehorsam des Sohnes.[22]

Eine ähnliche Struktur des Gedankengangs findet sich bei Verweyen, wenn er im Anschluss an Fichte und Anselm menschliche Freiheit als Bild des Absoluten bestimmt. Menschliche Freiheit kann sich nach Verweyen, wolle sie nicht im Absurden enden, nur als Bild des Absoluten verstehen. Andere Erklärungen lassen die widersprüchlich scheinende Verfasstheit des Menschen ungeklärt.[23] Zudem ergebe sich mit der Annahme einer Äußerung des unbedingten Seins die Konsequenz, dass dieses unbedingte Sein erscheinen werde.[24] Mit dieser Bestimmung sei zugleich die Auf-

---

[20] Balthasar, Theodramatik III, 149.
[21] Vgl. Balthasar, Theodramatik III, 149–151.
[22] Vgl. Balthasar, Theodramatik III, 322–326.
[23] Vgl. Verweyen, Gottes letztes Wort, 169.
[24] „Ein unbedingtes Sein, das erscheinen *will* – und das kündet jedes unbedingte Sollen an –, *wird* aber unweigerlich erscheinen, eben weil es unbedingtes Sein ist." Verweyen, Gottes letztes Wort, 196.

gabe, sich zum Bild des Absoluten zu machen, für jeden Menschen gegeben. Verweyen stellt heraus, dass es gerade Fichte als Verdienst angerechnet werden müsse, die Dynamik dieser Bestimmung deutlich gemacht zu haben.[25] Verweyen nimmt an, dass jede Begegnung des Menschen auf Anerkennung ausgerichtet sei und jeder Mensch im Kontakt mit anderen „eine seinem Wort entsprechende Antwort hören und im anderen ein zutreffendes Bild seiner selbst finden"[26] möchte. Nach Verweyen erschließe sich das Wesen der Freiheit nur über den Bildbegriff. Er geht davon aus, dass jeder Mensch ein ursprüngliches Wissen um sein Bildsein besitze, das auch durch geschichtliche Prägung niemals völlig verloren gehen könne. Ähnlich wie Balthasar nimmt er an, dass der Mensch in seiner sündigen Verschlossenheit seine Verwiesenheit auf andere Freiheit nicht anerkennen *wolle*. Die Selbstbehauptung des Subjekts stehe der Angewiesenheit auf die andere Freiheit für das eigene Selbstsein gegenüber. Er vertritt die These, dass die Menschen ihre eigentliche Bestimmung willentlich übersehen. „Denn sie stoßen hier auf ein Bild, das ihnen in ihrer Tiefe entspricht, die sie selbst nicht wahrhaben wollen."[27]

Während das Subjekt im Denken Balthasars seine direkte Verdankung Gott gegenüber ablehne, verweigere nach Verweyen die Freiheit ihre Verwiesenheit auf andere Freiheit für die eigene Bildwerdung. Beide Theologen gehen davon aus, dass das Subjekt ursprünglich um seine Bestimmung wisse (sich zum Bild des Absoluten zu machen bzw. Haltung der Verdankung).[28] Sowohl Balthasar wie auch Verweyen machen die sündige Verfasstheit des Menschen dafür verantwortlich, dass der Mensch sich der ihm angemessenen Bestimmung verschließe.

Aus dieser Selbstverschließung könne das Subjekt nur durch eine neue Initiative Gottes befreit werden, die im Kreuzesgeschehen stattfinde. Bei Verweyen wird dieses Geschehen gedacht als Ikonoklasmus, der jedem Menschen den Weg eröffne, sein eigenes

---

[25] Vgl. Verweyen, Philosophie und Theologie, 325f.

[26] Verweyen, Einführung, 154.

[27] Verweyen, Einführung, 155.

[28] Verweyen kritisiert an Balthasar, dass die Interpersonalität bei Balthasar unterbelichtet bleibe. Vgl. ders., Zum gegenwärtigen Diskussionsstand, 29f.

Bild zu realisieren.[29] Für Balthasar ereignet sich am Kreuz Stellvertretung, wenn der Mensch aus seiner Selbstverschließung, die sich als Folge der Verweigerung der Freiheit gegenüber dem Angebot Gottes ergebe, durch das objektive Bild seiner selbst erlöst werde. Der Mensch gelange zu sich selbst, indem er im Gekreuzigten erblicke, was er selbst als Existenzform gewählt habe: die absolute Gottferne. In der Gottferne ereigne sich daher bei Balthasar die Solidarität Gottes mit dem Sünder und die Substitution, die den Sünder zur Teilnahme am göttlichen Leben befreie. Ähnliche Gedanken finden sich auch bei Verweyen: Im Leiden selbst werde Gottes Sohn mit dem Menschen solidarisch. Er lasse sich von der sich verweigernden Freiheit bis ins Letzte treffen. Damit vollziehe sich für jeden Menschen die Möglichkeit, die Angst zu überwinden, die das Sich-zum-Bild-machen verhindere. „Nur der ‚Blick auf den Durchbohrten' (vgl. Joh 19,37), den keine Macht der Welt dem Leben in und aus Gott entreißen konnte, vermag uns der Verfallenheit [...] an das über sich selbst zusammengekrümmte Häuflein Mensch zu entreißen."[30] Das Kreuzesgeschehen, das die vollkommene Hingabe des Sohnes an den Vater zeige, ermögliche es, die schuldhafte Selbstverschließung des Menschen zu überwinden. Es aktualisiere die Bestimmung der menschlichen Vernunft, Bild Gottes zu werden. Wie Balthasar geht Verweyen davon aus, dass die Sorge um sich selbst dem Menschen die Möglichkeit an der Teilnahme am göttlichen Leben verstelle. In der Begegnung mit Jesus gerate der Mensch in einen Konflikt mit sich selbst und dem Offenbarungsangebot. „Bei der Begegnung mit Jesus ging (und geht) es um den Entscheidungskampf mit der Sorge um uns selbst, die uns die Augen für das, was Gottes Leben bedeutet, verschließt."[31] Der Blick auf den Gekreuzigten mache dem Menschen evident, warum der Offenbarung zu folgen sei: Alles andere führe zu einer weiteren Entfernung von Gott, zur un-

---

[29] „Im gleichen – letzten – Atemhauch macht Jesus aber auch den Weg frei für die vielen auf Gottes Bild hin angelegten Menschen, die ihre Gotteserfahrung nicht zu Wort bringen konnten [...], weil wir (nicht nur) die religiöse Sprache durch unsere Bilder von dem, was unbedingt wahr, moralisch oder vernünftig ist, besetzt halten." Verweyen, Gottes letztes Wort, 360.
[30] Verweyen, Gottes letztes Wort, 361f.
[31] Verweyen, Gottes letztes Wort, 362.

endlicher Verlassenheit und Hoffnungslosigkeit, die der Gekreuzigte stellvertretend für die Menschheit aushalte.

Im Denken beider Theologen findet sich der Gedanke, dass im Kreuzesgeschehen die Selbstverschließung durch das Sterben des Sohnes wieder geöffnet werde. In diesem Punkt verweist Verweyen direkt auf Balthasar.[32] Die Erlösungsrelevanz des Kreuzesgeschehens ergibt sich in beiden Ansätzen dadurch, dass der Sohn die Konsequenz der Sünde bis zum Ende aushalte und damit den Tod durch dessen Überbietung überwinde und so dem Menschen seine ursprüngliche Bestimmung neu vor Augen führe. In der geschichtlichen Offenbarung erkenne der Mensch sich selbst und die Möglichkeit, die ihm eigene Bestimmung zu realisieren, weil die Angst, die der Selbstrealisierung entgegenstehe, von Gott selbst durchgestanden sei.[33]

2.5 Sünde als Grund für die Erscheinungsgestalt Gottes

Balthasar und Verweyen stimmen ebenfalls darin überein, dass die Art und Weise der Erscheinung der unbedingten Liebe von der Sünde selbst bestimmt sei. Balthasar geht davon aus, dass die Sünde die Modalität der Offenbarung bestimme.[34] Der Sinn und die Hoffnung der sündigen Existenz seien auf die Erlösungsgestalt bezogen, die die Distanz zu Gott, die menschlich aus der Verweigerung des Angebotes Gottes resultiere, im Erlösungsgeschehen neu bestimme. Auch Verweyen sieht die Offenbarungsgestalt geprägt von der Sünde des Menschen. Da Gott sich unter der Bedingung der sich verweigernden Freiheit zum Bild des Absoluten formen lasse, müsse dieses Bild nicht nur die Verlassenheit von jeder menschlichen Freiheit zeigen, sondern auch die Gottesverlassenheit des Sünders ausdrücken.[35]

---

[32] Vgl. Verweyen, Gottes letztes Wort, 203. Zum gegenwärtigen Diskussionsstand, 27–29.

[33] Vgl. Verweyen, Gottes letztes Wort, 361.

[34] Vgl. Balthasar, Herrlichkeit I, 423.

[35] Vgl. Verweyen, Gottes letztes Wort, 360.

„Wer sich aber von Gottes Selbstentäußerung so durchdringen läßt, daß er reine Transparenz, vollendetes Bild Gottes wird, auf den konzentriert sich der ganze Haß ‚der Welt', d. h. derer, die nicht bereit sind, die volle Konsequenz ihrer Freiheit zu ziehen. In ihm wächst das Leiden zurückgewiesener Liebe zum völligen Unmaß, weil er für nichts als den Willen Gottes da ist und diesen geschändeten Willen bis in die letzte Faser seiner Existenz erleidet. Er wird auf diese Weise zum vollendeten Bild der *mißbrauchten* Liebe Gottes. An ihm ‚tobt sich' die Sünde der ganzen Welt ‚aus' – allerdings in einem doppelten Sinn! Zum einen bleibt an und in ihm wirklich nichts mehr übrig, das die Sünde nicht verheert hätte. Zum anderen aber muß der Haß erkennen, daß ihm sein Werk nicht gelingt. Er will leiden *machen*, erfährt aber, daß die ihm begegnende Liebe alles auf sie zukommende Leiden bereits aktiv entgegengenommen hat."[36]

Das Kreuzesereignis bilde die missbrauchte Liebe Gottes ab. Die Sünde selbst bestimme die Offenbarungsgestalt.

2.6 Das Kreuz als Ereignis der Identität zwischen Vater und Sohn

Zwischen Verweyen und Balthasar findet ein Diskurs über die Frage statt, wie die Einsamkeit bzw. Verlassenheit des Sohnes am Kreuz zu denken sei. Balthasar stimmt Verweyen zu, wenn dieser hinsichtlich des Kreuzesgeschehens die völlige Entzogenheit und Passivität des Sohnes herausstellt und auf den bleibenden dialogischen Charakter der Beziehung zwischen Vater und Sohn auch im Sterben insistiert. Für Verweyen ist es entscheidend, dass Jesus Christus am Kreuz als wahrer Mensch die Abgründigkeit des Daseins erfährt. Beide Theologen gehen davon aus, dass sich am Kreuz ein unüberbietbares Geschehen ereignet. Balthasar kommt zu diesem Schluss aufgrund der Annahme, dass die Distanz, die sich am Kreuz zwischen den Hypostasen zeigt, größer sei als jede Distanz zwischen Mensch und Gott aufgrund der Sünde. In dieser Distanz finde die Identität zwischen Sohn und Gott in der Liebe statt. Als Mensch, der sich ganz am Kreuz hingebe, sei Jesus identisch mit dem Auftrag des Vaters. In

---

[36] Verweyen, Gottes letztes Wort, 203.

seinem Tod kulminiere seine gelebte Sendung. Die soteriologische Bedeutung ergebe sich durch die Identität von göttlicher Forderung und menschlicher Erfüllung.[37] Bis zur letzten Gottverlorenheit gehe der Sohn und erfülle so seinen göttlichen Auftrag vollkommen. „Im äussersten menschlichen Versagen versagt er vor Gott nicht, sondern sagt aufs Haar genau, was Gott von ihm hören will. Diesen Dialog kann kein falscher Ton trüben, alles Gesagte und Getane ist angemessen, sitzt wie angegossen."[38]

Wenn Verweyen auf die markinische Darstellung der Passion zu sprechen kommt und dort als den Ort der Evidenz den Schrei der Gottverlassenheit annimmt, führt er das Denken Balthasars als Bezugspunkt an. In ähnlichen Worten wie Balthasar beschreibt Verweyen das Kreuzesgeschehen, wenn er annimmt, dass im Schrei der Gottesverlassenheit der Ort gegeben sei, an dem die Hoheit Jesu und seine engste Verbindung mit Gott deutlich werde.

> „Jesus, der sich stets in der vertrautesten, zärtlichen Nähe zu seinem Vater wußte – noch in Getsemani ruft er ihn als ‚Abba' an (vgl. Mk 14,36) –, wird auch noch das letzte Bild Gottes aus dem Mund geschlagen. Gott *ist da* (vgl. Ex 3,14) – in der furchtbarsten Namenlosigkeit seines Namens, in der äußersten Anstrengung des Wartens, die ein Mensch zu vollbringen vermag. Im Anschein des endgültigen Ausbleibens Gottes hält ‚der Sohn' diese Nähe im Warum seines hinausgeschrienen Gebets (vgl. Ps 22,2) aus."[39]

Die Kraft, die sich im Sterben zeige, liegt nach Verweyen, und hier zitiert er Balthasar, in einer Gottesbeziehung, die auch in der größten Gottesverlassenheit durchgehalten werde.[40]

---

[37] Vgl. Balthasar, Herrlichkeit I, 449–454.

[38] Balthasar, Herrlichkeit I, 457.

[39] Verweyen, Botschaft, 50f.

[40] Vgl. Verweyen, Gottes letztes Wort, 353. „Ohne Zweifel hat Jesus im vollen Bewusstsein, vom Vater verlassen worden zu sein, den ‚Glauben' an den Vater nicht verloren, den er ja als ‚Mein Gott, mein Gott' anruft, mit dem er also den einseitigen Dialog aufrechterhält und sich somit den ‚nicht mehr gefühlten Händen' des Vaters überantwortet." Balthasar, Ist der Gekreuzigte, 108. Es besteht ein Austausch zwischen Verweyen und

3. Modifizierungen des Denkens Balthasars durch die Philosophie Fichtes

Uneins zeigen sich Verweyen und Balthasar hinsichtlich der Vermittlung von Philosophie und Theologie. Verweyen weist an verschiedenen Stellen darauf hin, dass die philosophische Argumentation bei Balthasar ausfalle. In „Gottes letztes Wort" konstatiert Verweyen bei Balthasar eine „mangelnde Sensibilität für die Frage nach der zur Erschließung des Sinnes einer konkret ergehenden Offenbarung vorausgesetzten Vernunftstruktur"[41], die in einer pauschalen Verurteilung der transzendentalen Philosophie greifbar werde. An anderer Stelle macht er darauf aufmerksam, dass in Balthasars Argumentation die philosophische Struktur für ein Denken der Offenbarung fehle und verweist auf Fichte, bei dem sich eine formale Priorität der Philosophie und eine reale Priorität der Offenbarung als vermittelbar denken lassen.[42] Während Verweyen das Einwirken des inneren Gnadenlichtes im Denken Balthasars in „Gottes letztes Wort" lediglich beschreibt, kritisiert er an anderer Stelle das geschichtlich bedingte Apriori[43], das mit der von Balthasar angenommenen Begnadung in der Subjektwerdung gegeben sei. Balthasars Denken erweise sich als zirkulär. Die rationale Verantwortung des Glaubens werde unmöglich gemacht, wenn die Voraussetzung für die Gotteserkenntnis geschichtlich und gnadenhaft ergehe. Verweyen modifiziert Balthasar, indem er darauf aufmerksam macht, dass die Mutter mit ihrem Lächeln eine bestehende Offenheit der *Vernunft* aktiviere, aber nicht etwa eine gnadenhafte Mitteilung erfolge. Mit dieser Modifikation werde es möglich, ein apriorisches Apriori anzunehmen. Nicht eine geschichtliche Prägung, die die Gnade vermittle, eröffne nach Verweyen dem Menschen die Hinordnung auf Gott, sondern die Strukturanalyse menschlicher Vernunft zeige, dass sich der Mensch immer bereits vom Absoluten

---

Balthasar, der um die Verlassenheitsfrage kreist. Kern der Frage ist die „dialogische Interpretation des alleingelassenen Christus". Vgl. Verweyen, Die Bedeutung, 390–392.
[41] Verweyen, Gottes letztes Wort, 303f., Anm. 49.
[42] Vgl. Verweyen, Recht und Sittlichkeit, 258f., Anm. 23.
[43] Vgl. Verweyen, Einführung, 79.

her zu begreifen habe. Zudem macht Verweyen darauf aufmerksam, dass auch wenn diese erste Beziehung nicht optimal verlaufe, etwa durch geschichtlich ungünstig verlaufende Prägungen, die ursprüngliche Offenheit des Menschen als ursprüngliches Vertrautsein mit seiner eigenen Bestimmung nicht völlig verschwinden könne. Die menschliche Vernunft könne selbst durch alle Geschichte hindurch ihre Hinordnung auf Gott nicht verlieren, auch wenn die Möglichkeit bestehe, dass diese Hinordnung erst wieder freigelegt werden müsse.[44]

Für Verweyen sind damit zwei Aufgaben gegeben, die für eine gelingende Weiterführung des Denkens Balthasars gelöst werden müssen: Zum einen müsse philosophisch begründbar und nicht nur theologisch behauptet werden, dass das transzendentale Apriori als Offenheit für die christliche Liebe denkbar sei. Zum anderen fordert er Kriterien, die aufzeigen, dass der Übergang von menschlicher Liebe zu christlicher Gottesliebe legitim sei. Balthasar besitze nach Verweyen eine einseitig positive Perspektive auf die Mutterliebe. Fundamentaltheologisch sei es gefordert, philosophisch gültige Kriterien aufzustellen, anhand derer deutlich werde, wie die interpersonale Anerkennung das Subjekt in ein angemessenes Verhältnis zu sich, der Welt und Gott bringen könne, d. h. Freiheit ermöglicht und nicht verstellt werde.[45] Verweyen möchte am Phänomen der interpersonalen Vermittlung der Mutter-Kind-Beziehung festhalten. Abweichend von Balthasar ersetzt er die geschichtlich ergehende Prägung als Apriori der Erkenntnis durch ein Vernunftapriori, das durch die Mutter-Kind-Beziehung aktualisiert werde.[46]

Doch während Balthasar davon ausgeht, dass allein der Glaube die Gestalt angemessen sehen könne, unternimmt es Verweyen, die von ihm angenommene Letztgültigkeit des geschichtlichen Ereignisses als einen rational nachzuvollziehenden Schritt in den

---

[44] Vgl. Verweyen, Einführung, 79f.

[45] Vgl. Verweyen, Die Bedeutung, 399f.

[46] „Von Balthasar verweist […] auf ein ‚aposteriorisches Apriori‘, auf eine geschichtlich bedingte Prägung des Menschen. Auf der Basis einer solchen, im ‚hermeneutischen Zirkel‘ befangenen Transzendentalität ist die Behauptung, von der absoluten, unbedingt einfordernden Liebe Gottes erfaßt zu sein, nicht mehr rational-kritisch zu verantworten." Verweyen, Einführung, 79.

Glauben aufzuweisen. Die Letztgültigkeit sei gegeben, wenn das geschichtliche Ereignis erkannt werden könne als eines, welches der menschlichen Freiheit vor Augen führe, dass die ihr einzig angemessene Möglichkeit darin bestehe, sich zum Bild des Absoluten zu machen. Zudem müsse das Geschehen verständlich werden als eines, das jeder Freiheit die Möglichkeit eröffne, sich zum Bild des Absoluten zu machen. „Wer als Träger einer letztgültigen Offenbarung angenommen werden soll, muß an sich erweisen, daß das Wesen des Menschen in seiner Durchlässigkeit für das Erscheinen Gottes in dieser Welt besteht."[47] Ein Ereignis, das verantwortet als der Grund des Glaubens angenommen werden könne, müsse zum Ausdruck bringen, dass jeder menschlichen Freiheit die Möglichkeit und Wirklichkeit gegeben sei, sich zum Bild des Absoluten zu machen. Verweyen übernimmt den Bildbegriff von Anselm und Fichte und verknüpft diesen mit der Verantwortung des Glaubens. Mit der Interpersonalitätstheorie Fichtes zeigt Verweyen auf, dass der Mensch durch die anerkennend-auffordernde Begegnung mit einem anderen Menschen zu dem ihm eigenen Wissen um Einheit vermittelt werde. Aufgrund dieses Wissens sei der Mensch darauf angelegt, in der Differenz, im Nicht-Ich, die Einheit zu realisieren, die ihn präge. Doch dieses Ziel bleibe unerreichbar und so finde sich der Mensch im Schicksal des Sisyphos wieder. Verweyen geht, nachdem er die Sinnfrage auf diese Art und Weise definiert hat, davon aus, dass sich die paradoxe Struktur des Menschen nur durch den Begriff der Äußerung eines unbedingten Prinzips, das der Differenz mächtig sei, klären lasse. Gedacht werden könne der Begriff der Äußerung des Unbedingten als Bild des Absoluten, da der Bildcharakter die Einheit des Unbedingten nicht zerstöre, weil im vollkommenen Bild die Einheit in Differenz denkbar werde. Der Bildbegriff löse die von der menschlichen Vernunft aufgeworfenen Fragen.

Dem Subjekt dränge sich der Gedanke auf, warum es moralisch handeln solle, wenn das Ziel dieses Handelns nicht erreicht werden könne. Zum anderen stelle sich, wenn man mit Kant von der Sollenserfahrung des Subjekts als unbedingte ausgehe, die Frage, wie die menschlich formale Unbedingtheit mit einem Prinzip zusammen gedacht werden könne, das in sich die absolute Einheit sei.

---

[47] Verweyen, Gottes letztes Wort, 308.

Könne damit von der menschlichen Freiheit nicht mehr gesagt werden, als dass sie lediglich als Schein existiere? Beide Fragekomplexe lassen sich nach Verweyen über den Bildbegriff lösen: Jede Vernunft stehe aufgrund ihres Wissen um Einheit unter dem Anspruch Bild Gottes zu werden. Aufgabe der Vernunft sei es, diese Bestimmung, die als einzige die Möglichkeit eröffne, nicht im Absurden zu enden, zu vollziehen. Eine unbedingte Offenbarung zeichne sich dadurch aus, dass dieses Geschehen als eines erkennbar werde, in dem „Freiheit wirklich als Bild des Unbedingten zum Erscheinen kommt"[48]. Dies vollziehe sich, wenn sich die Freiheit ganz von der „Freisetzung der als Bilder Gottes geschaffenen Menschen"[49] in Anspruch nehmen lasse. Die Bedeutung der Kreuzesgestalt liege darin, dass diese als letztgültige erkennbar sei, weil sich hier etwas vollziehe, das jeder Vernunft die Möglichkeit eröffne, Bild des Absoluten zu werden. Der Sohn lasse sich selbst zerbrechen, um damit sichtbar zu machen, dass das Sich-zum-Bild-machen des Absoluten eine allgemein menschliche Möglichkeit sei. Alle Barrieren, die der Bestimmung, sich zum Bild des Absoluten zu machen entgegenstehen, müssen zerstört werden. Am Kreuz zeige sich in der Verlassenheit des Sohnes, dass hier alles der Bildwerdungslogik geopfert werde, selbst und gerade das innige Verhältnis von Vater und Sohn werde davon nicht ausgenommen. Verweyen verdeutlicht die Unüberbietbarkeit und die von ihm angenommene Letztgültigkeit des Kreuzesgeschehens durch den Begriff des Ikonoklasmus. Dem Sohn werde im Sterben noch das Gottesbild zerbrochen, welches den Inhalt seiner Sendung bestimme.[50] Der Sohn lasse sich bis ins Letzte davon beanspruchen, das Bild des Absoluten darzustellen. Mit dieser geschichtlichen Offenbarung könne der Mensch von seiner Angst befreit werden, die den Menschen hindere, seine eigene Bildwerdung zu vollziehen. Am Kreuz zeige sich, dass das Sich-zum-Bild-des-Absoluten-machen bedeute, sich vollständig von der Differenz bestimmen zu lassen.

Mit diesem Anspruch, Bild des Absoluten zu werden, der an jede Freiheit ergehe, ergebe sich die Problematik, dass sich die menschliche Vernunft diesem Anspruch faktisch verweigere. Sehe die Ver-

---

[48] Verweyen, Gottes letztes Wort, 193.
[49] Verweyen, Gottes letztes Wort, 193.
[50] Vgl. Verweyen, Gottes letztes Wort, 359.

nunft verspätet ihre eigentliche Bestimmung ein, d. h. wenn sie den Menschen hingerichtet habe, der ihr die Botschaft der eigenen Bestimmung verkündigte, folge daraus ein Gefühl der Reue und die Absicht der Wiedergutmachung. Verweyen geht jedoch davon aus, dass die Verweigerung der Vernunft durch das Kreuzesgeschehen gesühnt sei. Gott selbst habe sich dazu entschlossen, sich von der menschlichen Freiheit betreffen zu lassen, was am Kreuz sichtbar werde. Die rationale Begründung für den Sühnebegriff ergebe sich aus der Einheitsvorgabe. Solle das unbedingte Sein, das sich äußere, in seiner Einheit nicht zerstört werden, müsse sich alle Vernunft entschließen können, Bild des Absoluten zu werden. Der Begriff des Einen verantworte die Behauptung der Sühnenotwendigkeit.

Offenbarungstheologisch ergebe sich eine exponierte Bedeutung des Kreuzesgeschehens bzw. des Verlassenheitsschreis. Denn indem der Sohn sich selbst zerbrechen lasse, werde jeder Freiheit der Weg zu der ihr eigenen Bestimmung eröffnet. Auch die Verweigerung der Freiheit, sich zum Bild des Absoluten zu machen, sei durch das Kreuzesgeschehen ausgeräumt, da der Sohn diese Verweigerung durch sein Leiden selbst gesühnt habe.

Während sich Verweyen theologisch hinsichtlich der Christologie, Trinitätstheologie und der Eschatologie[51] auf Balthasar beruft, schließt er sich philosophisch Fichtes Bildbegriff an. Indem Verweyen die Vernunft über den Bildbegriff bestimmt und diesen Bildbegriff als Apriori der Vernunft setzt, erhält er ein Schema, in welches die Gedanken Balthasars über das Zerbrechen und die Einsamkeit des Sohnes leicht einzuordnen sind. Der Bildbegriff ermöglicht den Übergang von der Philosophie zur Theologie. Formal wird der Bildbegriff von Verweyen über die Sollensbegründung bei Fichte auf-

---

[51] Die Bezüge zur Eschatologie können im Rahmen dieser Arbeit nicht untersucht werden. Wenn jedoch Verweyen auf die Eschatologie zu sprechen kommt, findet dies meist im Verweis auf das Denken Hans Urs von Balthasars statt. Vgl. Verweyen, Was ist die Hölle? Fragen in der Spur Hans Urs von Balthasars, in: IKaZ 37 (2008) 254–270. Ders., Zum gegenwärtigen Diskussionsstand, 15–30. Ders., Hölle – ewig?, in: Eckhard Lade (Hg.), Christliches ABC heute und morgen. Handbuch für Lebensfragen und Kirchliche Erwachsenenbildung, Bad Homburg 1978ff., 6/1987, 5–15, 5f., 9f. und 12f. Verweyen, Einleitung, 161–164. Verweyen, Eschatologie heute, in: ThRv 79 (1983) 1–12, 3–6 und 10f.

gewiesen, inhaltlich füllt das Denken Balthasars mit seiner „trinitarischen Auslegung des Schreis der Gottverlassenheit Jesu"[52] diesen Bildbegriff. Indem die Vernunft formal so bestimmt wird, dass einzig durch den Bildbegriff ihre eigene Struktur sinnvoll zu begreifen und moralisches Handeln zu begründen sei, wird die philosophische Basis geschaffen, die die Evidenz des Kreuzesereignisses rational verantwortbar macht. Mit dem philosophischen Wissen um Einheit ergibt sich nach Verweyen die Kreuzesgestalt in ihrer objektiven Evidenz. In der geschichtlichen Offenbarung löse sich die Frage des Menschen, wie Einheit und Differenz vermittelbar seien.

4. Die Konsequenz aus den erkenntnistheoretischen Annahmen Verweyens: objektive Evidenz angesichts des Kreuzes

Für Verweyen ist Glaube nur aufgrund der Letztgültigkeit eines geschichtlichen Ereignisses möglich. Letztgültigkeit „schließt die Gewißheit ein, daß nichts unter all dem, was dem Menschen möglicherweise noch begegnen wird, jene letztgültige Wahrheit überholen kann."[53] Gegen die Annahme der prinzipiellen Unmöglichkeit einer unbedingten Gewissheit aufgrund sinnlicher Wahrnehmung eines Offenbarungsereignisses stellt sich Verweyen vehement, führe doch diese Position seiner Meinung nach in einen latenten Fideismus und stehe nicht zuletzt dem christlichen Glauben entgegen.[54]

„Sind ‚sinnliche Zeichen' grundsätzlich einer Mehrdeutigkeit in dem Sinne unterworfen, daß sie als kontingente und endliche Daten das Absolute nicht transparent werden lassen können, dann ist eine geschichtliche Begegnung mit göttlicher Offenbarung ausgeschlossen. Blondels Vorschlag, der Mensch möge erst einmal das als Offenbarung Ausgegebene bereitwillig aufnehmen, es werde sich dann schon in seinem Offenbarungscharakter zeigen, lässt nur die Möglichkeit einer inneren Anrede durch Gott offen, demgegenüber die sinnliche Gegebenheit eine im Grunde gleichgültige Okkasion darstellt. Dieser Begriff

---

[52] Verweyen, Was ist die Hölle, 254.
[53] Verweyen, Gottes letztes Wort, 63.
[54] Vgl. Verweyen, Christologische Brennpunkte, 31.

von Offenbarung widerspricht dem Zeugnis der Bibel – es liegt an der Verhärtung der Herzen, nicht an der Zweideutigkeit der Erscheinung Jesu, dass sich an ihm die Geister scheiden – wie dem der Tradition."[55]

Für Verweyen ist geschichtliche Offenbarung als letztgültige nur möglich, wenn die Mehrdeutigkeit der Zeichen ausgeschlossen werden könne. Bleibe die Ambivalenz der geschichtlichen Ereignisse das letzte Wort, gerate man in eine Inspirationstheologie, die die sinnliche Wirklichkeit als unerheblich betrachte. Biblisch lasse sich diese Offenbarungsvorstellung nach Verweyen nicht halten. Ohne die Letztgültigkeit sei ein freies Ja zum Glauben und dessen Verantwortung nicht möglich.[56] Verweyen räumt damit dem geschichtlichen Ereignis für die Glaubensentscheidung einen außerordentlichen Platz ein. Anders als bei moralischen Entscheidungen, bei denen die Entschiedenheit zum Guten der geschichtlichen Situation voraus liege, gelte hinsichtlich der Glaubensentscheidung „das Faktum selbst als die entscheidende Basis der unbedingten Zustimmung."[57] Doch wie gelangt Verweyen zur Gewissheit über die letztgültige Wahrheit? Zum einen folgt er dem Gedanken der *traditio* von Bernhard Welte, der im Prozess der Überlieferung die Gegenwart eines geschichtlich Ergangenen als darin bestehend aufzeige, dass dieses Vergangene das Subjekt in seine Pflicht nehme. Zum anderen erreicht er durch die Übernahme des Gestaltdenkens Hans Urs von Balthasars eine erkenntnistheoretische Position, die davon ausgeht, dass sich Unbedingtes im geschichtlichen Ereignis erkennen lasse. Damit zusammenhängend übernimmt Verweyen das Theorem der objektiven Evidenz von Balthasar. Aus der geschichtlichen Gestalt des Kreuzes werde objektiv evident, dass sich hier die Selbstoffenbarung Gottes ereigne. Dieser objektiven Evidenz gehe erkenntnistheoretisch ein Staunen voraus, in dem die menschlichen Erkenntnismöglichkeiten in ihrem bedingenden Charakter außer Kraft gesetzt werden.[58] Die von Balthasar übernommene Theorie der objektiven Evidenz

---

[55] Verweyen, Einleitung zu: Maurice Blondel, 54.
[56] Vgl. Verweyen, ‚Fides et ratio', 491f.
[57] Verweyen, Gottes letztes Wort, 297.
[58] Vgl. Verweyen, Gottes letztes Wort, 301–303.

wird von Verweyen modifiziert: Zum einen konstatiert Verweyen bezüglich der Frage nach dem geschichtlichen Ort der Erkenntnis der Letztgültigkeit bei Balthasar eine Unschärfe. Er weist darauf hin, dass bei Balthasar der Tod als Vollendung der Offenbarung, die Auferweckung jedoch als Legitimationszeichen beschrieben werde.[59] Balthasar bleibe unentschieden hinsichtlich der Frage, in welchem Ereignis die Letztgültigkeit deutlich werde. Er lasse offen, ob *de facto* oder *de iure* die Auferstehungserscheinungen nötig seien. Dagegen geht Verweyen davon aus, dass bereits aufgrund der Erfahrung mit dem geschichtlichen Jesus die Erkenntnismöglichkeit gegeben sei, dass hier das Absolute zur Erscheinung komme.[60] „Wer etwas von dieser Liebe erfahren hat, weiß, daß Jesu Leiden kein Zeichen einer ohnmächtigen Passivität und letztlich nicht von den Hassenden verursacht ist."[61] Mit dieser Annahme bleibt für Verweyen keine Möglichkeit, das Kreuzesereignis als Scheitern anzunehmen und ein weiteres Zeichen der Legitimation zu erwarten. Das Ausbleiben der Gotteserkenntnis angesichts des Kreuzesgeschehens liege am Versagen der Jünger aufgrund der eigenen Angst. Bereits am Kreuz sei die Einheit von Sohn und Vater und damit die Göttlichkeit des Gekreuzigten erkennbar.

> „Blickt man von hierher auf die durch keinen der Evangelisten gedeckte Behauptung [...], zur Erkenntnis der vollen Identität Jesu mit Gott seien *Erscheinungen* des Auferstandenen *nötig* gewesen, so verwundert vor allem die Ansicht, auch die Jünger Jesu hätten den Gekreuzigten nur als *gescheitert* ansehen können. Sie selbst, nicht Jesus, waren gescheitert. [...] Sie konnten, aber wollten nicht wahrhaben, daß nichts Jesus seinem Leben aus Gott zu entreißen vermochte."[62]

---

[59] Vgl. Verweyen, Gottes letztes Wort, 345.

[60] Auf die Parallele hinsichtlich der Erkennbarkeit der Christusgestalt bei Hans Urs von Balthasar und Verweyen weist Menke hin. Der Unterschied liege darin, dass sich bei Verweyen die Erkenntnis aus dem Begriff letztgültigen Sinns, bei Balthasar aus der immanenten Logik der Gestalt ergebe. Vgl. Karl-Heinz Menke, Die Einzigkeit Jesu Christi im Horizont der Sinnfrage (= Kriterien 94), Einsiedeln 1995, 167.

[61] Verweyen, Einführung, 155.

[62] Verweyen, Einführung, 155f.

Rational nachvollziehbar werde die Evidenz, die bei Balthasar durch das Licht der Gestalt und das gnadenhaft vermittelte theologische Apriori möglich wird, bei Verweyen durch den Begriff letztgültigen Sinns. Verweyen und Balthasar gehen beide von dem Gedanken der objektiven Evidenz aus. Doch bei Balthasar ergibt sich diese Evidenz aus dem Ereignis und aus dem Gnadenlicht, das aus dem Ereignis, genauer von der Gestalt, ausstrahle. Während Balthasar die natürliche Erkenntnis und in besonderem Maße die Gotteserkenntnis als gnadenhaft ansieht – weshalb er davon ausgeht, dass auch die subjektiven Voraussetzungen der Erkenntnis bei Balthasar immer durch die göttliche Gnade vermittelt seien – ist für Verweyen das Vernunftapriori der Ausgangspunkt für die rational-kritische Verantwortung des geschichtlich ergangenen Ereignisses.[63] Entscheidend sei demnach, ob sich im geschichtlichen Ereignis des Kreuzes die Möglichkeit zeige, dass alle Freiheit ihr wahres Wesen in der Bestimmung vollziehe, Bild des Absoluten zu sein und zu werden, so dass über das Sich-zum-Bild-machen aller das Bild des Absoluten zum Erscheinen komme und damit die paradoxe menschliche Grundstruktur bzw. die Frage nach Einheit und Vielheit des Unbedingten gelöst werden könne. Verweyen nimmt als philosophischen Ansatzpunkt für die Gottesfrage das ursprüngliche Wissen jeder Vernunft um Einheit an. Wie könne dieses Unbedingte mit der Unbedingtheit Gottes zusammen gedacht werden? Verweyens Antwort mit Fichte lautet: im Begriff des Bildes. Im Bild der Inkarnation ereigne sich „nichts als das Wort von der Befreiung aller Menschen zu ihrer je eigenen und gemeinsamen Freiheit als Voraussetzung der Erscheinung des Absoluten"[64].

Doch das damit beschriebene Verhältnis von Offenbarung und Vernunft ist problematisch. Geoffenbart wird in diesem Denken der Vernunft die ihr eigene Bestimmung. Erreicht dieser rein

---

[63] Lersch geht davon aus, dass Verweyen das Verhältnis der drei Dimensionen des Glaubensaktes (rationale Glaubwürdigkeitserkenntnis, Gnadenwirken und freie Zustimmung) zu Ungunsten des Gnadenlichts verschiebe. Vgl. Markus Lersch, Triplex Analogia. Versuch einer Grundlegung pluraler christlicher Religionsphilosophie (= Scientia & religio 8), Freiburg 2009, 302, Anm. 17.

[64] Verweyen, Einleitung zu: J.G. Fichte, Versuch einer Kritik aller Offenbarung, LV.

ethisch bestimmte Inhalt den Gehalt des christlichen Offenbarungsgeschehens? Christlich unbestritten ist, dass sich am Kreuz Gottes unbedingte Liebe zum Menschen ereignet. Kann diese Beziehung zwischen Mensch und Gott in den hier verwendeten Kategorien ausgedrückt werden? Kann mit diesem Offenbarungsverständnis die Bezogenheit des Glaubens auf den geschichtlichen Jesus in den Blick kommen, so dass hier ein freies Beziehungsgeschehen zwischen Mensch und Gott geschieht?[65] Muss sich der Begriff des christlichen Glaubens nicht daran orientieren, dass Gott dem Menschen als Freund begegnen will und sich damit an den Menschen bindet? Erreicht das Denken Verweyens, was es intendiert, nämlich „Offenbarung als persönliche Anrede und Umgang Gottes mit den Menschen"[66] verständlich zu machen? Wird Offenbarung als „Kommerzium"[67] begriffen zwischen Gott und dem Menschen?

Dass Verweyen offenbarungstheologisch die Kategorie des Einen beansprucht, lässt sich daran zeigen, wie er das Staunen versteht. Balthasar nimmt als Ort des Gestaltsehens das Staunen an und auch Verweyen stimmt der offenbarungstheologischen Bedeutung des Staunens zu.[68] Die Unbedingtheit der Offenbarung lässt sich nach Verweyen nur vernehmen, wenn die bedingende Interpretation durch ein Staunen durchkreuzt werde, „in dem alle subjektiv-intersubjektiven Möglichkeitsbedingungen der Erkenntnis in ihrem *bedingenden* Charakter außer Kraft gesetzt werden."[69]

---

[65] Vgl. Pröpper, Erstphilosophischer Begriff, 283f.

[66] Verweyen, Gottes Wort, 272.

[67] Verweyen, Gottes Wort, 272.

[68] Pröpper wendet hier ein, dass es ihn „hellhörig" werden lässt, wenn Verweyen sowohl bei den kosmologischen Beweisen wie auch bei der Wahrnehmung der Sollensevidenz und der Relevanz der Gottesidee das ursprüngliche Staunen als grundlegenden Akt annehme. Vgl. Pröpper, Erstphilosophischer Begriff, 276.

[69] Verweyen, Gottes letztes Wort, 303. Platzbecker geht davon aus, dass Verweyen in seinem gesamten Denken von 1969 bis zur Neuauflage von „Gottes letztes Wort" vom Staunen als dem Phänomen ausgehe, in dem sich Gott selbst vernehmen lasse. Vgl. ders., Autonomie, 274, Anm. 18. Ähnliches nimmt auch Lersch an, der feststellt, dass Verweyen die Evidenz, die sich im Staunen ergebe, zwar relativiere, jedoch nie aufgegeben habe. Vgl. Lersch, Triplex, 288, Anm. 7. Fößel weist auf die Parallele bezüglich des Staunens

Im Staunen zeige sich nach Verweyen eine Offenheit des Menschen auf die Inkarnation als „letztgültige[s] Erscheinen Gottes in *sinnlicher Gewißheit*"[70]. Das Staunen gehe allem Fragen und Urteilen voraus als eine „ursprünglichere[...] Weise des Gegebenseins von Seiendem"[71]. Die Maréchalschule übersehe, dass sich Fragen und Urteilen als abkünftig erweisen vom Staunen „als dem ursprünglichsten Vollzug menschlicher Vernunft."[72] Mit dem Hinweis auf das Gestaltsehen, das sich nach Balthasar im Staunen ereigne, lasse sich nach Verweyen die Frage nach der Möglichkeit der Vermittlung eines Unbedingten in einem geschichtlichen Ereignis lösen.

> „Allein im Akt des Staunens vermag sich ein sinnlich-geschichtlich Begegnendes unverstellt von der auf Erkenntnisziele vorgreifenden Subjektivität transzendental (im scholastischen wie im Kantischen Sinn) zur Geltung zu bringen, bzw. vermag es diese subjektiven Vorkonstruktionen von Objektivität von Grund auf umzustürzen."[73]

---

bei Verweyen und Balthasar hin. „Ihm [Verweyen – E.S.] geht es später, genau wie dem jungen Urs von Balthasar, darum, der Gestalthaftigkeit des (im Staunen) begegnenden Anderen mehr Geltung zu verschaffen als es bei Rahner und dessen Subjektorientierung der Fall zu sein scheint." Ders., Gott, 604. Fößel stellt die berechtigte Frage, inwiefern sich „Verweyens transzendental-metaphysische[...] Überlegungen zum ‚Staunen' eins zu eins in seinen transzendentalphilosophischen Neuansatz hinein übertragen lassen". Ders., Gott, 601. Dass das Staunen über das Dasein und das Erschrecken über die Kontingenz der Realität zusammenhängen, jedoch nicht direkt und eindeutig in den Gottesglauben führen, zeigen die Ausführungen von Magnus Striet, Sorgen mit dem lieben Gott. Die Atheismusdebatte gewinnt wieder an Gewicht, in: ders. (Hg.), Wiederkehr des Atheismus. Fluch oder Segen für die Theologie? (= Theologie kontrovers), Freiburg 2008, 99–118. 102 und 109–113. Vgl. ders., Der neue Mensch? Unzeitgemäße Betrachtungen zu Sloterdijk und Nietzsche, Frankfurt a.M. 2000, 93–95.

[70] Verweyen, Gottes letztes Wort, 119. Zur Auseinandersetzung mit Rahner hinsichtlich der Frage der kategorialen Offenbarung vgl. Verweyen, Christologische Brennpunkte, 32–35, sowie ders., Die Bedeutung, 397f.

[71] Verweyen, Gottes letztes Wort, 120.

[72] Verweyen, Gottes letztes Wort, 120.

[73] Verweyen, Gottes letztes Wort, 303.

Verweyen schreibt dem Staunen eine entscheidende Bedeutung für die Offenbarungserkenntnis zu. Im Staunen breche ein ursprüngliches Wissen hervor. Verweyen nimmt an, dass jeder Mensch, unabhängig davon, wie er geschichtlich geprägt sei, „die ursprüngliche Offenheit"[74], d. h. die „Offenheit menschlicher Vernunft" für die Wahrnehmung der Offenbarungsgestalt, *nie vollständig* verlieren könne.[75] Im Staunen erfahre sich das Subjekt in seiner ursprünglichen Einheit. Hier werde „die ursprüngliche Zusammengehörigkeit des begegnenden Seienden mit seinem Grund"[76] wieder in Erinnerung gerufen.

Allein das Wissen der Vernunft um Einheit sei die Voraussetzung für die Hinordnung auf Gott und die Wahrnehmungsmöglichkeit der Offenbarung am Kreuz. Doch damit stellt sich die Frage, ob dieses Denken dem Verständnis des Glaubens gerecht wird. Indem Verweyen den philosophisch ermittelten Sinnbegriff an das Kreuzesgeschehen anlegt, kann er eine objektive Evidenz annehmen, die er für unverzichtbar hält. „Der christliche Glaube muß daran festhalten, daß die Erhöhung Jesu menschlichen Augen mit nicht geringerer sinnlich-geschichtlicher Evidenz offenbar wurde als seine Erniedrigung."[77] Auf rein philosophischem Wege erfolgt diese Konstruktion. Das Absolute äußere sich so, dass der Vernunft durch die Äußerung ihre eigene Möglichkeit der Einheit mit dem Absoluten deutlich werde. Am Kreuz geschehe in der Form des größtmöglichen Ikonoklasmus eine Befreiung aller Vernunft, sich zum Bild des Absoluten zu machen. Aufgrund des philosophisch ermittelten Sinnbegriffs werde das Kreuzesgeschehen objektiv evident. Jede Vernunft könne aufgrund ihres Wissens um Unbedingtheit, das ihr zur Frage werden müsse, diese objektive Gestalt in ihrer Einsichtigkeit erkennen.

---

[74] Verweyen, Einführung, 80.
[75] Vgl. Verweyen, Einführung, 79f.
[76] Verweyen, Gottes letztes Wort, 120.
[77] Verweyen, Christologische Brennpunkte, 109.

5. Kritik der erkenntnistheoretischen Annahmen der Fundamentaltheologie Verweyens

5.1 Begrenzung der Reichweite der Vernunft

Fraglich bleibt aber, ob Verweyen die Möglichkeiten der endlichen Vernunft bezogen auf die Frage nach der Wirklichkeit Gottes nicht doch überschätzt. In der praktischen Vernunft lässt sich ein Gott postulieren, dessen mögliches Existieren durch die theoretische Vernunft nicht ausgeschlossen ist. Doch auch wenn es moralisch für das kantische Denken geboten ist, Gottes Dasein zu postulieren, ist damit noch nicht entschieden, ob dieser Gott auch existiert. Gerade wenn in der Instanz der praktischen Vernunft aus Gründen der Moralität ein Gott angenommen werden muss, damit das unschuldige Leiden nicht für immer unversöhnt und der Verdacht der Vergeblichkeit menschlichen Tuns nicht übermächtig wird, bleibt der Vernunft nicht verborgen, dass es ein Vernunftbedürfnis ist, diesen Gott als existierend zu denken.[78]

> „Die Gottesfrage [...] wird aufgrund des Sinnbedürfnisses menschlicher Vernunft unausweichlich. Und mit diesem Sinnbedürfnis wird auch das ontologische Problem unausweichlich, da ein Bedürfnis noch nicht den Grund möglichen Sinns zu verbürgen imstande ist, so dass seine theoretischen Implikationen rechenschaftspflichtig werden."[79]

Was moralisch gefordert ist, ist damit noch nicht als existierend bewiesen. Denn die Vernunft macht die „notvolle Erfahrung, ausgerechnet das nicht mit der hinreichenden theoretischen Bestimmtheit denken zu können, dessen sie aufgrund ihres eigenen Sinnbedürfnisses als Abschlussgedanken doch so bedürfte"[80]. Sie scheitert in dem Versuch, vom Begriff Gottes auf dessen Wirklichkeit zu schließen, auf zweifache Weise. Denn zum einen kann die Vernunft, selbst wenn sie die Existenz für den Begriff des vollkom-

---

[78] Vgl. Magnus Striet, Offenbares Geheimnis. Zur Kritik der negativen Theologie (= ratio fidei 14), Regensburg 2003, 164–167.

[79] Striet, Offenbares Geheimnis, 166.

[80] Striet, Offenbares Geheimnis, 173.

menen Absoluten wesensnotwendig denkt, die begriffliche Ebene nie verlassen. Indem die Vernunft den Versuch unternimmt, das Absolute als notwendig existierend zu denken, gerät sie in die Aporie, dass sie sich selbst als diejenige entlarvt, die diesem Begriff die Existenz notwendig einschreibt und dieses Absolute als existierend annehmen will. Die Vernunft bedarf „notwendig dieses in sich notwendigen Wesens, um endlich Halt zu finden und nicht alles ins Nichts versinken zu lassen – und kann doch, sobald sie es als existierendes setzt, es inhaltlich nicht so bestimmt denken, daß sie sein Dasein nicht sofort wieder wegdenken könnte"[81]. Mit der Aussage, dass ein Absolutes existiere, welches als Freiheit zu bestimmen sei, überschreitet die Vernunft ihre eigenen Möglichkeiten. Denn die Abgründigkeit der Vernunft besteht darin, dass sie zwar notwendig ein Absolutes denken muss, ein notwendiges Dasein jedoch nicht im *Begriff* Gottes impliziert ist. Die Vernunft gelangt nicht „zur Erkenntnis von etwas, dessen Begriff die Möglichkeit seines Nichtseins ausschlösse"[82]. An diesem Punkt, an dem die Vernunft die Ebene des Begriffs verlassen will, wird sie aporetisch, da sie intendiert, etwas zu denken, was jenseits ihrer Möglichkeiten liegt.

Zum anderen ergibt sich aus diesem Begriff keine positive Bestimmung des notwendig zu denkenden Absoluten. Erreichbar ist nur ein Begriff des Absoluten, der letztlich die völlige Transzendenz und Unbegreiflichkeit des Absoluten bedeutet und damit in eine streng negative Philosophie mündet. Die Aussage eines freien Gottes, der in der Geschichte handelt, kann über diesen Gedankengang nicht erreicht werden.[83] Eine solche inhaltliche Bestimmung des Begriffes ist der Vernunft auf philosophischem Wege nicht möglich. Für diese materiale Gottesrede bedarf es der Offenbarung Gottes selbst. „Weil Gott sich offenbar gemacht hat, ist Gott in bestimmter Weise aussagbar geworden und hat in der Perspektive des Glaubens seiner philosophischen Strittigkeit ein Ende

---

[81] Thomas Pröpper, Zur theoretischen Verantwortung der Rede von Gott. Kritische Adaption neuzeitlicher Denkvorgaben, in: Markus Knapp/Theo Kobusch (Hgg.), Religion – Metaphysik(kritik) – Theologie im Kontext der Moderne/Postmoderne, Berlin 2001, 230–252, 243.

[82] Pröpper, Zur theoretischen Verantwortung, 243f.

[83] Vgl. Striet, Offenbares Geheimnis, 173f.

gesetzt."[84] Die Vernunft ist aufgrund ihrer eigenen Begrenztheit hinsichtlich der Aussage über die Wirklichkeit und der inhaltlichen Bestimmungen eines Absoluten auf das freie Offenbarungshandeln Gottes verwiesen. Erst die geschichtliche Erfahrung des Menschen mit Gott, d. h. – unter Berücksichtigung der philosophischen Strittigkeit des Offenbarungsgeschehens genauer formuliert – die Erfahrungen, die der Mensch als theologische interpretiert, kann die Frage nach der Existenz und nach der Bestimmung eines Absoluten beantworten. Indem der Mensch Gott als frei Handelnder erfährt, kann er – im Glauben – das Bekenntnis sprechen, dass dieser Gott existiert und mit dem Menschen eine Beziehung eingeht. Allerdings ist diese Perspektive nur im Glauben und nicht über die Bemühungen der Vernunft einnehmbar. Wenn der Mensch seine Erfahrungen in der Geschichte als Ereignis zwischen Mensch und Gott ausdeutet, ereignet sich, was die Vernunft aus sich heraus nicht leisten kann: Im Modus des Glaubens wird die Wirklichkeit und die inhaltliche Bestimmtheit Gottes deutlich aufgrund dessen, was geschichtlich erfahren und verstanden wurde.[85]

Mit dem letzten Punkt ist bereits die Problematik angesprochen, die sich mit der Fundamentaltheologie Verweyens ergeben könnte. Zum einen muss als Verstehensvoraussetzung einer geschichtlichen Offenbarung prinzipiell die Möglichkeit eines Handelns Gottes in der Geschichte angenommen werden.[86] Doch auch wenn die Theologie die Denkmöglichkeit dieses Gottesbegriffs und die Möglichkeitsbedingung dieser Erfahrung aufweisen kann,[87] ist damit die

---

[84] Striet, Offenbarungsglaube, 98.

[85] Vgl. Striet, Offenbarungsglaube, 98f.

[86] Die logische Voraussetzung für die Selbstoffenbarung Gottes ist seine Geschichtsfähigkeit. Vgl. Striet, Offenbares Geheimnis, 214.

[87] Vgl. Magnus Striet, Hoffen – warum? Eschatologische Erwägungen im Horizont unbedingten Verstehens, in: Kreutzer, Gefährdung, 123–140, 137. Striet weist darauf hin, dass, solange die Nichtexistenz Gottes nicht beweisbar ist, die Möglichkeit bestehen bleibt, dass es diesen Gott gibt, auch wenn die Frage der Existenz philosophisch nicht entschieden werden kann. Denn wenn innerhalb der theoretischen Vernunft die Existenz Gottes nicht ausgesagt werden kann, kann auch die Nichtexistenz nicht bewiesen werden. Damit bleibt philosophisch die *Möglichkeit*, die Existenz Gottes anzunehmen. Vgl. Magnus Striet, Das Ich im Sturz der Realität. Philosophisch-theologische Studien zu einer Theorie des Subjekts in Auseinandersetzung

Wirklichkeit Gottes nicht objektiv evident ausgesagt. Philosophisch bleibt diese Wirklichkeit strittig. Der Schritt vom Begriff eines in der Geschichte handlungsfähigen Gottes zu der Überzeugung, dass dieser Gott auch existiert, ergibt sich nicht aus einer objektiven Evidenz. Dieser Schritt ist nur möglich durch das Handeln Gottes selbst, welches der Mensch erfährt und dementsprechend ausdeutet. Die Entscheidung, ob dieser Gott existiert, setzt das geschichtliche Handeln Gottes voraus, doch umgekehrt ergibt sich aus dem geschichtlichen Handeln Gottes nicht direkt die Einsicht in seine Existenz. Denn jedes geschichtliche Ereignis bleibt immer ambivalent und daher offen für Interpretation.[88] Anders gesagt: Jedes geschichtliche Ereignis ist dem Menschen nur zugänglich als verstandenes. Wirklichkeit für das Subjekt wird das Geschehen jedoch erst im Verstehen durch das Subjekt.[89] Verstehen und Interpretation haben als Grund die Selbsttätigkeit des Subjekts. Im Verstehen ereignet sich die Begegnung des Subjekts mit seiner Umwelt, die grundsätzlich ambivalent ist. Jedes geschichtliche Geschehen muss vom Subjekt interpretiert werden, es erhält nur Relevanz innerhalb des Verständnishorizontes des jeweiligen Subjekts. Zudem werden bestimmte Erfahrungen des Subjekts als Voraussetzungen für die Erkenntnis angenommen, dass sich am Kreuz die unbedingte Liebe Gottes zu den Menschen ereignet hat. Dabei soll nicht verschwiegen werden, dass damit eine grundlegende Problematik des Zum-Glauben-Kommens angesprochen ist. „Es ist das Paradox aller Rezeption, dass der nichts erfährt, der noch nichts erfahren hat."[90] Setzt das Bekenntnis angesichts des Kreuzesgeschehens nicht voraus, dass bereits bestimmte Erfahrungen gemacht wurden?[91] Kann der, der zuvor noch nichts von Gott erfahren hat bzw. nichts erfahren hat, was er als Liebe Gottes interpretieren kann, angesichts einer Kreuzigung die Botschaft der Liebe Gottes erfahren? Die Möglichkeit, glauben zu können, ist an kontingente Faktoren gebunden.[92]

---

mit der Spätphilosophie Friedrich Nietzsches (= ratio fidei 1), Regensburg 1998, 109.

[88] Vgl. Pröpper, Thesen zum Wunderverständnis, 86f.

[89] Vgl. Pröpper, Freiheit, 173.

[90] Hans Blumenberg, Matthäuspassion, Frankfurt a.M. 1988, Klappentext.

[91] Vgl. Striet, Wahrnehmung, 77.

[92] Vgl. Striet, Offenbarungsglaube, 103. Das „faktische Nichterleben der

Das Bekenntnis angesichts des Gekreuzigten ist daher grundlegend an Voraussetzungen – theoretische und erfahrungsbezogene – geknüpft, auch wenn diese Voraussetzungen nicht immer bewusst wahrgenommen werden. Mit dieser Reflexion auf die Verstehensvoraussetzungen des Bekenntnisses wird deutlich: Das Bekenntnis zu Gott angesichts des Kreuzes stellt *eine* Verstehensoption dar, die bestimmte Annahmen und Erfahrungen voraussetzt. Werden diese Voraussetzungen nicht geteilt, sind angesichts des Kreuzes andere Verstehensoptionen möglich, z. B. eine Interpretation, die das Scheitern eines ambitionierten Wanderpredigers feststellt.[93] Die Reflexion auf diese Voraussetzungen des Bekenntnisses zeigt, dass das Bekenntnis zum Gekreuzigten nicht aus einer objektiven Evidenz heraus entsteht, sondern dass bestimmte Annahmen hinsichtlich der Existenz und des Handelns Gottes von der Vernunft geteilt werden müssen, um überhaupt die Möglichkeit für dieses Bekenntnis zu eröffnen.[94] Zudem müssen bestimmte Erfahrungen des Menschen vorausgegangen sein, damit das Kreuzesgeschehen als Ereignis der unbedingten Liebe Gottes zu den Menschen interpretiert werden kann.

5.2 Mehrdeutigkeit als Voraussetzung für ein freies Geschehen zwischen Mensch und Gott

Diese Kontingenz der Erkenntnis, die sich durch die vorausgesetzten Vernunftannahmen und durch die gemachten Erfahrungen ergibt, ist jedoch nicht zwangsläufig als defizitär anzusehen. Wenn theologisch vom Freiheitsdenken ausgegangen wird und die Freiheit des Menschen als unbedingte gewahrt bleiben soll, hat dies auch Konsequenzen für die Erkenntnistheorie. „Die bleibende Vieldeutigkeit seiner Gestalt ist aus erkenntnistheoretischen Gründen unhintergehbar und für einen Glauben, der sich als freie

---

Gnade" wird damit auch zum Theodizeeproblem. Vgl. ders., Offenbarungsglaube, 101.

[93] Vgl. Striet, Offenbares Geheimnis, 218f.

[94] Vgl. Michael Bongardt, Die Fraglichkeit der Offenbarung. Ernst Cassirers Philosophie als Orientierung im Dialog der Religionen (= ratio fidei 2), Regensburg 2000, 207–210.

Antwort auf Gottes in Freiheit geschenktes Wort versteht, unverzichtbar."[95] Prinzipiell sind es theologische Gründe, die für das Freiheitsdenken sprechen, denn nur zwischen dem freien Menschen, dessen Freiheit formal unbedingt ist, und dem freien Gott, dessen Freiheit sich durch formale und materiale Unbedingtheit auszeichnet, ist Beziehung möglich. Gerade für die angemessene Berücksichtigung der Geschichtlichkeit und der Freiheit des Menschen muss vielmehr sogar eine Mehrdeutigkeit angenommen werden. Offenbarung als geschichtliches Ereignis, das sich als freies Beziehungsgeschehen zwischen Mensch und Gott versteht, ist prinzipiell auf die Mehrdeutigkeit verwiesen. Anders lässt sich die Geschichtlichkeit und die Freiheit des Glaubens nicht denken. „Um des Glaubens, um der Begegnung zwischen Gott und Mensch willen, die in der Freiheit beider gründet, muß die bleibende Vieldeutigkeit der bezeugten Ereignisse nicht bestritten, sondern gerade herausgestellt werden."[96] Erkenntnistheoretisch ergibt sich aus dem Freiheitsdenken, dass der Mensch dasjenige Ereignis, das er als Handeln Gottes wahrnimmt, zugleich in seiner Mehrdeutigkeit anerkennen muss. Eindeutigkeit kann einem geschichtlichen Ereignis nur aufgrund der Interpretationsleistung, d. h. aufgrund des Glaubens zukommen. Nur wenn das Subjekt sich dafür entscheidet, Gott als in einem bestimmten geschichtlichen Ereignis handelndes Subjekt anzunehmen, kann ein prinzipiell immer mehrdeutiges geschichtliches Geschehen als Offenbarung Gottes verstanden werden. Soll das Freiheitsdenken erkenntnistheoretisch berücksichtigt werden, muss Offenbarung gedacht werden als ein Geschehen, in dem der Mensch aus Freiheit ein geschichtliches Ereignis als Offenbarung ausdeutet. Damit kommt das Offenbarungsgeschehen als freies Ereignis zwischen Mensch und Gott in den Blick. Will Gott im Menschen einen Freund gewinnen, „so muss er sich an die Freiheit des Menschen binden"[97]. Allerdings ist mit dieser Bindung Gottes an die Freiheit des Menschen auch das Risiko der Unerkennbarkeit und damit des Vermissens Gottes gegeben. Im Kreuz ereignet sich Kontingenz bis ins Letzte und diese Kontingenz betrifft nicht nur das Sterben Gottes, son-

---

[95] Bongardt, Fraglichkeit, 202.
[96] Bongardt, Fraglichkeit, 211f.
[97] Striet, Offenbarungsglaube, 102.

dern auch die Möglichkeit seiner Wahrnehmung.[98] „Gott selbst hat in der Mitteilung seiner Liebe die Freiheit der Menschen, die er suchte, schon immer anerkannt und geachtet: sichtbar am Weg Jesu bis zum ohnmächtigen Ende"[99]. Gerade angesichts der – von Gott gewollten! – Abhängigkeit der Gotteserkenntnis von der Kontingenz, die der Interpretation bedarf, wird deutlich, wie umfassend Gott die menschliche Freiheit achtet und respektiert. Er nimmt – selbst auf die Gefahr hin, vom Menschen nicht erkannt zu werden – den menschlichen Freiheitsraum der Interpretation und Erfahrung nicht zurück und lässt angesichts des faktischen Vermissens Gottes und des Nicht-Glauben-Könnens seine eschatologischen Möglichkeiten erahnen.[100] „Gott riskiert das Nichtglaubenkönnen, um sich in der Dimension der Geschichte als der offenbaren zu können, der er für den Menschen sein will, sein Freund."[101] Wenn das Verhältnis zwischen Mensch und Gott ein freies ist, kann der Grund des Glaubens nur in der menschlichen Freiheit und nicht in einer Wirklichkeitserkenntnis liegen, die ohne die subjektive Verstehens- und Interpretationsleistung zustande kommt. Die Entscheidung der Freiheit, eine geoffenbarte Wirklichkeit Gottes anzunehmen, macht es möglich, das Kreuz als Offenbarung der Liebe Gottes zu deuten. Diese Ausdeutung des Geschichtlichen muss gerade, um als freie Entscheidung die Grundlage eines freien Verhältnisses zwischen Mensch und Gott zu sein, eine nicht notwendige Ausdeutung sein.

„Dieser Schritt [zum Bekenntnis der Wirklichkeit der Offenbarung in Jesus Christus – E.S.] […] wird vollzogen in jener Freiheit, in der das Bekenntnis möglich ist. Er wird nicht vermittelt durch eine Wirklichkeits*erkenntnis*, denn diese liegt dem *Be*kenntnis nicht voraus, sondern wird durch diese erst ermöglicht. Das Christusbekenntnis […] verdankt sich der Entscheidung, auf die Wirklichkeit dieser Offenbarung zu bauen. Es stellt damit eine verantwortbare, in vieler Hinsicht überzeu-

---

[98] Vgl. Striet, Offenbarungsglaube, 102.
[99] Pröpper, „Wenn alles", 28.
[100] Vgl. Striet, Offenbarungsglaube, 104.
[101] Striet, Offenbarungsglaube, 103.

gende, aber keine notwendige Weise des Weltverstehens dar. Der Glaube bleibt ein Akt menschlicher Freiheit."[102]

In der Fundamentaltheologie Verweyens scheint dagegen der menschlichen Vernunft nur die Aufgabe zuzukommen, angesichts der Evidenz des geschichtlich Objektiven das Ergangensein von Offenbarung und deren Sinnhaftigkeit einzusehen. Die Evidenz soll über den Sinnbegriff ergehen. Doch wird damit die formal unbedingte Freiheit mit ihrer philosophisch beschränkten Aussagekraft hinsichtlich der Wirklichkeit und der inhaltlichen Bestimmung des Absoluten ausreichend berücksichtigt? Bei Verweyen weiß sich die Freiheit ihres Unbedingtheitsanspruches dann unhinterfragbar gewiss, wenn sie sich entschließt, Bild des Absoluten zu werden. In der Sollensevidenz erfährt das Subjekt das Sich-zum-Bild-machen als die einzige Sinnoption sowie die Möglichkeit einer unhintergehbar gewissen Wirklichkeit.[103] Ist damit aber das Problem der philosophischen Strittigkeit Gottes angemessen zur Geltung gebracht? Wenn in der Sollenserfahrung das Unbedingte vernehmbar ist, wird dann noch ein Subjekt gedacht, das für die Erfahrung der Wirklichkeit des freien Gottes der Offenbarung bedarf?

5.3 Offenbarung als Befreiung zur Bildwerdung

Das Verhältnis von Vernunft und Glaube, das Verweyen annimmt, kann über seine Fichterezeption noch einmal in Erinnerung gerufen werden. Wenn Verweyen im Anschluss an das späte Denken

---

[102] Bongardt, Fraglichkeit, 163f. Bongardt übersieht nicht die Bedeutung des Handelns Gottes. Gerade die Begegnung mit der Gestalt Jesu als Erfahrung der göttlichen Gnade eröffnet die Möglichkeiten der Freiheit, da sie die Mehrdeutigkeit entscheidbar macht und damit der Freiheit den freien Schritt in den Glauben ermöglicht. „Die im Neuen Testament geschilderten Begegnungen mit Jesus, die immer zum Staunen, aber keineswegs regelmäßig zum Glauben führen, bezeugen, daß erst in der Zustimmung zum Anspruch Jesu dessen Überzeugungskraft sichtbar wird." Bongardt, Fraglichkeit, 167.

[103] Vgl. Verweyen, Einleitung zu: J.G. Fichte, Das System der Sittenlehre, XX.

Fichtes auf die wechselseitige Verwiesenheit von Offenbarung und Vernunft zu sprechen kommt, nimmt er mit Fichte an, dass die Vernunft sich selbst keinen Inhalt geben kann. Dieser Inhalt wird für die Vernunft geoffenbart. Verweyen begrüßt, dass in den späten Schriften Fichtes diese Vermittlung von Vernunft und Offenbarung stattfindet.[104] Die Offenbarung werde hier gedacht als eine, die der Vernunft ihre inhaltliche Bestimmung (sich zum Bild des Absoluten machen zu sollen) gebe, d. h. Offenbarung vermittle die Vernunft zu sich selbst.[105] Die geschichtliche Offenbarung sei demnach erforderlich, auch wenn das Sich-zum-Bild-machen aller Freiheit philosophisch als der letztgültige Sinn aufgewiesen werden könne, da die Sünde die rationale Einsichtigkeit des Begriffs für den Menschen verstelle.

„Der Mensch besitzt eine strukturelle Offenheit auf den sich in der Geschichte offenbarenden Gott. Er hat sich aber so sehr ‚auf sich selbst zurückgekrümmt' (‚incurvatus super seipsum', Augustin), daß er ohne eine Befreiung von dieser ihm faktisch zur Natur gewordenen Haltung jene Offenheit nicht mehr zu erkennen vermag."[106]

Im Offenbarungsgeschehen erkennt die Vernunft nach Verweyen sich selbst als Bild Gottes und damit in ihrer Offenheit auf den sich offenbarenden Gott. Ohne die Offenbarung sei der Vernunft diese Offenheit aufgrund ihrer sündigen Verschlossenheit *nicht mehr* zugänglich, wie Verweyen auch in „Gottes letztes Wort" betont. Ergeben sich mit diesem Verständnis von Offenbarung jedoch nicht zwei Probleme? Wird nicht bereits für das philosophische Unternehmen vorausgesetzt, *dass* Gott existiert und *dass* Gottes Offenbarung ergangen ist? Denn ohne Offenbarung kann die Vernunft nicht gedacht werden, was Verweyen im Anschluss an Fichte deutlich macht. Die Vernunft gelangt in diesem Denken aus sich selbst

---

[104] Vgl. Verweyen, Einleitung zu: J.G. Fichte, Versuch einer Kritik aller Offenbarung, XLIXf.

[105] Vgl. Verweyen, Einleitung zu: J.G. Fichte, Versuch einer Kritik aller Offenbarung, XLIXf.

[106] Verweyen, Einführung in die Fundamentaltheologie, Darmstadt 2008, 130.

nicht zu den ihr eigenen inhaltlichen Bestimmungen, erst durch die Offenbarung werden diese der Vernunft vermittelt. Besteht zweitens mit diesem Offenbarungsverständnis nicht die Gefahr, dass der Offenbarungsbegriff auf die Bestimmung der Vernunft eng geführt wird? Denn nach Fichtes Ausführungen ergehe in den frühen Schriften die Offenbarung einzig an die Menschheit, die sich im Zustand des vollständigen sittlichen Verfalls befinde.[107] In den frühen Texten habe laut Verweyen das Eingreifen Gottes, also die Offenbarung, die Funktion, den Menschen den Anspruch des Sittengesetzes nahe zu bringen.[108] Warum fehlt bei Verweyen eine kritische Reflexion auf diese alleinige inhaltliche Bestimmung der Offenbarung auf das ethisch Gebotene? Wie kann Offenbarung als Ereignis der Gnade, das dem Menschen die unbedingte Anerkennung zuspricht, und als interpersonales Geschehen jenseits des erkenntnistheoretischen Geschehens des Bildseins in den Blick kommen? Es lässt sich feststellen, dass von Verweyen die geschichtliche Offenbarung primär als „Befreiung des eigenen, ursprünglichen Bildes des Menschen"[109] verstanden wird. Durch die geschichtliche Offenbarung erfährt der Mensch in der Fundamentaltheologie Verweyens, was seine ursprüngliche Bestimmung ist, welche ihm durch die Sünde verloren ging. Ergibt sich nicht eine Engführung des Offenbarungsbegriffs, wenn geschichtliche Offenbarung hier vorwiegend auf die Sündigkeit des Menschen bezogen gedacht wird, aufgrund derer der Mensch seine ursprüngliche Bestimmung, sich zum Bild des Absoluten zu machen, nicht mehr erkennen kann? Zudem löst die Offenbarung das Problem der verweigerten Freiheit, indem sie in ihrer Sühnebedeutung für die Freiheit betrachtet wird, die sich der Bestimmung, Bild des Absoluten zu werden, verweigert. Das Sühnegeschehen lässt sich damit denken, der Gedanke der Freundschaft zwischen Mensch und Gott tritt damit jedoch in den Hintergrund. Der Problematik, die sich auch im Denken Balthasars findet, dass erst der *glaubende* Mensch ein geschichtlich Begegnendes als Offenbarung erkennen kann, antwortet Verweyen mit dem Hinweis,

---

[107] Vgl. Verweyen, Einleitung zu: J.G. Fichte, Versuch einer Kritik aller Offenbarung, XXX.

[108] Vgl. Verweyen, Einleitung zu: J.G. Fichte, Versuch einer Kritik aller Offenbarung, XXIXf.

[109] Verweyen, Offenbarung und autonome Vernunft, 436.

dass ein *philosophischer* Nachweis notwendig sei, um die Hinordnung jeder Vernunft auf die Offenbarung auszusagen.[110] Spätestens mit der geschichtlichen Offenbarung sei die Verborgenheit dieser ursprünglichen Bestimmung, die sich aus dem Einheitswissen der Vernunft ergibt, jedem Menschen objektiv evident. Das Verhältnis von Offenbarung und Vernunft, das sich in der Fundamentaltheologie Verweyens findet, könnte sich damit als problematisch herausstellen. Denn gelingt es hier die philosophische Strittigkeit der Existenz Gottes sowie die Ambivalenz der geschichtlichen Ereignisse als Voraussetzung für ein freies Geschehen zwischen Mensch und Gott zu wahren?

5.4 Die Konsequenzen der objektiven Evidenz

Für Verweyen ist das geschichtliche Ereignis am Kreuz objektiv evident, da hier der durch die Vernunft ermittelte Sinnbegriff der sündigen Freiheit wieder einsichtig werde. Das Vorverständnis als Interpretationsleistung menschlichen Denkens kommt hier nicht zur Sprache, der Mensch erkennt die Gottheit am Kreuz nicht aufgrund seiner Interpretation, sondern aufgrund seines ursprünglichen Wissens um Einheit. Infolgedessen wird jede Möglichkeit ausgeschlossen, das Kreuzesgeschehen in anderer Weise zu interpretieren. Daher kommt Verweyen zu der Annahme der objektiven Evidenz. Es „verwundert vor allem die Ansicht, auch die Jünger Jesu hätten den Gekreuzigten nur als *gescheitert* ansehen können. Sie selbst, nicht Jesus, waren gescheitert. […] Sie konnten, aber wollten nicht wahrhaben, daß nichts Jesus seinem Leben aus Gott entreißen vermochte.“[111] Wird aber philosophisch an der Strittigkeit der Existenz Gottes festgehalten und die Fraglichkeit des Kreuzesgeschehens im geschichtlichen Kontext bedacht, *muss* die Möglichkeit in den Blick kommen, dass das Kreuz als Schei-

---

[110] Daher ist Waldenfels zuzustimmen, wenn er darauf hinweist, dass Verweyen aus philosophischen Gründen zu dieser Interpretation des Kreuzesgeschehens kommt bzw. bereits für das philosophische Unternehmen voraussetzt, dass die Offenbarung am Kreuz ergangen ist. Vgl. Hans Waldenfels, Kontextuelle Fundamentaltheologie, Paderborn ³2000, 293.

[111] Verweyen, Einführung, 155f.

tern der Botschaft verstanden werden kann. Und dies nicht aufgrund der Sündigkeit des Menschen wie bei Verweyen,[112] sondern aufgrund der grundsätzlichen Interpretationsbedürftigkeit geschichtlicher Ereignisse, die die Voraussetzung für ein freies Geschehen zwischen Mensch und Gott darstellt.

Erkenntnistheoretisch könnten sich damit in der Fundamentaltheologie Verweyens eventuell problematische Konsequenzen abzeichnen. Denn die Möglichkeit, nicht zu glauben, wird auf die schuldhafte Verschließung des Menschen zurückgeführt. Angesichts der von Verweyen angenommenen Einsichtigkeit des Sinnbegriffs und der Kreuzesgestalt, die auch der sündigen Vernunft den Blick auf die ihr eigene Bestimmung ermöglicht, ist die Position des Nichtgläubigen von Verweyen nur als Verweigerung der Anerkennung des objektiv Evidenten beschreibbar. Eine ähnliche Deutung des Nichtanerkennens der Kreuzesgestalt findet sich bei Balthasar. Er geht davon aus, dass das Nichterkennen der Göttlichkeit der Gestalt „nicht ohne eine Form der Schuld geschehen kann: sei es Verstricktsein in eine kollektive Ablehnung, sei es persönliche Selbstverweigerung aus Bosheit oder Schwäche."[113] Doch müsste eine Fundamentaltheologie, der es um den Begriff Gottes geht, nicht stärker herausstellen, dass der Schritt vom Begriff zur Gewissheit der Wirklichkeit Gottes erst durch das geschichtliche Handeln Gottes ermöglicht wird? Ist es nicht geboten, die Reichweite der theoretischen Vernunft hinsichtlich der Bestimmungen und der Wirklichkeit Gottes zurückzunehmen und dafür in der Instanz der praktischen Vernunft den Begriff Gottes zu formulieren? Bleiben die philosophische Strittigkeit der Existenz Gottes und die Bedeutung der Freiheit, die sich angesichts der Ambivalenz der sinnlichen Zeichen und deren Interpretationsbedürftigkeit ergibt, mit diesem Denken ausreichend berücksichtigt? Die Erkenntnistheorie Verweyens könnte sich in zweifacher Hinsicht als problematisch erweisen: Zum einen wenn sie mit letzter Konsequenz erkenntnistheoretisch das Offenbarungsverständnis als freies Be-

---

[112] „Sie [die Jünger – E.S.] konnten, aber wollten nicht wahrhaben, daß nichts Jesus seinem Leben aus Gott zu entreißen vermochte. Wie ein Blitz traf sie nun die Erkenntnis, daß ihre Blindheit die Folge ihrer eigenen Furcht vor dem Tode war." Verweyen, Einführung, 156.

[113] Balthasar, Herrlichkeit I, 491.

gegnungsgeschehen zwischen Mensch und Gott in der Geschichte nicht denken kann, das die Interpretation der geschichtlichen Ereignisse als freies Handeln der menschlichen Freiheit selbst voraussetzt. Zum anderen wenn sie in Gefahr gerät zu übersehen, dass aus philosophischer Perspektive keine Aussage und erst recht keine Sicherheit hinsichtlich der Wirklichkeit des Gottesbegriffs angenommen werden kann – und dies nicht aufgrund der Sünde, sondern aufgrund der Möglichkeiten der Vernunft.

5.5 Betreffbarkeit Gottes als unüberbietbarer Punkt der Fundamentaltheologie Verweyens

Auch wenn die philosophischen Möglichkeiten, die Verweyen der Vernunft zuschreibt, eventuell skeptisch zu beurteilen sind, ist seine Fundamentaltheologie von ihrer Intention her im Recht: Verweyen beabsichtigt, „aus dem Zentrum der christlichen Theologie – dem Leiden Gottes am Kreuz"[114] eine Antwort auf die menschliche Frage nach dem Tod und der Zukunft zu formulieren. Das christliche Offenbarungsgeschehen soll in seiner Relevanz für die existentiellen Fragen des Menschen fruchtbar gemacht werden. Ihre Stärke erreicht diese Fundamentaltheologie, wenn sie im Anschluss an Balthasar theologisch die Betreffbarkeit und damit die Kontingenzfähigkeit Gottes herausstellt: Gott selbst wird mit dem Menschen solidarisch, er übernimmt das gesamte Schicksal eines menschlichen Daseins bis zum Tod. Verweyen besteht darauf, dass ein moralischer Gott gedacht werden muss als einer, der sich nicht mystisch in sich selbst versenkt, sondern der sich aussagbar und glaubhaft macht, weil er alles Schreckliche erfährt, das auch dem Menschen in seinem Leben zugemutet wird. Er greift Camus' Einwand gegen die Möglichkeit einer rein nachträglichen Rettung auf. „Als alles darauf ankam, an jenem furchtbaren Balken, war nichts von Gott wahrzunehmen. Wie will er uns dann klar machen, daß es *seine* Liebe ist, die alles wendet – nicht bloß seine souveräne österliche Geste, die *menschliche* Liebe belohnt?"[115]

---

[114] Verweyen, Zeitgenössischen philosophische Aussagen, 32.
[115] Verweyen, Gottes letztes Wort, 343.

Nichts bleibt dem Gottessohn selbst erspart, von nichts bleibt er verschont, nicht einmal vor dem Verlust seiner innigsten, ihm ureigenen Beziehung zum Vater. Diese Absicht, die Betroffenheit Gottes deutlich zu machen, bestimmt auch Verweyens Annahme der Erkennbarkeit der Göttlichkeit am Kreuz: In der Kontingenz des Lebens, die Gott mit den Menschen in der Inkarnation teilt, wird die Liebe Gottes sichtbar. Dies stellt die Fundamentaltheologie Verweyens einmalig heraus.[116]

---

[116] Vgl. Verweyen, Christologische Brennpunkte, 105.

Literaturverzeichnis

1. Quellen

Anselmi [Cantuarensis Archiepiscopi], Opera omnia, ad fidem codicum rec. F.S. Schmitt, T.1–2, Vol. 1–6, Stuttgart 1968–1984.

Gotthold Ephraim Lessing, Werke und Briefe, Bd. 8 Werke 1774–1778, Bibliothek Deutscher Klassiker, Frankfurt a.M. 1989.

2. Publikationen von Hans Urs von Balthasar

Brief an Verweyen vom 10. März 1967, Privatarchiv Verweyen.

Der Zugang zur Wirklichkeit Gottes, in: MySal II (1967) 15–45.

Epilog, Einsiedeln 1987.

Glaubhaft ist nur Liebe (= Christ heute 5,1), Einsiedeln [3]1966.

Herrlichkeit I. Schau der Gestalt, Einsiedeln [3]1988.

Herrlichkeit III/1. Im Raum der Metaphysik, Einsiedeln 1965.

Ist der Gekreuzigte ‚selig‘?, in: IKaZ 16 (1987) 107–109.

Karl Barth. Darstellung und Deutung seiner Theologie, Köln 1951.

Mysterium Paschale, in: MySal III/2 (1969) 133–319.

Theodramatik II/1. Der Mensch in Gott, Einsiedeln 1976.

Theodramatik III. Die Handlung, Einsiedeln 1980.

Theodramatik IV. Das Endspiel, Einsiedeln 1983.

Theologik I. Wahrheit der Welt, Einsiedeln 1985.

3. Publikationen von Hansjürgen Verweyen

Aufgaben der Fundamentaltheologie, in: TThZ 92 (1983) 204–215.

Anthropologische Vermittlung der Offenbarung: Anselms ‚Monologion‘, in: Michael Kessler/Wolfhart Pannenberg/Hermann Josef Pottmeyer (Hgg.), Fides quaerens intellectum. Beiträge zur Fundamentaltheologie. FS für Max Seckler, Tübingen 1992, 149–158.

Bildbegriff und transzendentale Sinnreflexion, in: Gerhard Larcher (Hg.),

Symbol, Mythos, Sprache. Ein Forschungsgespräch, Annweiler 1988, 43–58.

Blondels Beitrag zur Diskussion um eine ‚kanonische Exegese', in: Michael Becht/Peter Walter (Hgg.), Zusammenklang. FS für Albert Raffelt, Freiburg 2009, 406–416.

Botschaft eines Toten? Den Glauben rational verantworten, Regensburg 1997.

Brief an Balthasar vom 7. März 1976, Privatarchiv Verweyen.

Christologische Brennpunkte, Essen 1977.

Das fremdartige Glück absurder Existenz: Albert Camus, in: Klaus Held/ Jochen Hennigfeld (Hgg.), Kategorien der Existenz. FS für Wolfgang Janke, Würzburg 1993, 365–381.

Der Glaube an die Auferstehung. Fragen zur „Verherrlichung" Christi, in: Bernd Jochen Hilberath/Karl-Josef Kuschel/Hansjürgen Verweyen (Hgg.), Heute glauben. Zwischen Dogma, Symbol und Geschichte, Düsseldorf 1993, 71–88.

Die historische Rückfrage nach den Wundern Jesu, in: TThZ 90 (1981) 41–58.

Die Bedeutung Hans Urs von Balthasars für die Erneuerung der Fundamentaltheologie, in: Walter Kasper (Hg.), Logik der Liebe und Herrlichkeit Gottes – Hans Urs von Balthasar im Gespräch. FS für Karl Kardinal Lehmann, Ostfildern 2006, 386–400.

Die Einheit von Gerechtigkeit und Barmherzigkeit bei Anselm von Canterbury, in: IKaZ 14 (1985) 52–55.

Die „Logik der Tat". Ein Durchblick durch M. Blondels. „L'Action" 1893–1993, in: ZKTh 108 (1986) 311–320.

Die Ostererscheinungen in fundamentaltheologischer Hinsicht, in: ZKTh 103 (1981) 426–445. Zweitveröffentlichung in: ders./Gerhard Lohfink/ Georg Scherer/Wilhelm Breuning (Hgg.), Ostererfahrungen. Zur Diskussion um die Erscheinungen des auferstandenen Christus, Essen 1983, 79–121.

Einführung in die Fundamentaltheologie, Darmstadt 2008.

Einleitung zu: Anselm von Canterbury, De libertate arbitrii et alii tractatus. Freiheitsschriften. Lateinisch-deutsch, übers. u. eingel. v. Hansjürgen Verweyen (= FC 13), Freiburg 1994, 7–57.

Einleitung zu: Maurice Blondel, Zur Methode der Religionsphilosophie, Einsiedeln 1974, 13–100.

Einleitung zu: J.G. Fichte, Anweisung zum seligen Leben (= PhB 234), Hamburg ³1983, XIII–LXVI.

Einleitung zu: J.G. Fichte, Das System der Sittenlehre nach den Prinzipien der Wissenschaftslehre (1798) (= PhB 485), Hamburg 1995, XI–XXXV.

Einleitung zu: J.G. Fichte, Versuch einer Kritik aller Offenbarung (1792) (= PhB 354), Hamburg 1998, V–LXX.

Eschatologie heute, in: ThRv 79 (1983) 1–12.

Fichtes Religionsphilosophie. Versuch eines Gesamtüberblicks, in: Fichte-Studien 8 (1995) 193–224.

‚Fides et ratio‘: eine notwendige Wegweisung, in: ThGl 90 (2000) 489–497.

Fundamentaltheologie – eine Zwischenbilanz, in: ThRv 82 (1986) 89–102.

Fundamentaltheologie – Hermeneutik – Erste Philosophie, in: ThPh 56 (1981) 358–388.

Fundamentaltheologie: zum „status quaestionis", in: ThPh 61 (1986) 321–335.

Gibt es einen philosophisch stringenten Begriff von Inkarnation?, in: Marco Maria Olivetti (Hg.), Incarnazione (= Archivio di filosofia 67,1/3), Padova 1999, 481–489.

Glaubensverantwortung heute. Zu den „Anfragen" von Thomas Pröpper, ThQ 174 (1994) 288–303.

Gottes letztes Wort. Grundriß der Fundamentaltheologie, Regensburg ³2002.

Hölle – ewig?, in: Eckhard Lade (Hg.), Christliches ABC heute und morgen. Handbuch für Lebensfragen und Kirchliche Erwachsenenbildung, Bad Homburg 1978ff., 6/1987, 5–15.

In der Falle zwischen Jacobi und Hegel. Fichtes Bestimmung des Menschen (1800), in: FZPhTh 48 (2001) 381–400.

Kants Gottespostulat und das Problem sinnlosen Leidens, in: ThPh 62 (1987) 580–587.

Kanonische Exegese und Historische Kritik. Zum inhaltlichen und methodologischen Ort des Jesus-Buches, in: Jan-Heiner Tück (Hg.), Annäherungen an „Jesus von Nazareth". Das Buch des Papstes in der Diskussion, Ostfildern 2007, 104–142.

Kirche und Staat in der Philosophie J. G. Fichtes, in: PhJ 81 (1974) 298–313.

Licht aus einer anderen Welt. Meditationen zum Hitda-Evangeliar, Freiburg 2000.

Maurice Blondels Kritik des „Dilettantismus" und das „postmoderne" Denken, in: Albert Raffelt/Peter Reifenberg/Gotthard Fuchs (Hgg.), Das Tun, der Glaube, die Vernunft. Studien zur Philosophie Maurice Blondels. „L'Action" 1893–1993, Würzburg 1995, 16–32.

Maurice Blondels Philosophie der Offenbarung im Horizont „postmodernen" Denkens, in: Archivio Di Filosofia LXII (1994) N. 1–3, 423–437.

Methodik der Religionsphilosophie. „L'Action" (1893) im Spiegel der „Lettre" (1896), in: ThPh 64 (1989) 210–221.

Nach Gott fragen. Anselms Gottesbegriff als Anleitung (= Christliche Strukturen in der modernen Welt 23), Essen 1978.

Offenbarungsglaube und Ikonoklasmus. Denken mit Thomas Pröpper, in: Klaus Müller/Magnus Striet (Hgg.), Dogma und Denkform. Strittiges in der Grundlegung von Offenbarungsbegriff und Gottesgedanke (= ratio fidei 25), Regensburg 2005, 3–15.

Offenbarung und autonome Vernunft nach J.G. Fichte, in: Klaus Hammacher/Albert Mues (Hgg.), Erneuerung der Transzendentalphilosophie im Anschluß an Kant und Fichte. FS für Reinhard Lauth, Stuttgart 1979, 436–455.

Offene Fragen im Sühnebegriff auf dem Hintergrund der Auseinandersetzung Raymund Schwagers mit Hans Urs von Balthasar, in: Józef Niewiadomski/Wolfgang Palaver (Hgg.), Dramatische Erlösungslehre. Ein Symposion, Innsbruck 1992, 137–146.

Ontologische Voraussetzungen des Glaubensaktes. Zur transzendentalen Frage nach der Möglichkeit von Offenbarung (= Themen und Thesen der Theologie), Düsseldorf 1969.

Philosophie und Theologie. Vom Mythos zum Logos zum Mythos, Darmstadt 2005.

Praeambula fidei, LThK[3] 8 (1999) Sp. 478–482.

Rechtslehre und Ethik bei Fichte. Grundzüge und Aktualität, in: Hans Georg von Manz/ Günter Zöller (Hgg.), Fichtes praktische Philosophie. Eine systematische Einführung, Hildesheim 2006, 111–126.

Recht und Sittlichkeit in J.G. Fichtes Gesellschaftslehre (= Symposion 50), Freiburg 1975.

Sein, Bild, Interpersonalität. Zur Bedeutung des späten Fichte, in: Alois Halder/Klaus Kienzler/Joseph Möller (Hgg.), Auf der Suche nach dem verborgenen Gott. Zur theologischen Relevanz neuzeitlichen Denkens, Düsseldorf 1987, 116–126.

Sinn und Wirklichkeit der Wunder Jesu, in: IKaZ 18 (1989) 222–228.

Theologie im Zeichen der schwachen Vernunft, Regensburg 2000.

Theologische Hermeneutik heute, in: Klaus Müller (Hg.), Fundamentaltheologie. Fluchtlinien und gegenwärtige Herausforderungen, Regensburg 1998, 177–191.

Was ist die Hölle? Fragen in der Spur Hans Urs von Balthasars, in: IKaZ 37 (2008) 254–270.

Wie wird ein Existential übernatürlich? Zu einem Grundproblem der Anthropologie Karl Rahners, in: TThZ 95 (1986) 115–131.

Zeitgenössische philosophische Aussagen zu Tod und Zukunft des Menschen, in: Militärseelsorge 19 (1977) 3–32.

Zum gegenwärtigen Diskussionsstand der Eschatologie, in: Wilhelm Breuning (Hg.), Seele. Problembegriff christlicher Eschatologie, Freiburg 1986, 15–30.

Zum Verhältnis von Wissenschaftslehre und Gesellschaftstheorie beim späten Fichte, in: Klaus Hammacher (Hg.), Der transzendentale Gedanke. Die gegenwärtige Darstellung der Philosophie Fichtes (= Schriften zur Transzendentalphilosophie 1), Hamburg 1981, 316–329.

4. Weitere Literatur

Edmund Arens, Läßt sich Glauben letztbegründen?, in: Gerhard Larcher/ Klaus Müller/ Thomas Pröpper (Hgg.), Hoffnung, die Gründe nennt. Zu Hansjürgen Verweyens Projekt einer erstphilosophischen Glaubensverantwortung, Regensburg 1996, 112–126.

Peter Blättler, Pneumatologia crucis. Das Kreuz in der Logik von Wahrheit und Freiheit. Ein phänomenologischer Zugang zur Theologik Hans Urs von Balthasars (= BDS 38), Würzburg 2004.

Hans Blumenberg, Matthäuspassion, Frankfurt a.M. 1988.

Michael Bongardt, Die Fraglichkeit der Offenbarung. Ernst Cassirers Philosophie als Orientierung im Dialog der Religionen (= ratio fidei 2), Regensburg 2000.

–, Einführung in die Theologie der Offenbarung, Darmstadt 2005.

Wolfgang Borchert, Schischyphusch oder der Kellner meines Onkels, in: Ders., Das Gesamtwerk. Erw. Neuausgabe, Reinbeck bei Hamburg, 2007, 407–420.

Christoph Böttigheimer, Lehrbuch der Fundamentaltheologie. Die Rationalität der Gottes-, Offenbarungs- und Kirchenfrage, Freiburg 2009.

Rainer Bucher, Theologie zwischen den Fronten. Universität, Kirche und Gesellschaft in: StZ 228 (2010) 315–326.

Rudolf Bultmann, Neues Testament und Mythologie. Das Problem der Entmythologisierung der neutestamtlichen Verkündigung (1941), in: Hans W. Bartsch, Kerygma und Mythos, Bd. 1, Hamburg 1948, 15–53.

Albert Camus, Der Fremde, Neuübersetzung von Uli Aumüller, Reinbeck bei Hamburg 1994.

–, Der Mythos von Sisyphos, Neuübersetzung von Vincent von Wroblewsky, Reinbeck bei Hamburg 2000.

–, Die Pest, Neuübersetzung von Uli Aumüller, Reinbeck bei Hamburg 1997.

–, Tagebücher. 1935–1951, Übersetzung von Guido G. Meister, Reinbeck bei Hamburg 1986.

Silvia Cichon-Brandmaier, Ökonomische und immanente Trinität. Ein Vergleich der Konzeptionen Karl Rahners und Hans Urs von Balthasars, Regensburg 2008.

Bernhard Dieckmann, Das Kreuz als Grund des Osterglaubens? Anfragen an die Kreuzestheologie Hansjürgen Verweyens (= FHSS 33), Frankfurt a.M. 1999.

Helmut Dieser, Der gottähnliche Mensch und die Gottlosigkeit der Sünde. Zur Theologie des Descensus Christi bei Hans Urs von Balthasar (= TThSt 62), Trier 1998.

Jörg Disse, Glaube und Glaubenserkenntnis. Eine Studie aus bibeltheologischer und systematischer Sicht (= FHSS 48), Frankfurt a.M. 2006.

–, Metaphysik der Singularität. Eine Hinführung am Leitfaden der Philosophie Hans Urs von Balthasars (= Philosophische Theologie 7), Wien 1996, 56–68.

Eugen Drewermann, Das Markusevangelium II. Markus 9,14 bis 16,20, Olten 1988.

Peter Ebenbauer, Fundamentaltheologie nach Hansjürgen Verweyen. Darstellung – Diskussion – Kritik (= IThS 52), Innsbruck 1998.

–, Propter crucem gaudium. Liturgischer Osterjubel und fundamentaltheologische Auferstehungshermeneutik, in: Gerhard Larcher/Klaus Müller/ Thomas Pröpper (Hgg.), Hoffnung, die Gründe nennt. Zu Hansjürgen Verweyens Projekt einer erstphilosophischen Glaubensverantwortung, Regensburg 1996, 247–270.

Peter Eicher, Offenbarung. Prinzip neuzeitlicher Theologie, München 1977.

Georg Essen, Die philosophische Gottesfrage als Aufgabe der Theologie. Konturen eines philosophisch-theologischen Programms, in: Klaus Müller/Magnus Striet (Hgg.), Dogma und Denkform. Strittiges in der Grundlegung von Offenbarungsbegriff und Gottesgedanke (= ratio fidei 25), Regensburg 2005, 27–36.

–, „Letztgültigkeit in geschichtlicher Kontingenz". Zu einem Grundlagenproblem der theologischen Hermeneutik, in: Gerhard Larcher/Klaus Müller/Thomas Pröpper (Hgg.), Hoffnung, die Gründe nennt. Zu Hansjürgen Verweyens Projekt einer erstphilosophischen Glaubensverantwortung, Regensburg 1996, 186–204.

Engelbert Felten, Die Sicht der Kirche. Ekklesiologische Entwürfe in der Fundamentaltheologie der Gegenwart (= TThSt 59), Trier 1996.

Thomas Peter Fößel, Gott – Begriff und Geheimnis. Hansjürgen Verweyens Fundamentaltheologie und die ihr inhärente Kritik an der Philosophie und Theologie Karl Rahners (= IThS 70), Innsbruck 2004.

–, Letztgültiger Sinn im Licht der theologischen Vernunft. Zur Reichweite transzendentalphilosophischer Glaubensverantwortung in Auseinandersetzung mit der Transzendentaltheologie Rahners, in: TThZ 5 (2006) 99–130.

–, Warum ein Existential *übernatürlich* ist. Anmerkungen zur kontroversen Diskussion um Karl Rahners Theologumenon vom „übernatürlichen Existential", in: ThPh 80 (2005) 389–411.

Heinrich Fries, Fundamentaltheologie, Graz 1985.

Gotthard Fuchs, Das göttliche Umsonst. Zwischen Wirtschaftskrise und Heilsökonomie: ein Blick auf die verblüffenden Konvergenzen der auf den ersten Blick so unterschiedlichen Leitwährungen ‚Geld‘ und ‚Glaube‘, in: KatBl 134 (2009) 215–219.

Lorenz Gadient, Hans Urs von Balthasar. Offenbarung als Drama, in: Peter Neuner/Gunther Wenz (Hgg.), Theologen des 20. Jahrhunderts. Eine Einführung, Darmstadt 2002, 191–203.

–, Wahrheit als Anruf der Freiheit. Hans Urs von Balthasars theodramatischer Erkenntnisbegriff in vergleichender Auseinandersetzung mit der transzendentalphilosophischen Erkenntniskritik Reinhard Lauths, St. Ottilien 1999.

Rosino Gibellini, Handbuch der Theologie im 20. Jahrhundert, Regensburg 1995.

Elio Guerriero, Hans Urs von Balthasar. Eine Monographie, Einsiedeln 1993.

Friedrich Wilhelm Graf, Missbrauchte Götter. Zum Menschenbilderstreit in der Moderne, München 2009.

Michael Greiner, Für alle hoffen? Systematische Überlegungen zu Hans Urs von Balthasars eschatologischem Vorstoß, in: Magnus Striet/Jan-Heiner Tück (Hgg.), Die Kunst Gottes verstehen. Hans Urs von Balthasars theologische Provokationen, Freiburg 2005, 228–260.

Michael Hartmann, Ästhetik als ein Grundbegriff fundamentaler Theologie. Eine Untersuchung zu Hans Urs von Balthasar (= Theologische Reihe 5), St. Ottilien 1985.

Peter Henrici, Blondel Maurice, in: LThK[3] 2 (1994) Sp. 528–529.

–, Blondels „Action" im Lichte der klassischen deutschen Philosophie, in: ThPh 64 (1989) 161–178.

–, Blondel und Loisy in der modernistischen Krise, in: IKaZ 16 (1987) 513–530.

–, Die Strukturen der „Action" im Licht der französischen Philosophie, in: Albert Raffelt/Peter Reifenberg/Gotthard Fuchs (Hgg.), Das Tun, der Glaube, die Vernunft. Studien zur Philosophie Maurice Blondels. „L'Action" 1893–1993, Würzburg 1995, 33–50.

Anton E. van Hooff, Die Innenseite des Modernismusstreits. Die persönliche Erfahrung Maurice Blondels – mehr als bloße Geschichte?, in: StZ 207 (1989) 667–676.

Gregor Maria Hoff, Die prekäre Identität des Christlichen. Die Herausforderung postModernen Differenzdenkens für eine theologische Hermeneutik, Paderborn 2001.

–, Offenbarungen Gottes. Eine theologische Problemgeschichte, Regensburg 2007.

Ludger Honnefelder, Phänomenologie oder Hermeneutik. Über die Möglichkeit von Theologie, in: Ders./Matthias Lutz-Bachmann (Hgg.), Auslegung des Glaubens. Zur Hermeneutik christlicher Existenz, Berlin 1987, 8–20.

Helmut Hoping, Erbsünde. II. Historisch-theologisch, in: LThK³ 3 (1995) Sp. 744–746.

Joachim Hubbert, Descartes, Anselm, Camus und Verweyen. Ringen um universalverbindliche Fundamentaltheologie, in: Gerhard Larcher/Klaus Müller/ Thomas Pröpper (Hgg.), Hoffnung, die Gründe nennt. Zu Hansjürgen Verweyens Projekt einer erstphilosophischen Glaubensverantwortung, Regensburg 1996, 148–163.

Walter Kasper, Das Evangelium Jesu Christi (= Gesammelte Schriften 5), Freiburg 2009.

Medard Kehl, Kirche als Institution. Zur theologischen Begründung des institutionellen Charakters der Kirche in der neueren deutschsprachigen katholischen Ekklesiologie (= FTS 22), Frankfurt a.M. 1976.

Navid Kermani, Bildansichten: Warum hast du uns verlassen? Guido Renis „Kreuzigung", in: NZZ 14.3.2009.

Walter Kern/Hermann Josef Pottmeyer/Max Seckler (Hgg.), HFTh 1 und 2 (1985).

Hans Kessler, Sucht den Lebenden nicht bei den Toten. Die Auferstehung Jesu Christi in biblischer, fundamentaltheologischer und systematischer Sicht. Neuausgabe mit ausführlicher Erörterung der aktuellen Fragen, Würzburg 1995.

–, Irdischer Jesus, Kreuztod und Osterglaube. Zu Rezensionen von A. Schmied und H. Verweyen, in: ThG 32 (1989) 219–229.

Michael Seung-Wook Kim, Auf der Suche nach dem Unbedingten, das mich „ich" sein lässt. Zur Entwicklung des erstphilosophischen Denkens bei Hansjürgen Verweyen (= ratio fidei 24), Regensburg 2004.

Son-Tae Kim, Christliche Denkform: Theozentrik oder Anthropozentrik? Die Frage nach dem Subjekt der Geschichte bei Hans Urs von Balthasar und Johann Baptist Metz (= FZPhTh), Fribourg 1999.

Markus Knapp, Verantwortetes Christsein heute. Theologie zwischen Metaphysik und Postmoderne, Freiburg 2006.

–, Die Vernunft des Glaubens. Einführung in die Fundamentaltheologie (= Grundlagen Theologie), Freiburg 2009.

Peter Knauer, Der Glaube kommt vom Hören. Ökumenische Fundamentaltheologie, Freiburg [6]1991.

Bernhard Körner, Fundamentaltheologie bei Hans Urs von Balthasar, in: ZKTh 109 (1987) 129–152.

Josef Kreiml, Gibt es eine unbedingte Inanspruchnahme des Menschen durch Gott? Zum Verhältnis von Glaube und Vernunft, in: LebZeug 56 (2001) 103–111.

Karsten Kreutzer/Magnus Striet/Joachim Valentin (Hgg.), Gefährdung oder Verheißung? Von Gott reden unter der Bedingung der Moderne, Ostfildern 2007.

Hermann Krings, System und Freiheit. Gesammelte Aufsätze (= Reihe Praktischer Philosophie 12), Freiburg 1980.

– /Eberhard Simons, Gott, in: HPhG 2 (1973) 614–641.

Erhard Kunz, Glaubwürdigkeitserkenntnis und Glauben (analysis fidei), in: HFTh 4 (1988) 414–449.

–, Glaubwürdigkeitserkenntnis und Glaube (analysis fidei), in: HFTh[2] 4 (2000) 301–330.

Gerhard Larcher, Vom Hörer des Wortes als „homo aestheticus". Thesen zu einem vernachlässigten Thema heutiger Fundamentaltheologie, in: Ders./ Klaus Müller/ Thomas Pröpper (Hgg.), Hoffnung, die Gründe nennt. Zu Hansjürgen Verweyens Projekt einer erstphilosophischen Glaubensverantwortung, Regensburg 1996, 99–111.

René Latourelle/Gerald O'Collins, Probleme und Aspekte der Fundamentaltheologie, Innsbruck 1985.

Joachim Leilich, Sprachphilosophie, Kopernikanische Wende und ‚Linguistic Turn', in: Bijdr. 46 (1985) 141–153.

Markus Lersch, Triplex Analogia. Versuch einer Grundlegung pluraler christlicher Religionsphilosophie (= Scientia & religio 8), Freiburg 2009.

Tobias Licht, Karl Rahners Theorie vom ‚übernatürlichen Existential' – ein fundamentaltheologisches Problem?, in: Gerhard Larcher/Klaus Müller/Thomas Pröpper (Hgg.), Hoffnung, die Gründe nennt. Zu Hansjürgen Verweyens Projekt einer erstphilosophischen Glaubensverantwortung, Regensburg 1996, 139–147.

Manfred Lochbrunner, Analogia Caritatis. Darstellung und Deutung der Theologie Hans Urs von Balthasars (= FThSt 120), Freiburg 1981.

Steffen Lösel, Kreuzwege. Ein ökumenisches Gespräch mit Hans Urs von Balthasar, Paderborn 2001.

Werner Löser, Der herrliche Gott. Hans Urs von Balthasars „theologische Ästhetik", in: Rainer Kampling (Hg.), Herrlichkeit. Zur Deutung einer theologischen Kategorie, Paderborn 2008, 269–293.

Frank Meier, Transzendenz der Vernunft und Wirklichkeit Gottes. Eine Untersuchung zur Philosophischen Gotteslehre in F. W. J. Schellings Spätphilosophie (= ratio fidei 21), Regensburg 2004.

Karl-Heinz Menke, Balthasars „Theologie der drei Tage". Jesu Gang zum Kreuz, zu den Toten, zum Vater, in: IKaZ 39 (2010) 5–22.

–, Der Gott, der jetzt schon Zukunft schenkt. Ein Plädoyer für eine christologische Theodizee, in: Harald Wagner (Hg.), Mit Gott streiten. Neue Zugänge zum Theodizee-Problem, (= QD 169), Freiburg [2]1998, 90–130.

–, Die Einzigkeit Jesu Christi im Horizont der Sinnfrage (= Kriterien 94), Einsiedeln 1995.

–, Jesus ist Gott der Sohn. Denkformen und Brennpunkte der Christologie, Regensburg 2008.

–, Kann ein Mensch erkennbares Medium der göttlichen Selbstoffenbarung sein? Anmerkungen zur Verhältnisbestimmung von ‚Realsymbol' und ‚Inkarnation', in: Joachim Valentin/Saskia Wendel (Hgg.), Unbedingtes Verstehen?! Fundamentaltheologie zwischen Erstphilosophie und Hermeneutik, Regensburg 2001, 42–58.

Hans Otmar Meuffels, Einbergung des Menschen in das Mysterium der dreieinigen Liebe. Eine trinitarische Anthropologie nach Hans Urs von Balthasar (BDS 11), Würzburg 1991.

Jürgen Moltmann, Der gekreuzigte Gott. Das Kreuz Christi als Grund und Kritik christlicher Theologie, München 1972.

–, Glauben, Fragen, Denken, Bd. 2 Weisen der Weltbeziehung, Münster 2008.

Marcello Neri, La Testimonianza in H. U. von Balthasar. Evento originario di Dio e mediazione storica della fede (= Nuovi saggi teologici 51), Bologna 2001.

Klaus Obenauer, Rückgang auf die Evidenz. Eine Reflexion zur Grundlegung und Bedeutung einer thomistisch orientierten Metaphysik im

Kontext der systematisch-theologischen Letztbegründungsdebatte (= BDS 40), Würzburg 2006.

Lorenz Oberlinner, „Gott aber hat ihn auferweckt" – Der Anspruch eines frühchristlichen Gottesbekenntnisses, in: Hansjürgen Verweyen (Hg.), Osterglaube ohne Auferstehung? Diskussion mit Gerd Lüdemann (= QD 155), Freiburg 1995, 65–79.

John O'Donnell, Hans Urs von Balthasar. Gestalt seiner Theologie, in: IKaZ 18 (1989) 318–332.

Karl-Heinz Ohlig, Gibt es den ‚garstig breiten Graben‘?, in: Gerhard Larcher/Klaus Müller/Thomas Pröpper (Hgg.), Hoffnung, die Gründe nennt. Zu Hansjürgen Verweyens Projekt einer erstphilosophischen Glaubensverantwortung, Regensburg 1996, 205–214.

Stefan Orth, Das verwundete Cogito und die Offenbarung. Von Paul Ricœur und Jean Nabert zu einem Modell fundamentaler Theologie (= FThS 162), Freiburg 1999.

Wolfhart Pannenberg, Grundzüge der Christologie, Gütersloh [6]1982.

–, Systematische Theologie, Bd. 1, Göttingen 1988.

Helmut Peukert, Wissenschaftstheorie – Handlungstheorie – Fundamentale Theologie. Analysen zu Ansatz und Status theologischer Theoriebildung, Neuauflage Frankfurt a.M. 1978.

Paul Platzbecker, Radikale Autonomie vor Gott denken. Transzendentalphilosophische Glaubensverantwortung in der Auseinandersetzung zwischen Hansjürgen Verweyen und Thomas Pröpper (= ratio fidei 19), Regensburg 2003.

–, „Freiheit als Prinzip aller Erscheinung". Anmerkungen zu einem Zentralbegriff in der Kontroverse zwischen Hansjürgen Verweyen und Thomas Pröpper, in: Joachim Valentin/Saskia Wendel (Hgg.), Unbedingtes Verstehen?! Fundamentaltheologie zwischen Erstphilosophie und Hermeneutik, Regensburg 2001, 23–41.

Stephan Plettscher, Die Selbstevidenz des Christusereignisses in der Geschichte. Die offenbarungstheologische Dimension der trinitarischen Aussagen bei Hans Urs von Balthasar (= BDS 45), Würzburg 2009.

Wiard Popkes, Christus traditus. Eine Untersuchung zum Begriff der Dahingabe im Neuen Testament, Zürich 1967.

Thomas Pröpper, Autonomie und Solidarität. Begründungsprobleme sozialethischer Verpflichtung, in: Ders., Evangelium und freie Vernunft. Konturen einer theologischen Hermeneutik, Freiburg 2001, 57–71.

–, „Daß nichts uns scheiden kann von Gottes Liebe ...". Ein Beitrag zum Verständnis von der „Endgültigkeit" der Erlösung, in: Ders., Evangelium und freie Vernunft. Konturen einer theologischen Hermeneutik, Freiburg 2001, 40–56.

–, Erlösungsglaube und Freiheitsgeschichte. Eine Skizze zur Soteriologie, München ²1988.

–, Erstphilosophischer Begriff oder Aufweis letztgültigen Sinnes? Anfragen an Hansjürgen Verweyen „Grundriß der Fundamentaltheologie", in: ThQ 174 (1994) 272–287.

–, Freiheit als philosophisches Prinzip der Dogmatik. Systematische Reflexionen im Anschluß an Walter Kaspers Konzeption der Dogmatik, in: Eberhard Schockenhoff/Peter Walter (Hgg.), Dogma und Glaube. Bausteine für eine theologische Erkenntnislehre. FS für Walter Kasper, Mainz 1993, 165–192.

–, Sollensevidenz, Sinnvollzug und Offenbarung. Im Gespräch mit Hansjürgen Verweyen, in: Gerhard Larcher/Klaus Müller/Ders. (Hgg.), Hoffnung, die Gründe nennt. Zu Hansjürgen Verweyens Projekt einer erstphilosophischen Glaubensverantwortung, Regensburg 1996, 27–48.

–, Thesen zum Wunderverständnis, in: Gisbert Greshake/Gerhard Lohfink (Hgg.), Bittgebet. Testfall des Glaubens, Mainz 1978, 71–91.

–, „Wenn alles gleich gültig ist …". Subjektwerdung und Gottesgedächtnis, in: Ders., Evangelium und freie Vernunft. Konturen einer theologischen Hermeneutik, Freiburg 2001, 23–39.

–, Zur theoretischen Verantwortung der Rede von Gott. Kritische Adaption neuzeitlicher Denkvorgaben, in: Markus Knapp/Theo Kobusch (Hgg.), Religion – Metaphysik(kritik) – Theologie im Kontext der Moderne/Postmoderne, Berlin 2001, 230–252.

–, Zur vielfältigen Rede von der Gegenwart Gottes und Jesu Christi. Versuch einer systematischen Erschließung, in: Ders., Evangelium und freie Vernunft. Konturen einer theologischen Hermeneutik, Freiburg 2001, 245–265.

Albert Raffelt, Blondel, Deutsch, in: ThPh 64 (1989) 237–251.

–, M. Blondel und die neuere katholische Theologie in Deutschland, in: Ders./Peter Reifenberg/Gotthard Fuchs (Hgg.), Das Tun, der Glaube, die Vernunft. Studien zur Philosophie Maurice Blondels. „L'Action" 1893–1993, Würzburg 1995, 180–205.

–, Desiderium naturale, in: LThK³ 3 (1995) Sp. 108–110.

–, Die Erneuerung der katholischen Theologie, in: GCh 12 (1992) 216–237.

–, Extrinsezismus – Intrinsezismus, in: LThK³ 3 (1995) Sp. 1135–1137.

–/Hansjürgen Verweyen, Karl Rahner, München 1997.

–, Pluralismus – ein Plädoyer für Rahner und eine Bemerkung zur Sache, in: Gerhard Larcher/ Klaus Müller/Thomas Pröpper (Hgg.), Hoffnung, die Gründe nennt. Zu Hansjürgen Verweyens Projekt einer erstphilosophischen Glaubensverantwortung, Regensburg 1996, 127–138.

Karl Rahner, Bemerkungen zur Situation des Glaubens heute, in: René Latourelle/Gerald O'Collins (Hgg.), Probleme und Aspekte der Fundamentaltheologie, Innsbruck 1985, 329–346.

Johann Reikerstorfer, Fundamentaltheologische Modelle der Neuzeit, in: HFTh 4 (1988) 347–372.

–, Fundamentaltheologische Modelle der Neuzeit, in: HFTh² 4 (2000) 242–264.

Leo Scheffczyk, Grundzüge der Entwicklung der Theologie zwischen dem Ersten Weltkrieg und dem Zweiten Vatikanischen Konzil, in: Gabriel Adriányi (Hg.), Die Weltkirche im 20. Jahrhundert (= HKG[J] 7), Freiburg 1979, 260–301.

Georg Scherer, Erste Philosophie und Sinnbegriff, in: Gerhard Larcher/ Klaus Müller/Thomas Pröpper (Hgg.), Hoffnung, die Gründe nennt. Zu Hansjürgen Verweyens Projekt einer erstphilosophischen Glaubensverantwortung, Regensburg 1996, 63–75.

Veronika Schlör, Zu Sinnverständnis und Sinnverstehen von Mimesis und Bildwerdung. Hermeneutische Anmerkungen und theologische Ausblicke, in: Joachim Valentin/ Saskia Wendel (Hgg.), Unbedingtes Verstehen?! Fundamentaltheologie zwischen Erstphilosophie und Hermeneutik, Regensburg 2001, 59–69.

Johannes Schmid, Im Ausstrahl der Schönheit Gottes. Die Bedeutung der Analogie in „Herrlichkeit" bei Hans Urs von Balthasar (= Münsterschwarzacher Studien 35), Münsterschwarzach 1982.

Achim Schütz, Phänomenologie der Glaubensgenese. Philosophisch-theologische Neufassung von Gang und Grund der analysis fidei (= BDS 35), Würzburg 2003.

Thomas Schumacher, Perichorein. Zur Konvergenz von Pneumatologik und Christologik in Hans Urs von Balthasars theodramatischem Entwurf einer Theologik (= Wortmeldungen 7), München 2007.

Franz Schupp, Der geistesgeschichtliche Ort der Theologie Karl Rahners, in: ThPQ 152 (2004) 61–74.

Raymund Schwager, Auferstehung im Kontext von Erlösung und Schöpfung, in: Gerhard Larcher/Klaus Müller/Thomas Pröpper (Hgg.), Hoffnung, die Gründe nennt. Zu Hansjürgen Verweyens Projekt einer erstphilosophischen Glaubensverantwortung, Regensburg 1996, 215–225.

Georg Schwind, Das Andere und das Unbedingte. Anstöße von Maurice Blondel und Emmanuel Levinas für die gegenwärtige theologische Diskussion (= ratio fidei 3), Regensburg 2000.

Max Seckler, Der Begriff der Offenbarung, in: HFTh 2 (1985) 60–83.

–, Der Begriff der Offenbarung, in: HFTh² 2 (2000) 40–61.

Volker Spannenberg, Herrlichkeit des Neuen Bundes. Die Bestimmung des biblischen Begriffs der ‚Herrlichkeit' bei Hans Urs von Balthasar (= WUNT II 55), Tübingen 1993.

Hermann Stinglhammer, Freiheit in der Hingabe. Trinitarische Freiheitslehre bei Hans Urs von Balthasar. Ein Beitrag zur Rezeption der Theodramatik (= BDS 24), Würzburg 1997.

Magnus Striet, Anweisung zum seligen Leben? Ein nüchterner Blick (nicht nur) auf Harry Potter, in: ThGl 92 (2002) 338–352.

–, Bestimmte Negation. Annäherung an ein offenes Kapitel der Gotteslehre, in: Joachim Valentin/Saskia Wendel (Hgg.), Unbedingtes Verstehen?! Fundamentaltheologie zwischen Erstphilosophie und Hermeneutik, Regensburg 2001, 130–144.

–, Das Ich im Sturz der Realität. Philosophisch-theologische Studien zu einer Theorie des Subjekts in Auseinandersetzung mit der Spätphilosophie Friedrich Nietzsches (= ratio fidei 1), Regensburg 1998.

–, Der neue Mensch? Unzeitgemäße Betrachtungen zu Sloterdijk und Nietzsche, Frankfurt a.M. 2000.

–, „Erkenntnis aller Pflichten als göttliche Gebote". Bleibende Relevanz und Grenzen von Kants Religionsphilosophie, in: Georg Essen/Ders. (Hgg.), Kant und die Theologie, Darmstadt 2005, 162–186.

–, Hoffen – warum? Eschatologische Erwägungen im Horizont unbedingten Verstehens, in: Karsten Kreutzer/Ders./Joachim Valentin (Hgg.), Gefährdung oder Verheißung? Von Gott reden unter der Bedingung der Moderne, Ostfildern 2007, 123–140.

–, Offenbares Geheimnis. Zur Kritik der negativen Theologie (= ratio fidei 14), Regensburg 2003.

–, Offenbarungsglaube und Gotteszweifel, in: George Augustin (Hg.), Die Gottesfrage heute (Theologie im Dialog 1), Freiburg 2009, 91–105.

–, Religiöse Pluralität denken. Ein geschichtstheologischer Versuch. (Zurzeit noch unveröffentlicht.)

–, Sorgen mit dem lieben Gott. Die Atheismusdebatte gewinnt wieder an Gewicht, in: Ders. (Hg.), Wiederkehr des Atheismus. Fluch oder Segen für die Theologie? (= Theologie kontrovers), Freiburg 2008, 99–118.

–, Unerledigte Trauer. Schnädelbachs Religionskritik als Herausforderung des Christlichen, in: HerKorr 63 (2009), 364–368.

–, Versuch über die Auflehnung. Philosophisch-theologische Überlegungen zur Theodizeefrage, in: Harald Wagner (Hg.), Mit Gott streiten. Neue Zugänge zum Theodizeeproblem (= QD 169), Freiburg [2]1998, 48–89.

–, Von Natur aus Diskurs. Theologisches zur Kulturalität des Körperdiskurses. Zurzeit noch unveröffentlicht.

–, Wahrnehmung der Offenbarungsgestalt. Annäherungen an die Ästhetik Hans Urs von Balthasars, in: Ders./Jan-Heiner Tück (Hgg.), Die Kunst Gottes verstehen. Hans Urs von Balthasars theologische Provokationen, Freiburg 2005, 54–81.

Jan-Heiner Tück, Das Äußerste. Zu Möglichkeiten und Grenzen trinitarischer Kreuzestheologie, in: IKaZ 32 (2003) 465–482.

Hans Günther Türk, Offenbarung letztgültigen Sinnes und philosophische Vernunft. Bemerkungen zur Bedeutung der Philosophie in Hansjürgen Verweyens „Grundriß der Fundamentaltheologie", in: Gerhard Larcher/Klaus Müller/Thomas Pröpper (Hgg.), Hoffnung, die Gründe nennt. Zu Hansjürgen Verweyens Projekt einer erstphilosophischen Glaubensverantwortung, Regensburg 1996, 11–26.

Ernst Tugendhat, Anthropologie statt Metaphysik, München 2007.

Herbert Vorgrimler/Robert Vander Gucht (Hgg.), Bilanz der Theologie im 20. Jahrhundert. Perspektiven, Strömungen, Motive in der christlichen und nichtchristlichen Welt, Bd. 2, Freiburg 1969.

Hans Waldenfels, Einführung in die Theologie der Offenbarung, Darmstadt 1996.

–, Kontextuelle Fundamentaltheologie, Paderborn 1985.

–, Kontextuelle Fundamentaltheologie, Paderborn ³2000.

–, Offenbarung. Das Zweite Vatikanische Konzil auf dem Hintergrund der neueren Theologie, München 1969.

Harald Wagner, Einführung in die Fundamentaltheologie, Darmstadt ²1996.

Saskia Wendel, Affektiv und inkarniert. Ansätze deutscher Mystik als subjekttheoretische Herausforderung (= ratio fidei 15), Regensburg 2002.

–, Bild des Absoluten werden – Geisel des anderen sein. Zum Freiheitsverständnis bei Fichte und Levinas, in: Gerhard Larcher/Klaus Müller/Thomas Pröpper (Hgg.), Hoffnung, die Gründe nennt. Zu Hansjürgen Verweyens Projekt einer erstphilosophischen Glaubensverantwortung, Regensburg 1996, 164–173.

Jürgen Werbick, Den Glauben verantworten. Eine Fundamentaltheologie, Freiburg ³2005.

Hans-Willi Winden, Wie kam und wie kommt es zum Osterglauben? Darstellung, Beurteilung und Weiterführung der durch Rudolf Pesch ausgelösten Diskussion (= Disputationes theologicae 12), Frankfurt a.M. 1982.